실용문을 통한 한자학습의 길잡이

한글과 한자는
국어의 두날개

기초漢字와 생활언어

남기탁

한국어문교육연구회
www.hanja.re.kr

■ 머리말

國語 어휘의 약 70%가 漢字語이다. 그런데, 우리는 오랜 세월 漢字의 學習과 敎育에 무관심하였다. 그 결과로 우리의 漢字실력, 나아가 國語 實力은 심각한 정도로 低下되어 드디어는 高級 學術 用語는 國語로 표현하지 못하거나 이해할 수 없는 지경에 이르러 마침내는 英語를 같이 쓰자는 논의까지 나오게 되었다.

漢字말은 그 글자의 모양에서 단 번에 뜻을 알 수 있는 視覺文字로서 다만 소리만을 발음기호 적듯 적어서 아는 정도로는 어렴풋한 개념뿐이요, 그 말의 참뜻을 제대로 파악하기 어렵다. 이런 까닭에 한글만으로 漢字말의 소리만 적어 쓰는 것으로는 國語 能力의 向上을 기대할 수 없는 것이다.

한글이 文字로서의 기능이 우수하다는 것은 萬人共知의 사실이나 소리글자로서의 기능이요, 뜻글자로서의 기능은 아닌 것이다. 뜻글자로는 漢字만한 것이 없다는 것 역시 自他共認의 사실이다. 한글과 漢字를 같이 쓸 때 세상에서 가장 優秀한 문자 둘을 동시에 쓰는 福을 누리는 것이다. 마다할 일이 아니라 반겨 배워 써야 할 일이다.

全國漢字能力檢定試驗 지원자 수가 100만을 넘을 정도로 인기를 끌고 있고, 이제나마 학부모들이 漢字敎育의 필요성을 認識하고 자손들의 漢字敎育에 關心을 기울이고 있는 것은 다행스런 일이다. 經濟 단체에서도 漢字敎育의 필요성을 力說하고 있다. 漢字의 나라 中國의 經濟大國으로의 浮上_{부상}이 주요 원인이겠지만 어쨌든 漢字敎育을 通한 國語敎育 正常化에 도움이 될 만한 여건들이 조금씩 조성되고 있는 것은 반가운 일이라 하겠다.

머지않아 各級學校에서 한글과 漢字가 混用된 교재로 정상적인 學習을 할 날이 到來하기를 바라마지 않으며 우선 급한 대로 大學에 들어오기 전에 基本的 漢字 學習이 되어 있지 않은 學生들을 위하여 본 漢字 교재를 엮었다.

이 책은 學習者들이 보다 쉽게 漢字를 익히고, 全國漢字能力檢定試驗에도 대비할 수 있도록 엮었다. 4급을 기준으로 낱글자의 部首, 訓音, 劃數_{획수}, 筆順, 略字 등을 다루고 讀音, 長短音, 頭音, 俗音, 多音, 故事成語, 相對語, 類義語, 同音異義語, 轉義 漢字語, 漢字語의 構造 등 漢字語의 讀音과 풀이를 갖추었고 한글과 漢字가 혼용된 문장을 많이 넣어 실제 문장에서의 읽기와 쓰기 연습을 할 수 있도록 하여 종합적 漢字 학습을 가능케 하였다.

이 學習書가 大學에서의 學問 探究의 語學的 基礎_{기초}가 되고, 全國漢字能力檢定試驗을 준비하는 분들에게 參考가 되기를 바란다.

江原大學校 人文大學 國語國文學科 南 基 卓

■ 일러두기

1. 漢字學習의 必要性과 漢字·漢字語에 대한 理論을 곁들여 참고토록 하였다.
2. 한글과 漢字가 混用된 文章을 넣어 混用文을 읽어 보면서 漢字語의 읽기와 쓰기를 연습할 수 있도록 하였다. 또 故事成語 중에 엄선하여 원전의 내용을 풀어 적어 학습 효율을 높이고자 하였다.
3. 설명 등에 나오는 4級 범위를 넘는 漢字는 모두 讀音이나 註釋주석을 달아 참고토록 하였다.
4. 韓國語文敎育硏究會 선정 4級 配定漢字 1,000字를 학습 대상으로 하였다. 또 部首別로 配定漢字를 수록하여 部首와의 의미 연관 속에서 낱글자를 익힐 수 있도록 하였다.
5. 각 漢字의 級數를 다음과 같이 '아라비아' 숫자로 표시하였다. 4급(40), 4급Ⅱ(42), 5급(50), 5급Ⅱ(52), 6급(60), 6급Ⅱ(62), 7급(70), 8급(80). 4급 기준으로 40~42 범위는 읽기 범위이고, 50~80 범위는 쓰기 범위가 된다.
6. 漢字의 音의 長短을 표시하여, 長音으로 발음하는 漢字는 : 으로, 漢字語에 따라 長短音이 구분되는 漢字는 (:)으로 표시하였다. 短音인 것은 표시를 하지 않았다.
7. 附錄부록에 故事成語, 相對語, 類義語, 同音異義語, 略字 등을 실어 본문의 학습 내용을 심화·보충할 수 있도록 하였다.
8. 相對字, 類義字 등은 대등한 관계의 漢字語로 결합되는 것으로 압축하였다.
9. 全國漢字能力檢定試驗 최근 기출문제를 실어 학습한 내용을 스스로 점검해 볼 수 있도록 하였다.

■ 차 례

■ 漢字學習의 必要性에 대하여/1

1. 불편해도 소중한 나의 모국어/9
    1.1. 漢字의 筆順/9　　　　　　　1.2. 漢字 練習/11
    1.3. 實戰 應用/16　　　　　　　1.4. 時事 漢字語/17

2. 成熟한 討論文化가 아쉽다/18
    2.1. 漢字의 起源과 字形/18　　　2.2. 漢字 練習/20
    2.3. 實戰 應用/25　　　　　　　2.4. 時事 漢字語/27

3. 物神主義와 언어의 疏外/28
    3.1. 部首/28　　　　　　　　　3.2. 漢字 練習/30
    3.3. 實戰 應用/35　　　　　　　3.4. 時事 漢字語/37

4. 모든 일들은 언젠가 끝이 난다-타이타닉호의 교훈-/38
    4.1. 漢字와 六書/38　　　　　　4.2. 漢字 練習/40
    4.3. 實戰 應用/45　　　　　　　4.4. 時事 漢字語/47

5. 長恨夢/48
    5.1. 漢字의 長短音/48　　　　　5.2. 漢字 練習/50
    5.3. 實戰 應用/54　　　　　　　5.4. 時事 漢字語/56

6. 사회적 악필은 유죄다/57
    6.1. 漢字語의 構造/57　　　　　6.2. 漢字 練習/61
    6.3. 實戰 應用/65　　　　　　　6.4. 時事 漢字語/67

7. 우리 언어의 地政學/68
    7.1. 漢字語의 意味關係/68　　　7.2. 漢字 練習/71
    7.3. 實戰 應用/75　　　　　　　7.4. 時事 漢字語/77

8. 신 列强 틈바구니에서/78
    8.1. 漢字의 長短音/78　　　　　8.2. 漢字 練習/80
    8.3. 實戰 應用/84　　　　　　　8.4. 時事 漢字語/86

9. 里程標 아래서 길을 묻다/87
    9.1. 漢字와 사이시옷/87　　　　9.2. 漢字 練習/88
    9.3. 實戰 應用/93　　　　　　　9.4. 時事 漢字語/94

10. 間接尊待의 과열 現狀/95
    10.1. 標準語規程의 漢字語 條項조항/95　　10.2. 漢字 練習/97
    10.3. 實戰 應用/101　　　　　　　　　　10.4. 時事 漢字語/103

11. 디지털 遊牧民과 우리 시대의 신화/104
    11.1. 漢字와 頭音法則/104　　　　　　　11.2. 漢字 練習/106
    11.3. 實戰 應用/109　　　　　　　　　　11.4. 時事 漢字語/111

12. 프로크루스테스(Procrustes)가 起居하는 곳/112
    12.1. 俗音 漢字語/112　　　　　　　　　12.2. 漢字 練習/114
    12.3. 實戰 應用/117　　　　　　　　　　12.4. 時事 漢字語/119

13. 沙漠사막에서의 설교/120
    13.1. 略字, 俗字 등의 槪念개념/120　　　13.2. 漢字 練習/123
    13.3. 實戰 應用/126　　　　　　　　　　13.4. 時事 漢字語/129

14. '學而思학이사' 물의 미학/130
    14.1. 代表訓音의 理解/130　　　　　　　14.2. 漢字 練習/133
    14.3. 實戰 應用/136　　　　　　　　　　14.4. 時事 漢字語/139

15. 國際語의 幻覺환각/140
    15.1. 語助辭의 理解/140　　　　　　　　15.2. 漢字 練習/143
    15.3. 實戰 應用/146　　　　　　　　　　15.4. 時事 漢字語/150

16. 쑈리·킴에 대한 斷想/151
    16.1. 同字異音字(多音字) 漢字語/151　　16.2. 漢字 練習/154
    16.3. 實戰 應用/158　　　　　　　　　　16.4. 時事 漢字語/162

〈附錄〉

1. 四音節 故事成語 및 漢字語/165

2. 類義語(同義語, 同意語)/213

3. 相對語(反對語, 反意語, 反義語, 對義語)/241

▩ 實戰 應用問題 答案/260

▩ 최근 旣出기출問題 4級 [61회-63회]/272

■ 國語 生活과 漢字

漢字學習의 必要性에 대하여

　우리는 현 시대를 인터넷에 기초한 情報化時代라고 하고 지구가 一日 生活圈생활권이 된 글로벌시대라고 부른다. 한편으로 경제단위가 지역 단위로 묶이며 유럽연합(EC), 코파아메리카, 중동아프리카, 일본과 신흥아시아 등으로 分化되어 가고 있다. 특히 중국을 포함한 신흥아시아 국가의 급성장은 세계의 經濟, 文化, 社會 全般전반에 걸쳐 변화를 이끌고 있다. 이러한 변화는 일시적 현상이 아니라 장기적으로 21세기의 거대한 흐름이라는 점에서 우리에게 示唆시사하는 바가 크다. 우리나라는 거대한 중국과 일본 사이에 위치하고 있으며 이들 나라들과 오랜 기간 동안 한자라는 共用文字를 사용하고 있고, 그 사용에 대한 필요성이 더욱 증대하고 있어 주목하지 않을 수 없다.

　그러나 韓中日 三國 중에 우리나라만이 유독 世界化라는 이름하에 영어공용화에 교육의 死活을 걸고 있어, 일면 시대적 흐름을 잘못 읽고 있다는 의혹을 떨칠 수 없을 뿐만 아니라 한자를 자국의 國字로 사용하고 있는 중국과 대만을 제외하더라도 한자교육을 꾸준하게 강화하고 있는 일본에 비해 엄청난 격차를 보이고 있다는 점에서 동북아시대의 국가 간의 의사소통에 있어서 國際的 迷兒미아로 전락될 處地에 놓이고 있다는 점을 묵인할 수만은 없는 현실에 직면해 있다.

　아울러 국어의 70%에 가까운 漢字語의 포기로 인해 일어나는 문제 또한 심각하다. 世界化라는 이름하에 無差別的으로 국어의 심각한 跛行파행現狀이 나타나고 있어, 국어생활을 정상화 시켜야 한다는 問題意識이 절실하게 要請된다. 특히 국어와 영어의 混用形態의 사용문제의 弊害폐해가 심각하다. 심지어 조사나 어미 정도만 우리말을 사용하여, 나머지 단어는 모두 영어 어휘가 사용되는 경우도 흔히 볼 수 있는 현상이다. 이점은 英語公敎育強化를 내세우는 지금의 교육정책과 맞물려 국어 파행 현상을 더욱 부추겨 심화시키고 있다는 점에서 더욱 문제가 심각하다. 영어를 못하면 마치 사회의 패배자 내지 낙오자로 인식하게끔 하여 국어를 포기하고 영어공용화를 부르짖는 지금의 상황에까지 이르고 있다. 이러한 시점에서 국어 생활의 정상화는 무엇보다 중요하고 시급히 이루어야할 과제가 아닐 수 없다.

　21세기는 多元的 社會가 구현될 것이라고 미래학자들은 예견하며, 多中心的 社會에 기반을 둔 知識情報化 社會 등으로 급속하게 바뀌어 나갈 것이라 公言하고 있다. 특히 21세기 중반에 이르면 漢字文化를 기반으로 하는 東北亞동북아時代가 도래할 것이라고 예언하고 있다. 이미 중국의 경우 2010년이면 미국과 일본 그리고 유럽연합을 제치고 세계 最強의 經濟大國으로 부상할 것이라는 전망을 내놓고 있으며, 또한 중국은 현재 세계의 공장 역할을 하며 경제적으로 막강한 영향력을 행사하고 있다. 일본은 19세말 明治維新명치유신으로 대변되는 세계화와 경제화를 일찍이 진행해온 이래로 경제 강국으로서의

位相을 現在까지 이어나가고 있으며 앞으로도 그 역할이나 위상은 쉽게 꺾이지 않을 전망이다. 여기에 우리나라와 대만도 현재 세계 10위권 내외의 무역교역국으로 당당하게 세계의 전면에 나서고 있는 상황이다. 이러한 흐름에 맞추어 동북아 중심의 경제단위를 조성하고자 표준시간을 제정하고 이를 사용하고자 하는 논의가 있었으며, 동북아중심의 단일한 정보통신망을 구축하기 위한 구체적인 논의도 진행 중에 있다.

이러한 시대적 상황 전개와 아울러 동북아는 수 천 년 함께 사용해오고 있는 共通 文字인 漢字로 단일문자권역으로 묶을 수 있는 기반을 갖추고 있다. 문자의 단일권역이라는 장점을 매개로 상호간의 공감대가 자연스럽게 형성될 수 있다는 事例도, '韓流'라는 문화적 현상을 통해 그 가능성을 열어놓았다고 할 수 있다. 다시 말해 동북아는 한자라는 공통문자를 매개로하여 인터넷과 손쉽게 조작할 수 있는 방송장비 내지 디지털 전자장비의 대규모 보급에 따른 새로운 지식정보매체의 발달에 힘입어 韓流라는 大衆文化의 共感帶를 형성시킬 수 있는 가능성을 경험하고 있으며 아울러 이를 시험하고 있는 시대에 와 있다고 할 수 있다. 이는 한자라는 공통문자를 매개로 하여 정치・사회・문화적 공감대가 형성되어 있기에 가능한 것이며, 나아가 동북아가 한자라는 문자를 매개로 단일경제권으로 통합될 수 있음을 示唆시사한다. 이러한 인식하에 중국과 일본에서는 한국어에 대한 관심이 높아져 그곳 대학에서 韓國語 開設이 봇물 터지듯 이어지고 있으며, 동시에 중국의 북경 거리와 일본의 동경 거리에는 중국어와 일본어를 배우려는 한국인으로 넘쳐나고 있다. 이러한 현상의 밑바탕에는 바로 동북아 문화의 근원적 원천이라고 할 수 있는 한자가 자리하고 있기 때문이다.

궁극적으로 미국이나 유럽 중심의 영어권 시대에서 동북아시아 중심의 漢字文化圈문화권의 時代가 21세기에는 到來할 수밖에 없는 추세라고 할 수 있다. 현재 사용되고 있는 동북아 삼국의 한자가 음과 모양 그리고 뜻에서 약간의 차이를 드러내고 있다고는 하나, 그 차이의 폭이 국가 간 의사소통에 문제가 있을 정도는 아니다. 미국이나 유럽 경제 단위와는 다른 동북아 국가 간의 경제통합형태의 시대가 열린다면, 동북아 국가 간의 공통적 문자라고 할 수 있는 한자에 대한 國家標準體制가 필요할 것으로 판단된다. 이러한 일환으로 한국, 중국, 대만, 일본이 1991년에 국제통합한자코드세트를 마련하기도 하였다.

결과적으로 한자는 동북아 권역의 의사소통의 도구라는 점을 부인할 수 없으며, 나아가 세계의 경제중심이 동북아중심으로 이동하여 가고 있는 이때에, 한자교육에 대한 疎忽소홀 내지 忽待홀대는 세계중심에서 멀어지는 결과를 초래할 것은 자명하다.

이러한 시대적 추세와 상황 속에서 한자를 포함한 국어의 정상화가 무엇보다 먼저 요청된다. 이를 위해 국어에 대한 올바른 이해와 국어 속의 한글과 한자의 관계 또한 명확하게 인식하는 것이 필요하며, 이를 바탕으로 동북아 문화와 경제를 중심에 서서 이끌어갈 수 있을 것이다.

한자문화에 기반을 둔 동북아 시대를 先導하기 위한 전제 조건으로 국어에 대한 올바른 이해와 국어교육 정상화를 위해 국어와 한글, 국어와 한자, 한자교육의 필요성과 범위, 한자교육의 장점 등에 대해 살펴보기로 한다.

1. 國語와 한글

國語란 '한 나라의 國民이 쓰는 言語'라고 말할 수 있으며, 더 나아가 한 國家에서 정한 公式語 내지는 公用語라는 의미도 포괄할 수 있다. 미국과 같이 多民族·多人種·多言語가 공존하는 사회에서 국어는 英語를 指稱하면서 동시에 영어는 公用語 내지 公式語라고 할 수 있다. 그러나 우리 민족과 같이 단일 민족으로 단일 언어를 사용하는 경우에, 國語는 韓國語만을 의미한다고 할 수 있다.

우리 민족은 한글 창제 이전에 중국의 한자를 借用차용하여 쓰다가 15세기 訓民正音의 創制로 말미암아 우리의 말을 우리의 글로 표현할 수 있게 되었다. 한글은 우리의 國字로서 세계 어떠한 문자보다도 우수한 文字體系를 지니고 있음은 익히 알려진 사실이며, 나아가 말과 글의 一致를 이루어 우리 精神文化의 高揚고양과 繼承을 向上하며 단일한 言語共同體를 이룰 수 있게 되었다. 즉 국어에 대한 우리의 自矜心자긍심을 높임과 동시에 階層間과 性別間의 意思疏通의사소통을 원활하게 하는 言語共同體를 形成할 수 있게 되었다.

그러나 한글만을 국어의 문자라고 인식하고 있는 사람들이 있어 우려할만하다. 한글은 분명 우리민족이 창안해 낸 가장 중요한 유산이며 보배로운 문자체계이다. 단, 이 한글만으로는 전체의 70%에 가까운 구성 비율을 보이고 있는 한자어 관련 어휘의 의미를 정확하고 효율성 있게 전달할 수 없다는 한계가 있다. 즉 한글로 국어의 모든 음절의 소리값[音價]을 표기할 수는 있지만, 어휘 자신이 지니고 있는 의미를 정상적으로 드러낼 수 없다는 점이다. 당장 한자로 이루어진 同音異義語의 경우 한글표기로만 그 의미를 정확하게 드러낼 수 없다는 점이다. 설령 한글로 표기된 동음이의어가 문장의 문맥 안에서 모두 구별될 수 있다고 주장하더라도, 그 주장 속에는 이미 한자를 통한 구별을 인지하고 있다는 전제가 깔려 있다. 즉, 한자교육을 통한 동음이의어에 대한 선험적 구별을 이미 학습하고 있기 때문에 구별이 가능한 것이다.

附言부언하면, 한글은 세상의 어떠한 소리도 표기할 수 있는 훌륭한 表記體系이다. 그러나 국어에는 이미 한글창제 이전에 한자로 만들어진 한자어가 자리 잡고 있었고, 한자어가 자의건 타의건 국어의 가장 많은 부분을 차지하고 있으며 사용되어 오고 있다. 이러한 이유로 한글이 세계에서 유례를 찾을 수 없는 훌륭한 표기체제임을 폄하하거나 깎아내릴 하등의 이유도 없다. 오히려 한글은 자랑스럽게 여기고 더욱 발전시켜 나가야할 문자임에 틀림없으며, 우리의 말을 표기하는데 있어 가장 우월한 문자임에도 이견이 있을 수 없다.

2. 國語와 漢字

國字를 사용하고 있는 우리가 국어생활에 있어 쓰고 말하는 데에 불편함이 없으려면 적어도 기초어휘 1,500단어 이상이 필요하다고 한다. 그러나 국어 어휘 중에 固有語의 비율은 25% 내외라고 한다. 국어 어휘는 고유어를 포함하여 漢字語.外來語.混種語(고유어와 한자어, 한자어와 외래어, 고유어와 한자어와 외래어) 등으로 나뉠 수 있고, 國立國語院에서 편찬한『표준국어대사전』(1999년)에 등재되어 있는 표제어를 語彙(어휘) 形態別로 분류하면 고유어 25.28%, 한자어 57.12%, 외래어 5.26%, 혼종어 12.28% 등으로 구성되어 있다. 혼종어 안에 한자와 관련된 부분까지 합한다면 한자어는 70%에 가까운 구성을 보인다. 이를 통해 보면 국어 어휘 구성에 있어서 漢字語가 가장 重要한 요소임을 알 수 있다.

국어 내에 한자어의 구성 비율이 높은 이유는 한글 창제 이전에 우리가 중국의 문자인 한자를 차용하여 우리말을 표현했기 때문이다. 그렇다고 중국의 한자를 사용하였다고 하여 중국의 한자음을 그대로 사용했던 것도 아니다. 중국의 한자가 들어왔지만 우리의 현실음에 맞게 고쳐 사용하였다. 한자어가 많다고 하여 국어생활에 있어 국어의 순수성을 비판하거나 문제 삼을 이유는 전혀 없다.

영어는 우리 국어보다 심하여 영국 고유의 앵글로색슨계 어휘는 20%를 넘지 못한다고 한다. 역으로 언어구성에 있어 고유어가 차지하는 비율이 낮다고 함은, 여러 나라의 다양한 문화를 받아들여 그 문화적 수준이 향상된 증거가 바로 어휘의 다양성과 풍부함으로 나타난 것으로 해석할 수 있다. 즉, 국어에 있어 고유어 구성을 높이는 것이 결코 국어의 傳統性 계승을 잘하는 것으로 인식하기 어렵다고 할 수 있다. 현재 진행되고 있는 世界化 趨勢(추세)는 국가 간의 文化的 障壁을 무너뜨릴 뿐만 아니라 언어 경계도 빠른 속도로 무력화 시키고 있다.

국립국어연구원의 '2005년 신어 보고서'에 의하면, 新語 408개로 原語가 고유어인 것은 31개(7.6%), 외래어는 42개(10.3%), 한자어는 157개(38.5%), 혼종어(한자어와 외래어, 한자어와 고유어)는 150개(36.8%)로 나타났다. 한자어 38.5%와 한자어 관련 혼종어 36.8%를 합하면 75.3%에 해당하는 신어가 한자에 의존하고 있음을 알 수 있다.

이렇게 세계화 되고 언어의 경계가 무력화 되는 추세 속에서도 여전히 한자어가 국어에 있어 막강한 영향력을 미치고 있는 이유는 무엇일까? 단적으로 말해 한자의 장점이 국어생활에 발휘되기 때문이다.

국어에 발휘되고 있는 한자의 장점을 다음과 같이 정리할 수 있다.

첫째, 새로운 단어를 만들어 내는 造語力이 월등하다.
둘째, 의미를 압축하여 단어의 형태를 간결하게 만드는 縮約力이 뛰어나다.
셋째, 문맥 또는 상황과 관련 없이 단어의 의미를 보존하는 保存力이 강하다.
넷째, 관념어나 추상어를 쉽게 생산해 낼 수 있어 專門 用語로 적합하다.
다섯째, 時空을 초월하여 그 자체로 의미를 파악할 수 있는 視覺性이 우수하다.

이러한 한자의 장점은 궁극적으로 올바른 국어교육에 있어 반드시 습득하여 사용해야함을 당위론적으로 보여주는 핵심사항이기도 하다.

3. 漢字學習의 必要性과 範圍

국어생활에 있어 한자학습은 왜 필요한가? 그리고 한자를 습득해야 국어생활을 편리하고 올바르게 할 수 있다면, 어느 정도의 한자 습득이 필요한가? 이 두 가지 질문에 답한다면 한자학습의 필요성에 대한 충분한 답이 될 수 있다.

먼저, 국어 어휘를 세 부분으로 구분하여 보면 基礎기초語彙어휘, 基本語彙어휘, 專門語彙어휘 등으로 나누어 볼 수 있다. 기초어휘란 간단한 예로 국어를 배우는 외국인 정도가 반드시 알고 있어야하는 약 1,500개 어휘라고 말할 수 있다. 기본어휘란 교육받은 국민이라면 누구나 반드시 알아야하는 어휘로 기초어휘보다 포괄적이라고 말할 수 있는데, 예를 들어 고등학교에 재학 중인 고등학생이 알아야할 學習用 어휘 따위가 이에 해당된다고 할 수 있다. 전문 어휘는 대학과 같은 전문 학습의 장에서 각각의 학문영역별로 특성에 맞게 다루는 어휘라고 할 수 있다.

어휘 학습이 여러 교과의 학습에 가장 중요한 밑바탕을 이룬다고 하는 사실에는 이론의 여지가 없다. 어휘 교육은 학습에 있어 기초교육이며 동시에 道具敎育인 것이다. 국어 어휘에 있어 70% 정도를 한자어가 차지하고 있는데, 한자어 비중은 기초어휘보다는 기본어휘, 기본어휘보다는 전문 어휘가 높아서 전문 어휘의 경우는 한자의 비중이 85%정도까지 육박한다. 기초어휘는 한자어 비중이 대략 65% 정도이고 기본어휘는 약 70%정도이며, 전문 어휘에 이르면 그 비중이 85%에까지 이른다. 즉, 한자를 모르고서는 전문적 연구를 중심으로 하는 대학교육을 감당할 수 없을 뿐만 아니라 연구자체를 할 수 없다.

中學校 漢文敎育用 基礎기초漢字 900字가 앞뒤로 놓여 이루어진 말의 總數가 72,229 단어라는 통계가 있다. 이 통계는 漢字의 조어력을 보여주는 동시에 또한 900자의 한자를 익히면 7만 단어 이상을 보다 쉽고 올바르게 이해할 수 있음을 알려준다. 또 다른 통계에 의하면 국립국어원에서 편찬한 표준국어대사전에 수록되어 있는 표제어는 대략 52만개라고 한다. 이중 한자어 관련 표제어는 대략 25만 어휘가 넘는다고 하며, 이 한자 관련 표제어에 사용된 한자의 수는 모두 7,310자라고 한다. 표제어 관련 한자어 중 한자 1,589자만 습득하면 90%에 해당하는 어휘를 이해할 수 있고, 2,256자만 습득하면 95% 이상의 어휘를 이해할 수 있다고 한다. 즉, 국어생활에 사용되고 있는 전문 어휘를 포함한 한자어 모두를 알려면 7,310자를 알아야 하고, 90% 이상의 한자어 관련 어휘를 습득하려면 대략 1,600자 정도를 학습해야 하며, 95% 이상의 한자어 관련 어휘를 습득하려면 대략 2,300자 정도를 학습하면 된다.

현재 중국에서 사용되고 있는 한자는 간자를 포함하여 약 7만자가 된다고 한다. 그러나 위의 통계에서 알 수 있듯이 우리 국어생활에 필요한 한자 수는 7만자의 십분의 일 정도인 7,000여 자에 불과하다. 그러나 7,000자도 상당히 많은 양이라고 할 수 있으니, 전공 관련 전문 어휘를 학습하는 데는 2,300자 정도면 충분하다고 판단된다. 단, 한자에 대한 기초적인 이해와 학습바탕이 마련되어 있지 않다면, 이 보다 목표치를 낮추어 1,000자 정도를 선행 학습하고, 이후에 1,800자 정도를 중간 목표로 하며 단계적으로 2,300자로 도전하여 나가는 것도 하나의 방법일 것이다.

4. 漢字學習의 長點

한자학습의 장점은 앞서 지적한 한자의 장점과 相關關係를 지닌다고 할 수 있다. 한자가 造語力, 縮約力, 保存力, 專門性, 視覺性 등에서 탁월한 장점이 있음은 앞서 살펴보았다. 이러한 장점이 국어생활에 어떻게 관련을 맺고 어떠한 장점으로 나타나는지를 살펴보고, 더 나아가 국어학습의 실용적 측면에서 지니는 한자학습의 장점까지 폭넓게 살펴보고자 한다.

첫째, 한자는 무한한 결합력으로 어휘를 만들어내는 造語力이 있으며, 이러한 조어력에 대한 이해는 곧 바로 國語 語彙力어휘력 向上에 절대적 영향을 미친다고 할 수 있다. 앞서 1,600자의 한자만 학습하면 국어 한자어 90%-22만 어휘 이상-를 이해할 수 있다는 점에서도 확인된다. 예를 들어 사람 '人'자는 다른 한자와 결합하여 무려 천 개 내외의 어휘를 조합할 수 있으니 '人家' '人間' '人口' …… '人品' '人形' 등이 그것이다. 큰 '大'자는 약 820여개 이상의 단어 조합을, 아니 '不'자는 600여개 이상의 단어 조합을, 없을 '無'자는 약 580 여개 이상의 단어 조합을, 스스로 '自'자는 420 여개 이상의 단어 조합을 할 수 있다. 즉 뛰어난 조어력은 다른 어휘와 쉽게 接合하여 어휘의 생산을 극대화할 수 있는 장점이 있다. 엄청난 조어력이 있는 한자를 학습하면 곧바로 어휘력 향상을 극대화할 수 있는데, 이는 表音文字인 한글과는 달리 한자는 뜻을 글자 자체에 지니고 있는 表意文字이기 때문이며, 이점은 한자의 視覺性과도 연관된다.

둘째, 한자는 우리말과 달리 한 자 한 자에 뜻을 지니고 있어 간결하고 정확하게 말을 줄여 쓸 수 있는 縮約力이 있다. 한자의 축약력은 무한하다고 할 수 있는데, 이는 언어의 경제성 측면에 도움을 줄 수 있다. 우리가 사용하고 있는 열차노선을 예를 들면, 서울과 춘천 사이의 철도 노선을 '京春線'으로 서울과 인천 사이의 철도 노선을 '京仁線'으로 줄여 쓸 수 있다. 이러한 축약력은 간결성으로 인해 기억하기 쉽고 사용하기에 편리한 경제성을 가진다.

영어도 축약력이 무척 강한 문자라고 할 수 있는데, 알파벳으로 표기되는 영어의 축약력과 한자의 축약력은 다르다. 사람의 이름을 알파벳의 첫 글자로 간단하게 줄여 쓰는 경우라든지, 영국의 1부 소속 프로 축구 구단의 축구경기를 'EPL'로 줄여 쓰는 것을 볼 수 있다. 이러한 영어의 축약 방식은 한글을 축약하는 방식과 같다고 할 수 있다. 즉, 영어의 알파벳 축약은 또한 한글처럼 표의문자의 축약이 아니라 표음문자의 축약이라는 점이다. 표기해 놓았을 때 EPL이 영국의 1부 소속 프로 축구 구단의 축구경기를 알지 못하는 사람에게는 무용지물의 표기일 것이다. 이렇게 알파벳의 첫 글자만을 따서 축약하는 방식은 의미의 전달 측면에서 불편함을 드러내는 동시에 소수의 사람만이 이해하고 알 수 있는 記號에 불과하다는 認識을 자아내기에 충분하다. 이에 반해 축약된 한자어는 視覺性과 의미 보존력으로 인해 의미 전달에 효율성이 떨어지지 않는다는 장점이 있다.

셋째, 한자는 시대를 넘어서는 의미 保存力이 있어, 문자로서의 기능을 넘어 文化的 傳統繼承 側面측면의 역할도 하며, 中國語나 日本語 習得에 있어 基礎기초學習으로 유효하다. 의미 보존력이 강한 이유는 한자가 기본적으로 사물의 모양을 본뜬 象形에 基盤기반한 표의문자이기 때문이며, 이러한 문자적 성격으로 인해 글자 자체가 지닌 의미는 거의 永久的영구적 特性을 지닌다. 이러한 점은 한자로 표기한 이전 先祖의 글을 읽는 데에도 도움을 주어 관습을 포함하는 문화적 전통적 측면을 계승하는데 일정한 도움을 준다고 할 수 있다. 즉, 조선시대 때 사용한 '忠孝'라는 의미가 지금 시대에도 그 의미가 그대로 보존되어 전달되기 때문이라고 할 수 있다. 다만, 전통계승의 측면을 過去 指向的으로 생각하는 사람이 있어 우려되는데, 현재의 토대는 분명 과거이고 미래의 발전은 현재에 근거하지 않을 수 없는 '溫故知新'에 기초하는 전통문화 계승을 말하고자 함이다. 올바른 전통문화 계승은 곧바로 우리의 人性敎育의 場이 된다는 사실 또한 한자 학습이 가져다주는 보너스라고 할 수 있다.

또한 한자의 의미 보존력은 한자문화권 내에 있는 언어를 배우는 데 상당한 도움을 준다. 즉, 한자를 알고 일본어나 중국어에 접근하면 훨씬 쉽고 알차게 학습을 할 수 있다. 물론 한중일 삼국에서 쓰고 있는 한자의 의미가 일부 다른 한자가 없는 것은 아니지만, 대체적으로 한자의 한 글자 한 글자는 그 자체의 의미 보존은 삼국이 거의 일치하고 있으며, 다만 이음절 이상의 한자어에서만 약간의 의미상 차이를 보일 뿐이다.

넷째, 한자의 專門性 측면이다. 대한민국 法典을 펼쳐 보았을 때, 우리는 대부분의 전문용어가 한자어로 표기되어 있음을 바로 알 수 있다. 문과대학.사회대학.경영대학.법과대학 등에서 사용하고 있는 전문용어를 살펴보면, 한자어가 상대적으로 많은 비중을 차지하고 있다. 이는 국어사전에 수록된 표제어 중에 한자어로 된 전문용어 비중이 생활용어보다 훨씬 높다는 점에서도 확인된다. 이는 한자가 추상적 개념을 간결하게 축약하고 조어하기에 용이하기 때문이다. 즉 전문적 학술용어를 생산해내는 데 한자가 적절함을 보여주는 예라고 할 수 있다.

다섯째, 漢字로 표기하였을 때 그 의미를 쉽고 빠르게 받아들일 수 있다. 표기하였을 때 이렇게 쉽고 빠르게 받아들일 수 있는 것은 視覺性 때문이다. 同音異義語를 한글로 표기하였을 때와 한자로 표기하였을 때의 차이에서 쉽게 알 수 있다. '성인'이라고 써 놓았을 때, 보통의 어른을 뜻하는 '成人'인지 인류의 위대한 스승이란 의미의 '聖人'인지 알기 어렵다. 물론 문맥을 따라 읽으면 알 수 있다고 반대 의견을 낼 수도 있을 것이다. 그러나 '전학기'를 '全學期'로 표기한다면 '前學期'가 아님을 쉽게 알 수 있어, 문맥을 읽고 이해하는 것보다 간단하고 명료하다. 지난 번 모 학회에 참석하였을 때 공교롭게도 이름이 같은 사람이 셋이나 있었는데, 모두 한글로 이름을 표기하여 어느 사람이 발표에 참여하는 사람인지 알 수 없어 참으로 난처하였던 기억이 있다. 그 세 사람 모두 한자 이름이 달랐던 것으로 기억하는데, 만약 세 사람 모두가 한자로 표기하여 명찰을 달고 있었다면 이런 난처함은 없었을 것이다.

최근에 한자는 就業에 필요한 기초학습이 되고 있다. 국내 大企業대기업에서 한자 학습의 필요성을 인식하고 입사시험에 한자시험을 도입하고 있으며, 모 신문사 입사시험에서는 漢字能力檢定試驗 3級 이상의 級數證을 添附첨부해야 서류시험에 응시할 資格을 附與부여하고 있는 실정이다.

또한 중국이나 일본 등에 여행을 해 본 사람은 한자의 학습 효과를 톡톡히 보았을 것이다. 그리고 중국어나 일본어 학습에 있어서도 事前에 한자 학습을 한 사람이 학습 효과가 세 배 이상 높다고 한다. 아울러 컴퓨터의 정보처리 능력에 있어 한자는 이제 문제가 되고 있지 않으며, 인터넷 상에서 중국 및 臺灣대만의 字板 개발을 통하여 직접 입력하는 방식을 채택하고 있기도 하다. 이렇게 컴퓨터에 있어서 한자의 情報處理 速度와 容量 問題의 克服극복은 한자의 國際文字 可能性을 높이는 계기가 되고 있음도 간과하여서는 안 될 것이다.

한자를 모르고는 동북아 중심으로 변해가는 세계사의 흐름에 동참할 수 없는 시대가 곧 이르게 될 것이다. 이전까지 아주 자연스럽게 배워오던 國語漢字語를 외면하고, 國籍 不明의 國英新造語를 量産하며 국어의 질을 떨어뜨려서는 안 될 것이다. 우리는 더욱 한글이 지니고 있는 長點을 극대화하며 동시에 한자가 가지고 있는 장점 또한 슬기롭게 받아들여서 올바르게 국어에 활용하는 방법이, 진정한 동북아 중심으로 재편되는 세계화에 맞추는 것이며 지금의 어려운 세대를 살아가는 智慧지혜일 것이라 생각한다.

1. 불편해도 소중한 나의 모국어

1.1. 漢字의 筆順

漢字를 쓰는 데는 일정한 규칙이 있다. 漢字의 書體 중에 草書라는 흘림 글씨체가 있는데, 이 역시 알아보기 어렵게 쓴 듯 하지만 필요한 劃획은 갖추고 있다

漢字를 쓸 때는 예전에는 붓을 사용했으므로, 書體는 붓글씨를 중심으로 이루어져 왔는데, 붓을 한 번 움직여 쓸 수 있는 부분을 한 劃획이라고 하며, 劃획은 형태에 따라 點과 線으로, 線은 다시 直線과 曲線으로 구별한다. 筆順 또는 劃順획순이란 결국 이 點과 線을 쓰는 순서를 말하는 것이다.

筆順은 漢字를 그리는 것이 아니라 모양 있게 쓰면서 빠르고 정확하게 쓸 수 있는 방법이므로 部首字를 중심으로 漢字의 筆順은 익혀 두는 것이 좋다.

```
(1) 점       왼점,    오른점,   오른점삐침,  치킴
(2) 직선     가로획,  세로획,   평갈고리,    왼갈고리,  오른갈고리,  꺾기
(3) 곡선     삐침,    파임,     지게다리,    누운지게다리,  새가슴,  굽은갈고리,  받침
```

筆順의 대원칙은 다음과 같다.

   (1) 위에서 아래로 쓴다.
     예) 三　一 二 三

   (2) 왼쪽에서 오른쪽으로 쓴다.
     예) 川　丿 丿丨 川

   (3) 가로획을 먼저 쓰고 세로획은 나중에 쓴다.
     예) 大　一 ナ 大

   복합적인 글자는 이의 대원칙이 순서대로 적용된다.
     예) 共　一 十 卄 艹 共 共

   (4) 가로획과 세로획이 교차할 때에는 가로획을 먼저 긋는다.
     예) 古　一 十 古 古 古

(5) 좌우 대칭일 때는 가운데 획을 먼저 긋는다.
   예) 小   亅 小 小

(6) 몸(에운담)을 먼저 긋는다.
   예) 國, 同
       丨 冂 冂 冃 冋 同 同 國 國 國 國
       丨 冂 冂 冃 同 同

(7) 글자 전체를 꿰뚫는 획은 나중에 긋는다.
   예) 中, 母   丨 口 口 中,   ㄴ 母 母 母 母

(8) 삐침(丿)과 파임(㇏)이 어우를 때는 삐침을 먼저 한다.
   예) 父   丿 丷 父 父

(9) 오른쪽 위의 점은 맨 나중에 찍는다.
   예) 代   丿 亻 仁 代 代

(10) 辶, 廴 받침은 맨 나중에 한다.
   예) 近, 建   丿 厂 斤 斤 斤 沂 近 近,   ㄱ 二 肀 肀 聿 聿 聿 建 建

위의 원칙과 다른 기준도 적용되어 두 가지 이상 筆順이 있는 글자들도 더러 있고, 위의 원칙을 벗어난 예외적인 글자도 혹 있을 수 있다. 그런 경우는 별도로 익혀두는 수밖에 없다.

● 특히 주의해야할 필순

① 두 가지 필순이 있는 한자	冂：己 日 门 月 同
止 丨 卜 ト 止 止 一 丨 止 止	ㄅㄋ：弓 乃 考
耳 一 丁 F F 王 耳 一 丁 Π Π 王 耳	しㄴ：七 母 臣 區
	ㅅㅣ：公 衣
② 특수한 모양의 한자	く：女 糸
四 丨 冂 冂 冋 四	乙しㄴ：乙 心 大
凸 丨 ㅗ 凸 凸 凸	乙乙：九 凡
亞 一 丅 丆 亞 亞 亞 亞 亞	
	④ 2획 이상에서 주의할 부수
③ 1획으로 헤아려야 할 것	2획：ㄴ ㄷ 几 儿 厶
亅：水 少 永 氷	3획：女 弓 彡 阝
ㄱㄱ：又 一 宀 水 皮	4획：毋 片 辶

1.2. 漢字 練習

다음 한자의 훈과 음을 익히고 한자를 쓰면서 기억해 보세요.

한자쓰기1

宀10 집 가	人11 거짓 가:
家	假
目9 볼 간	門12 사이 간(:)
看	間
클 거: 工	土14 지경 경
巨	境
立20 다툴 경:	田9 지경 계:
競	界
木8 실과 과:	禾9 과목 과
果	科
八8 갖출 구(:)	玉11 공 구
具	球
口11 나라 국	手7 재주 기
國	技
夕6 많을 다	口14 둥글 단
多	團
斤18 끊을 단:	大3 큰 대(:)
斷	大
寸14 대할 대:	口6 한 가지 동
對	同
力2 힘 력	人5 하여금 령(:)
力	令
毋5 어미 모:	口11 물을 문:
母	問

한자쓰기2

門8 문 문						羊9 아름다울 미(:)					
門						美					

氏5 백성 민						白5 흰 백					
民						白					

土12 갚을/알릴 보:						示14 복 복					
報						福					

木5 근본 본						父4 아비 부					
本						父					

刀4 나눌 분(:)						一4 아닐 불					
分						不					

亅8 일 사:						生5 날 생					
事						生					

言11 베풀 설						一5 인간 세:					
設						世					

戶8 바 소:						頁12 순할 순:					
所						順					

行11 재주 술						宀14 열매 실					
術						實					

言14 말씀 어:						辶10 거스릴 역					
語						逆					

火12 그럴 연						艹9 꽃부리 영					
然						英					

夕5 바깥 외:						辶13 만날 우:					
外						遇					

月6 있을 유:						田5 말미암을 유					
有						由					

한자쓰기3

羊13 옳을 의:						田12 다를 이:					
義						異					
다툴 경:						지경 계:					
競						界					
人2 사람 인						老9 놈 자					
人						者					
自6 스스로 자						貝13 재물 자					
自						資					
土6 있을 재:						爪8 다툴 쟁					
在						爭					
白8 과녁 적						寸11 오로지 전					
的						專					
宀8 정할 정:						心11 뜻 정					
定						情					
止5 바를 정(:)						阜10 덜 제					
正						除					
阜14 즈음/가[邊] 제:						言15 고를 조					
際						調					
方11 겨레 족						子6 있을 존					
族						存					
丶5 임금/주인 주						ㅣ4 가운데 중					
主						中					
里9 무거울 중:						土6 따 지					
重						地					
目10 참 진						貝15 바탕 질					
眞						質					

基礎漢字와 生活言語

한자쓰기 4

부수·획수	훈음	한자
隹12	모을 집	集
虍11	곳 처:	處
辶11	통할 통	通
石10	깨뜨릴 파:	破
子16	배울 학	學
玉11	나타날 현:	現
攴10	본받을 효:	效
工10	다를 차	差
禾14	일컬을 칭	稱
牛10	특별할 특	特
人9	편할 편(:) ǀ 똥오줌 변	便
干8	다행 행:	幸
匕4	될 화(:)	化

문제풀기

◆ 다음 漢字의 訓과 音을 쓰시오.

1. 報 (   )
2. 逆 (   )
3. 假 (   )
4. 處 (   )
5. 破 (   )
6. 斷 (   )
7. 異 (   )
8. 差 (   )
9. 除 (   )
10. 遇 (   )
11. 設 (   )
12. 看 (   )
13. 專 (   )
14. 義 (   )
15. 稱 (   )
16. 存 (   )
17. 資 (   )
18. 際 (   )
19. 境 (   )
20. 眞 (   )
21. 巨 (   )

◆ 다음 漢字의 訓과 音에 맞는 漢字를 쓰시오.

22. 가운데 중   (   )
23. 갖출 구(:)   (   )
24. 겨레 족   (   )
25. 고를 조   (   )
26. 공 구   (   )
27. 과녁 적   (   )
28. 과목 과   (   )
29. 그럴 연   (   )
30. 근본 본   (   )
31. 꽃부리 영   (   )
32. 나눌 분(:)   (   )
33. 나라 국   (   )
34. 나타날 현: (   )
35. 날 생   (   )
36. 놈 자   (   )
37. 다툴 경: (   )
38. 다툴 쟁: (   )
39. 다행 행: (   )
40. 대할 대: (   )
41. 될 화(:)   (   )
42. 둥글 단   (   )
43. 따 지   (   )
44. 뜻 정   (   )
45. 많을 다   (   )
46. 말미암을 유   (   )
47. 말씀 어: (   )
48. 모을 집   (   )
49. 무거울 중: (   )
50. 문 문   (   )
51. 물을 문: (   )
52. 바 소: (   )
53. 바깥 외: (   )
54. 바를 정(:)   (   )
55. 바탕 질   (   )
56. 배울 학   (   )
57. 백성 민   (   )
58. 복 복   (   )
59. 본받을 효: (   )
60. 사람 인   (   )
61. 사이 간(:)   (   )
62. 순할 순: (   )
63. 스스로 자   (   )
64. 실과 과: (   )
65. 아닐 불   (   )
66. 아름다울 미(:)(   )
67. 아비 부   (   )
68. 어미 모: (   )
69. 열매 실   (   )
70. 인간 세: (   )
71. 일 사: (   )
72. 임금/주인 주   (   )
73. 있을 유: (   )
74. 있을 재: (   )
75. 재주 기   (   )
76. 재주 술   (   )
77. 정할 정: (   )
78. 지경 계: (   )
79. 집 가   (   )
80. 큰 대(:)   (   )
81. 통할 통   (   )
82. 특별할 특   (   )
83. 편할 편(:)/똥오줌 변(   )
84. 하여금 령(:)   (   )
85. 한 가지 동   (   )
86. 흰 백   (   )
87. 힘 력   (   )

- 15 -

1.3. 實戰 應用

■ ¹불편해도 ²소중한 나의 ³모국어

한 아이가 있었다고 ⁴假定하자. 아이의 ⁵부모는 그 아이가 ⁶경쟁력을 지닐 수 있도록, 아주 어렸을 적부터 ⁷國際語인 ⁸영어를 가르쳤다. ⁹다행히 아이는 부모의 뜻을 잘 따라 주었고, 또 그의 ¹⁰인생은 ¹¹순조로웠다. 그 아이는 모든 ¹²情報에 다른 누구보다도 빨랐고, 그 어떠한 ¹³집단적인 抑壓^{억압}도 없었으므로, ¹⁴資本의 흐름을 제대로 ¹⁵看破해 ¹⁶미국으로 건너갔다. 그는 훌륭한 ¹⁷과학기술자가 될 수도 있을 것이고, 또 金融^{금융} ¹⁸專門家가 될 수도 있을 것이다. ¹⁹設令 그가 ²⁰백인 優越主義^{우월주의}의 틈바구니에서 살아남아, 그의 모든 欲望^{욕망}을 ²¹구현한다 하더라도 하나의 ²²질문은 ²³유효할 터이다. ²⁴과연 그는 ²⁵행복할 것인가?

이야기를 좀 더 끌고 나가자. 나도 자주 이 땅을 휩쓰는 터무니없는, 거의 狂信^{광신}에 가까운 ²⁶民族主義가 때로 ²⁷逆겹지 않은 것은 아니다. 하지만 우리는 아직도 ²⁸分斷된 채 ²⁹민족국가의 꿈조차 제대로 이루지 못한 게 ³⁰사실이 아닌가. 또한 그런 槪念^{개념}이 아예 ³¹存在하지 않은 ³²境遇를 ³³除外한다면, ³⁴세계의 그 어떠한 나라에서도 아직까지 ³⁵민족이 抛棄^{포기}된 적이 없다. 그런데 우리의 ³⁶特異한, ³⁷自稱 ³⁸自由主義者들은 이제 그만 민족을 廢棄^{폐기} ³⁹處分하자고 한다. ⁴⁰국어같은, 모든 「불편한」 ⁴¹差異들을 없애고 세계(미국) 속으로 ⁴²동화되자고 한다. 그래도 나는 이 보잘것없고 때로는 불편하기도 한 나의 모국어를 사랑한다. 이것은 그들이 생각하는 것처럼, 國粹主義^{국수주의} 때문도 아니고, 국어를 ⁴³通해 얻을 수 있는 보잘것없는 旣得權^{기득권} 때문도 아니다. 오히려 거기에 劃一化^{획일화}와 ⁴⁴집중화를 통해 ⁴⁵지구를 ⁴⁶巨大한 沙漠^{사막}으로 만들어가는 「⁴⁷현실」에 맞서, ⁴⁸眞正 ⁴⁹자유롭고도 豊饒^{풍요}로운 ⁵⁰인간 삶에 ⁵¹대한 探索^{탐색}이 존재한다는 믿음 때문이다. (南基卓, 語文會報[現 語文生活] 1999年 9月 通卷 第31號)

◆ 위의 本文 가운데 한글은 漢字로, 漢字는 한글로 고쳐 쓰세요.

1.	12.	23.	34.	45.
2.	13.	24.	35.	46.
3.	14.	25.	36.	47.
4.	15.	26.	37.	48.
5.	16.	27.	38.	49.
6.	17.	28.	39.	50.
7.	18.	29.	40.	51.
8.	19.	30.	41.	
9.	20.	31.	42.	
10.	21.	32.	43.	
11.	22.	33.	44.	

1.4. 時事 漢字語

❀ **集團的 自衛權 (right of collective self-defense)**

◆ 集 모을 집   團 둥글 단   的 과녁 적   自 스스로 자   衛 지킬 위   權 권세 권

긴밀한 유대관계를 가진 국가들 중의 어떤 한 나라가 제3국으로부터 무력공격을 받았을 때, 다른 나라가 이를 스스로에 대한 무력공격과 동일한 것으로 간주하여 반격할 수 있는 권리.

국제연합헌장 제51조에 의거하여 個別的 自衛權과 함께 인정된 權利다. 이것은 외국으로부터 직접 공격을 받지 않은 국가라도 그 국가와 밀접한 利害關係(이해관계)가 있는 국가가 侵攻(침공)을 받으면 共同으로 방위를 위한 실력행사를 할 수 있다는 것을 인정하는 것으로서 집단방위권이라고만 불러야 한다는 견해도 있다. 국제연합헌장상 지역적 기관이나 협정에 의한 강제행동에는 안전보장이사회의 허가가 필요하다(헌장 제53조). 따라서 5대국의 거부권으로 인하여 지역적 기관이나 協定(협정)에 의한 방위활동이 불가능해질 우려가 있다. 이를 방지하기 위하여 챠플데백크 협정에 의거 전후상호원조를 약속한 미주제국에 의하여 제창·삽입되었다. 현재에는 NATO조약 등 많은 지역적 협정 중에 集團的 自衛權에 의한 相互援助(상호원조)에 관한 규정이 있다.

[과제] 지난 한 주 동안 신문이나 방송에서 화제가 된 時事 漢字語를 조사해 오기.(漢字의 音과 訓, 漢字語의 意味, 背景知識 등)

2. 成熟한 討論文化가 아쉽다

2.1. 漢字의 起源과 字形

　漢字의 起源과 관련한 학설은 結繩說결승설, 八卦說팔괘설, 河圖洛書說하도낙서설, 倉頡창힐造字說, 陶畫도화(陶符도부)說 등이 있다. 이 중 紀元前 4,000年頃년경의 질그릇에 그려진 그림 또는 부호가 漢字의 起源이라는 陶畫도화(陶符도부)說이 현재의 通說이라 할 수 있다. 이 陶文도문은 殷代은대의 甲骨文, 周代의 金文(金石文), 戰國文字, 秦代진대의 篆書전서(大篆대전, 小篆소전), 漢代의 隸書예서로 변천을 보이다가 漢나라 말기에 드디어 오늘날까지 쓰이는 楷書해서(正書, 眞書)가 나오고, 이후 行書, 草書 등의 書體도 나오게 되었다.

　漢字가 우리나라에 傳來된 시기는 정확하지 않다. 그러나 기원전부터 古朝鮮과 韓 등 滿洲만주와 한반도의 古代 정치세력들이 中國과 부단한 접촉을 가졌음은 文獻문헌과 考古 유적 유물로 확인되고 있는 바, 이런 交流 속에서 아마도 漢字는 자연스럽게 導入되었을 것이다.

　訓民正音이 창제되고, 壬辰倭亂임진왜란 이후 古代小說 등이 등장하면서 訓民正音의 사용이 점차 증가하였으며, 19세기 이후에는 國漢混用文이 널리 쓰이면서 현재까지도 쓰이고 있다. 解放 이후 한글專用論이 득세하면서 漢字 사용이 많이 줄어들었지만 점차 漢字의 필요성이 인식되면서 필요한 漢字는 混用하자는 주장이 지지를 얻어 가고 있다. 漢字는 한글과 더불어 國語를 표기하는 文字의 하나이다. 소리글자(한글)와 뜻글자(漢字)의 混用은 一文字 專用의 단점을 극복하고 相乘상승作用을 일으켜 韓國人의 이상적인 文字生活을 가능케 해 준다고 하겠다.

❀ 漢字의 字形
　漢字의 字形은 漢字의 역사가 오래된 만큼 많은 변화를 겪었다. 옛날에 쓰였거나 지금도 쓰고 있는 자체로는 甲骨文, 金文(金石文), 戰國文字, 篆書전서(大篆대전, 小篆소전), 隸書예서, 楷書해서(正書, 眞書), 行書, 草書 등이 있다. 이를 모두 다 공부한다는 것은 專門家에게도 어려운 일이고, 일반인에게는 꼭 필요한 부분도 아니다. 漢字 學習의 대상이고 현재 우리가 쓰는 漢字의 標準이 되는 字體는 楷書해서이므로 우선 楷書體해서체 字形에 익숙해지면 된다.

　漢字는 楷書해서 계통의 글자체를 기준으로 劃획이 분명하고 누구나 알아 볼 수 있게 써야 하며, 흘림체 글씨를 쓰면 타인이 보기에 잘못 쓴 것으로, 글자 모양을 정확히 모르는 것으로 판단할 수 있다.

❀ 混同하기 쉬운 漢字_形似字형사자
　漢字에는 모양이 거의 같거나 類似유사한 글자들이 있는데, 이를 잘 구분하여 써야 한다. 已

(이미 이), 巳(뱀 사), 己(몸 기), 卩(병부 절) 등이 이런 글자이다. 한편 胄(肉부 5획, 맏아들 주)와 冑(冂부 7획, 투구 주), 玆(玄부 5획, 검을/이 자)와 茲(艸부 6획, 초목우거질/이 자)처럼 거의 구별하기 어려운 글자도 있는데, 이런 경우는 예로부터 같은 글자로 간주하다시피 하였으므로 문장 상에서 어울리는 글자를 보아 그 뜻을 살펴야 한다.

● 字典의 活用

보통 字典과 玉篇을 같은 것으로 혼동하는데, 본래 玉篇은 梁양나라 때 顧野王고야왕이라는 學者가 편찬한 字典 중의 하나였다. 이 책의 원본은 오늘날 비록 전하지 않지만 片鱗편린으로만 살펴보아도 대단한 力作으로 이후 字典의 대명사가 되었던 까닭에 오늘날까지 字典을 대신하는 이름으로도 쓰이고 있는 것이다. 현재 우리나라에서 주로 쓰이는 字典은 朝鮮朝 字典들을 거쳐 1915년 朝鮮光文會에서 간행한 『新字典』 계통의 字典이다.

漢字를 접하다 보면 모르는 글자를 만날 수 있고, 알고 있는 訓音으로는 이해되지 않는 말을 만날 수 있다. 이런 경우에는 字典을 찾아 글자의 풀이와 용례 등을 살펴 의문을 풀어야 한다. 字典을 활용하기 위해서는 앞서 언급한 部首字들을 먼저 알아야 한다. 字典은 部首別로 漢字를 분류하고 그 部首에 속한 글자들을 劃順획순(部首의 劃획은 제외)으로 열거하고 있기 때문이다.

따라서 모르는 글자가 있는 경우 먼저 그 글자의 部首字를 찾아낼 수 있어야 한다. 다음에는 字典의 部首 索引색인에서 그 部首에 속한 글자들이 몇 면에 있는가를 알아보고, 거기서 部首를 제외한 나머지 글자의 劃數획수를 계산하여 찾으면 된다.

部首를 모르거나 하는 경우에는 음을 추정하여 字音 索引색인을 통하여 검색할 수 있다. 이도 용이치 않을 때는 漢字의 總劃數총획수을 세어 總劃총획 索引색인을 통하여 검색할 수 있다.

▣ 재미있는 漢字

月出高 달 월 날 출 높을 고 <달 날 고 - 달라고>
日入於 날 일 들 입 어조사 어 <날 들 어 - 날더러>

무애 양주동 선생이 어려서 장가를 드는데 신부동네 청년들이 신랑을 놀리며 <月出高> 하니 이는 무엇을 좀 달라는 농인데 무슨 말인지 몰라 어리둥절하도록 하여 신랑을 제압하기 위한 심리전이다.

이에 어린 신랑이 즉석에서 이를 알아차리고 <日入於>하니 이는 "날더러 달라고 하는 것인가?" 의 뜻으로서 글 솜씨로 상대방에게 보기좋게 대응한 이야기다.

2.2. 漢字 練習

▣ 다음 한자의 훈과 음을 익히고 한자를 쓰면서 기억해 보세요.

한자쓰기1

竹18 대쪽/간략할 간(:)	心13 느낄 감:
簡	感
人10 낱 개(:)	門12 열 개
個	開
宀9 손 객	手16 근거 거:
客	據
見7 볼 견: ǀ 뵈올 현:	水7 결단할 결
見	決
糸12 맺을 결	口7 고할 고:
結	告
老6 생각할 고(:)	口7 곤할 곤:
考	困
力5 공[勳] 공	門19 관계할 관
功	關
木13 다할/극진할 극	木10 뿌리 근
極	根
心8 생각 념:	口12 홑 단
念	單
竹12 대답 답	田13 마땅 당
答	當
人5 대신할 대:	力11 움직일 동:
代	動
人8 올 래(:)	止16 지날 력
來	歷

한자쓰기2

2. 成熟한 討論文化가 아쉽다

人8 법식 례:	言15 논할 론
例	論
斗10 헤아릴 료(:)	玉11 다스릴 리:
料	理
立5 설 립	日8 밝을 명
立	明
目5 눈 목	火12 없을 무
目	無
文4 글월 문	木5 아닐 미(:)
文	未
又4 돌이킬/돌아올 반:	癶12 필 발
反	發
方4 모[棱]방	白6 일백 백
方	百
言23 변할 변:	貝11 가난할 빈
變	貧
口5 사기(史記) 사:	心9 생각 사(:)
史	思
示8 모일 사	口11 장사 상
社	商
巾11 떳떳할 상	目9 서로 상
常	相
豕12 코끼리 상	心8 성품 성:
象	性
攴15 셈 수:	日10 때 시
數	時

한자쓰기 3

見12 볼 시:						臣6 신하 신					
視						臣					
身7 몸 신						木10 책상 안:					
身						案					
弓10 약할 약						女6 같을 여					
弱						如					
火17 경영할 영						豕16 미리 예:					
營						豫					
囗13 둥글 원						爪12 하/할 위(:)					
圓						爲					
一1 한 일						子3 아들 자					
一						子					
土12 마당 장						刀9 앞 전					
場						前					
戈16 싸움 전:						黑17 점 점(:)					
戰						點					
手11 이을 접						頁18 제목 제					
接						題					
足7 발 족						禾14 씨 종(:)					
足						種					
矢8 알 지						目8 곧을 직					
知						直					
阜10 진칠 진						冂5 책 책					
陣						冊					
手8 부를 초						金14 총 총					
招						銃					

한자쓰기4

水12 헤아릴 측	十8 높을 탁
測	卓
言10 칠 토(:)	衣8 겉 표
討	表
阜9 한할 한:	角13 풀 해:
限	解
行6 다닐 행(:) ǀ 항렬 항	十8 화할 협
行	協
曰13 모일 회:	
會	

▣ 재미있는 漢字

志學지학   15세   학문에 뜻을 두는 나이
破瓜파과   14세   결혼하기에 적당한 여자의 나이
弱冠약관   20세   남자 나이 스무살을 뜻
芳年방년   20세   여자 나이 스무살을 뜻함
而立이립   30세   모든 기초를 세우는 나이
不惑불혹   40세   사물의 이치를 터득하고 세상 일에 흔들리지 않을 나이
知命지명   50세   천명을 아는 나이. 知天命이라고도 함
耳順이순   60세   인생에 경륜이 쌓이고 思慮사려와 判斷판단이 성숙하여 남의 말을 받아들이는 나이
還甲환갑   61세   일갑자(60년)가 돌아 왔다고 해서 환갑 또는 回甲회갑이라 하며, 이를 경축하여 華甲화갑라고도 함
從心종심   70세   뜻대로 행하여도 도리에 어긋나지 않는 나이. 古稀고희라고도 함
傘壽산수   80세   산(傘)자를 팔(八)과 십(十)의 파자(破字)로 해석하여 80세라는 의미
卒壽졸수   90세   졸(卒)자를 구(九)와 십(十)으로 파자(破字)하여 90세로 봄
白壽백수   99세   일백 백(百)자에서 한 일(一)자를 빼면 흰 백(白)자가 된다하여 99세로 봄
上壽상수   100세 사람의 수명을 상중하로 나누어 볼 때 최상의 수명이라는 뜻.

문제풀기

● 다음 漢字의 訓과 音을 쓰시오.

1. 簡 (　　　)
2. 貧 (　　　)
3. 如 (　　　)
4. 營 (　　　)
5. 困 (　　　)
6. 據 (　　　)
7. 個 (　　　)
8. 論 (　　　)
9. 極 (　　　)
10. 圓 (　　　)
11. 常 (　　　)
12. 豫 (　　　)
13. 視 (　　　)
14. 招 (　　　)
15. 未 (　　　)
16. 接 (　　　)
17. 點 (　　　)
18. 陣 (　　　)
19. 冊 (　　　)
20. 銃 (　　　)
21. 討 (　　　)
22. 象 (　　　)
23. 解 (　　　)
24. 爲 (　　　)
25. 限 (　　　)
26. 測 (　　　)
27. 單 (　　　)
28. 協 (　　　)

● 다음 漢字의 訓과 音에 맞는 漢字를 쓰시오.

29. 겉 표 (　　　)
30. 결단할 결 (　　　)
31. 고할 고: (　　　)
32. 곧을 직 (　　　)
33. 공[勳] 공 (　　　)
34. 관계할 관 (　　　)
35. 글월 문 (　　　)
36. 높을 탁 (　　　)
37. 눈 목 (　　　)
38. 느낄 감: (　　　)
39. 다닐 행(:) (　　　)
40. 다스릴 리: (　　　)
41. 대답 답 (　　　)
42. 대신할 대: (　　　)
43. 돌이킬/돌아올 반:(　　　)
44. 때 시 (　　　)
45. 마당 장 (　　　)
46. 마땅 당 (　　　)
47. 맺을 결 (　　　)
48. 모[稜]방 (　　　)
49. 모일 사 (　　　)
50. 모일 회: (　　　)
51. 몸 신 (　　　)
52. 발 족 (　　　)
53. 밝을 명 (　　　)
54. 법식 례: (　　　)
55. 변할 변: (　　　)
56. 볼 견: | 뵈올 현:(　　　)
57. 뿌리 근 (　　　)
58. 사기(史記) 사:(　　　)
59. 생각 념 (　　　)
60. 생각 사(:) (　　　)
61. 생각할 고(:) (　　　)
62. 서로 상 (　　　)
63. 설 립 (　　　)
64. 성품 성: (　　　)
65. 셈 수: (　　　)
66. 손 객 (　　　)
67. 신하 신 (　　　)
68. 싸움 전: (　　　)
69. 씨 종(:) (　　　)
70. 아들 자 (　　　)
71. 알 지 (　　　)
72. 앞 전 (　　　)
73. 약할 약 (　　　)
74. 없을 무 (　　　)
75. 열 개 (　　　)
76. 올 래(:) (　　　)
77. 움직일 동: (　　　)
78. 일백 백 (　　　)
79. 장사 상 (　　　)
80. 제목 제 (　　　)
81. 지날 력 (　　　)
82. 책상 안: (　　　)
83. 필 발 (　　　)
84. 한 일 (　　　)
85. 헤아릴 료(:) (　　　)

2.3. 實戰 應用

■ 成熟(성숙)한 ¹討論文化가 아쉽다

어떤 ²사회적인 ³爭點들이 떠오를 때마다, 우리가 目睹(목도)하는 것은 토론문화의 ⁴貧困이다. ⁵예컨대 '⁶百分討論'이 그렇다. 어떻게 그렇게 모든 ⁷문제들에 ⁸대해서 豆腐(두부)를 자르듯이 그렇게 ⁹명백히 贊成(찬성)과 ¹⁰반대로 ¹¹陣營이 나뉠 수 있는지. 그토록 오래 서로 ¹²수많은 ¹³論據와 ¹⁴論戰을 거듭함에도 不拘(불구)하고, 어떻게 ¹⁵結論은 한 걸음도 앞으로 나아가지 못하는지. ¹⁶論客들의 面貌(면모)도 '그 나물에 그 飯饌(반찬)'이라는 느낌을 갖게 한다.

우리의 ¹⁷지성계가 그토록 빈곤하다는 것일까. '백분토론'이지만 '¹⁸백분'에 끝나는 적도 없다. 두 마리의 염소가 외나무다리에서 ¹⁹無限히 서로 머리를 들이밀고 있는 것 같기도 하고, 황새와 조개가 서로의 ²⁰弱點만을 물고서 무던히 버티고 있는 모습 같기도 하다.

FTA에 ²¹관해서도 그렇다. 이런 ²²巨大한 ²³국가적인 ²⁴사안마저도, 그들에게는 '2+2=4'처럼 ²⁵簡單하다. 한쪽에서는 말 그대로 '²⁶개국공신'으로 推仰(추앙)받는 ²⁷協商團이 다른 쪽에서는 '나라를 팔아먹은 賣國奴(매국노)'가 된다. ²⁸異常하게도 거기에는 ²⁹국가의 ³⁰未來를 놓고, 함께 머리를 모으는 모습이 ³¹발견되지 않는다.

때로 내게는 FTA가 ³²招來할 ³³豫測할 수 없는 미래의 ³⁴변화에 대한 두려움보다도, 이러한 토론문화의 缺乏(결핍)이 더 무섭게 느껴지곤 한다. '백분토론'이 끝나는 새벽에 남는 것은 ³⁵주제에 대한 ³⁶解答이 아니라, 논객들이 남긴 ³⁷極과 극의 말씀들뿐이다.

그러니, 그런 씨잘 데 없는 ³⁸討論들은 때려치우라고 말하고 싶은 분들도 있을 수 있겠다. ³⁹直接 나서서 ⁴⁰행동으로 ⁴¹자신의 생각을 實踐(실천)하는 사람도 ⁴²간간이 나타난다. 하지만 나는 그 遲遲不進(지지부진)한 토론이 ⁴³사실은 ⁴⁴銃알 하나를 ⁴⁵대신하는 일임을 믿는다. 총알 하나로 간단히 ⁴⁶解決할 일을 우리는 밤을 새워 토론하는 것이다. 그런데 그런 토론문화란 게 생겨난 것

◆ 위의 本文 가운데 한글은 漢字로, 漢字는 한글로 고쳐 쓰세요.

1.	11.	21.	31.	41.
2.	12.	22.	32.	42.
3.	13.	23.	33.	43.
4.	14.	24.	34.	44.
5.	15.	25.	35.	45.
6.	16.	26.	36.	46.
7.	17.	27.	37.	
8.	18.	28.	38.	
9.	19.	29.	39.	
10.	20.	30.	40.	

도 우리에겐 그렇게 오래지 않은 것이다. 그러므로 나는 ⁴⁷如前히 이 지지부진한 토론들을 사랑한다는 ⁴⁸點을 ⁴⁹고백해야겠다.

　혼히 ⁵⁰民主主義의 ⁵¹근본이념은 '⁵²圓卓'으로 ⁵³表象된다. 그러나 오늘날 우리가 혼히 마주치는 것은 원탁이 아니라, 두 ⁵⁴個의 서로 마주보는 ⁵⁵탁자다. 사람마다 各其각기 다른 ⁵⁶입장을 지니고 있음에도 불구하고, 우리는 아주 오랫동안 사안마다 두 개의 진영을 만들어서 싸워왔다.

　거기에 司會者사회자가 仲裁중재에 나서긴 하지만, 늘 ⁵⁷역부족이다. 어쩌면 우리는 토론에 대해서 하나만 알고 다른 하나를 모르고 있는 것인지도 모른다. 쇼펜하우어가 자신의 ⁵⁸冊에서 ⁵⁹論爭을 하다가 ⁶⁰상대방이 칼을 뽑아들었다면 그때는 우리도 칼을 들어야 한다고 말하고 있는 것처럼, 토론은 혀로 싸우는 싸움의 ⁶¹일종이다. 싸움이니 ⁶²당연히 이겨야한다. 제멋대로 우기거나, ⁶³감정에 呼訴호소하거나, ⁶⁴資料를 歪曲왜곡하거나, ⁶⁵편을 나눠서라도 이기고 싶어 하는 게 당연해 보인다.

　그러나 토론은 ⁶⁶동시에 '⁶⁷協力的인 ⁶⁸사고'의 일종이라 할 수 있다. ⁶⁹異見을 지닌 사람들끼리 모이되, 같은 ⁷⁰목적을 ⁷¹爲해 힘을 모으는 일인 것이다. 이는 ⁷²현실을 ⁷³無視한 浪漫的낭만적인 생각일 뿐일까. 그럴지도 모른다. 하지만, 그렇게 '세 치 혀' 끝에서 꿈틀대는 독사(doxa)들, 그 執拗집요한 甲論乙駁갑론을박 속에 ⁷⁴역사 속으로 사라져버린 수많은 나라들과 사람들을 우리는 記憶기억해야만 한다. 只今지금 우리에게는 너무도 많은 토론거리들이 한꺼번에 던져지고 있기 때문이다. (南基卓, 敎授新聞, 2007年 4月 16日)

◆ 위의 本文 가운데 한글은 漢字로, 漢字는 한글로 고쳐 쓰세요.

47.	53.	59.	65.	71.
48.	54.	60.	66.	72.
49.	55.	61.	67.	73.
50.	56.	62.	68.	74.
51.	57.	63.	69.	
52.	58.	64.	70.	

2.4. 時事 漢字語

❖ **手足口病**

> ◆ 手손수 足발족 口입구 病병병
>
>   手足口病은 주로 콕사키 바이러스 A16 또는 엔테로 바이러스 71에 의해 발병하는 疾患(질환)으로, 여름과 가을철에 흔히 發生하며 입 안의 물집과 궤양, 손과 발의 水疱性(수포성) 拔進(발진)을 특징으로 하는 질환이다.
>
>   原因
>
>   주로 콕사키 바이러스 A16에 의해 발생하며 최근 엔테로 바이러스 71에 의한 手足口病의 集團(집단) 發生이 보고되고 있다. 그 외에도 콕사키 바이러스 A5, A7, A9에 의해 發病할 수 있다.
>
>   增上(증상)
>
>   대개는 가벼운 질환으로 미열이 있거나 열이 없는 경우도 있다. 입 안의 인두는 발적되고 혀와 볼 점막, 후부인두, 구개, 잇몸과 입술에 수포가 나타날 수 있다. 발진은 발보다 손에 더 흔하며 3~7mm 크기의 수포성으로 손바닥과 발바닥보다는 손등과 발등에 더 많다. 엉덩이와 사타구니에도 발진이 나타날 수 있고, 엉덩이에 생긴 발진은 대개는 수포를 형성하지 않는다. 수포는 1주일 정도가 지나면 호전된다. 엔테로 바이러스 71에 의해 생긴 수족구병은 콕사키 바이러스 A16보다 더 심하게 나타나며 무균성 뇌막염, 뇌염, 마비성 질환 등의 신경계 질환을 동반할 수 있다.
>
>   治療(치료)
>
>   대부분의 환자들은 7~10일 후 자연적으로 회복될 수 있다. 심한 질환을 동반하는 경우 그에 따른 치료를 받게 된다.

과제 지난 한 주 동안 신문이나 방송에서 화제가 된 時事 漢字語를 조사해 오기.(漢字의 音과 訓, 漢字語의 意味, 背景知識 등)

3. 物神主義와 언어의 疏外

3.1. 部首

部首는 字典에서 漢字를 찾는 데 필요하기도 하지만 形聲文字의 의미부는 모두 이 部首字이므로 漢字의 뜻을 이해하는 데 불가결한 부분이다. 같은 部首에 속한 글자는 대체로 部首字가 지니고 있는 큰 개념은 공유하고 있다. 예로 人(사람 인)이 部首字로 들어간 代, 信, 仁, 作, 休 등은 모두 사람 그 자체나 사람이 갖는 성질 또는 상태 등 '사람'과 관련된 의미를 이룬다는 것이다. 宀(집 면)이 부수자로 들어간 家, 宮, 安 등은 모두 집 그 자체나 집의 규모, 집에서 무언가를 하는 것 등 '집'과 관련된 뜻을 지니고 있다.

部首는 그 위치에 따라 모양이 바뀌기도 하며 다음과 같이 부른다.

① ■, ② ■, ③ ■, ④ ■ ⑤ ■ ⑥ ■ ⑦ ■ ⑧ ■

① 변(邊) : 부수가 글자의 왼쪽에 있는 경우. 예) 仁 (亻은 人의 변형으로 '사람인 변'이라 부름). ② 방(傍) : 부수가 글자의 오른쪽에 있는 경우. 예) 別 (刂는 刀칼 도의 변형으로 '선칼도 방'이라 부름). ③ 머리 : 부수가 글자의 위에 있는 경우. 예) 室 (宀은 '갓 머리'라 부름). ④ 발 : 부수가 글자의 아래에 있는 경우. 예) 兄 (儿은 '어진사람인 발'이라 부름) ⑤ 엄(广) : 부수가 글자의 위쪽부터 왼쪽에 걸쳐 있는 경우. 예) 屠(죽일 도) (尸는 '주검시 엄'이라 부름) ⑥ 받침 : 부수가 글자의 왼쪽부터 아래에 걸쳐 있는 경우. 예) 道 (辶은 '책 받침'이라 부름). ⑦ 몸(에운담) : 부수가 글자를 에워싸고 있는 경우. 예) 國, 間 (囗은 '에운담', 門은 '문문 몸'이라 부름). ⑧ 제부수 : 한 글자 전체가 그대로 부수인 것. 예) 車, 身, 立 등.

部首를 최초로 고안한 사람은 後漢때의 文字學者인 許愼허신이라는 사람이다. 그는 漢字의 3요소인 形(모양), 音(소리), 義(뜻)를 밝힌 『說文解字』라는 책을 저술하고, 당시에 존재하던 漢字 9,353字를 540개의 部首를 사용하여 분류하였다. 그 후 淸나라 때에 이르러 『康熙字典강희자전』이 편찬되면서 필요한 새로운 部首를 만들고 部首字 중 불필요하거나 중복된 것은 하나로 통합하여 214개로 정리하였고, 이 214 部首가 오늘날까지 이용되고 있다.

🌐 變形部首

部首가 그 위치와 자체에 따라 모양이 바뀌는 경우가 있는데, 이를 變形部首라 부르며, 대개 다음과 같다.

劃數획수	部首	原部首	部首名稱	劃數획수	部首	原部首	部首名稱
1	乚	乙	새 을	3	犭	犬	개견변
2	刂	刀	선칼 도, 칼도방	3	阝	阜	좌부 변, * 좌부방
2	亻	人	사람 인 변	3	扌	手	손수변
2	㔾	卩	병부 절 발	3	氵	水	삼수변

3. 物神主義와 언어의 疏外

3	忄	心	마음심변 *심방변		4	罒	网	그물 망
3	阝	邑	우부 방, 고을읍 방		4	辶	辵	책받침
3	艹	艸	초두, 풀초머리		4	辶	辵	책받침
3	兀	尢	절름발이 왕		4	礻	示	보일 시 변
3	尣	尢	절름발이 왕		5	衤	衣	옷 의
3	巛	巛	개미허리		5	罒	目	눈 목
3	ㅋ	ㅋ	터진가로왈		5	氺	水	아래물 수
3	彑	ㅋ	터진가로왈		5	⻊	疋	필 필
4	耂	老	늙을 로		5	歺	歹	죽을사
4	旡	无	이미기방		5	罒	网	그물 망
4	小	心	마음심밑		6	臼	臼	두손으로 잡을 국
4	王	玉	임금왕변		6	糹	糸	실사변
4	牜	牛	소우변		6	羊	羊	양 양
4	月	肉	육 달 월		6	竹	竹	대죽머리
4	爫	爪	손톱 조 머리		6	西	襾	덮을 아
4	爫	爪	손톱 조 머리		6	覀	襾	덮을 아
4	艹	艸	초두, 풀초머리		7	⻊	足	발족변
4	灬	火	연화발		8	镸	長	길 장
4	攵	攴	등글월문		8	靑	靑	푸를 청
4	罒	网	그물 망		9	飠	食	밥사변, 밥식변

3.2. 漢字 練習

다음 한자의 훈과 음을 익히고 한자를 쓰면서 기억해 보세요.

한자쓰기1

日13 틈/겨를 가:						尸8 살 거					
暇						居					
人6 물건 건						廴9 세울 건:					
件						建					
水15 깨끗할 결						阜12 섬돌 계					
潔						階					
口8 굳을 고(:)						辶13 지날 과:					
固						過					
宀8 벼슬 관						木14 얽을 구					
官						構					
尸7 판[形局] 국						刀15 심할 극					
局						劇					
竹12 힘줄 근						宀11 부칠 기					
筋						寄					
己3 몸 기						木16 틀 기					
己						機					
女3 계집 녀						殳9 층계 단					
女						段					
土11 집 당						辶13 길 도:					
堂						道					
毋8 독 독						見21 볼 람					
毒						覽					
頁19 무리 류(:)						刀7 이할 리:					
類						利					

3. 物神主義와 언어의 疏外

한자쓰기2

馬10 말 마:	艹13 일만 만:
馬	萬
口8 목숨 명:	耳14 들을 문(:)
命	聞
牛8 물건 물	口8 맛 미:
物	味
手8 칠 박	田12 차례 번
拍	番
辛21 말씀 변:	心12 슬플 비:
辯	悲
非8 날 비	一3 윗 상:
飛	上
广7 상 상	言14 말씀 설｜달랠 세:
床	說
戈7 이룰 성	目9 살필 성｜덜 생
成	省
糸10 본디/흴[白] 소(:)	手13 덜 손:
素	損
手4 손 수(:)	糸10 순수할 순
手	純
日9 이[斯]/옳을 시:	言19 알 식
是	識
示10 귀신 신	心13 사랑 애(:)
神	愛
言7 말씀 언	臼14 더불/줄 여:
言	與

한자쓰기3

艹13 잎 엽	襾9 요긴할 요(:)
葉	要

用5 쓸 용:	儿4 으뜸 원
用	元

心9 원망할 원(:)	人7 자리 위
怨	位

女9 위엄 위	邑7 고을 읍
威	邑

人8 의지할 의	心13 뜻 의:
依	意

人5 써 이:	子6 글자 자
以	字

人7 지을 작	木7 재목 재
作	材

辶15 맞을 적	刀4 끊을 절ㅣ온통 체
適	切

攴16 가지런할 정:	禾12 한도/길[道] 정
整	程

辶11 지을 조:	水8 부을 주:
造	注

走7 달릴 주	欠6 버금 차
走	次

刀12 비롯할 창:	手11 캘 채:
創	採

大4 하늘 천	骨23 몸 체
天	體

3. 物神主義와 언어의 疏外

한자쓰기4

网13 둘[措] 치:	至10 이를 치:
置	致

心14 모습 태:	水8 물결 파
態	波

心5 반드시 필	彡7 모양 형
必	形

戈8 혹 혹	水9 살 활
或	活

■ 재미있는 漢字

泗川 고을의 원님이 강을 건너게 되었다. 그런데 배를 모는 사공이 여자였다. 그 여자를 자세히 보니 대단한 인물이었다. 말을 걸었다.

"그래, 어떻게 해서 부인은 배를 모십니까? 남편의 姓은 무엇입니까?"

"우리 남편의 성은 白哥입니다."

"아이고, 부인은 참 좋으시겠네, 百 서방을 얻었으니."

그러자 그 여자가 하는 말.

"사천 원의 사천 부인은 四千 서방을 얻었으니 나보다 더 좋겠네."

이러는 것이었다. 원은 어떻게 보복할까 궁리하였다. 이윽고 배가 강가에 닿자 내리면서 이렇게 말했다.

"자네 배에서 내리니 서운하네."

여자가 얼른 받아서 하는 말.

"나는 참 눈물이 납니다."

"왜 눈물이 나는가?"

"내 배에 들어있다가 나가니, 눈물이 납니다."

그러니 사천 원은 졸지에 그 여자의 아들이 되어 버렸다.

基礎漢字와 生活言語

문제풀기

◉ 다음 漢字의 訓과 音을 쓰시오.

1. 暇 (   )
2. 整 (   )
3. 潔 (   )
4. 飛 (   )
5. 走 (   )
6. 與 (   )
7. 損 (   )
8. 毒 (   )
9. 置 (   )
10. 辯 (   )
11. 味 (   )
12. 適 (   )
13. 態 (   )
14. 波 (   )
15. 次 (   )
16. 官 (   )
17. 素 (   )
18. 覽 (   )
19. 寄 (   )
20. 創 (   )
21. 居 (   )
22. 床 (   )
23. 階 (   )
24. 純 (   )
25. 悲 (   )
26. 劇 (   )
27. 構 (   )
28. 怨 (   )
29. 威 (   )
30. 依 (   )
31. 是 (   )
32. 造 (   )
33. 段 (   )
34. 拍 (   )
35. 探 (   )
36. 機 (   )
37. 或 (   )
38. 筋 (   )
39. 程 (   )

◉ 다음 漢字의 訓과 音에 맞는 漢字를 쓰시오.

40. 물건 건 (   )
41. 계집 녀 (   )
42. 고을 읍 (   )
43. 굳을 고(:) (   )
44. 귀신 신 (   )
45. 글자 자 (   )
46. 길 도: (   )
47. 끊을 절 | 온통 체( )
48. 들을 문(:) (   )
49. 뜻 의: (   )
50. 말 마: (   )
51. 말씀 설 | 달랠 세:( )
52. 말씀 언 (   )
53. 모양 형 (   )
54. 목숨 명: (   )
55. 몸 기 (   )
56. 몸 체 (   )
57. 무리 류(:) (   )
58. 물건 물 (   )
59. 반드시 필 (   )
60. 부을 주: (   )
61. 사랑 애(:) (   )
62. 살 활 (   )
63. 살필 성 | 덜 생 ( )
64. 세울 건: (   )
65. 손 수(:) (   )
66. 써 이: (   )
67. 쓸 용: (   )
68. 알 식 (   )
69. 요긴할 요(:) (   )
70. 윗 상: (   )
71. 으뜸 원 (   )
72. 이룰 성 (   )
73. 이를 치: (   )
74. 이할 리: (   )
75. 일만 만 (   )
76. 잎 엽 (   )
77. 자리 위 (   )
78. 재목 재 (   )
79. 지날 과: (   )
80. 지을 작 (   )
81. 집 당 (   )
82. 차례 번 (   )
83. 판[形局] 국 (   )
84. 하늘 천 (   )

3.3. 實戰 應用

■ ¹物神主義와 ²언어의 疏外^{소외}

얼마 ³전, ⁴국민俳優^{배우}로 불렸던 한 ⁵여성이 스스로 목숨을 끊었다. 무엇이 그녀의 삶을 그렇게 돌이킬 수 없는 ⁶破局으로 이끌었는가에 ⁷대해서는 함부로 말할 수 없겠지만, ⁸분명한 ⁹사실 ¹⁰중의 하나는 그 ¹¹過程에서 ¹²당사자를 둘러싼 루머가 ¹³중요하게 ¹⁴작용했다는 것이다. 그 女俳優^{여배우}와 關聯^{관련}된 ¹⁵정체불명의 루머는 누군가의 입에서 흘러나온 ¹⁶부주의한 '말'에서부터 비롯되었고 다음 ¹⁷段階에서 인터넷이라는 ¹⁸도구와 글쓰기라는 ¹⁹行爲에 의해 ²⁰一波萬波로 퍼져나갔다. 루머는 말 그대로 ²¹單純히 '떠도는 ²²소문'에 ²³불과하지만 ²⁴문자라는 ²⁵手段에 의해 ²⁶고정되는 瞬間^{순간} 그것은 ²⁷일정한 ²⁸形態를 얻게 되고 '사실'이 되어 버린다. '말'에 버금가는 '글'의 ²⁹威力은 그런 것이다.

많은 사람들에게 놀라움과 슬픔을 안겨 준 이 ³⁰悲劇的 ³¹사건은 오늘의 우리가 ³²營爲하고 있는 ³³언어생활, 말을 하고 글을 쓰는 행위에 대한 ³⁴반성을 促求^{촉구}하고 있다. "언어는 ³⁵存在의 집"이라고 ³⁶언명한 하이데거의 생각에 따르자면, 말과 글은 ³⁷인간이 누리는 ³⁸행복한 ³⁹實存의 뿌리를 이루고 있다. 이 ⁴⁰次元에 설 때, 말을 하고 글을 쓰는 행위는 단순한 도구나 수단이 아니라 ⁴¹인간적 존재를 ⁴²構成하는 ⁴³본질적 ⁴⁴要素라는 ⁴⁵意味를 가진다. 그러나 只今^{지금} 우리에게 있어 언어는 인간적 존재로서 우리 ⁴⁶자신의 ⁴⁷정체성을 드러내고 ⁴⁸실현시키는 행복한 ⁴⁹居所가 더 ⁵⁰이상 아니다. 오늘날의 말과 글은 그것이 한갓 수단일 뿐이라고 여기는 인간의 ⁵¹불행한 ⁵²의식이 角逐^{각축}하는 ⁵³전쟁터가 되어버렸다. 그런 ⁵⁴點에서 오늘의 우리들에게 있어

◆ 위의 本文 가운데 한글은 漢字로, 漢字는 한글로 고쳐 쓰세요.

1.	13.	25.	37.	49.
2.	14.	26.	38.	50.
3.	15.	27.	39.	51.
4.	16.	28.	40.	52.
5.	17.	29.	41.	53.
6.	18.	30.	42.	54.
7.	19.	31.	43.	
8.	20.	32.	44.	
9.	21.	33.	45.	
10.	22.	34.	46.	
11.	23.	35.	47.	
12.	24.	36.	48.	

언어란 차라리 '존재의 監獄^{감옥}'을 의미한다고 말해야 ⁵⁵適切한 ⁵⁶표현이 될 것이다.

이 ⁵⁷機會에 인터넷이라는 ⁵⁸문명의 ⁵⁹이기에 대해서도 다시 한 ⁶⁰번 생각해 볼 ⁶¹필요가 있다. 인터넷에 ⁶²依해 우리는 드디어 疏通^{소통}의 ⁶³천국을 ⁶⁴建設했지만 그것은 어디까지나 도구에 불과하다. 인간이 ⁶⁵創造해낸 문명의 이기들은 인간의 행복에 ⁶⁶寄與한다는 ⁶⁷목적 때문에 의미를 가질 수 있다. 그러나 지금 우리 앞에서 이 목적과 수단의 의미는 자주 顚倒^{전도}되고 있다. 우리는 스스로에 대해 이렇게 물어 보아야만 한다. 우리는 ⁶⁸과연 컴퓨터와 인터넷이라는 尖端^{첨단}의 ⁶⁹문명적 이기들에 대해 ⁷⁰주인의 ⁷¹位置에 서 있는가. ⁷²或是 우리는 그것들 앞에서 漸漸^{점점} 奴隷^{노예}의 ⁷³處地에 떨어지고 있는 것은 아닌가.

오늘날의 언어가 인간이라는 존재의 집을 떠나버리게 된 것은 새로운 ⁷⁴종류의 물신주의의 擡頭^{대두} 과정과 ⁷⁵결코 ⁷⁶무관하지 않다. 인터넷과 携帶^{휴대}폰 등 문명의 이기에 ⁷⁷依存하고 있는 오늘날의 이 소통의 천국에서 인간은 어쩌면 但只^{단지} '말을 하는 機械^{기계}'거나 '글을 쓰는 기계'가 되어가고 있는지도 모른다. 우리가 자신의 행복을 ⁷⁸爲해 만들어낸 도구나 수단에 대해 우리 스스로 주인의 위치를 지켜내지 못할 때 그것은 ⁷⁹치명적인 ⁸⁰毒으로 우리 자신에게 되돌아온다는 문명의 ⁸¹逆說을 우리는 언제나 記憶^{기억}해야만 할 것이다.(『語文生活』, 2008年 11月)

◆ 위의 本文 가운데 한글은 漢字로, 漢字는 한글로 고쳐 쓰세요.

55.	61.	67.	73.	79.
56.	62.	68.	74.	80.
57.	63.	69.	75.	81.
58.	64.	70.	76.	
59.	65.	71.	77.	
60.	66.	72.	78.	

3.4. 時事 漢字語

❀ 出口調査 [exit poll]

◈ 出 날 출 口 입 구 調 고를 조 査 조사할 사

  投票所(투표소)로부터 일정 거리 떨어진 곳에서 투표를 마치고 나오는 有權者(유권자)들을 대상으로 투표 내용을 조사하는 輿論調査(여론조사) 방법 투표를 마치고 나오는 유권자들을 대상으로 투표 내용을 面接(면접) 조사하는 여론조사방법으로, 투표시간 마감 후 결과가 공표되므로 選擧(선거) 결과를 가장 빠르게 豫測(예측)할 수 있는 방법으로 알려져 있다.

  선거의 종류에 따라 조사대상 투표소를 선정한 다음 일정 간격으로 투표자를 면접 조사함으로써 투표자 分布(분포) 및 政堂別(정당별), 후보자별, 支持率(지지율) 등을 조사하게 된다. 이같은 출구조사는 미국은 수정헌법 1조에 의해 보장되어 있으며, 1980년 대선 때는 동부유권자가 투표한 내용이 서부에서 투표를 시작하기 전에 報道(보도)되어 서부유권자들이 동부의 투표형태를 그대로 따라가는 현상(무임승차증후군)을 보이기도 했다. 1993년엔 出口調査만을 전담하는 선거뉴스서비스(VNS·Voter News Service)라는 컨소시엄이 설립되었다. 여기에는 ABC·NBC·CBS·CNN·폭스뉴스·AP통신 등 6개 회사가 참여한다. 2000년 대선 때는 투표결과 豫測(예측)을 잘못해 오보 소동으로 VNS와 전 회원사가 議會(의회) 聽聞會(청문회)에 불려가 困辱(곤욕)을 치르기도 했다.

과제 지난 한 주 동안 신문이나 방송에서 화제가 된 時事 漢字語를 조사해 오기.(漢字의 音과 訓, 漢字語의 意味, 背景知識 등)

4. 모든 일들은 언젠가 끝이 난다-타이타닉호의 교훈-

4.1. 漢字와 六書

六書는 後漢시대에 許愼허신이 『說文解字』에서 정리한 것으로, 象形, 指事, 會意, 形聲, 轉注, 假借가차이다. 六書는 漢字의 生成 원리를 설명하는 방법으로, 한자의 모양(形), 소리(音), 뜻(意)의 세 요소를 가지고 여섯 가지 방법으로 한자를 설명하는 것이다.

(1) 象形文字는 사물의 모양을 본떠서 만든 글자이다. 日, 月, 山, 川, 鳥, 魚 등이 이에 해당한다.
(2) 指事文字는 구체적인 모양을 나타낼 수 없는 사상이나 개념을 선이나 점 등으로 나타낸 글자이다. 上, 下, 一, 二 등이 이에 해당한다.
(3) 會意文字는 두 개 이상의 글자가 뜻으로 결합하여 만들어진 글자이다. 밝은 해(日)와 밝은 달(月)을 합쳐 밝다(明)는 글자를 만드는 식이다. 男, 林, 仕, 孝 등이 이에 해당한다.
(4) 形聲文字는 모양과 소리, 즉 뜻을 나타내는 漢字와 소리를 나타내는 漢字를 결합하여 만들어진 글자이다. 聞의 경우 소리는 門이, 뜻은 耳가 담당하는 식이다. 이미 있는 글자를 활용하여 뜻과 소리를 배정하는 데서 매우 쉬운 방법이었으므로 대부분의 漢字는 바로 이 形聲의 원리에 의하여 만들어 졌다. 仙, 淸, 珍 등이 이에 해당한다.
(5) 轉注文字는 바퀴가 굴러 자리를 옮기고(轉), 다른 땅에 물을 대듯(注) 이미 있는 글자의 뜻을 확대, 유추하여 새로운 뜻을 가지게 된 文字이다. 老를 예로 들면 허리를 구부리고 지팡이를 짚은 사람의 모습을 그린 象形文字로 '늙은이'의 뜻이나, 연륜이 쌓이면 그 만큼 경험도 많아 일에 익숙해지는 데서, '익숙하다'의 뜻이 나오게 되었다. 새로운 뜻에는 새로운 소리가 담기는 경우도 있다. 惡은 마음(心)이 온전하지 않은(亞) 것으로 '악할 악'의 訓音이 되었는데, 악한 것은 사람들이 미워한다는 데서 '미워할 오'의 訓音이 파생된 경우를 들 수 있다.
(6) 假借가차文字는 의성어, 의태어, 외래어 등을 표기하기 위하여 글자의 소리를 빌려다 쓴 文字이다. 예로 佛蘭西불란서는 프랑스를, 露西亞노서아나 俄羅斯아라사는 러시아를 발음대로 표기하기 위하여 빌려 쓴 글자이다. 이 경우 漢字音이 나라마다 달라 처음으로 假借가차文字를 만든 나라의 漢字 표기만 가져다가 그 나라의 漢字音으로 읽을 경우 原音과는 차이를 보일 수도 있다. 또 경우에 따라서는 美國 달러화의 표기 모양과 비슷한 漢字인 弗(아닐 불)을 빌려서 美國 달러화를 표기하는 등 뜻과는 무관하게 모양만 빌리는 경우도 있다. 또 새로운 글자가 필요하거나 이미 있는 글자를 피하여 다른 글자를 쓰고 싶을 때 모양이나 소리가 비슷한 글자를 빌려다가 쓰는 경우가 있다. 鐘(쇠북 종) 대신에 鍾(술그릇 종 → 쇠북 종)을 쓰거나 脣(입술 순) 대신에 唇(놀랄 진 → 입술 순)을 쓰는 것 등이다. 이 경우의 假

借가차는 漢字를 복잡하게 만드는 측면도 있어 이미 假借가차文字가 原字의 기능을 대신하는 경우를 제외하고는 가능하면 사용을 자제하는 것이 좋다. 다만 옛 文獻문헌을 읽을 때는 假借가차가 많아 알아두지 않을 수 없다.

漢字와 破字

破字는 漢字의 字劃자획을 풀어 나누는 것이다. 예로 字는 宀과 子로, 李는 木과 子 또는 十과 八과 子로 나누는 것 등이다. 破字풀이는 이 나누어진 각각의 字劃자획을 가지고 漢字의 뜻을 풀이하는 것으로 形聲文字 조차도 會意文字 분석법으로 풀이하는 것이 주가 된다. 예로 他는 人(사람)과 也(살무사)로 나누어 '사람은 제 어미를 죽이는 살무사와는 다르다는 데서 '다르다'의 뜻이다'라고 풀이하는 것 등이다.

漢字의 대부분을 이루는 形聲文字는 반드시 形과 聲으로 구분되는 것은 아니다. 聲符성부는 비단 表音할 뿐만 아니라 또한 表義도 할 수 있다. 예를 들어 衷(속마음 충)자의 形符형부 衣는 이 글자의 지칭 대상이 옷가지 종류임을 나타내며 聲符성부 中은 이 글자의 字音이 '충'임을 나타냄과 동시에 또한 글자 뜻에 안(內), 속(裏;속 리)의 뜻이 있음을 나타낸다. 衷은 衣가 뜻(속옷)을, 中이 소리를 나타내는 形聲文字이고, 동시에 中(속)과 衣(옷)가 결합한 會意文字이기도 한 것이다. 形聲文字의 聲符성부라도 반드시 소리만을 나타내는 것이 아니고 뜻도 고려하여 聲符성부를 택했다는 사실은 破字의 원리가 된다.

한편 더 이상 破字할 수 없는 지경까지 破字하여 글자를 풀이하는 경우와, 六書의 원리를 완전히 무시하고 행해지는 破字도 있는 데, 이는 흥미 위주의 글자 풀이이고, 學術的으로 큰 의미를 부여하기는 어렵다.

4.2. 漢字 練習

☞ 다음 한자의 훈과 음을 익히고 한자를 쓰면서 기억해 보세요.

한자쓰기1

欠14 노래 가							行12 거리 가(:)						
歌							街						
刀8 새길 각							手18 들 거:						
刻							擧						
亠8 서울 경							糸13 지날/글 경						
京							經						
艸9 쓸[味覺] 고							竹14 대롱/주관할 관						
苦							管						
攴11 가르칠 교:							口3 입 구(:)						
敎							口						
木22 권세 권							示13 금할 금:						
權							禁						
月12 기약할 기							气10 기운 기						
期							氣						
手16 멜 담							黑20 무리 당						
擔							黨						
巾11 띠 대(:)							广9 법도 도(:) ǀ 헤아릴 탁						
帶							度						
木8 동녘 동							月11 밝을 랑:						
東							朗						
心15 생각할 려:							水10 흐를 류						
慮							流						
木5 끝 말							口6 이름 명						
末							名						

한자쓰기2

木6 성(姓) 박	酉10 나눌/짝 배:
朴	配
八7 병사 병	宀12 부자 부:
兵	富
邑11 떼 부	匕5 북녘 북 ǀ 달아날 배:
部	北
比4 견줄 비:	飛9 코 비:
比	鼻
生11 낳을 산:	一3 석 삼
産	三
心13 생각 상:	貝15 상줄 상
想	賞
襾6 서녘 서	辶16 가릴 선:
西	選
土10 재 성	小4 적을 소:
城	少
人9 풍속 속	尸21 붙일 속
俗	屬
糸21 이을 속	攴6 거둘 수
續	收
力12 이길 승	水11 깊을 심
勝	深
水11 진 액	土11 지경 역
液	域
廴7 늘일 연	水14 펼 연:
延	演

4. 모든 일들은 언젠가 끝이 난다 -타이타닉호의 교훈-

한자쓰기3

木14 영화 영	水5 길 영:
榮	永

辶8 맞을 영	力9 날랠 용:
迎	勇

阜10 집 원	衣6 옷 의
院	衣

言14 알[知] 인	火7 재앙 재
認	災

攴8 정사(政事) 정	靑16 고요할 정
政	靜

刀8 절제할 제:	水17 건널 제:
制	濟

辶12 주일 주	水9 샘 천
週	泉

凵5 날[生] 출	尸15 층[層階] 층
出	層

水8 다스릴 치	手16 가릴 택
治	擇

疒12 아플 통:	辶10 물러날 퇴:
痛	退

攴11 패할 패:	竹15 책 편
敗	篇

一3 아래 하:	虍12 빌 허
下	虛

虍13 이름 호(:)	艸8 빛날 화
號	華

한자쓰기4

彳9 뒤 후:							言10 가르칠 훈:						
後							訓						

● 이야기 故事成語

◈ 結草報恩

　結草報恩은 죽은 뒤에라도 恩惠를 잊지 않고 갚는다는 뜻으로 쓰인다. 글자 그대로는 풀을 묶어 恩惠를 갚는다는 뜻인데, 어째서 이런 뜻을 지니게 되었을까? 春秋左氏傳 宣公 15年 秋7月 條의 記事를 보면 이것을 理解할 수 있다.

　中國 春秋時代 晉진나라 때에 魏武子위무자라는 사람에게 妾첩이 있었다. 妾첩에게는 子息이 없었다. 어느 날 魏武子위무자가 病에 걸려 妾첩의 앞날이 걱정되었다. 이에 本妻본처 所生의 아들 顆과를 불러 "내가 죽으면 반드시 改嫁개가시키거라."라고 命令하였다. 病이 깊어지자 魏武子위무자는 다시 顆과를 불러 "내가 죽으면 반드시 나와 함께 묻어라."고 고쳐 命令하였다. 아비가 죽자 顆과는 庶母서모를 改嫁개가시키고 말하기를 "아버님은 病이 깊어지심에 精神이 昏迷혼미하셨다. 마땅히 亂命을 버리고 治命을 좇은 것이다."라고 하였다. 얼마 뒤에 秦진나라의 桓公환공이 晉진나라에 쳐들어왔는데, 魏顆위과가 輔氏보씨라는 地域에서 秦진나라 軍隊를 敗退시키고 將帥장수 杜回두회를 사로잡았다. 이 싸움을 輔氏之役보씨지역이라 부른다. 이 싸움에서 魏顆위과가 보니 웬 老人이 있어 풀을 묶어 杜回두회의 목에 걸어 넘어지게 하는 것이었다. 이로 因하여 쉽게 杜回두회를 사로잡았던 것이다. 老人의 正體는 바로 밝혀졌으니 그날 밤 꿈에 老人이 나타나 말하기를 "나는 그대가 改嫁개가시킨 庶母서모의 아비이다. 그대가 先親의 精神이 맑을 때의 遺言을 따라 내 딸의 목숨을 살렸으므로 내가 이것으로써 그대에게 恩惠를 갚는 것이다."라고 하였다.
　魏顆위과의 庶母서모의 아비는 魏顆위과가 자신의 딸을 살려준 큰 恩惠를 九泉에서나마 갚고 싶었던 것이다.

　秋七月, 秦桓公伐晉, 次于輔氏. 壬午, 晉侯治兵于稷, 以略狄土, 立黎侯而還. 及雒, 魏顆敗秦師于輔氏, 獲杜回, 秦之力人也. 初, 魏武子有嬖妾, 無子. 武子疾, 命顆曰, "必嫁是." 疾病, 則曰, "必以爲殉!" 及卒, 顆嫁之, 曰, "疾病則亂, 吾從其治也." 及輔氏之役, 顆見老人結草以亢杜回. 杜回躓而顚, 故獲之. 夜夢之曰, "余, 而所嫁婦人之父也. 爾用先人之治命, 余是以報." (春秋左氏傳 宣公 15年 秋7月條)

基礎漢字와 生活言語

문제풀기

◈ 다음 漢字의 訓과 音을 쓰시오.

1. 街 (   )   14. 迎 (   )   27. 認 (   )
2. 擇 (   )   15. 擔 (   )   28. 榮 (   )
3. 收 (   )   16. 黨 (   )   29. 續 (   )
4. 濟 (   )   17. 退 (   )   30. 城 (   )
5. 靜 (   )   18. 富 (   )   31. 制 (   )
6. 權 (   )   19. 屬 (   )   32. 政 (   )
7. 禁 (   )   20. 虛 (   )   33. 域 (   )
8. 深 (   )   21. 華 (   )   34. 經 (   )
9. 配 (   )   22. 刻 (   )   35. 液 (   )
10. 延 (   )   23. 泉 (   )   36. 篇 (   )
11. 治 (   )   24. 想 (   )   37. 層 (   )
12. 管 (   )   25. 慮 (   )   38. 演 (   )
13. 帶 (   )   26. 痛 (   )   39. 俗 (   )

◈ 다음 漢字의 訓과 音에 맞는 漢字를 쓰시오.

40. 노래 가   (   )   54. 들 거: (   )   66. 아래 하: (   )
41. 가르칠 교: (   )   55. 떼 부   (   )   67. 옷 의   (   )
42. 가르칠 훈: (   )   56. 밝을 랑: (   )   68. 이길 승   (   )
43. 가릴 선: (   )   57. 법도 도(:) | 헤아릴 탁   69. 이름 명   (   )
44. 견줄 비: (   )   (   )   70. 이름 호(:) (   )
45. 기약할 기 (   )   58. 병사 병   (   )   71. 입 구(:) (   )
46. 기운 기   (   )   59. 북녘 북 | 달아날 배: 72. 재앙 재   (   )
47. 길 영: (   )   (   )   73. 적을 소: (   )
48. 끝 말   (   )   60. 상줄 상   (   )   74. 주일 주   (   )
49. 날[生] 출 (   )   61. 서녘 서   (   )   75. 집 원   (   )
50. 날랠 용: (   )   62. 서울 경   (   )   76. 코 비: (   )
51. 낳을 산: (   )   63. 석 삼   (   )   77. 패할 패: (   )
52. 동녘 동   (   )   64. 성(姓) 박 (   )   78. 흐를 류   (   )
53. 뒤 후: (   )   65. 쓸[味覺] 고(   )

4.3. 實戰 應用

■ 모든 일들은 언젠가 끝이 난다-타이타닉[1]호의 [2]교훈-

[3]지방선거가 끝났다. 그리고 그것은 徹底철저히 [4]政治人들만의 잔치였다. 그들은 [5]선거기간 내내 餓鬼아귀처럼 [6]상대방을 물어뜯었고, 진흙탕에서 뒹굴었으며, 구린내를 풍겼다. 그리하여 그어느 [7]黨에 대한 支持率지지율보다 높은 47.7%의 [8]國民들이 그들을 抛棄포기했으며, 많은 [9]有權者들이 차라리 [10]無所屬을 [11]選擇했다. 더더욱 [12]深刻한 [13]사실은 그들을 찍어준 사람들조차 그들에 대한 幻滅感환멸감 탓에 마음이 무거웠다는 [14]點이다. 그런데도 [15]如前히 그들은 아쉬운 듯이 말의 盛饌성찬을 즐기고 있다. 어디에도 깨끗하게 [16]자신의 [17]패배를 [18]是認하는 [19]자가 없다. 甚至於심지어는 投票率투표율이 조금만 더 높았다면 [20]자기네 쪽이 이겼을 거라고 우기기까지 한다. [21]당연히 그곳에는 [22]승자도 없다. 앞으로 나아가려는 국민의 발목을 잡아 [23]동서[24]地域分割분할이라는 수렁에 가두어 버린 것도 정작 그들이다. 국민들을 IMF[25]體制라는 [26]苦痛의 沙漠사막으로 이끈 것도 많은 [27]부분 그들 [28]삼류 [29]政治家들이 아닌가. 그들은 정치를 '힘 겨루기' [30]程度로 여길 뿐이어서, 어디에서도 국민이나 [31]국가에 대한 [32]配慮를 찾아보기 힘들다. [33]요컨대 '공복(公僕)'으로서의 그들의 [34]演技는 얼마나 서툰가.

어쨌든 또 한 [35]번의 [36]선거가 끝났고, 그 '끝'은 우리에게 교훈을 준다. [37]世俗에 눈 멀어서 우리 모두가 쉽게 忘却망각해 버리지만, 모든 일들은 언젠가 끝장이 난다는 것, 나아가 그 모든 '끝'들의 '끝'에 이르면 [38]결국 승자도, [39]패자도 다 같이 舞臺무대 뒤로 [40]退場해야 하는 瞬間순간이 온다는 것이다. 우리가 살아갈 [41]세상은 결코 [42]永續하는 것이 아니며 우리의 삶은 바닷가에 세워놓은 모래[43]城과도 같다. 결국은 모든 게 바람의 차지가 되며, [44]富와 [45]榮華로 아름답던 성은 早晚間조만간 [46]형체도 없이 사라져 버린다. 그러므로 언제든지 [47]眞正한 [48]승리는 [49]지상의 모

◆ 위의 本文 가운데 한글은 漢字로, 漢字는 한글로 고쳐 쓰세요.

1.	11.	21.	31.	41.
2.	12.	22.	32.	42.
3.	13.	23.	33.	43.
4.	14.	24.	34.	44.
5.	15.	25.	35.	45.
6.	16.	26.	36.	46.
7.	17.	27.	37.	47.
8.	18.	28.	38.	48.
9.	19.	29.	39.	49.
10.	20.	30.	40.	

든 걸 痕迹흔적도 없이 지워 버리는 그 ⁵⁰시간과 싸우는 자에게만 주어진다. 그에 ⁵¹비한다면 오늘 누군가의 머리에 씌워진 月桂冠월계관은 얼마나 초라한가.

그들 정치인들을 包含포함해서 우리 모두는 只今지금 끓고 있는 작은 냄비 속에 들어앉아 있다. 우리를 태운 배는 가라앉고 있고, 세상은 한숨과 아우성 소리로 가득 차있다. ⁵²貧富의 隔差격차는 날이 갈수록 ⁵³深해지고, ⁵⁴中産層의 꿈은 ⁵⁵虛無하게 무너져 버린다. 없는 자들에게는 이미 삶 ⁵⁶자체가 ⁵⁷苦痛스러운 것인데, ⁵⁸苦痛分擔이라는 ⁵⁹미명하에 財閥재벌과 ⁶⁰소수의 ⁶¹特權層은 너무도 쉬운 길만을 가려 한다. IMF ⁶²이후로 사람들은 '⁶³經濟'에 執着집착한다. 勿論물론 '⁶⁴無限競爭'은 ⁶⁵無視할 수 없는 ⁶⁶현실이다. 이 점에 있어서 ⁶⁷大學街도 ⁶⁸예외는 아니다. 編入學制편입학제와 ⁶⁹學部制 같은 것은 그러한 세속을 ⁷⁰反映한다. 하지만 정말 그곳에 ⁷¹출구가 있는가. 심각한 것은 그러한 냄비 ⁷²근성을 넘어설 수 있는 哲學철학의 ⁷³부재이다. 진정코 ⁷⁴필요한 것은 ⁷⁵미국이, IMF가, 세속의 慾望욕망이 'Do you trust me?'라고 물을 때, '아니!'라고 말할 수 있는 ⁷⁶용기이다. ⁷⁷發想의 轉換전환이라는 게 있다. 멀리 '끝'을 凝視응시하는 사람들에 ⁷⁸依해 만들어지는, 제대로 된 ⁷⁹演劇을 한 ⁸⁰篇 보고 싶다. (南基卓, 江大新聞, 年月日 未詳미상)

◆ 위의 本文 가운데 한글은 漢字로, 漢字는 한글로 고쳐 쓰세요.

50.	57.	64.	71.	78.
51.	58.	65.	72.	79.
52.	59.	66.	73.	80.
53.	60.	67.	74.	
54.	61.	68.	75.	
55.	62.	69.	76.	
56.	63.	70.	77.	

4.4. 時事 漢字語

❀ 不告知罪 [false charge]

◆ 不 아닐 불/부 告 고할 고 知 알 지 罪 허물 죄

反國家(반국가)活動(활동)을 한 사람을 알고 있으면서도 搜査機關(수사기관)이나 情報機關(정보기관)에 申告(신고)하지 않는 경우에 성립하는 죄. 國家保安法(국가보안법)에는 국가의 안전을 위태롭게 하는 반국가활동을 한 자, 즉 反國家(반국가)事犯(사범)을 신고하지 않은 자를 處罰(처벌)하는 규정을 두고 있다(국가보안법 제10조).

國家保安法은 나라의 안전과 국민의 生存(생존) 및 自由를 확보하는 데 그 목적을 두고서 반국가활동을 規制(규제)하고 있다(동법 제 1조). 여기서 '반국가활동을 한 자'라 함은 반국가단체를 구성하거나 이에 加入한 자(제3조 1항) 및 이들을 지원하는 자(제5조 1항), 국가의 존립·안전이나 자유민주적 기본질서를 위태롭게 하는 자(제5조 2항)를 말하며, 또 위의 제5조 1항 및 2항의 未遂犯(미수범)도 이에 해당한다.

이 죄를 범한 자는 5년 이하의 懲役(징역) 또는 200만 원 이하의 罰金(벌금)에 처하며, 다만 이와 親族(친족)관계가 있는 때에는 그 형을 輕減(경감)하거나 免除(면제)한다(제10조)고 규정하고 있다.

과제 지난 한 주 동안 신문이나 방송에서 화제가 된 時事 漢字語를 조사해 오기.(漢字의 音과 訓, 漢字語의 意味, 背景知識 등)

5. 長恨夢 장한몽

5.1. 漢字의 長短音

　　國語 속의 漢字는 同一 音價 속에서 長短으로 구분되기도 한다. 예를 들어 國語辭典을 보면 '광주(廣州)[광:주]'식으로 發音을 표기하면서 :(쌍점)을 찍어 놓은 것을 볼 수 있다. 이는 해당 音을 길게 읽으라는 표시이다. 그러나 모든 '廣(광:)'을 '광:'으로 읽으라는 것은 아니다. 말의 첫머리에 올 때만 長短을 구분한다. '長廣(장광)'은 긴소리인 '廣'이 있지만 語頭가 아니므로 '장광:'으로 發音하지 않는다.

　　長短은 왜 필요한가? 音의 高低와 長短은 말에 韻律운율이 실리게 하고, 말의 語感에 변화를 주어 意味 전달에 차이를 가져온다. '광:주(廣州)'의 긴 발음과 '광주(光州)'의 짧은 발음은 話者가 말의 長短을 구분함에 따라 韻律운율의 변화를 일으키고, 聽者는 長短 韻律운율의 변화에 따라 聽取 느낌이 달라질 뿐 아니라 그 말의 意味도 다르게 받아들이게 되는 것이다.

　　長短은 어떻게 생겼는가? 15세기 中世國語에는 音의 長短 외에 高低(聲調)의 구분도 있었다. 現代國語의 長短은 中世國語의 四聲에서 비롯되었다. 平聲은 低調로 낮은 소리, 去聲은 高調로 높은 소리, 上聲은 低調와 高調의 복합으로 처음이 낮고 나중이 높은 소리, 入聲은 짧고 빨리 끝나는 소리였다. 聲調는 글자의 왼쪽에 點을 찍어 표시하였는데, 이 점을 '傍點방점(곁點, 圈點권점, 四聲點)'으로 부른다. 『訓民正音』에 보면 平聲은 점이 없고, 去聲은 한 점, 上聲은 두 점을 글자의 왼편에 찍었다. 入聲(ㄱ, ㄷ, ㅂ, ㄹ 받침)은 점이 없는 것은 '平聲的 入聲', 점이 한 개 있는 것은 '去聲的 入聲', 점이 두 개 있는 것은 '上聲的 入聲'으로 구분하는데, 받침(ㄱ, ㄷ, ㅂ, ㄹ)으로 바로 알아 볼 수 있다. 예로 '學'은 그 음이 'ㄱ'받침으로 끝나므로 入聲이 된다. 그러나 四聲은 國人의 言語 生活과 어울리지 않는 측면이 있어 16세기 이후 消滅소멸하였고 長短만 남게 되었다.

　　長短에는 法則이 있는가? 四聲이 消滅소멸하면서 長短으로 바뀌었는데, 入聲만 모두 短音으로 바뀌었고, 上聲은 대체로 長音으로, 平聲과 去聲은 대체로 短音으로 바뀌었다. 上聲에 長音이 많은 것은 上聲이 長音으로 발달한 것이 아니고 본래 上聲字의 音節 母音이 대부분 長母音이었기 때문이다. 따라서 四聲을 구분할 줄 알면 長短도 어느 정도 구분할 수 있다. 그러나 漢字의 四聲을 익히는 것은 쉬운 일이 아니고 오직 入聲만 알아보기 쉬울 뿐이다. 결국 長短音을 하루아침에 익힐 수 있는 방법은 없고, 하나하나 차근차근 익혀 나가야 한다.

　　長短은 어떻게 익혀야 하는가? 漢字의 訓에 따라 長短이 달라지기도 한다. '長'을 예로 들면 長官(장:관)의 長은 '어른 장'의 뜻으로 길게 발음하고, 長短(장단)의 長은 '긴 장'의 뜻으로 짧게 발음한다. 또 '討'를 예로 들면 '칠(誅) 토'의 뜻은 短音으로 討伐(토벌) 討滅(토멸)이 되고, '찾을(尋) 토'는 長音으로 討論(토:론) 討議(토:의)가 된다. 한편 一字多音인 경우에는 音

의 변화에 따라 長短이 결정되기도 한다. '醵<추렴할 갹(거)>'를 예로 들면 '갹'음인 경우에는 短音, '거'음인 경우에는 長音이 되어 각각 醵出(거:출), 醵出(갹출)로 다르게 된다. '更(고칠 경, 다시 갱)'을 예로 들면 '경'은 短音, '갱'은 長音으로 更迭(경질), 更生(갱:생)으로 音의 변화에 따라 長短이 달라진다.

그러나 어떤 뚜렷한 法則性을 발견하기 어려운 상황에서 한 글자 한 글자의 경우의 수를 따져 가면서 長短을 익히는 것은 현실적으로 어려운 일이다. 長短의 구분은 同音異義語의 구분에도 그 이유가 있었을 것이므로 동일 音價의 단어들을 가지고 그때그때 長短을 익히는 것도 하나의 방법이다. 예로 京畿道경기도 廣州와 全羅道 光州는 각각 廣州(광:주)와 光州(광주)로 長短音이 다르다. 姓氏를 예로 들면 鄭韓國(정:한국), 丁韓國(정한국)으로 長短이 다르다. 간신을 예로 들면 諫臣(간:신)은 길고, 奸臣(간신)은 짧다. 영동을 예로 들면 永同(영:동)은 길고 嶺東(영동)은 짧다. 이와 같이 종래 長短을 무시한 발음으로는 구분하지 못했던 동일 音價의 말들의 長短을 구분하여 가면서 익히면 長短音이 쉽고 재미있게 다가올 것이다.

■ **재미있는 漢字**

어머니가 딸 앞에서 유식한 척하며 『명심보감』을 읽는다.
"자일(子日) 爲善者는 天報之以福하고."
그러자 딸이 핀잔을 한다.
"에이, 엄마는. 자왈(子曰)이지 무슨 '자일'이야?"
"뭐야? 그럼 월화수목금토'일'이지 월화수목금토'왈'이냐?"
잠시후 머쓱해진 어머니가 딸에게 말한다.
"얘, 우리 출출한데 라면이나 끓여 먹자."
"무슨 라면 사올까?"
"응, 행(幸)라면."
"에이, 엄마는. 무슨 幸라면이야, 辛(신)라면이지."
완전히 기분이 상한 어머니가 딸에게 다시 말한다.
"얘, 우리 기분도 그런데 영화나 보러 가자."
"무슨 영화?"
"토관(土官)과 신토(紳土)"
"사관(士官)과 신사(紳士)지 '토관과 신토'가 뭐야?"
"얘, 누가 맞는지 알아보자. 당장 가서 왕편(王篇) 좀 가져 와라."

5.2. 漢字 練習

▶ 다음 한자의 훈과 음을 익히고 한자를 쓰면서 기억해 보세요.

한자쓰기1

角7 뿔 각						皿14 볼 감					
角						監					

人11 굳셀 건:						人13 기울 경					
健						傾					

曰6 굽을 곡						金23 쇳돌 광:					
曲						鑛					

攴11 구원할 구:						力20 권할 권:					
救						勸					

金8 쇠 금ǀ성(姓) 김						糸10 등급 급					
金						級					

干6 해 년						肉10 능할 능					
年						能					

阜12 무리 대						目13 감독할 독					
隊						督					

木15 즐길 락ǀ노래 악ǀ좋아할 요						冫7 찰 랭:					
樂						冷					

木7 오얏/성(姓) 리:						隹19 떠날 리:					
李						離					

亠3 망할 망						玉10 나눌 반					
亡						班					

宀20 보배 보:						示10 숨길 비:					
寶						祕					

歹6 죽을 사:						禾7 사사(私事) 사					
死						私					

한자쓰기2

殳11 죽일 살 | 감할/빠를 쇄:	夕3 저녁 석
殺	夕

日9 별 성	耳17 소리 성
星	聲

止13 해 세:	小3 작을 소:
歲	小

宀6 지킬 수	木16 나무 수
守	樹

女8 비로소 시:	斤13 새 신
始	新

田5 납[猿] 신	十2 열 십
申	十

夕8 밤 야:	火15 더울 열
夜	熱

日9 비칠 영(:)	尸9 집 옥
映	屋

玉5 구슬 옥	手12 도울 원:
玉	援

頁19 원할 원:	月4 달 월
願	月

肉8 기를 육	言20 의논할 의(:)
育	議

二2 두 이:	日4 날 일
二	日

弓11 베풀 장	貝10 재물 재
張	財

한자쓰기3

入6 온전 전							米14 정할 정						
全							精						
弓7 아우 제:							酉10 술 주(:)						
弟							酒						
言26 기릴 찬:							宀14 살필 찰						
讚							察						
金21 쇠 철							靑8 푸를 청						
鐵							靑						
日9 봄 춘							火9 숯 탄:						
春							炭						
口9 물건 품:							風9 바람 풍						
品							風						
心9 한[恨] 한:							口6 향할 향:						
恨							向						
艸12 말씀 화							貝11 그림 화: ǀ 그을 획(劃)						
話							畫						
石15 굳을 확							黃12 누를 황						
確							黃						

문제풀기

다음 漢字의 訓과 音을 쓰시오.

1. 督 (   )
2. 玉 (   )
3. 確 (   )
4. 勸 (   )
5. 讚 (   )
6. 傾 (   )
7. 申 (   )
8. 援 (   )
9. 離 (   )
10. 隊 (   )
11. 張 (   )
12. 星 (   )
13. 寶 (   )
14. 監 (   )
15. 映 (   )
16. 私 (   )
17. 察 (   )
18. 聲 (   )
19. 鑛 (   )
20. 酒 (   )
21. 祕 (   )
22. 議 (   )
23. 精 (   )
24. 殺 (   )
25. 守 (   )
26. 恨 (   )

다음 漢字의 訓과 音에 맞는 漢字를 쓰시오.

27. 구원할 구: (   )
28. 굳셀 건: (   )
29. 굽을 곡 (   )
30. 그림 화: | 그을 획(劃)
    (   )
31. 기를 육 (   )
32. 나눌 반 (   )
33. 나무 수 (   )
34. 날 일 (   )
35. 누를 황 (   )
36. 능할 능 (   )
37. 달 월 (   )
38. 더울 열 (   )
39. 두 이: (   )
40. 등급 급 (   )
41. 말씀 화 (   )
42. 망할 망 (   )
43. 물건 품: (   )
44. 바람 풍 (   )
45. 밤 야: (   )
46. 봄 춘 (   )
47. 비로소 시: (   )
48. 뿔 각 (   )
49. 새 신 (   )
50. 쇠 금 | 성(姓) 김 (   )
51. 쇠 철 (   )
52. 숯 탄: (   )
53. 아우 제: (   )
54. 열 십 (   )
55. 오얏/성(姓) 리: (   )
56. 온전 전 (   )
57. 원할 원: (   )
58. 작을 소: (   )
59. 재물 재 (   )
60. 저녁 석 (   )
61. 죽을 사: (   )
62. 즐길 락 | 노래 악 | 좋아할 요 (   )
63. 집 옥 (   )
64. 찰 랭: (   )
65. 푸를 청 (   )
66. 해 년 (   )
67. 해 세: (   )
68. 향할 향: (   )

5.3. 實戰 應用

■ 長恨夢^{장한몽}

얼마 ¹전에 偶然^{우연}히 텔레비전을 ²통해서 장한몽이라는 ³映畫 보았다. 1969⁴년에 ⁵申相玉 ⁶監督이 만든 ⁷작품으로 ⁸당시 ⁹청춘스타였던 ¹⁰申星一과 尹靜姬^{윤정희}가 ¹¹李守一과 沈順愛^{심순애} 役^역을 맡아서 ¹²주목을 받았던 작품이다. 잘 알려져 있다시피 장한몽은 趙重桓^{조중환}이 쓴 ¹³신소설로 ¹⁴일본의 오자키고요(尾崎紅葉^{미기홍엽})가 쓴 金色夜叉^{금색야차}를 飜案^{번안}한 것이다. 이 낡은 영화는 ¹⁵세월의 痕迹^{흔적}이 작품에 神秘^{신비}로운 빛을 더해주는 所謂^{소위} ¹⁶명작이기에는 여러모로 ¹⁷부족함이 있는 듯했다.

그런데 영화를 보는 동안, 무언가 알 수 없는 느낌이 천천히 나를 壓倒^{압도}해왔다. 어쩌면 그 느낌은 이 영화의 ¹⁸주제곡을 듣는 瞬間^{순간} 조금 더 ¹⁹確實해졌는지도 모르겠다. 그것은 1920²⁰년대에 ²¹劇作家 金祐鎭^{김우진}과 함께 玄海灘^{현해탄}에 뛰어들어 ²²自殺한 ²³聲樂家 尹心悳^{윤심덕}의 노래 '²⁴사의 ²⁵讚美'였다. 당시에 ²⁶백만 ²⁷張 ²⁸이상이나 팔렸다는 이 노래는 이렇게 ²⁹시작하고 있다. "廣漠^{광막}한 荒野^{황야}를 달리는 ³⁰인생아, 너는 무엇을 얻으려고 왔느냐."

³¹현대인들은 더 이상 이러한 ³²질문에 매달리지 않는 것 같다. 그들은 '金重培^{김중배}의 다이아몬드 斑指^{반지}'에 힘없이 빠져드는 심순애를 닮았다. 그들은 돈과 ³³權力을 향해 불나방처럼 날아간다. 삶에 ³⁴대한 ³⁵省察은 ³⁶無限競爭社會에서 우리를 뒤처지게 만드는 낡아빠진 그 무엇으로 쉽게 置簿^{치부}된다. 위로는 ³⁷政治에서 아래로는 좀처럼 잡히지 않는 ³⁸부동산 ³⁹열기나 ⁴⁰私敎育 ⁴¹열풍에 이르기까지 ⁴²黃金萬能主義로부터 우리를 ⁴³救援해 줄 수 있는 것은 없는 듯하다.

다이아몬드는 輝煌^{휘황}한 光彩^{광채}에도 不拘^{불구}하고 삶의 ⁴⁴목적과는 아무런 거리가 없는 한낱 ⁴⁵炭素 結晶體^{결정체}에 지나지 않는다. 심순애는 어느 순간, 돈에 눈이 멀고 그래서 삶의 ⁴⁶행복을

◆ 위의 本文 가운데 한글은 漢字로, 漢字는 한글로 고쳐 쓰세요.

1.	11.	21.	31.	41.
2.	12.	22.	32.	42.
3.	13.	23.	33.	43.
4.	14.	24.	34.	44.
5.	15.	25.	35.	45.
6.	16.	26.	36.	46.
7.	17.	27.	37.	
8.	18.	28.	38.	
9.	19.	29.	39.	
10.	20.	30.	40.	

잃어버린다. ⁴⁷물질을 ⁴⁸향한 모든 耽溺^{탐닉}은 더욱 커다란 缺乏^{결핍}과 ⁴⁹精神的 荒廢^{황폐}함으로 사람들을 이끌어 간다. 끝없는 ⁵⁰經濟의 ⁵¹신화 끝에서 사람들이 느끼는 것은 차디찬 ⁵²貧困感일 뿐이다. 그래서 그들은 온갖 ⁵³부정을 저지르고 로또에 탐닉하고 사람을 죽이고 스스로 목숨을 끊는다. 삶이 길고 ⁵⁴恨스러운 꿈으로 ⁵⁵변하는 그곳에 윤심덕의 노래가 다시 울려 퍼진다. "광막한 황야를 달리는 인생아, 너는 무엇을 얻으려고 왔느냐."

이것이야말로 장한몽이 '아리랑'만큼이나 자주 영화로 만들어지고 舞臺^{무대}에 올려지는 ⁵⁶이유가 아니었을까? 삶에 ⁵⁷관해서 但^단 하나 변하지 않는 ⁵⁸眞理가 있다면 그것은 사람은 태어나서 살다가 죽는다는 ⁵⁹사실이다. 빈손으로 왔다가 빈손으로 떠난다. 돈이 ⁶⁰소중하지 않다고 말하려는 게 아니다. 恒産^{항산}에 恒心^{항심}이라는 말이 있듯이, ⁶¹건전하고 ⁶²정직한 경제는 행복을 ⁶³爲한 必須的^{필수적}인 ⁶⁴手段이 아닐 수 없다. 하지만 그게 삶의 ⁶⁵전부는 아니다. 그걸 알고 있기에 사람들은 장한몽을 보면서, 거기에 삶의 悔恨^{회한}을 담아내는 것이다.

흔히 사람들에게 삶의 아름다운 追憶^{추억}들은 ⁶⁶이십대에 머물러 있다. 나머지 ⁶⁷대부분의 ⁶⁸시간들은 돈의 奴隷^{노예}로 살아간다. 그들을 향해 장한몽은 묻고 있다. "광막한 황야를 달리는 인생아, 너는 무엇을 얻으려고 왔느냐." 우리가 얻어야 할 것은 돈도, ⁶⁹虛名도 아니라 삶의 ⁷⁰眞正한 ⁷¹意味일 듯하다. (南基卓, 江大新聞 949號, 2003年 11月 3日)

◆ 위의 本文 가운데 한글은 漢字로, 漢字는 한글로 고쳐 쓰세요.

47.	52.	57.	62.	67.
48.	53.	58.	63.	68.
49.	54.	59.	64.	69.
50.	55.	60.	65.	70.
51.	56.	61.	66.	71.

5.4. 時事 漢字語

❀ **遺傳子 變形 食品**

◆ 遺 남길 유 傳 전할 전 子 아들 자 變 변할 변 形 모양 형 食 밥 식 品 물건 품

食品 생산성 및 질을 높이기 위하여 본래의 遺傳子를 새롭게 조작·변형시켜 만든 식품, 遺傳子 재조합 농산물을 유전자 변형 식품이라고 말한다. 1995년, 미국 몬산토 社가 처음으로 콩의 遺傳子를 조작하여 病蟲害(병충해)에 대한 免疫(면역)을 높여 수확량을 크게 늘려 이를 상품화하는 데 성공하였다. 현재 전 세계적으로 流通(유통)되는 유전자 변형 식품은 콩·옥수수·감자 등 약 50여 개 품목이다. 遺傳子 變形 食品은 질병이나 해충에 강하고 수확량이 많아 식량난을 해결할 수 있다. 그러나 長期間 攝取(섭취)할 경우 안정성 문제, 생태계 교란으로 인한 환경 파괴 문제 등이 따른다. 이 때문에 유전자 변형 식품의 有害性(유해성)에 대한 논란이 계속되고 있어 각국이 이에 대한 대응으로 腐心(부심)하고 있다.

과제 지난 한 주 동안 신문이나 방송에서 화제가 된 時事 漢字語를 조사해 오기.(漢字의 音과 訓, 漢字語의 意味, 背景知識 등)

6. 사회적 악필은 유죄다

6.1. 漢字語의 構造

　하나의 漢字가 그대로 單語로 쓰이는 경우에는 해당 漢字의 訓音을 알면 바로 單語의 뜻을 알 수 있다. 예로 '家(가)'라는 單音節 單語는 '집 가'라는 訓音만으로 그 單語의 뜻을 파악할 수 있다. 그러나 둘 이상의 漢字가 結合한 多音節 單語는 낱글자의 訓音 외에 結合의 構造를 알아야 單語의 뜻을 바르게 理解할 수 있다. 아래는 간단하게 2音節 이상의 漢字로 이루어진 漢字 單語의 構造를 설명한 것이다. 복잡한 單語라도 대략 아래의 構造를 크게 벗어나지 않을 것이다. 그러나 하나의 漢字語가 하나의 構造에 局限되는 것은 아니고 뜻의 分化에 따라 둘 이상의 構造를 지닌 漢字語가 있을 수 있다.

❇ 1) 竝列병렬 構造 :
　對等, 類義, 相對, 疊語첩어 構造 등이 있다. 對等 構造는 서로 對等한 위치를 차지하는 漢字끼리 竝列병렬로 結合한 경우이다. 예를 들면 草木(초목 : 풀과 나무), 牛馬(우마 : 소와 말), 松竹(송죽 : 소나무와 대나무), 耳目(귀와 눈), 魚鼈(어별 : 물고기와 자라), 高遠(고원 : 높고 멀다), 深大(심대 : 깊고 크다), 狹小(협소 : 좁고 작다), 淸正(청정 : 맑고 바르다), 貧寒(빈한 : 가난하고 춥다) 등이다.
　類義 構造는 뜻이 같거나 비슷한 漢字끼리 竝列병렬로 結合한 경우이다. 예를 들면 家屋(가옥 : 집), 樹木(수목 : 나무), 海洋(해양 : 바다), 星辰(성신 : 별), 順序(순서 : 차례), 知識(지식 : 앎), 計算(계산 : 셈), 監察(감찰 : 살핌), 恐怖(공포 : 두려워함), 販賣(판매 : 팖) 등이다.
　相對 構造는 뜻이 서로 相對 또는 反對되는 漢字끼리 竝列병렬로 結合한 경우이다. 예를 들면 東西(동서 : 동쪽과 서쪽), 古今(고금 : 옛날과 지금), 左右(좌우 : 왼쪽과 오른쪽), 父母(부모 : 아버지와 어머니), 兄弟(형제 : 형과 동생), 加減(가감 : 더하고 뺌), 多少(다소 : 많고 적음), 生死(생사 : 나고 죽음), 遠近(원근 : 멀고 가까움), 淸濁(청탁 : 맑고 흐림) 등이다.
　疊語첩어 構造는 같은 漢字끼리 對等하게 結合한 경우이다. 뜻을 強調하거나 形容詞형용사 역할 등을 하는데, 예를 들면 曲曲(곡곡 : 굽이굽이), 年年(연년 : 해마다), 房房(방방 : 방마다), 處處(처처 : 곳곳), 戶戶(호호 : 집마다), 寂寂(적적 : 매우 쓸쓸하다), 堂堂(당당 : 매우 의젓하다), 悠悠(유유 : 아주 여유가 있다), 浩浩(호호 : 아주 넓고 크다), 深深(심심 : 아주 깊다) 등이다.

❇ 2) 主述주술 構造 :
　主語와 述語술어의 관계로 결합한 것이다. 예를 들면 日出(일출 : 해가 뜨다), 鳥飛(조비 :

새가 날다), 水流(수류 : 물이 흐르다), 人造(인조 : 사람이 만들다), 鷄鳴(계명 : 닭이 울다), 國立(국립 : 나라가 세우다), 君命(군명 : 임금이 명령하다), 地動(지동 : 땅이 움직이다), 天高(천고 : 하늘이 높다), 馬肥(말이 살찌다) 등이다.

3) 述目술목 構造 :

述語술어와 目的語의 관계로 결합한 것이다. 예를 들면 走馬(주마 : 말을 달리다), 看山(간산 : 산을 보다), 開會(개회 : 회의를 시작하다), 乘車(승차 : 차를 타다), 救國(구국 : 나라를 구하다), 溫故(온고 : 옛 것을 익히다), 知新(지신 : 새 것을 알다), 植木(식목 : 나무를 심다), 成功(성공 : 공을 이루다), 愛國(애국 : 나라를 사랑하다) 등이다.

4) 述補술보 構造 :

述語술어와 補語보어의 관계로 결합한 것이다. 예를 들면 入社(입사 : 회사에 들어가다), 登校(등교 : 학교에 가다), 浸水(침수 : 물에 잠기다), 無用(무용 : 쓸모가 없다), 有罪(유죄 : 죄가 있다), 歸鄕(귀향 : 고향으로 돌아가다), 伏地(복지 : 땅에 엎드리다), 在宅(재택 : 집에 있다), 退場(퇴장 : 장소에서 물러나다), 就任(취임 : 맡은 일에 나아가다) 등이다.

5) 修飾수식 構造 :

修飾수식語와 被修飾語피수식어의 관계로 결합한 것이다. 冠形語관형어가 體言을 修飾수식하는 경우와 副詞語부사어가 用言을 修飾수식하는 경우로 나눌 수 있다.

冠形語관형어는 用言외에 體言도 가능하다. 冠形語관형어가 體言을 修飾수식하는 경우를 예로 들면 動産(동산 : 움직이는 재산, 옮길 수 있는 재산), 一人(일인 : 한 사람), 祖國(조국 : 할아비의 나라, 조상 때부터 산 나라), 東海(동해 : 동쪽의 바다), 這間(저간 : 이사이, 요즈음), 青天(청천 : 푸른 하늘), 明月(명월 : 밝은 달), 高談(고담 : 고상한 말), 短杖(단장 : 짧은 지팡이), 學校(학교 : 배우는 터전) 등이다.

副詞語부사어가 用言을 修飾수식하는 경우를 예로 들면 冷藏(냉장 : 차게 저장하다), 高飛(고비 : 높이 날다), 長流(장류 : 길게 흐르다), 恒愛(항애 : 끝없이 사랑하다), 甚大(심대 : 매우 크다), 遠行(원행 : 멀리 가다), 斬新(매우 새롭다), 最貴(최귀 : 가장 귀하다), 敢行(감행 : 과감하게 행하다), 勤勞(근로 : 부지런히 일하다) 등이다.

6) 轉義 構造 :

두 개 이상의 글자가 앞의 5가지 構造 중의 하나로 結合하여 새로운 뜻을 만드는 것이다. 예로 春秋(춘추)는 '봄과 가을'의 뜻으로 相對 構造의 單語이나 계절의 변화, 흐르는 세월 등의 유추에서 '나이, 연세, 역사'의 새로운 뜻으로 발전하였다. 이 경우에는 두 글자가 만나서 字義에서 轉移된 새로운 뜻을 만들어 낸 것으로 轉義 構造의 單語가 된다. 鷄肋계륵은 '닭의

갈비'로 修飾수식 構造의 말이나 '쓸모는 없으나 버리기에는 아까운 것'의 뜻에 이르면 두 글자가 만나 새로운 뜻을 만들어 낸 것이므로 轉義 構造의 單語가 된다. 더 예를 들면 光陰(광음 : 햇빛과 그늘 → 시간, 세월), 秋毫(추호 : 가을의 짐승 털 → 아주 적음), 白眉(백미 : 흰 눈썹 → 뛰어난 사람, 훌륭한 물건), 傾國(경국 : 나라를 기울게 함 → 뛰어나게 아름다운 여인), 濫觴(남상 : 잔을 띄움 → 사물의 시초), 棟梁(동량 : 마룻대와 들보 → 나라의 인재), 覆轍(복철 : 엎어진 수레바퀴 → 앞의 사람의 실패), 點額(점액 : 이마에 점이 찍힘 → 시험에 떨어짐) 등이다. 대개 故事가 있는 單語는 轉義 構造가 된다.

3音節 이상의 漢字 單語 역시 이런 構造를 크게 벗어나지 않는다. 먼저 3음節語의 몇 가지 예를 들어 보기로 한다. '謝恩會(사은회)'의 '謝恩'은 '은혜에 감사함'의 뜻으로 述補술보 構造이나 여기서는 '은혜에 감사하는'으로 '會(모임, 만남)'를 꾸미고 있으므로 전체적으로는 修飾수식 構造의 漢字語가 된다. '性轉換(성전환)'의 '轉換전환'은 '바뀌다'의 뜻으로 類義 構造이나 '性'이라는 主語의 述語술어 역할을 함으로 전체적으로는 '성이 바뀌다'의 뜻으로 主述주술 構造가 된다. '茶飯事(다반사)'의 茶飯은 竝列병렬 構造의 말이나 '事'를 꾸며주는 기능을 하여 '차 마시고 밥 먹는 일'의 뜻이 되므로 전체적으로는 修飾수식 構造가 된다. 나아가 '예삿일, 혼한 일'의 뜻이 되면 轉義 構造가 된다. '未亡人(미망인)'의 未亡은 '아직 죽지 않았다'는 뜻의 修飾수식 構造의 단어이나 여기서는 '人'을 꾸며주고 있으므로 전체적으로는 '아직 따라 죽지 못한 사람'의 뜻으로 修飾수식 構造가 된다. '남편이 죽고 홀로 남은 여자'에 이르면 轉義 構造의 漢字 單語가 된다.

4音節 이상의 漢字語도 마찬가지로 분석할 수 있다. 몇 가지 예를 들어 보기로 한다. '頂門 一鍼(정문일침)'을 보면 '頂門'은 '꼭대기에 있는 문(정수리)'으로 '頂'이 '門'을 修飾수식하는 修飾수식 構造이고, '一鍼'은 '하나의 침'으로 '一'이 '鍼'을 꾸며주는 修飾수식 構造다. 전체적으로는 '정수리의 하나의 침'의 뜻으로 '頂門'이 '一鍼'을 꾸며주므로 修飾수식 構造의 漢字語가 된다. 나아가 '따끔한 충고나 교훈'의 뜻은 轉義 構造가 된다. '流言蜚語(유언비어)'를 예를 들면 流言은 '흐르는 말', 蜚語는 '나는 말'의 뜻으로 모두 修飾수식 構造의 單語이다. 전체적으로는 근거 없이 떠도는 말의 뜻을 가진 流言과 蜚語가 만나 그 뜻이 강조된 것으로 竝列병렬 構造 중 類義 構造의 단어가 된다.

한편 多音節 漢字語 중에는 하나의 완전한 文章이 單語化한 것이 있다. '靑出於藍(청출어람)'을 예로 들면 '푸름이 나왔다'의 靑出이 '主語 + 述語술어'의 主述주술 構造가 되고, '쪽에서 나왔다'의 出於藍은 '述語술어 + 補語보어'의 述補술보 構造가 된다. 전체적으로는 '푸름이 쪽에서 나왔다'의 뜻으로 '主語 + 述語술어 + 補語보어'의 형태가 된다. 이것은 主述주술과 述補술보가 결합된 형태의 하나의 文章이 그대로 漢字語가 된 것이다. 나아가 '제자나 후배가 스승이나 선배보다 나음'의 뜻에 이르면 轉義 構造가 된다. '乞人憐天(걸인연천)'을 예로 들면 修飾수식 構造의 '빌어먹고 사는 사람'의 乞人이 主語가 되고 憐이 述語술어가 되어 '거지가 불쌍히 여기다'의 主述주술 構造가 된다. 한편 憐이 述語술어, 天이 目的語가 되어 '하늘을 불쌍히 여기다'의 뜻으로 述目술목 構造가 된다. 전체적으로는 '거지가 하늘을 불쌍히 여기다'의 뜻으로 '主語 + 述語술어 + 目的語'의 형태가 된다. 이것은 主述주술과 述目술목이 결합된 형태인 하나의 文章이 그대로 漢字語가 된 것이다. 나아가 '불행한 처지에 놓여 있는 사람이 부질없이 행복한 사람을 동정함'의 뜻에 이르면 轉義 構造가 된다.

◉ 이야기 故事成語

● 緣木求魚

緣木求魚는 나무 周圍에서 물고기를 求한다는 뜻으로, 到底히 不可能한 일을 굳이 하려 함을 比喩的비유적으로 이르는 말로 쓰인다. 이 말은 孟子맹자 梁惠王篇양혜왕편에 보인다. 關聯관련 部分을 살펴보기로 한다.

孟子맹자가 말하였다. "王의 큰 바람이 무엇인지 들려주시겠습니까?" 王이 웃으며 말하지 않았다. 孟子맹자가 質問하였다. "고기와 단 飮食이 不足합니까? 가볍고 따뜻한 옷이 不足합니까? 아니라면 눈에 보이는 고운 빛깔이 不足합니까? 귀에 들리는 듣기 좋은 소리가 不足합니까? 눈앞에서 부릴 수 있는 侍從시종이나 寵臣총신이 不足합니까? 王의 여러 臣下들이 이와 같은 것은 모두 드릴 수 있고 할 수 있습니다. 그런데, 王께서 어찌 이런 것을 바라시겠습니까?" 王이 말하였다. "아닙니다. 나는 이런 것을 바라지 않습니다." 孟子맹자가 말하였다. "그렇다면 王께서 크게 바라는 바를 알 수 있습니다. 領土를 넓히고, 秦진나라와 楚초나라의 朝貢조공을 받고, 中國의 霸者패자가 되어 四方의 오랑캐를 억누르고 어루만지는 것입니다. 그런데, 萬若만약 只今지금의 하는 바로 바라는 바를 求하신다면 그것은 나무 周邊에서 물고기를 求하는 것과 같은 것입니다."

緣木求魚는 바보스러운 일이다. 누구나 다 안다. 그러나 世上에는 緣木求魚의 行動을 하면서도 그 바보스러움을 認知하지 못하는 境遇가 흔하다. 僥倖요행이나 奇跡기적을 바라지 말고, 誠實하게 順理 대로 살아가는 삶의 姿勢가 要望된다.

曰王之所大欲 可得聞與 王笑而不言 曰爲肥甘 不足於口與 輕煖不足於體與 抑爲采色不足視於目與 聲音不足聽於耳與 便嬖不足使令於前與 王之諸臣 皆足以供之 而王豈爲是哉 曰否吾不爲是也 曰然則王之所大欲 可知已 欲辟土地 朝秦楚 莅中國而撫四夷也 以若所爲 求若所欲 猶緣木而求魚也

6.2. 漢字 練習

☞ 다음 한자의 훈과 음을 익히고 한자를 쓰면서 기억해 보세요.

한자쓰기1

人15 값 가						干3 방패 간					
價						干					
木10 격식 격						日12 볕 경(:)					
格						景					
口5 예 고:						攴9 연고 고(:)					
古						故					
八4 공평할 공						八6 한가지 공:					
公						共					
見25 볼 관						木16 다리 교					
觀						橋					
大8 기특할 기						言10 기록할 기					
奇						記					
田7 사내 남						入4 안 내:					
男						內					
力7 힘쓸 노						辶13 통달할 달					
努						達					
刀8 이를 도						皿12 도둑 도(:)					
到						盜					
入8 두 량:						里12 헤아릴 량					
兩						量					
糸15 익힐 련						女8 누이 매					
練						妹					
止8 호반 무:						髟15 터럭 발					
武						髮					

한자쓰기2

止7 걸음 보:	口7 아닐 부:
步	否
水5 얼음 빙	士3 선비 사:
氷	士
曰10 글 서	儿6 먼저 선
書	先
舟11 배 선	言14 정성 성
船	誠
力13 형세 세:	辶11 빠를 속
勢	速
首9 머리 수	羽11 익힐 습
首	習
言13 시험 시(:)	弋6 법 식
試	式
心4 마음 심	心12 악할 악 ǀ 미워할 오
心	惡
糸9 맺을 약	金13 납 연
約	鉛
艹19 재주 예:	水13 따뜻할 온
藝	溫
宀10 얼굴 용	口12 에워쌀 위
容	圍
酉18 의원 의	皿10 더할 익
醫	益
入2 들 입	女9 모양 자:
入	姿

한자쓰기3

手3 재주 재						人7 낮을 저:					
才						低					
示11 제사 제:						网13 허물 죄:					
祭						罪					
竹6 대 죽						广25 관청 청					
竹						廳					
心8 충성 충						刀7 판단할 판					
忠						判					
木8 널 판						言12 평할 평:					
板						評					
竹12 붓 필						馬23 시험 험:					
筆						驗					
革9 가죽 혁											
革											

6. 사회적 악필은 유죄다

基礎漢字와 生活言語

문제풀기

● 다음 漢字의 訓과 音을 쓰시오.

1. 革 (   )   11. 兩 (   )   21. 誠 (   )
2. 步 (   )   12. 姿 (   )   22. 祭 (   )
3. 廳 (   )   13. 干 (   )   23. 忠 (   )
4. 奇 (   )   14. 試 (   )   24. 髮 (   )
5. 鉛 (   )   15. 驗 (   )   25. 達 (   )
6. 低 (   )   16. 否 (   )   26. 判 (   )
7. 妹 (   )   17. 容 (   )   27. 評 (   )
8. 竹 (   )   18. 圍 (   )   28. 勢 (   )
9. 益 (   )   19. 故 (   )   29. 武 (   )
10. 盜 (   )   20. 藝 (   )   30. 努 (   )

● 다음 漢字의 訓과 音에 맞는 漢字를 쓰시오.

31. 값 가   (   )   43. 먼저 선   (   )   54. 얼음 빙   (   )
32. 격식 격   (   )   44. 배 선   (   )   55. 예 고: (   )
33. 공평할 공   (   )   45. 법 식   (   )   56. 의원 의   (   )
34. 글 서   (   )   46. 별 경(:)   (   )   57. 이를 도: (   )
35. 기록할 기   (   )   47. 볼 관   (   )   58. 익힐 련: (   )
36. 널 판   (   )   48. 붓 필   (   )   59. 익힐 습   (   )
37. 다리 교   (   )   49. 빠를 속   (   )   60. 재주 재   (   )
38. 들 입   (   )   50. 사내 남   (   )   61. 한가지 공: (   )
39. 따뜻할 온   (   )   51. 선비 사: (   )   62. 허물 죄: (   )
40. 마음 심   (   )   52. 악할 악 | 미워할 오   63. 헤아릴 량   (   )
41. 맺을 약   (   )   (   )
42. 머리 수   (   )   53. 안 내: (   )

6.3. 實戰 應用

■ ¹사회적 ²악필은 ³유죄다

얼마 ⁴전 술坐席^{좌석}에서 있은 일이다. ⁵화제가 ⁶大學入試에서 論述試驗^{논술시험}으로 옮겨갔다. 한 ⁷선생이 ⁸試驗의 ⁹객관성을 높이기 ¹⁰爲해서는 컴퓨터를 ¹¹통해 시험을 보아야 할 ¹²필요성이 있다는 ¹³의견을 내놓았다. ¹⁴대체로 ¹⁵필체가 엉망인 ¹⁶학생들이 ¹⁷不利益을 ¹⁸당할 수밖에 없다는 ¹⁹이유에서였다. 아마도 ²⁰자판이 ²¹鉛筆과 같은 ²²필기구를 代替^{대체}하게 된 ²³현실을 勘案^{감안}한 ²⁴見解이리라. 只今^{지금}과 같은 ²⁵試驗制度 아래서는 대체로 ²⁶남학생들이 ²⁷여학생에 ²⁸비해서 ²⁹點數가 낮게 나올 수밖에 없는 것도 ³⁰否認할 수 없는 ³¹사실이다. 하지만 내 생각은 필체도 논술시험의 ³²일부로 보아야 한다는 것이다. 그 생각에 ³³대해 이야기해 보자.

所謂^{소위} '³⁴자판세대'들인 요즘 학생들의 필체가 엉망이 되어가고 있다는 사실은 누구나 ³⁵認定하는 바가 아닐 수 없다. 학생들만 그런 게 아니다. 정작 선생들의 글씨도 ³⁶속도에 醉^취해 흐트러져 있기 ³⁷十常이다. ³⁸이전 ³⁹세대들의 ⁴⁰문서에서 쉽게 ⁴¹발견할 수 있는 바른 글씨⁴²체들은 찾아보기 어렵다. ⁴³교본을 놓고서 글씨를 ⁴⁴연습하는 사람들을 찾아보기도 쉽지 않다. 사람들은 컴퓨터를 통해 그 ⁴⁵능력을 대체할 수 있다고 믿고 있는 듯하다. ⁴⁶중요한 것은 ⁴⁷內容이지 ⁴⁸형식이 아니라는 것이다. ⁴⁹유사 ⁵⁰이래 오늘날처럼 많은 사람들이 그토록 엄청난 ⁵¹양의 글을 써낸 ⁵²시기가 있었느냐고 그들은 ⁵³반문한다. ⁵⁴實際로 소위 컴퓨터라든가 携帶電話^{휴대전화}를 통해 ⁵⁵생산되는 ⁵⁶언어들의 양은 想像^{상상}을 超越^{초월}하는 것이다. 이러한 ⁵⁷시대에 ⁵⁸情報의 양은 幾何級數的^{기하급수적}으로 늘어날 수밖에 없고 그러다보니 모든 사람이 ⁵⁹속기사로 ⁶⁰변하게 되는 것이리라. 또, 언젠가는 ⁶¹과학기술의

◆ 위의 本文 가운데 한글은 漢字로, 漢字는 한글로 고쳐 쓰세요.

1.	14.	27.	40.	53.
2.	15.	28.	41.	54.
3.	16.	29.	42.	55.
4.	17.	30.	43.	56.
5.	18.	31.	44.	57.
6.	19.	32.	45.	58.
7.	20.	33.	46.	59.
8.	21.	34.	47.	60.
9.	22.	35.	48.	61.
10.	23.	36.	49.	62.
11.	24.	37.	50.	
12.	25.	38.	51.	
13.	26.	39.	52.	

⁶²革新이 ⁶³세상에서 필체라는 것을 消滅소멸시키는 날이 ⁶⁴도래할 수도 있다.

하지만 그렇다고 해서 악필이 사회적으로 慣用관용되어도 되는 것일까? 지렁이가 기어가는 ⁶⁵격인, 학생들의 글씨는 정말 ⁶⁶기술의 ⁶⁷發達에 ⁶⁸依해 補完보완될 수 있는 些少사소한 缺陷결함에 지나지 않는 것일까? 내 생각은 그렇지 않다. ⁶⁹자고로 사람들을 ⁷⁰評價할 때 우리는 '⁷¹身言書判'이라 하여 그 사람의 글씨로 사람됨을 살펴왔다. '글씨는 그 사람이다'라는 말도 있지 않은가. 이렇게 글씨는 ⁷²單純한 형식에 지나지 않는 것이 아니라 이미 내용의 일부인 것이다. 글씨는 쓰는 사람의 ⁷³精神的 ⁷⁴姿勢와 ⁷⁵신체적인 ⁷⁶態度의 ⁷⁷산물이기도 하다.

아마도 이 시대에 王羲之왕희지처럼 열여덟 항아리의 물을 다 쓰도록 글씨를 쓰는 데 ⁷⁸精誠을 다해야 한다고 할 수는 없을지 모른다. 요즘에는 ⁷⁹상당수의 학생들이 韓石峯한석봉의 ⁸⁰故事를 알지 못한다고 들었다. ⁸¹忠武公이라든가 安重根 ⁸²義士가 얼마나 훌륭한 글씨를 썼는가는 더 ⁸³이상 ⁸⁴관심의 ⁸⁵對象이 아닐 수도 있다. 악필이면서도 ⁸⁶천재적이었던 ⁸⁷인물들을 우리는 또한 적지 않게 알고 있기도 하다. 하지만 필체란 한 사람의 靈魂영혼이 담기는 그릇과 같은지라, 비틀거리는 글씨에 바른 영혼을 담기란 ⁸⁸如前히 어렵다.

그런데도 사회적으로 악필이 ⁸⁹容認되는 시대다. ⁹⁰사회 한쪽에서는 켈리그라프라는 이름으로 글씨를 ⁹¹藝術化하려는 ⁹²努力이 ⁹³存在하고 악필 때문에 뒤늦게 클리닉을 다니는 사람들도 적지 않은 모양이다. 그런데 ⁹⁴공공 ⁹⁵敎育機關에서는 필체 ⁹⁶교육이 제대로 이루어지지 않는다. 論述논술에서마저 필체가 사라지면 악필은 막을 길이 없다. 사회적인 악필은 그래서, 유죄다.(『語文生活』, 2012年 3月)

◆ 위의 本文 가운데 한글은 漢字로, 漢字는 한글로 고쳐 쓰세요.

63.	70.	77.	84.	91.
64.	71.	78.	85.	92.
65.	72.	79.	86.	93.
66.	73.	80.	87.	94.
67.	74.	81.	88.	95.
68.	75.	82.	89.	96.
69.	76.	83.	90.	

6.4. 時事 漢字語

❖ **鳥類毒感**

> ◆ 鳥 새 조 類 무리 류 毒 독 독 感 느낄 감
>
> 鳥類에 感染(감염)되는 急性(급성) 바이러스성 傳染病(전염병)으로, 주로 닭과 칠면조 등 家禽類(가금류)에 많은 해를 입힌다. 病原性에 따라 高병원성·弱병원성·非병원성 3종류로 구분되며, 이 가운데 고병원성은 국제수역사무국(OIE)에서 리스트 A등급으로, 한국에서는 제1종 가축 전염병으로 분류하고 있다.
>
> 원인체는 A형 바이러스이며, H 혈청형과 N 혈청형이 있다. 이 두 종류의 단백질에 의해 총 144가지의 바이러스 혈청형이 존재할 수 있는데, 2004년 현재까지 보고된 것은 세계적으로 HA 16종류, NA 9종류이다. 감염은 鳥類의 분비물을 직접 접촉할 때 주로 일어나며, 비말(飛沫)·물, 사람의 발, 사료차, 기구, 장비, 알 겉면에 묻은 분변 등에 의해서도 전파된다.
>
> 증상은 감염된 바이러스의 병원성에 따라 다양하지만 대체로 호흡기 症狀(증상)과 설사, 급격한 산란율의 감소가 나타난다. 경우에 따라 볏 등 머리 부위에 청색증이 나타나고, 顔面(안면)에 浮腫(부종)이 생기거나 깃털이 한 곳으로 모이는 현상이 나타나기도 한다. 斃死率(폐사율)도 병원성에 따라 0~100%로 다양한데, 뉴캐슬병·전염성 후두기관염·미코플라스마 감염증 등과도 증상이 비슷하므로 정확한 진단이 필요하다.

과제 지난 한 주 동안 신문이나 방송에서 화제가 된 時事 漢字語를 조사해 오기.(漢字의 音과 訓, 漢字語의 意味, 背景知識 등)

7. 우리 언어의 地政學

7.1. 漢字語의 意味關係

● 同音異義語

同音異義語는 소리가 같으면서 뜻은 다른 말을 말한다. 물론 長短이나 硬軟경연의 차이는 있을 수 있으나 同音異義語라 할 때는 이런 차이는 무시한 한글 철자상의 표기를 기준으로 한다. 예를 들어 國語辭典에서 '사상'이라는 말을 찾으면 史上 四相 四象 死狀 死相 死傷 私商 私傷 私償 事狀 事相 事象 使相 泗上 思想 沙上/砂上 捨象 蛇床 絲狀 寫象/寫像 寫像 등 20여 가지가 나온다. 이 말들은 모두 '사상'이라는 소리는 공유하나 글자 모양이 다르고 뜻도 다른 것이다. 한글만 가지고는 이 많은 단어들의 뜻을 쉽게 구분하기 어려운 것이다. 漢字를 학습해야 하는 이유의 하나도 여기에 있다. 漢字를 모르고 同音異義語를 구분하지 못하면 결국 같은 소리의 단어는 비슷한 것으로 알거나 어림짐작하고 정확히 이해하지 못하게 된다.

여기서는 따로 수많은 同音異義語를 열거하지는 않는다. 잘 이해되지 않는 同音異義語를 만나면 辭典과 字典을 찾아가며 그 뜻과 쓰임을 정확히 구분하여 이해하려는 노력이 필요하다. 아래에는 몇 가지 사례만을 들었다.

    과정   過程 어떤 일이 진행되어 가는 경로
               科程 학과 과정(學科 過程)
               課程 학습 또는 연구하여야 할 과목의 내용이나 절차
    부정   否定 옳지 않다고 단정함.
               不定 일정하지 아니함.
               不正 바르지 아니함, 옳지 아니함.
    절단   切斷 자르거나 베어 끊음.
               絶斷 관계 따위를 끊음.
    단절   斷切 자르거나 베어 끊음.
               斷折 꺾거나 부러뜨림.
               斷絶 관계 따위를 끊음, 흐름이 연속되지 아니함.
    현상   現像 노출된 필름이나 인화지를 약품으로 처리하여 형상이 나타나도록 함.
               現象 사람이 지각할 수 있는, 사물의 모양과 상태
               現狀 나타나 보이는 현재의 상태

● 類義語·相對語

類義語는 '衣服', '停止'처럼 같거나 비슷한 뜻을 지닌 글자가 竝列병렬로 結合한 漢字語가 있고, '流言蜚語', '輕擧妄動경거망동'처럼 類義語(여기서는 流言과 蜚語, 輕擧와 妄動망동)들이

四字成語의 형태로 結合語를 만드는 것이 있다. 그 외 '原因'과 '理由', '設計圖'와 '靑寫眞', '馬耳東風'과 '牛耳讀經'처럼 結合語는 만들지 않지만 槪念개념 對比 類義 關係를 形成하는 漢字語들이 있다. 여기서는 便宜上편의상 類義 關係의 結合語를 만드는 것은 類義結合語, 나머지는 類義語로 부르기로 한다. 사실 모든 文脈에서 바꾸어 쓸 수 있는 진정한 意味에서의 同義語란 없다고 할 수 있으므로 혹 있을 수도 있는 同義語는 類義語의 범주 속에서 포괄적으로 처리된다.

相對語는 '父母', '天地'처럼 두 글자가 각각 相對되는 뜻을 지닌 채로 竝列병렬로 結合한 漢字語가 있고, '東高西低', '遠交近攻'처럼 相對語(여기서는 東高와 西低, 遠交와 近攻)들이 四字成語의 形態로 結合語를 만드는 것이 있다. 그 외 '苦痛'과 '快樂', '專門家'와 '門外漢', '連戰連勝'과 '連戰連敗'처럼 結合語는 만들지 않지만 槪念개념 對比 相對 關係를 形成하는 漢字語들이 있다. 여기서는 便宜上편의상 相對 關係의 結合語를 만드는 것은 相對結合語, 나머지는 相對語로 부르기로 한다.

類義語나 相對語를 完成하는 문제에서 단순히 訓音이 비슷하거나 서로 대비되는 漢字만을 제시해서는 안 된다.

문제는 거의 대부분 單語, 漢字語를 完成하라고 나온다. 漢字語 完成의 의미는 새로운 漢字語를 만들라는 것이 아니고 기왕에 쓰이는 漢字語를 完成하라는 의미이다. 따라서 첫째, 辭典, 字典에 등재되어 있거나 실제로 쓰이는 漢字語로 完成하여야 하고, 둘째, 完成된 漢字語의 각 漢字가 相對와 類義 관계의 틀 속에 머물러 있어야 한다.

첫 번째 예로 '相對字를 넣어 漢字語를 完成하시오'라고 하고 '乘( )'으로 되어 있으면 乘(탈 승)과 相對 관계이면서 乘(탈 승)의 오른쪽 위치에 알맞은 漢字를 찾아 넣어 漢字語를 完成해야 하는 것이다. 降이나 除 등을 넣어 漢字語 '乘降승강, 乘除승제'를 제시하면 되는 것이다. 수험자 중에는 下를 넣고 왜 정답 처리가 안 되는 지 의아해 한다. 물론 乘(탈 승)과 下는 乘車승차와 下車에서 보이듯 두 글자가 相對 관계인 것은 분명하지만 문제 조건에 '相對字를 넣어 漢字語를 完成하라'고 되어 있다면 乘下승하가 相對 관계를 유지하면서 漢字語라는 조건에 부합하여야 하는 것이다. 그러나 '乘下승하'라는 단어는 없고 그 뜻도 정의되어 있지 않다. 만일 이를 '아래에서 타다', '차를 타고 지방으로 내려가다' 등등의 다른 뜻으로 쓰자고 약속한다면 또 어떻게 되겠는가? 그때는 相對 관계조차 성립되지 않을 수 있다. 漢字를 가지고 필요한 말을 만들어 쓸 수는 있지만 그것은 개인적으로 만들어져서는 안 되고 社會的 合意를 거쳐야 하는 것이므로 相對語, 類義語를 完成하라는 문제에서 社會的 合意가 없는 새로운 漢字語를 만들어내서는 안 된다.

두 번째 예로 '相對字를 넣어 漢字語를 完成하시오' 하고 '起( )'가 제시된 경우 起의 오른쪽에 위치하는 한자로 伏, 臥(누울 와) 등을 넣어 '起伏, 起臥기와'의 漢字語를 完成하면 된다. 이 경우 寢으로 답하면 어떻게 되는가? 물론 사전에 起寢이라는 말이 있다. 그러나 여기의 起寢은 '잠자리에서 일어남'의 뜻이다. 完成된 漢字語가 '일어나다', '잠자다'의 개념의 相對 관계를 유지하지 못하고 述語술어와 目的語의 관계로 결합하고 있는 것이므로 이도 답이 되지 않는다.

基礎漢字와 生活言語

위와 같이 단순히 訓音만 대비하여 類義字·相對字를 넣을 경우 類義語·相對語가 되지 않을 수 있다는 점에 留念하여야 한다.

◉ 이야기 故事成語

螢雪之功형설지공

螢雪之功은 工夫하는데 있어 반딧불이와 눈을 利用하는 精誠을 들였다는 뜻이다. 좋지 않은 條件 속에서도 부지런하고 꾸준하게 工夫한다는 뜻이다. 이 이야기가 傳하는 晋書진서의 車胤傳차윤전과 蒙求몽구의 孫康映雪條를 보기로 한다.

車胤차윤은 恭遜공손하고 부지런하여 게으르지 않았다. 博學하여 여러 分野에 다 通하였다. 집이 가난하여 늘 燈盞등잔 기름을 求할 수 없었다. 여름철이 되면 명주 주머니에 반딧불이 十 餘 마리를 잡아 담아 그로서 冊을 비추어 가며 밤이 새도록 글을 읽었다.

孫氏世錄에 말하기를 孫康은 집이 가난하여 燈盞등잔 기름이 없었다. 늘 눈의 빛을 利用하여 글을 읽었다.

사람의 한 平生은 긴듯하지만 또 瞬息間순식간에 지나간다. 배움은 끝이 없는 것이라 平生을 배우며 살아가는 것이지만 어떤 分野에서든 一家를 이루려면 一定한 배움은 人生의 草創期에 이루어져야 하고 時期를 놓치면 배움에의 欲求욕구가 있다 하더라도 實踐실천하기는 쉽지 않은 것이니 모름지기 機會를 놓치지 말고 젊을 때 熱心히 學業에 邁進매진하여야 할 것이다.

車胤字武子, 南平人也。曾祖浚, 吳會稽太守。父育, 郡主簿。太守王胡之名知人, 見胤於童幼之中, 謂胤父曰:「此兒當大興卿門, 可使專學」胤恭勤不倦, 博學多通。家貧不常得油, 夏月則練囊盛數十螢火以照書, 以夜繼日焉。及長, 風姿美劭, 機悟敏速, 甚有鄉曲之譽。桓溫在荊州, 辟為從事, 以辯識義理深重之。引為主簿, 稍遷別駕、征西長史, 遂顯於朝廷。時惟胤與吳隱之以寒素博學知名於世。又善於賞會, 當時每有盛坐而胤不在, 皆云:「無車公不樂」謝安游集之日, 輒開筵待之。(晋書 車胤傳)

孫氏世錄曰 康家貧無油 常映雪讀書. 少小淸介 交遊不雜. 後至御史大夫. (蒙求 孫康映雪條)

7.2. 漢字 練習

▷ 다음 한자의 훈과 음을 익히고 한자를 쓰면서 기억해 보세요.

한자쓰기1

力5 더할 가	田5 갑옷 갑
加	甲
弓12 강할 강(:)	曰7 고칠 경 ǀ 다시 갱:
強	更
穴8 빌 공	口7 임금 군
空	君
土7 고를 균	方14 기 기
均	旗
口14 그림 도	山10 섬 도
圖	島
辶10 도망할 도	竹12 무리 등:
逃	等
艹13 떨어질 락	米18 양식 량
落	糧
刀6 벌릴 렬	貝12 살 매:
列	買
木15 본뜰 모	十5 반(半) 반:
模	半
女7 방해할 방	人6 엎드릴 복
妨	伏
手7 비평할 비:	人5 섬길 사(:)
批	仕
犬8 형상 상 ǀ 문서 장:	舌6 혀 설
狀	舌

한자쓰기2

又8 아재비 숙	示5 보일 시:
叔	示
艸19 약 약	木15 모양 양
藥	樣
水9 큰바다 양	人15 억[數字] 억
洋	億
彳8 갈 왕:	人11 클 위
往	偉
女8 맡길 위	禾11 옮길 이
委	移
广8 밑 저:	貝12 쌓을 저:
底	貯
車18 구를 전:	手12 끌 제
轉	提
竹11 차례 제:	土15 더할 증
第	增
辶12 나아갈 진:	厶11 참여할 참
進	參
耳22 들을 청	肉11 벗을 탈
聽	脫
大4 클 태	干5 평평할 평
太	平
辶17 피할 피:	水14 한수/한나라 한:
避	漢
韋17 한국/나라 한(:)	心11 근심 환:
韓	患

7. 우리 언어의 地政學

한자쓰기3

玉17 고리 환(:)
環

● 이야기 故事成語

● 刻舟求劍각주구검과 守株待兔수주대토

刻舟求劍각주구검은 글자 그대로 배에 새기고 칼을 찾는다는 뜻이고, 守株待兔수주대토는 그루터기를 지키며 토끼를 기다린다는 뜻이다. 두 말 다 融通性융통성 없이 現實에 맞지 않는 낡은 생각을 固執고집하는 어리석음을 나타내는 말이다. 이 말의 由來를 理解하기 爲하여 呂氏春秋여씨춘추 察今篇과 韓非子 五蠹篇오두편을 보기로 한다.

楚초나라 사람이 배를 타고 江을 건너고 있었는데, 그만 칼이 떨어져 물속으로 빠지고 말았다. 그는 急히 배에다가 標示를 하면서 말하기를 "여기가 내 칼이 떨어진 자리다."라고 하였다. 배가 멈추자 標示한 곳을 따라 물속에 들어가 칼을 찾았다. 배는 이미 떠나 온 것이고 칼은 배를 따라 오지 않았으니 어이할꼬?

宋송나라 사람이 밭을 갈고 있었는데, 밭 가운데 그루터기가 있었다. 토끼가 달아나다가 이 그루터기에 걸려 목이 부러져 죽었다. 이를 본 宋송나라 農夫는 쟁기를 집어 던지고 그루터기를 지켰다. 다시 토끼를 얻기를 바라면서… 그런데 토끼는 다시 얻을 수 없었고 오히려 宋송나라의 웃음거리가 되었다. 오늘날 先王의 政治를 가지고 只今지금 世上의 百姓을 다스리려 함은 모두 '그루터기를 지키는 것'과 같은 部類라 할 것이다.

늘 變하는 世上에서 살아남으려면 變化에 適應할 줄 알아야 한다. 融通性융통성 없이 現實에 맞지 않는 생각만 固執고집하다가는 天下의 웃음거리가 될 뿐이다.

楚人有涉江者, 其劍自舟中墜於水, 遽契其舟曰, 是吾劍之所從墜. 舟止, 從其所契者入水求之. 舟已行矣, 而劍不行, 求劍若此, 不亦惑乎? 以此故法爲其國與此同. 時已徙矣, 而法不徙, 以此爲治, 豈不難哉? 有過於江上者, 見人方引嬰兒而欲投之江中, 嬰兒啼, 人問其故曰, 此其父善游. 其父雖善游, 其子豈遽善游哉? 此任物亦必悖矣. 荊國之爲政, 有似於此. (呂氏春秋 察今篇)

宋人有耕田者, 田中有株, 兔走觸株, 折頸而死, 因釋其耒而守株, 冀復得兔, 兔不可復得, 而身爲宋國笑. 今欲以先王之政, 治當世之民, 皆守株之類也。(韓非子 五蠹篇)

基礎漢字와 生活言語

문제풀기

◆ 다음 漢字의 訓과 音을 쓰시오.

1. 往 (   )
2. 甲 (   )
3. 均 (   )
4. 環 (   )
5. 更 (   )
6. 轉 (   )
7. 提 (   )
8. 進 (   )
9. 增 (   )
10. 逃 (   )
11. 聽 (   )
12. 委 (   )
13. 樣 (   )
14. 底 (   )
15. 妨 (   )
16. 列 (   )
17. 脫 (   )
18. 模 (   )
19. 批 (   )
20. 叔 (   )
21. 糧 (   )
22. 伏 (   )
23. 移 (   )
24. 君 (   )
25. 避 (   )
26. 舌 (   )
27. 狀 (   )

◆ 다음 漢字의 訓과 音에 맞는 漢字를 쓰시오.

28. 강할 강(:) (   )
29. 그림 도 (   )
30. 근심 환: (   )
31. 기 기 (   )
32. 더할 가 (   )
33. 떨어질 락 (   )
34. 무리 등: (   )
35. 반(半) 반: (   )
36. 보일 시: (   )
37. 빌 공 (   )
38. 살 매: (   )
39. 섬 도 (   )
40. 섬길 사(:) (   )
41. 쌓을 저: (   )
42. 약 약 (   )
43. 억[數字] 억 (   )
44. 차례 제: (   )
45. 참여할 참 (   )
46. 큰바다 양 (   )
47. 클 위 (   )
48. 클 태 (   )
49. 평평할 평 (   )
50. 한국/나라 한(:) (   )
51. 한수/한나라 한: (   )

7.3. 實戰 應用

■ 우리 ¹언어의 ²地政學

우리나라는 '퀴즈³천국'이라 불릴 만큼 퀴즈 프로그램이 많다. 그런데 그 퀴즈 ⁴참가자들이 너나없이 어려워하고 그래서 ⁵進行者들이 누구도 ⁶避해갈 수 없는 ⁷문제라며 지레 怯겁을 주는 문제가 바로 ⁸한자문제다. ⁹實際로 많은 참가자들이 한자문제를 만나면 ¹⁰大擧脫落하는 受侮수모를 겪는다. ¹¹대부분이 ¹²日常的으로 ¹³接하는 ¹⁴한자들인데도 그렇다.

그러면서도 이러한 ¹⁵現象에 ¹⁶대해서 ¹⁷전혀 憂慮우려하지 않는 ¹⁸이유가 바로 한글에 대한 잘못된 믿음이다. 한글만 있으면 된다고 어떤 이들은 ¹⁹主張한다. 다른 ²⁰의견들에 대해서는 한글을 冒瀆모독하는 것이라고 ²¹批判한다. 한자는 한글의 汚染源오염원이라고 주장한다. 그렇다면 그들은 오로지 純粹순수한 한글만을 쓰자고 주장하는 것일까? 하지만 ²²實狀을 알고 보면 꼭 그렇지도 않다. 안타깝게도 그들 ²³중의 ²⁴상당수는 '英語依存症영어의존증' ²⁵환자들이다. 일상적인 ²⁶회화를 ²⁷중심으로 한 ²⁸영어 沒入敎育몰입교육을 주장하고 甚至於심지어는 영어를 ²⁹공용어로 만들어야 한다고 외치며, 한자에 ³⁰관해서는 ³¹시대의 흐름을 ³²看破하지 못한 낡은 생각으로 置簿치부해버리곤 한다.

정말 그럴까? 이 시대의 흐름이 무엇이기에? 어떤 ³³理論家는 그 흐름에 대해 ³⁴지국화(Glocalization)라는 ³⁵新造語를 ³⁶提示한다. 모든 ³⁷地域의 ³⁸인류 ³⁹전체가 ⁴⁰均等하게 追求추구할 수 있는 것으로서의 ⁴¹지구화(Globalization)는 幻想환상에 지나지 않는다. ⁴²예컨대 ⁴³한류를 만들어내려는 ⁴⁴試圖는 人類普遍인류보편의 코드를 따르면서도 우리만의 것에 대한 깊은 ⁴⁵省察을 담는 瞬間순간에만 살아남을 수 있다. 莫大막대한 ⁴⁶資本을 들여서 만든 ⁴⁷대작 드라마들이 왜 할

◆ 위의 本文 가운데 한글은 漢字로, 漢字는 한글로 고쳐 쓰세요.

1.	12.	23.	34.	45.
2.	13.	24.	35.	46.
3.	14.	25.	36.	47.
4.	15.	26.	37.	
5.	16.	27.	38.	
6.	17.	28.	39.	
7.	18.	29.	40.	
8.	19.	30.	41.	
9.	20.	31.	42.	
10.	21.	32.	43.	
11.	22.	33.	44.	

리우드 ⁴⁸映畫의 亞流ᵃ⁾ᵘ로 ⁴⁹轉落하는지를 말해주는 이유다. ⁵⁰동시에 지국화라는 말은 ⁵¹국가라는 槪念ᵃ⁾ᵘ에 가려져 있던 또 하나의 ⁵²장소를 換氣ᵃ⁾ᵘ하는데, 우리의 ⁵³境遇 그것은 바로 ⁵⁴동아시아 또는 ⁵⁵環太平洋 ⁵⁶地域共同體이다. ⁵⁷인구 13⁵⁸억의 ⁵⁹중국과 ⁶⁰經濟大國 ⁶¹일본과 臺灣ᵈᵃⁿ이 함께 ⁶²屬해 있는 동아시아 ⁶³經濟體制의 ⁶⁴위력이란 ⁶⁵실로 想像ᵃ⁾ᵘ을 超越ᵃ⁾ᵘ하는 것이다.

이러한 ⁶⁶현실은 지정학이라는 말을 다시 떠올리게 한다. 지정학처럼 어려우면서도 널리 쓰이는 말도 드물듯하다. 요즘은 어떤지 모르겠으나 예전에는 '⁶⁷한반도의 ⁶⁸地政學的 ⁶⁹與件' 따위의 말을 자주 썼다. 그러면 ⁷⁰자연스럽게 한반도를 둘러싼 4⁷¹大列强이 떠오르고 그들의 角逐場ᵃ⁾ᵘ이 되었던 한반도가 토끼 ⁷²模樣인지, 호랑이 모양인지를 놓고 말씨름을 벌이곤 했다. 그 한반도가 ⁷³生存하기 ⁷⁴爲해서는 우리말과 ⁷⁵세계어의 자리에 놓인 영어 ⁷⁶이외에도 우리가 속한 ⁷⁷地域共同體의 공용어인 ⁷⁸한자어의 ⁷⁹중요성이 ⁸⁰강조되어야 한다.

물론, 한자의 중요성은 이에 ⁸¹限定되지 않는다. 우리 삶의 ⁸²底層에는 豊饒ᵖᵘⁿᵍ⁾ᵒ로운 ⁸³한자문화가 놓여 있으며, 한자는 그 ⁸⁴세계의 ⁸⁵문을 여는 열쇠와도 같다. 이렇게 한자는 ⁸⁶시공간적으로 우리 삶을 擴張ᵃ⁾ᵘ하려고 할 때 반드시 ⁸⁷필요한 ⁸⁸도구다. ⁸⁹한자교육을 ⁹⁰강화해야하는 이유가 여기에 있다.(『語文生活』, 2010年 6月)

◆ 위의 本文 가운데 한글은 漢字로, 漢字는 한글로 고쳐 쓰세요.

48.	57.	66.	75.	84.
49.	58.	67.	76.	85.
50.	59.	68.	77.	86.
51.	60.	69.	78.	87.
52.	61.	70.	79.	88.
53.	62.	71.	80.	89.
54.	63.	72.	81.	90.
55.	64.	73.	82.	
56.	65.	74.	83.	

7.4. 時事 漢字語

❄ 北方限界線 [northern limit line]

◆ 北 북녘 북, 달아날 배 方 모 방/본뜰 방 限 한할 한 界 지경 계 線 줄 선

　영문 머리글자를 따서 'NLL'이라고도 한다. 1953년 7월 27일 이루어진 정전협정에서는 남북한 간 육상경계선만 설정하고 해양경계선은 설정하지 않았다. 이후 1953년 8월 30일 당시 주한 유엔군 사령관이던 마크 클라크(Mark W. Clark)가 한반도 해역에서의 남북 간의 우발적 무력충돌 발생 가능성을 줄이기 위한 목적으로 서해상에 당시 국제적으로 통용되던 영해 기준 3해리에 입각하여 서해 5개 도서(백령도·대청도·소청도·연평도·우도)와 북한 황해도 지역의 중간선을 기준으로 '북방한계선(NLL ; Northern Limit Line)'을 설정하였다. 또한, 동해상에는 군사분계선(MDL) 연장선을 기준으로 하여 '북방경계선(NBL ; Northern Boundary Line)'을 설정하였다. 1996년 7월 1일 동해상의 북방경계선을 북방한계선으로 명칭을 통일하여 지금에 이른다.

　북방한계선이 국제법상 영해를 규정하는 경계선이라는 해석에 대해서는 국제법 학자들에 따라 견해를 달리하지만, 한국 정부는 북한의 이러한 주장에 대해 확고한 입장을 취하고 있다. 즉 유엔사령부가 NLL 확정에 대해 통보했을 당시 북한 측의 분명한 이의 제기가 없었고 20여 년간 관행으로 준수해 왔으며, 1991년 체결한 '남북기본합의서' 11조의 '남과 북의 불가침 경계선과 구역은 1953년 7월 27일자 군사정전에 관한 협정에 규정된 군사분계선과 지금까지 쌍방이 관할해 온 구역으로 한다'는 점 등을 들어 이를 침해할 경우 명백한 정전협정 정신 위반이라는 입장을 취하고 있다.

[과제] 지난 한 주 동안 신문이나 방송에서 화제가 된 時事 漢字語를 조사해 오기.(漢字의 音과 訓, 漢字語의 意味, 背景知識 등)

8. 신 列强 틈바구니에서

8.1. 漢字의 長短音

　國語 속의 漢字는 同一 音價 속에서 長短으로 구분되기도 한다. 예를 들어 國語辭典을 보면 '광주(廣州)[광:주]'식으로 發音을 표기하면서 :(쌍점)을 찍어 놓은 것을 볼 수 있다. 이는 해당 音을 길게 읽으라는 표시이다. 그러나 모든 '廣(광:)'을 '광:'으로 읽으라는 것은 아니다. 말의 첫머리에 올 때만 長短을 구분한다. '長廣(장광)'은 긴소리인 '廣'이 있지만 語頭가 아니므로 '장광:'으로 發音하지 않는다.

　長短은 왜 필요한가? 音의 高低와 長短은 말에 韻律운율이 실리게 하고, 말의 語感에 변화를 주어 意味 전달에 차이를 가져온다. '광:주(廣州)'의 긴 발음과 '광주(光州)'의 짧은 발음은 話者가 말의 長短을 구분함에 따라 韻律운율의 변화를 일으키고, 聽者는 長短 韻律운율의 변화에 따라 聽取 느낌이 달라질 뿐 아니라 그 말의 意味도 다르게 받아들이게 되는 것이다.

　長短은 어떻게 생겼는가? 15세기 中世國語에는 音의 長短외에 高低(聲調)의 구분도 있었다. 現代國語의 長短은 中世國語의 四聲에서 비롯되었다. 平聲은 低調로 낮은 소리, 去聲은 高調로 높은 소리, 上聲은 低調와 高調의 복합으로 처음이 낮고 나중이 높은 소리, 入聲은 짧고 빨리 끝나는 소리였다. 聲調는 글자의 왼쪽에 點을 찍어 표시하였는데, 이 點을 '傍點방점 (곁點, 圈點권점, 四聲點)'으로 부른다. 『訓民正音』에 보면 平聲은 점이 없고, 去聲은 한 점, 上聲은 두 점을 글자의 왼편에 찍었다. 入聲(ㄱ, ㄷ, ㅂ, ㄹ 받침)은 점이 없는 것은 '平聲的 入聲', 점이 한 개 있는 것은 '去聲的 入聲', 점이 두 개 있는 것은 '上聲的 入聲'으로 구분하는데, 받침(ㄱ, ㄷ, ㅂ, ㄹ)으로 바로 알아 볼 수 있다. 예로 '學'은 그 음이 'ㄱ'받침으로 끝나므로 入聲이 된다. 그러나 四聲은 國人의 言語 生活과 어울리지 않는 측면이 있어 16세기 이후 消滅소멸하였고 長短만 남게 되었다.

　長短에는 法則이 있는가? 四聲이 消滅소멸하면서 長短으로 바뀌었는데, 入聲만 모두 短音으로 바뀌었고, 上聲은 대체로 長音으로, 平聲과 去聲은 대체로 短音으로 바뀌었다. 上聲에 長音이 많은 것은 上聲이 長音으로 발달한 것이 아니고 본래 上聲字의 音節 母音이 대부분 長母音이었기 때문이다. 따라서 四聲을 구분할 줄 알면 長短도 어느 정도 구분할 수 있다. 그러나 漢字의 四聲을 익히는 것은 쉬운 일이 아니고 오직 入聲만 알아보기 쉬울 뿐이다. 결국 長短音을 하루아침에 익힐 수 있는 방법은 없고, 하나하나 차근차근 익혀 나가야 한다.

　長短은 어떻게 익혀야 하는가? 漢字의 訓에 따라 長短이 달라지기도 한다. '長'을 예로 들면 長官(장:관)의 長은 '어른 장'의 뜻으로 길게 발음하고, 長短(장단)의 長은 '긴 장'의 뜻으로 짧게 발음한다. 또 '討'를 예로 들면 '칠(誅) 토'의 뜻은 短音으로 討伐(토벌) 討滅(토멸)이 되고, '찾을(尋) 토'는 長音으로 討論(토:론) 討議(토:의)가 된다. 한편 一字多音인 경우에는 音

의 변화에 따라 長短이 결정되기도 한다. '醵<추렴할 갹(거)>'를 예로 들면 '갹'음인 경우에는 短音, '거'음인 경우에는 長音이 되어 각각 醵出(거:출), 醵出(갹출)로 다르게 된다. '更(고칠 경, 다시 갱)'을 예로 들면 '경'은 短音, '갱'은 長音으로 更迭(경질), 更生(갱:생)으로 音의 변화에 따라 長短이 달라진다.

그러나 어떤 뚜렷한 法則性을 발견하기 어려운 상황에서 한 글자 한 글자의 경우의 수를 따져 가면서 長短을 익히는 것은 현실적으로 어려운 일이다. 長短의 구분은 同音異義語의 구분에도 그 이유가 있었을 것이므로 동일 音價의 단어들을 가지고 그때그때 長短을 익히는 것도 하나의 방법이다. 예로 京畿道경기도 廣州와 全羅道 光州는 각각 廣州(광:주)와 光州(광주)로 長短音이 다르다. 姓氏를 예로 들면 鄭韓國(정:한국), 丁韓國(정한국)으로 長短이 다르다. 간신을 예로 들면 諫臣(간:신)은 길고, 奸臣(간신)은 짧다. 영동을 예로 들면 永同(영:동)은 길고 嶺東(영동)은 짧다. 이와 같이 종래 長短을 무시한 발음으로는 구분하지 못했던 동일 音價의 말들의 長短을 구분하여 가면서 익히면 長短音이 쉽고 재미있게 다가올 것이다.

◉ 이야기 故事成語

● 起死回生

起死回生은 거의 죽을 뻔하다가 도로 살아난다는 뜻이다. 처음에는 다치거나 病으로 죽을 危機에 處했다가 奇跡的기적적으로 살아남을 일컬었지만 뒤에 勝負에서의 敗北, 事業 따위의 失敗의 危機를 克服극복하는 것 等도 일컫게 되었다. 이 말은 元나라 無名氏의 『博望燒屯박망소둔』에 보이나 그 출발은 呂氏春秋여씨춘추 別類篇에 보인다. 該當해당 部分을 살펴보기로 한다.

魯노나라 사람에 公孫綽공손작이라는 이가 있었는데, 사람들에게 말하기를 "나는 죽은 사람도 살릴 수 있는 사람이다."라고 하였다. 사람들이 어떻게 살린단 것인지 質問하니 對答하여 말하기를 "나는 半身不隨반신불수(偏枯편고)를 治療치료할 수 있다. 只今지금 내가 半身不隨반신불수를 治療치료하는 藥을 갑절로 쓴다면 죽은 사람도 살릴 수 있는 것이다."라고 하였다.

삶을 살면서 自暴自棄자포자기하면 안 된다. 무슨 因緣이나 機會가 있을 줄 알겠는가? 暴棄포기하지 않는 사람이라야 回生의 奇跡기적을 바랄 수 있을 것이다.

魯人有公孫綽者 告人曰 我能起死人 人問其故 對曰 我固能治偏枯 今吾倍所以爲偏枯之藥則可以起死人矣 (呂氏春秋 別類篇)

8.2. 漢字 練習

☞ 다음 한자의 훈과 음을 익히고 한자를 쓰면서 기억해 보세요.

한자쓰기1

口5 옳을 가:		口6 각각 각	
可		各	

广11 편안 강		攴7 고칠 개(:)	
康		改	

言20 깨우칠 경:		車14 가벼울 경	
警		輕	

戈7 경계할 계:		子8 외로울 고	
戒		孤	

儿6 빛 광		水7 구할[索] 구	
光		求	

羊13 무리 군		心9 급할 급	
群		急	

水7 물끓는김 기		走10 일어날 기	
汽		起	

犬16 홀로 독		冫5 겨울 동(:)	
獨		冬	

艮7 어질 량		足13 길 로:	
良		路	

阜11 뭍 륙		貝15 팔 매(:)	
陸		賣	

面9 낯 면:		戶8 방 방	
面		房	

攴8 놓을 방(:)		月8 옷 복	
放		服	

한자쓰기2

8. 신 列強 틈바구니에서

부수/획수 훈음	한자		부수/획수 훈음	한자
广8 마을[官廳] 부(:)	府		宀15 베낄 사	寫
雨11 눈 설	雪		宀11 잘 숙 | 별자리 수:	宿
巾5 저자 시:	市		里11 들[坪] 야:	野
阜12 볕 양	陽		玉4 임금 왕	王
心15 위로할 위	慰		心17 응할 응:	應
耳6 귀 이:	耳		長8 긴 장(:)	長
攴15 대적할 적	敵		广8 가게 점:	店
衣14 지을 제:	製		支4 지탱할 지	支
言15 청할 청	請		艸10 풀 초	草
儿5 채울 충	充		見16 친할 친	親
一2 일곱 칠	七		手5 칠 타:	打
水9 갈래 파	派		八2 여덟 팔	八
火19 불터질 폭	爆		木15 표할 표	標

한자쓰기3

水12 항구 항:					貝15 어질 현				
港					賢				
水11 섞을 혼:					言13 재물 화:				
混					貨				
子7 효도 효:					黑12 검을 흑				
孝					黑				

● 이야기 故事成語

● 如魚得水

　如魚得水는 글자대로는 물고기가 물을 얻은 것과 같다는 뜻인데, 마음에 맞는 사람을 얻거나 自身에게 매우 適合한 環境을 얻게 됨을 나타낼 때 쓰인다. 이는 劉備유비가 諸葛亮제갈량을 얻었을 때 한 말에서 由來하는데, 三國志 蜀書촉서 諸葛亮傳제갈량전의 關聯관련된 部分만 살펴보기로 한다.

　이때에 (劉備유비는) 諸葛亮제갈량과 情과 好感이 날마다 더 깊어졌다. 關羽관우와 張飛 等이 이를 기뻐하지 않자 先主(劉備유비)는 解明하여 주었다. "나에게 諸葛孔明제갈공명이 있는 것은 마치 물고기에게 물이 있는 것과 같다. 바라건대 그대들은 다시는 (우리 두 사람 사이를 갈라놓으려는) 말을 하지 말게." 關羽관우와 張飛는 이에 (그 일에 對하여 말하는 것을) 그만두었다.

　人材를 얻고, 또 그 人材와 좋은 關係를 維持유지하는 일은 매우 힘든 일이다. '물 만난 물고기', 참 生動感 넘치는 表現이다.

於是 與亮情好日密 關羽、張飛等不悅 先主解之曰 孤之有孔明 猶魚之有水也 願諸君勿復言 羽、飛乃止(三國志 蜀書 諸葛亮傳)

8. 신 列強 틈바구니에서

문제풀기

◆ 다음 漢字의 訓과 音을 쓰시오.

1. 派 (　　　　) 　 9. 爆 (　　　　) 　17. 製 (　　　　)
2. 戒 (　　　　) 　10. 混 (　　　　) 　18. 支 (　　　　)
3. 求 (　　　　) 　11. 賢 (　　　　) 　19. 請 (　　　　)
4. 警 (　　　　) 　12. 孤 (　　　　) 　20. 康 (　　　　)
5. 敵 (　　　　) 　13. 慰 (　　　　) 　21. 標 (　　　　)
6. 府 (　　　　) 　14. 應 (　　　　) 　22. 港 (　　　　)
7. 群 (　　　　) 　15. 起 (　　　　)
8. 房 (　　　　) 　16. 貨 (　　　　)

◆ 다음 漢字의 訓과 音에 맞는 漢字를 쓰시오.

23. 가게 점: (　　　) 　35. 눈 설　 (　　　) 　47. 임금 왕　 (　　　)
24. 가벼울 경 (　　　) 　36. 들[坪] 야: (　　　) 　48. 잘 숙 | 별자리 수:
25. 각각 각　 (　　　) 　37. 물끓는김 기 (　　　) 　　　　　　(　　　)
26. 검을 흑　 (　　　) 　38. 뭍 륙　 (　　　) 　49. 저자 시: (　　　)
27. 겨울 동(:) (　　　) 　39. 베낄 사　 (　　　) 　50. 채울 충　 (　　　)
28. 고칠 개(:) (　　　) 　40. 볕 양　 (　　　) 　51. 친할 친　 (　　　)
29. 귀 이: 　 (　　　) 　41. 빛 광　 (　　　) 　52. 칠 타: 　 (　　　)
30. 급할 급　 (　　　) 　42. 어질 량　 (　　　) 　53. 팔 매(:) (　　　)
31. 긴 장(:) 　(　　　) 　43. 여덟 팔　 (　　　) 　54. 풀 초　 (　　　)
32. 길 로: 　 (　　　) 　44. 옳을 가: 　(　　　) 　55. 홀로 독　 (　　　)
33. 낯 면: 　 (　　　) 　45. 옷 복　 (　　　) 　56. 효도 효: (　　　)
34. 놓을 방(:) (　　　) 　46. 일곱 칠　 (　　　)

8.3. 實戰 應用

■ ¹신 ²列強 틈바구니에서

얼마 ³전의 일이다. 술坐席^{좌석}의 雰圍氣^{분위기}가 무르익을 때쯤에 어떤 ⁴선생이 슬그머니 ⁵중국에 ⁶대한 ⁷警戒心을 털어놓았다. ⁸改革·⁹개방 ¹⁰이후 무섭게 ¹¹성장하면서 東北亞^{동북아}는 勿論^{물론}, ¹²세계를 주무르면서 所謂^{소위} 'G2'라 불리기도 하는 중국에 대한 두려움을 吐露^{토로}하면서, ¹³미국이 제 役割^{역할}을 해주었으면 한다는 것이었다. 그러자 다른 몇 분이 ¹⁴異意를 ¹⁵提起하고 나섰다. 그 분들에 ¹⁶依하면 오히려 ¹⁷現政府가 ¹⁸급변하는 ¹⁹世界情勢를 바로 읽지 못하고 지나치게 미국 ²⁰중심의 政策^{정책}들을 펴고 있는 게 ²¹문제라는 것이었다. 술좌석은 ²²親美派와 ²³親中派로 나뉘어져 甲論乙駁^{갑론을박}을 주고받았다.

하지만 그 어느 쪽도 중국의 影響力^{영향력}이 漸漸^{점점} 더 커지리라는 ²⁴點을 ²⁵否認하지는 못했다. 이미 중국에 대한 ²⁶經濟依存度는 ²⁷가히 놀라울 ²⁸程度다. ²⁹政治, ³⁰사회, ³¹문화 ³²각 ³³분야에서도 우리는 漸增^{점증}하는 ³⁴巨大한 중국 ³⁵대륙의 ³⁶存在感을 ³⁷確認해가고 있다.

³⁸시내의 ³⁹百貨店이나 ⁴⁰관광지들, 스키⁴¹장 같은 곳을 가보면 우리는 이러한 ⁴²현실을 쉽게 ⁴³실감할 수 있다. 중국은 ⁴⁴결코 ⁴⁵否定할 수 없는 엄청난 威脅^{위협}이자 挑戰^{도전}의 ⁴⁶機會로 다가온다. 그렇다면, 우리는 이러한 ⁴⁷변화에 제대로 ⁴⁸適應하고 있을까? ⁴⁹예컨대 거의 ⁵⁰대부분 한글과 ⁵¹영어만으로 이루어져 있는 ⁵²道路標識板을 보라. 도로표지판만이 아니다. ⁵³실로 변화하는 현실을 제대로 ⁵⁴反映한 새로운 言語政策^{언어정책}이 우리에게 ⁵⁵要求되는 것은 아닐까? 우리의 ⁵⁶생활에서 ⁵⁷한자를 걷어냄으로써 우리는 漢字文化圈^{한자문화권}에 ⁵⁸屬하는 ⁵⁹수많은 사람들에 대

◆ 위의 本文 가운데 한글은 漢字로, 漢字는 한글로 고쳐 쓰세요.

1.	13.	25.	37.	49.
2.	14.	26.	38.	50.
3.	15.	27.	39.	51.
4.	16.	28.	40.	52.
5.	17.	29.	41.	53.
6.	18.	30.	42.	54.
7.	19.	31.	43.	55.
8.	20.	32.	44.	56.
9.	21.	33.	45.	57.
10.	22.	34.	46.	58.
11.	23.	35.	47.	59.
12.	24.	36.	48.	

8. 신 列強 틈바구니에서

한 便宜⁽편의⁾를 提供⁽제공⁾하지 못할 뿐만 아니라, 우리 스스로도 ⁶⁰孤立을 ⁶¹自招하는 것일 수도 있다. 한자는 그저 남의 나라 ⁶²문자가 아니기 때문이다. 그것은 우리의 삶에 깊고 오래 뿌리를 내리고 있는 문자이며 문화라 할 수 있다.

중국의 영향력이 갈수록 ⁶³강력해지면서 우리는 ⁶⁴新4大列強의 틈바구니에서 여러 도전에 ⁶⁵직면하고 있다. 현실에 제대로 적응하지 못하면 우리는 ⁶⁶자신의 ⁶⁷정체성을 잃고 ⁶⁸未來를 ⁶⁹향한 기회들을 놓쳐버리기 쉽다. 그렇다고 해서 ⁷⁰백년전처럼 鎖國⁽쇄국⁾의 길을 걸을 수도 없다. ⁷¹언어도 마찬가지다. 영어로 塗褙⁽도배⁾하다시피한 '言語沒入⁽언어몰입⁾'은 결코 바람직하지 못하다.

⁷²觀點을 달리하면 우리는 和而不同⁽화이부동⁾의 길을 걸을 수 있으리라. 우리의 문화에 대한 깊이 있는 ⁷³省察을 ⁷⁴통해 우리만의 ⁷⁵독특한 ⁷⁶언어문화를 만들어나가면서 ⁷⁷동시에 한자문화권에 속하는 ⁷⁸공동의 뿌리를 잘 ⁷⁹활용해야 하리라고 생각된다. ⁸⁰單一民族이라는 게 이미 하나의 ⁸¹虛想이 되어버렸듯이, 한글 ⁸²專用도 ⁸³불가능한 꿈에 지나지 않는다. ⁸⁴한자교육에 대한 새로운 성찰이 ⁸⁵要請된다. 나아가 우리의 삶과 ⁸⁶역사 속에 뿌리내리고 있는 한자와 ⁸⁷한자문화를 ⁸⁸능동적으로 활용하고 살려낼 수 있는 ⁸⁹효과적인 ⁹⁰방안을 苦悶⁽고민⁾할 때가 아닌가 싶다.(『語文生活』, 2012年 3月)

◆ 위의 本文 가운데 한글은 漢字로, 漢字는 한글로 고쳐 쓰세요.

60.	67.	74.	81.	88.
61.	68.	75.	82.	89.
62.	69.	76.	83.	90.
63.	70.	77.	84.	
64.	71.	78.	85.	
65.	72.	79.	86.	
66.	73.	80.	87.	

8.4. 時事 漢字語

住宅年金 [reverse mortgage loan]

◆ 住 살 주 宅 집 택 年 해 년 金 쇠 금, 성씨 김

滿(만) 60세 以上의 高齡者(고령자)가 금융기관에 자신이 살고 있는 住宅을 담보로 제공한 뒤, 매달 고정적인 生活資金을 연금식으로 받는 장기주택저당대출로, 역모기지론이라고도 한다. 2007년부터 한국주택금융공사(HF공사)가 운영해 오고 있는데, HF공사의 심사를 거쳐 보증서를 발급받은 뒤 市中 10여 개 금융사에서 대출 약정을 체결하면 된다. 연금은 가입 당시 집값을 기준으로 매년 3.3% 상승할 것으로 보고 계산하므로, 부동산 경기 침체 시에는 주택가격 하락에 따른 자산감소 위험을 감소시킬 수 있으며, 향후 집값이 올랐을 때는 중도 상환 수수료 없이 중도에 상환하고 계약을 해지할 수 있다(다만 초기보증료는 환급되지 않음). 특히 주택연금은 국가가 연금 지급을 保證(보증)하므로 연금지급 중단의 위험이 없다는 長點을 가진다.

住宅年金은 부부 모두 만 60세 이상이고 1주택자면 가입할 수 있고, 대상 주택은 시가 9억 원 이하의 주택 및 지방자치단체에 신고된 노인복지주택이다. 월지급액은 집값 상승률과 기대수명 등을 고려해 수령액이 결정된다. 두 사람 모두 사망할 때까지 연금을 받게 되며, 담보로 잡은 주택은 부부가 사망한 뒤 相續人(상속인)이 팔아 貸出金(대출금)과 利子를 갚고 남는 돈이 있으면 상속자가 갖는다. 그 差額(차액)이 없을 경우에는 주택금융공사가 손해를 부담한다.

[과제] 지난 한 주 동안 신문이나 방송에서 화제가 된 時事 漢字語를 조사해 오기.(漢字의 音과 訓, 漢字語의 意味, 背景知識 등)

9. 里程標 아래서 길을 묻다

9.1. 漢字와 사이시옷

한글맞춤법에 따라 두 音節로 된 다음 漢字語는 사이시옷을 받치어 적는다.

庫間(곳간), 貰房(셋방), 數字(숫자), 車間(찻간), 退間(툇간), 回數(횟수)

  * 참고로 '數字'는 '수자'의 독음과 표기도 가능하나 그럴 경우 '數字(수자)'는 '두서너 글자'의 뜻이 되어 '數字(숫자)'와 뜻이 달라진다.
  * 茶房(찻방), 茶床(찻상), 茶盞(찻잔), 茶鍾(찻종), 茶欌(찻장)은 '차(茶)'를 순우리말로 보아 사이시옷 規程에서 제외하였으나 '茶(차)'는 漢字로 보아야 할 것이고, 위의 '茶(차)'가 들어있는 漢字語는 사이시옷 規程에 넣는 것이 옳을 것으로 본다.

● 疊語첩어가 있는 漢字語의 讀音

한글맞춤법 제13항에 "한 단어 안에서 같은 음절이나 비슷한 음절이 겹쳐 나는 부분은 같은 글자로 적는다."는 규정이 있다. 예로 연연불망(戀戀不忘)은 頭音法則에 따라 앞의 글자는 頭音인 '연', 뒤의 글자는 本音인 '련'이 되어 '연련불망'으로 적어야 할 것이지만 이미 사람들의 發音 형태가 '연연불망'으로 굳어져 이와 같은 規程이 생기게 된 것이다. 이와 같은 規程이 적용되는 漢字語는 대략 다음과 같다.

類類相從	유유상종	戀戀不忘	연연불망
累累	누누	戀戀	연연
屢屢	누누	來來世世	내내세세
了了	요요		
老老法師	노노법사		

그러나 落落長松은 '낙락장송', 念念不忘은 '염념불망', 年年世世는 '연년세세' 등 頭音法則의 적용만 받고 위의 規程이 적용되지 않는 漢字語들이 대부분이므로 위의 規程이 적용된 漢字語만 별도로 익혀두면 된다.

9.2. 漢字 練習

다음 한자의 훈과 음을 익히고 한자를 쓰면서 기억해 보세요.

한자쓰기1

見20 깨달을 각	水6 강 강
覺	江
阜9 내릴 강: ǀ 항복할 항	金19 거울 경:
降	鏡
工3 장인 공	乙2 아홉 구
工	九
邑10 고을 군:	口6 길할 길
郡	吉
立14 끝 단	邑12 도읍 도
端	都
水9 골 동: ǀ 밝을 통:	方10 나그네 려
洞	旅
火10 매울 렬	彳9 법칙 률
烈	律
里7 마을 리:	肉10 줄기 맥
里	脈
土14 무덤 묘:	言11 찾을 방:
墓	訪
彳12 회복할 복 ǀ 다시 부:	衣14 겹칠 복
復	複
貝9 질[荷] 부:	人8 하여금/부릴 사:
負	使
寸6 절 사	寸10 쏠 사(:)
寺	射

한자쓰기2

山3 메 산						色6 빛 색					
山						色					

魚17 고울 선						女8 성 성:					
鮮						姓					

子10 손자 손(:)						木8 소나무 송					
孫						松					

聿12 엄숙할 숙						目11 눈 안:					
肅						眼					

羊6 양 양						食15 기를 양:					
羊						養					

糸15 인연 연						言14 그르칠 오:					
緣						誤					

言17 노래 요						行16 지킬 위					
謠						衛					

辶16 남길 유						人4 어질 인					
遺						仁					

肉13 창자 장						貝13 도둑 적					
腸						賊					

手7 꺾을 절						力7 도울 조:					
折						助					

月12 아침 조						木11 가지 조					
朝						條					

宀8 마루 종						日12 슬기/지혜 지					
宗						智					

皿14 다할 진:						十3 일천 천					
盡						千					

한자쓰기 3

水11 맑을 청	刀7 처음 초
清	初

寸3 마디 촌:	虫18 벌레 충
寸	蟲

人9 침노할 침	弓15 탄알 탄:
侵	彈

門11 닫을 폐:	夂10 여름 하:
閉	夏

舟10 배 항:	阜16 험할 험:
航	險

頁23 나타날 현:	血6 피 혈
顯	血

糸9 붉을 홍	人10 기후 후:
紅	候

口7 마실 흡	
吸	

문제풀기

다음 漢字의 訓과 音을 쓰시오.

1. 條 (　　　　)
2. 鏡 (　　　　)
3. 複 (　　　　)
4. 誤 (　　　　)
5. 候 (　　　　)
6. 覺 (　　　　)
7. 折 (　　　　)
8. 端 (　　　　)
9. 顯 (　　　　)
10. 遺 (　　　　)
11. 降 (　　　　)
12. 謠 (　　　　)
13. 眼 (　　　　)
14. 盡 (　　　　)
15. 閉 (　　　　)
16. 賊 (　　　　)
17. 助 (　　　　)
18. 宗 (　　　　)
19. 吸 (　　　　)
20. 烈 (　　　　)
21. 墓 (　　　　)
22. 航 (　　　　)
23. 蟲 (　　　　)
24. 律 (　　　　)
25. 紅 (　　　　)
26. 松 (　　　　)
27. 智 (　　　　)
28. 射 (　　　　)
29. 羊 (　　　　)
30. 仁 (　　　　)
31. 肅 (　　　　)
32. 緣 (　　　　)
33. 寺 (　　　　)
34. 脈 (　　　　)
35. 衛 (　　　　)
36. 負 (　　　　)
37. 腸 (　　　　)
38. 訪 (　　　　)
39. 侵 (　　　　)
40. 彈 (　　　　)
41. 血 (　　　　)
42. 險 (　　　　)
43. 復 (　　　　)

다음 漢字의 訓과 音에 맞는 漢字를 쓰시오.

44. 강 강　　(　　　　)
45. 고울 선　(　　　　)
46. 고을 군:　(　　　　)
47. 골 동:ㅣ밝을 통: (　　)
48. 기를 양:　(　　　　)
49. 길할 길　(　　　　)
50. 나그네 려 (　　　　)
51. 도울 도　(　　　　)
52. 마디 촌:　(　　　　)
53. 마을 리:　(　　　　)
54. 맑을 청　(　　　　)
55. 메 산　　(　　　　)
56. 빛 색　　(　　　　)
57. 성 성:　　(　　　　)
58. 손자 손(:) (　　　　)
59. 아침 조　(　　　　)
60. 아홉 구　(　　　　)
61. 여름 하:　(　　　　)
62. 일천 천　(　　　　)
63. 장인 공　(　　　　)
64. 처음 초　(　　　　)
65. 하여금/부릴 사: (　　)

9.3. 實戰 應用

▣ ¹里程標 아래서 길을 묻다

우리나라를 ²여행하노라면 누구나 참 많이도 새로운 ³도로를 만들어내고 있다는 생각을 하게 되리라. ⁴到處에서 ⁵산을 뚫고 언덕을 깎아내고 논을 메우는 ⁶공사를 目睹^{목도}하는데 그럴 때는 무언가 微妙^{미묘}한 喪失感^{상실감}에 빠져들기도 한다. 어쨌거나 여행을 하기는 참 ⁷편해졌다. 게다가 ⁸地方自治制가 ⁹시작되면서 ¹⁰각 ¹¹地域마다 이런저런 ¹²관광 ¹³상품을 ¹⁴개발해서 보다 많은 ¹⁵관광객을 誘致^{유치}하기 ¹⁶爲해서 그야말로 ¹⁷血眼이 되어 있기도 하다.

하지만 거기에서 그야말로 속 깊은 ¹⁸문화의식이나 ¹⁹精神이란 것을 ²⁰발견하기가 어렵다. 그 옛날 ²¹九折羊腸 같은 ²²險한 길 끝에서 마주했던 ²³지방마다의 ²⁴독특한 ²⁵고유색들은 모두 사라져 버리고 어느 ²⁶관광지를 가다라도 그저 엇비슷하고 粗雜^{조잡}한 ²⁷상술들만 엿보이는 것이다. ²⁸세계적으로 ²⁹한류 ³⁰열풍이 불고 있다 하나, 그 열풍에는 뿌리가 없다. 그것들은 ³¹전국적으로 드라마 撮影地^{촬영지}라는 假設舞臺^{가설무대}만을 ³²양산하고 있을 뿐, ³³후손들이 뿌리를 내리고 살아갈 ³⁴眞正한 ³⁵國富를 만들어 내는 데로 이어지지 못하고 있다. 조금 甚^심하게 이야기하자면, 요즘의 한류 열풍은 詐欺術^{사기술}의 ³⁶일종일 따름이 아닌가.

그런 ³⁷문화적 輕薄^{경박}함을 보여주는 또 하나의 徵標^{징표}가 바로 이정표인 것 같다. 길가에 세워져 있는 이정표들은 우리의 ³⁸문화 ³⁹感覺이 어느 ⁴⁰程度인가를 가리키는 ⁴¹標識板이 아닐까. 거기에는 우리의 ⁴²文化遺産에 ⁴³대한 ⁴⁴自負心도, ⁴⁵세계인들에 대한 慎重^{신중}한 ⁴⁶配慮도 눈에 띄지 않는다. ⁴⁷看板은 그저 ⁴⁸千篇一律的으로 한글과 ⁴⁹영문 ⁵⁰표기만으로 이루어져 있는데, 여

◆ 위의 本文 가운데 한글은 漢字로, 漢字는 한글로 고쳐 쓰세요.

1.	13.	25.	37.	49.
2.	14.	26.	38.	50.
3.	15.	27.	39.	
4.	16.	28.	40.	
5.	17.	29.	41.	
6.	18.	30.	42.	
7.	19.	31.	43.	
8.	20.	32.	44.	
9.	21.	33.	45.	
10.	22.	34.	46.	
11.	23.	35.	47.	
12.	24.	36.	48.	

9. 里程標 아래서 길을 묻다

기에서 비롯되는 ⁵¹불편함이나 ⁵²誤解가 적지 않다. ⁵³예컨대 ⁵⁴忠北 鎭川^{진천}에는 ⁵⁵조선조의 ⁵⁶대표적인 ⁵⁷문인 ⁵⁸松江 鄭澈^{정철}의 ⁵⁹墓所와 祠堂^{사당}이 있는데, 그곳 이정표에는 그저 한글로 '정송강사'라고만 적혀 있을 뿐이다. 그러다보니 바로 그 곁에 살고 있는 사람들조차도 그곳에 송강 ⁶⁰선생의 사당이 있는 것을 알지 못한다. 으레 작은 절집 따위가 있거니 생각하고 지나치는 것이다. 이를 ⁶¹영자로 표기해 놓은 들, ⁶²외국인들이 간판만을 보고 그곳에 무엇이 있는지를 알 리 없다. 한글만의 표기라면 애⁶³초에 "송강 정철 선생 사당" 정도의 ⁶⁴표현으로 고쳐야 옳겠지만, '鄭松江祠^{정송강사}'라 표기되어 있다면 많은 사람들이 어림斟酌^{짐작}이라도 할 수 있지 않을까. 마찬가지로 '⁶⁵淸平寺'란 이정표를 보면, 배를 타고 昭陽湖^{소양호}를 건너기 전에라도 그곳에 절집이 있겠거니 짐작할 수 있지 않을까. 여행을 하다보면 이런 일들은 ⁶⁶수도 없이 ⁶⁷反復된다. 寧越^{영월}에 있는 ⁶⁸端宗 ⁶⁹流配地 '淸泠浦^{청령포}'는 그 빼어난 ⁷⁰풍광이나 ⁷¹曲盡한 ⁷²事緣이 수많은 관광객을 끌만하나, ⁷³현재의 이정표만으로는 그 이름이 ⁷⁴도대체 무엇을 ⁷⁵意味하는 지 알 수 없다.

우리말글을 사랑하자는 말에 ⁷⁶異意가 있을 리 없다. ⁷⁷세계화의 ⁷⁸문제도 더 ⁷⁹이상 ⁸⁰選擇의 문제가 아닌듯하다. 그러나 ⁸¹無條件 한글만 ⁸²사용하는 게 ⁸³文化主權國으로 가는 ⁸⁴능사가 아니다. ⁸⁵單純히 ⁸⁶영어를 倂記^{병기}해도 ⁸⁷解決될 수 없는 문제가 있다. ⁸⁸현실적으로 모든 이정표에 ⁸⁹한자를 넣어줄 수 없다면 ⁹⁰일정한 比率^{비율}의 이정표만이라도 병기해 준다면, 적어도 漢字文化圈^{한자문화권}의 관광객들이나 이 땅의 후손들에게 그들이 찾아간 곳의 더 ⁹¹正確한 의미와 ⁹²유래를 가르쳐 줄 수 있지 않을까 싶다. (南基卓, 教授新聞, 2006年 5月 6日)

◆ 위의 本文 가운데 한글은 漢字로, 漢字는 한글로 고쳐 쓰세요.

51.	60.	69.	78.	87.
52.	61.	70.	79.	88.
53.	62.	71.	80.	89.
54.	63.	72.	81.	90.
55.	64.	73.	82.	91.
56.	65.	74.	83.	92.
57.	66.	75.	84.	
58.	67.	76.	85.	
59.	68.	77.	86.	

9.4. 時事 漢字語

❖ 六角水

> ◆ 六 여섯 육 角 뿔 각 水 물 수
>
> 　보통 물은 물 分子(H_2O)가 고리를 이룬 상태로 존재한다. 이 가운데 물 분자 5개 고리로 연결되어 있는 5각형 구조와 6개가 연결되어 있는 6각형 구조가 가장 많은데, 이 가운데 6각형 고리 구조의 물을 六角水라 부른다. 과학기술원 석좌교수 전무식 박사는 생체 분자가 좋아하는 물의 구조가 바로 육각형 고리라고 주장했다.
> 　물을 육각수로 만들기 위해서는 게르마늄 이온을 첨가해 구조형성 이온으로서의 역할을 하게 해서 6각형 고리구조를 만든다. 이밖에도 물을 매우 차갑게 만들거나 물에 강력한 자기장을 걸어 磁化水(자화수)를 만드는 것이다. 磁氣場(자기장)을 거는 것은 특수한 조건 아래에서만 가능하므로 일반적인 방법이 아니다. 따라서 물을 이온화시켜 만드는 것이 가장 쉬운 방법이다.
> 　육각수를 持續的(지속적)으로 마시면 뇌졸중·신장병·당뇨병·간질환 등 각종 成人病을 예방할 수 있고, 食生活 改善(개선)에 도움을 주어 肥滿(비만)을 막아준다고 한다. 또 육각수가 정상세포를 도와 人體의 몸속에 侵入(침입)한 바이러스를 沮止(저지)하거나 없애준다.

과제　지난 한 주 동안 신문이나 방송에서 화제가 된 時事 漢字語를 조사해 오기.(漢字의 音과 訓, 漢字語의 意味, 背景知識 등)

10. 間接尊待의 과열 現狀

10.1. 標準語規程의 漢字語 條項조항

標準語規程 속의 漢字語와 관련된 條項조항을 살펴보면 대략 다음과 같다.

제5항에 어원에서 멀어진 형태로 굳어져서 널리 쓰이는 것은, 그것을 표준어로 삼는다는 규정에 따라 朔月貰(삭월세)는 버리고 '사글세'를 쓴다.

제8항에 양성 모음이 음성 모음으로 바뀌어 굳어진 단어는 음성 모음 형태를 표준어로 삼는다는 규정에 따라 奉足(봉족)을 버리고 '봉죽', 柱礎(주초)를 버리고 '주추'를 쓴다. 다만, 語源 의식이 강하게 작용하는 단어에서는 양성 모음 형태를 그대로 표준어로 삼는다는 단서 조항에 따라 '삼춘'을 버리고 '삼촌(三寸)', '부주'를 버리고 '부조(扶助)', '사둔'을 버리고 '사돈(查頓)'을 쓴다.

제10항에 모음이 단순화한 형태를 표준어로 삼는다는 규정에 따라 乖愎(괴팍)을 버리고 '乖愎(괴팍)', 美柳(미류)나무를 버리고 '미루나무'를 쓴다.

제11항에 모음의 발음 변화를 인정하여, 발음이 바뀌어 굳어진 형태를 표준어로 삼는다는 규정에 따라 支離(지리)를 버리고 '지루', 主着(주착)을 버리고 '주책'을 쓴다.

제13항에 한자 '구(句)'가 붙어서 이루어진 단어는 '귀'로 읽는 것을 인정하지 아니하고, '구'로 통일하되, 다음 단어는 '귀'로 발음되는 형태를 표준어로 삼는다는 규정에 따라 '귀글(句글)', '글귀(글句)'의 句는 '귀'만을 인정한다.

위의 규정 속의 漢字語는 모두 현행 標準語의 語源이고, 乖愎(괴팍), 句글(귀글), 글句(글귀)만 漢字가 부기되어 쓰이므로 本書에서는 愎(팍), 句(귀)는 俗音으로 취급하기로 한다.

위의 規程을 따를 때 判斷이 쉽지 않은 漢字語들이 있다. 앞에서 예로 든 '장구'와 장고(杖鼓)'를 다시 살펴보자. 『標準國語大辭典』에서는 제5항이나 제8항을 적용하여 '장구'를 취하고 '장고(杖鼓)'를 버렸다. 또 다음 제17항과 제25항도 '장구'를 선택함에 힘을 부여한다.

제17항 비슷한 발음의 몇 형태가 쓰일 경우, 그 의미에 아무런 차이가 없고, 그 중 하나가 더 널리 쓰이면, 그 한 형태만을 표준어로 삼는다.

제25항 의미가 똑같은 형태가 몇 가지 있을 경우, 그 중 어느 하나가 압도적으로 널리 쓰이면, 그 단어만을 표준어로 삼는다.

그러나 위의 제8항의 語源 의식이 강하게 작용하는 단어에서는 양성 모음 형태를 그대로 표준어로 삼는다는 단서를 따른다면 오히려 '장구'를 버리고 '장고(杖鼓)'를 살릴 수도 있다. 또 五六月(오뉴월)이라는 많이 변한 음인 '뉴'음도 俗音으로 인정하는 정도인데, '고'음의 '구'음으로의 변화, 양성모음에서 음성모음으로의 변화 정도의 音韻음운 변화는 俗音으로 처리하여도 가능할 것이다. 또 '장구'가 압도적으로 많이 쓰인다는 증거도 부족한 것이므로 제26항을 따라 '장구'와 '장고(杖鼓)' 둘 다 허용하는 것도 하나의 방법이 될 수 있다.

제26항 한 가지 의미를 나타내는 형태 몇 가지가 널리 쓰이며 표준어 규정에 맞으면, 그 모두를 표준어로 삼는다.

결국 言衆의 腦裏뇌리에 語源의식이 남아있어, 異議 소지가 있는 부분은 어느 하나를 표준말로 하기 보다는 둘 다 許容하거나 音韻음운 변화가 심하지 않은 정도는 한글화이전의 말로 보아 漢字를 부기하여 俗音으로 처리하는 것도 하나의 방법이 될 수 있다고 본다.

◉ 이야기 故事成語

❀ 指鹿爲馬 지록위마

指鹿爲馬지록위마는 글자 그대로는 사슴을 가리켜 말이라고 한다는 뜻이다. 그런데 이 말은 윗사람을 籠絡농락하여 權勢를 마음대로 한다는 뜻, 矛盾모순된 것을 끝까지 우겨서 남을 속이려는 짓의 뜻으로 쓴다. 이제 이런 뜻이 나오게 된 背景을 理解하기 爲하여 이 이야기가 실려 있는 史記 秦始皇진시황本紀를 보기로 한다.

秦진나라 二世 皇帝황제 胡亥호해는 趙高조고를 中丞相중승상으로 삼았다. 일의 大小에 關係없이 모든 것이 趙高조고에게서 決定되었다. 趙高조고는 스스로 自己의 權勢가 대단한 것을 알고서는 皇帝황제에게 사슴을 바치며 말이라고 하였다. 皇帝황제가 左右에게 묻기를 "이것은 사슴이 아닌가?" 하니 모두 다 말하기를 "말입니다."라고 하였다. 皇帝황제는 驚愕경악하였다.

모든 權力이 趙高조고에게 集中되어 있었으니 皇帝황제마저도 自己 마음대로 籠絡농락하였던 것이고 周邊에서는 趙高조고가 두려워 敢히 바른 말을 못한 것이다. 實로 權力이란 무서운 것이니 權力을 掌握장악한 者나 그 周邊에 있는 者는 잘못 휘두르면 스스로를 亡칠 權力을 늘 警戒하여야 할 일이다.

二世拜趙高爲中丞相, 事無大小輒決於高. 高自知權重, 乃獻鹿, 謂之馬. 二世問左右: 此乃鹿也? 左右皆曰 馬也. 二世驚, 自以爲惑, 乃召太卜, 令卦之, 太卜曰: 陛下春秋郊祀, 奉宗廟鬼神, 齋戒不明, 故至于此. 可依盛德而明齋戒. 於是乃入, 上林齋戒. 日游弋獵, 有行人入上林中, 二世自射殺之. 趙高敎其女壻咸陽令閻樂劫不知何人賊殺人移上林. 高乃諫二世曰: 天子無故賊殺不辜人, 此上帝之禁也, 鬼神不享, 天且降殃, 當遠避宮以禳之. 二世乃出居望夷之宮. (史記 秦始皇本紀)

10.2. 漢字 練習

다음 한자의 훈과 음을 익히고 한자를 쓰면서 기억해 보세요.

한자쓰기1

手8 막을 거:	心15 경사 경:
拒	慶
馬23 놀랄 경	言15 공부할/과정 과(:)
驚	課
臼18 예 구:	尸8 굽힐 굴
舊	屈
貝12 귀할 귀:	辶8 가까울 근:
貴	近
日13 따뜻할 난:	言15 말씀 담
暖	談
彳9 기다릴 대:	立12 아이 동(:)
待	童
乙13 어지러울 란:	田11 간략할/약할 략
亂	略
頁14 거느릴 령	示18 예도 례:
領	禮
力12 일할 로	糸14 푸를 록
勞	綠
水14 찰 만(:)	毋7 매양 매(:)
滿	每
力9 힘쓸 면:	阜7 막을 방
勉	防
水8 법 법	疒10 병 병:
法	病

한자쓰기2

부수/획수	훈음
大8	받들 봉: 奉
禾10	쓸 비: 費
巾10	스승 사 師
耳13	성인 성: 聖
山11	높을 숭 崇
人9	믿을 신: 信
水14	고기잡을 어 漁
水10	목욕할 욕 浴
口10	인원 원 員
乙8	젖 유 乳
人15	거동 의 儀
弓4	끌 인 引
赤7	붉을 적 赤

부수/획수	훈음
刀11	버금 부: 副
貝12	아닐 비(:) 非
巾10	자리 석 席
水10	사라질 소 消
食9	밥/먹을 식 食
頁18	이마 액 額
木13	업 업 業
厂10	언덕 원 原
辶14	멀 원: 遠
食13	마실 음(:) 飮
口6	인할 인 因
立11	글 장 章
雨13	번개 전: 電

한자쓰기 3

手16 잡을 조(:)						寸12 높을 존					
操						尊					
彳11 좇을 종(:)						巛6 고을 주					
從						州					
止4 그칠 지						至6 이를 지					
止						至					
耳18 직분 직						糸17 다[皆] 총:					
職						總					
又8 가질 취:						宀14 잘 침:					
取						寢					
欠15 탄식할 탄:						勹5 쌀[裹] 포(:)					
歎						包					
水8 물 하						邑13 시골 향					
河						鄕					
儿5 형 형						女11 혼인할 혼					
兄						婚					
火4 불 화(:)						水8 상황 황:					
火						況					
厂9 두터울 후:						口12 기쁠 희					
厚						喜					

문제풀기

● 다음 漢字의 訓과 音을 쓰시오.

1. 取 (　　　)
2. 略 (　　　)
3. 儀 (　　　)
4. 慶 (　　　)
5. 屈 (　　　)
6. 喜 (　　　)
7. 引 (　　　)
8. 驚 (　　　)
9. 崇 (　　　)
10. 尊 (　　　)
11. 總 (　　　)
12. 厚 (　　　)
13. 暖 (　　　)
14. 拒 (　　　)
15. 防 (　　　)
16. 副 (　　　)
17. 況 (　　　)
18. 聖 (　　　)
19. 師 (　　　)
20. 鄕 (　　　)
21. 包 (　　　)
22. 非 (　　　)
23. 亂 (　　　)
24. 至 (　　　)
25. 額 (　　　)
26. 員 (　　　)
27. 寢 (　　　)
28. 乳 (　　　)
29. 從 (　　　)
30. 職 (　　　)
31. 滿 (　　　)
32. 歎 (　　　)
33. 婚 (　　　)
34. 勉 (　　　)

● 다음 漢字의 訓과 音에 맞는 漢字를 쓰시오.

35. 가까울 근: (　　　)
36. 거느릴 령 (　　　)
37. 고기잡을 어 (　　　)
38. 고을 주 (　　　)
39. 공부할/과정 과(:) (　　　)
40. 귀할 귀: (　　　)
41. 그칠 지 (　　　)
42. 글 장 (　　　)
43. 기다릴 대: (　　　)
44. 마실 음(:) (　　　)
45. 말씀 담 (　　　)
46. 매양 매(:) (　　　)
47. 멀 원: (　　　)
48. 목욕할 욕 (　　　)
49. 물 하 (　　　)
50. 믿을 신: (　　　)
51. 받들 봉: (　　　)
52. 밥/먹을 식 (　　　)
53. 번개 전: (　　　)
54. 법 법 (　　　)
55. 병 병: (　　　)
56. 불 화(:) (　　　)
57. 붉을 적 (　　　)
58. 사라질 소 (　　　)
59. 쓸 비: (　　　)
60. 아이 동(:) (　　　)
61. 언덕 원 (　　　)
62. 업 업 (　　　)
63. 예 구: (　　　)
64. 예도 례: (　　　)
65. 인할 인 (　　　)
66. 일할 로 (　　　)
67. 자리 석 (　　　)
68. 잡을 조(:) (　　　)
69. 푸를 록 (　　　)
70. 형 형 (　　　)

10.3. 實戰 應用

■ ¹間接尊待의 ²과열 ³現狀

얼마 ⁴전에 ⁵慶州에 ⁶여행을 갔다가 ⁷近處 ⁸음식점에 들렀다. 곧 ⁹從業員이 상냥한 微笑^{미소}를 지으며 ¹⁰음식을 가져왔다.

"손님, ¹¹주문하신 음식이 나오셨습니다."

어떤 뜻이 담긴 ¹²표현인지 모르지 않으나 이런 말을 들으면 ¹³매번 唐慌^{당황}스럽다. ¹⁴문법적으로 따져 본다면, ¹⁵귀한 음식을 ¹⁶향해 ¹⁷起立해서 ¹⁸인사라도 해야 할 ¹⁹狀況이 아닐 것인가. 그날 우리 ²⁰일행은 음식을 먹으면서 이른바 '²¹百貨店 높임법'이라는 간접존대의 ²²誤用에 대해 여러 이야기를 주고받았다.

²³言論에서 '²⁴事物尊稱'이라는 ²⁵용어로 이와 같은 현상의 ²⁶問題點을 ²⁷報道한 적도 있지만 ²⁸如前히 간접존대의 오용은 줄어들지 않고 있다. 백화점 ²⁹職員이 손님에게 "이 옷은 只今^{지금} 30% 세일이십니다."라고 하거나, 커피 ³⁰專門店 직원이 "라떼 나오셨습니다."라고 하는 말이 오히려 ³¹소비자에게 더 익숙할 ³²程度다. ³³통신사의 ³⁴전화 ³⁵相談員이 "이 ³⁶상품은 ³⁷月定額 5³⁸만5000원이시고요."라고 할 때나, ³⁹병원에서 "痛症^{통증}을 느끼지 않는 睡眠^{수면} ⁴⁰內視鏡이시고요."라고 할 때면 몸 둘 바를 모르게 되는 것은 나만의 ⁴¹境遇일까?

그런데 이와 같은 간접존대의 ⁴²過熱現狀은 顧客^{고객}⁴³滿足이라는 販賣^{판매}⁴⁴戰略과 맞물려 있는 것이기도 하다. 어떤 ⁴⁵신문사에서 ⁴⁶국내 통신사 전화 상담원 665⁴⁷명을 ⁴⁸對象으로 사물존칭이 잘못된 ⁴⁹문법이라는 것을 알고 있느냐'고 물어봤더니 ⁵⁰대부분(86%)이 '알고 있다'고 ⁵¹대답했다는 것이다. 잘못된 표현이라는 걸 알면서도 쓴다는 것인데 이렇게 해서 입에 붙어버린 ⁵²언어習慣^{습관}을 바꾸기는 쉽지 않다.

◆ 위의 本文 가운데 한글은 漢字로, 漢字는 한글로 고쳐 쓰세요.

1.	12.	23.	34.	45.
2.	13.	24.	35.	46.
3.	14.	25.	36.	47.
4.	15.	26.	37.	48.
5.	16.	27.	38.	49.
6.	17.	28.	39.	50.
7.	18.	29.	40.	51.
8.	19.	30.	41.	52.
9.	20.	31.	42.	
10.	21.	32.	43.	
11.	22.	33.	44.	

아마도 그 또 다른 ⁵³원인은 바로 ⁵⁴국어의 간접존대, 더 ⁵⁵正確히 말하면 ⁵⁶間接主體尊待의 模糊^{모호}한 ⁵⁷領域에 있을 듯하다. '할아버지는 귀가 밝으십니다.', '⁵⁸부장님, ⁵⁹감기 드셨어요' ⁶⁰등과 같은 ⁶¹예처럼 ⁶²문장 ⁶³주체의 ⁶⁴신체 ⁶⁵일부 또는 關聯^{관련} ⁶⁶사물을 높이는 것은 문법에 맞는 표현이다. ⁶⁷중세 국어에도 '善慧^{선혜} ⁶⁸精誠이 ⁶⁹至極ᄒ실씨(月印釋譜^{월인석보} 1: 10)'와 같은 간접존대가 있었던 것이다. 그러나 '⁷⁰과장님 따님이 예쁘시네요.'는 ⁷¹適格의 문장으로 받아들이지만 '과장님 강아지가 귀여우시네요.'는 ⁷²非文으로 ⁷³認識하는 것이 一般的^{일반적}이다. 또 '어머니 구두가 예쁘시네요.'는 '어머니, 구두가 예쁘네요.'라고 해도 語塞^{어색}하지 않다. 따라서 ⁷⁴尊待의 대상이 가지고 있는 사물이나 附着物^{부착물}은 '-시-'를 넣거나 빼도 괜찮다고 보되, 그 ⁷⁵외의 경우는 ⁷⁶가능한 ⁷⁷限 간접존대의 표현을 쓰지 않는 것으로 ⁷⁸限定한다면, 過敏^{과민} 존대의 ⁷⁹混亂을 조금은 막을 수 있지 않을까 생각한다.

⁸⁰과식, 過慾^{과욕}, ⁸¹과로, ⁸²과음, 誇示^{과시}, ⁸³과신 등의 ⁸⁴문제는 무언가가 ⁸⁵부족해서가 아니라 지나쳐서 생기는 ⁸⁶副作用이다. 아마 ⁸⁷禮儀도 마찬가지일 것이다. 지나친 恭遜^{공손}의 표현으로 간접존대를 濫用^{남용}하는 것은 존대의 뜻을 살리기는커녕 오히려 ⁸⁸상대방을 ⁸⁹불편하게 할 수도 있다. 過恭非禮^{과공비례}라는 말을 생각하면 ⁹⁰眞情性이 담긴 ⁹¹適切한 표현이야말로 듣는 사람을 ⁹²편하게 만드는 것임을 깨닫게 되는 게 아닐까? ⁹³無條件 굽신거리는 사람을 보는 것도 ⁹⁴실은 서글픈 일이다. 어디선가 보았던 逸話^{일화}로 이 글을 끝내야겠다.

매우 謙遜^{겸손}하다는 ⁹⁵稱讚을 듣는 사람이 있었는데 어느 날 저녁에 ⁹⁶지인들을 ⁹⁷招待하여 잔치를 벌였다. 마침 보름달이 환하게 떠 있기에 ⁹⁸참석한 ⁹⁹친구들이 '오늘은 달이 참 밝고 아름답군요.'라고 말했다. 그러자 집¹⁰⁰주인은 어쩔 줄 몰라서 고개를 숙이며 이렇게 말했다고 한다. '부끄럽습니다. 너무 변변치 못한 달이라 정말 罪悚^{죄송}합니다.' (南基卓, 語文生活 通卷 第 184號 2013年 3月)

◆ 위의 本文 가운데 한글은 漢字로, 漢字는 한글로 고쳐 쓰세요.

53.	63.	73.	83.	93.
54.	64.	74.	84.	94.
55.	65.	75.	85.	95.
56.	66.	76.	86.	96.
57.	67.	77.	87.	97.
58.	68.	78.	88.	98.
59.	69.	79.	89.	99.
60.	70.	80.	90.	100.
61.	71.	81.	91.	
62.	72.	82.	92.	

10.4. 時事 漢字語

✿ 排他的 經濟水域

> ◆ 排 밀칠 배 他 다를 타 的 과녁 적 經 지날 경 濟 건널 제 水 물 수 域 지경 역
>
> 　排他的 經濟水域이란 沿岸國(연안국)이 자국해안으로부터 200해리 안에 있는 해양 자원의 探査(탐사), 開發(개발) 및 保存(보존), 해양환경의 보존과 과학적 조사활동 등 모든 주권적 권리를 인정하는 유엔국제해양법 상의 해역을 말한다.
>
> 　배타적 경제수역의 成立(성립) 契機(계기)는 연안국의 자원확보라는 경제적 요구와 개발도상국의 이익보호라는 정치적 요구, 그리고 중립적으로 자원보존, 관리, 환경보호 등 국제사회 전체의 이익을 위한 새로운 과제를 연안국에 권한 위임한다는 명분까지가 결합된 복합적인 것이다. 이후 이 문제는 제3차 유엔해양법회의에서 본격적으로 논의되었다.
>
> 　1970년대부터 세계 각국은 앞다투어 배타적 경제수역을 宣布(선포)함으로써 세계 주요 漁場(어장)의 대부분이 연안국의 배타적 경제수역으로 編入(편입)되었다. 이어 1982년 5월 국제연합해양법회의에서 채택한 해양법협약에 의해 배타적 경제수역은 최초로 國際法化(국제법화) 되었다.

과제　지난 한 주 동안 신문이나 방송에서 화제가 된 時事 漢字語를 조사해 오기.(漢字의 音과 訓, 漢字語의 意味, 背景知識 등)

11. 디지털 遊牧民과 우리 시대의 신화

11.1. 漢字와 頭音法則

國語의 音韻음운 法則 等과 맞물려 漢字의 音이 변하는 경우가 있는데, 대표적인 것이 頭音法則이다.

1. 한자음 '녀, 뇨, 뉴, 니'가 단어 첫머리에 올 적에는, '여, 요, 유, 이'로 적는다. 단어의 첫머리 이외의 경우에는 본음대로 적는다.
  예) 女軍(녀군 → 여군), 尿石(뇨석 → 요석), 紐帶(뉴대 → 유대), 泥海(니해 → 이해)
  歌女(가녀), 檢尿(검뇨), 結紐(결뉴), 金泥(금니)

※ 다만, 다음과 같은 의존 명사에서는 '녀' 음을 인정한다.
  예) 몇 年(몇 연 → 몇 년)

※ 접두사처럼 쓰이는 한자가 붙어서 된 말이나 합성어, 둘 이상의 단어로 이루어진 고유 명사를 붙여 쓰는 경우, 뒷말의 첫소리가 'ㄴ' 소리로 나더라도 두음 법칙에 따라 적는다.
  예) 新女性(신 여성), 空念佛(공 염불), 男尊女卑(남존 여비)
  高麗女子大學(고려여자대학), 韓國尿素肥料株式會社(한국요소비료주식회사)

2. 한자음 '랴, 려, 레, 료, 류, 리'가 단어의 첫머리에 올 적에는, '야, 여, 예, 요, 유, 이'로 적는다. 단어의 첫머리 이외의 경우에는 본음대로 적는다.
  예) 兩班(량반 → 양반), 良心(량심 → 양심), 歷史(력사 → 역사), 禮儀(례의 → 예의), 龍宮(룡궁 → 용궁) 流行(류행 → 유행), 理髮(리발 → 이발)
  改良(개량), 經歷(경력), 家禮(가례), 鷄龍(계룡), 源流(원류), 推理(추리)

※ 다만 兩이 의존 명사로 쓰이는 경우에는 '냥'으로 적는다.
  예) 兩重(량중 → 냥쭝), __兩(__량 → __냥)

※ 다음과 같은 의존 명사는 본음대로 적는다.
  예) 몇 리(里) 냐?, 그럴 리(理)가 없다.

※ 모음이나 'ㄴ' 받침 뒤에 이어지는 '렬, 률'은 '열, 율'로 적는다.
예) 羅列(나렬 → 나열), 分裂(분렬 → 분열), 比率(비률 → 비율), 戰慄(전률 → 전율)

※ 외자로 된 이름을 성에 붙여 쓸 경우에도 본음대로 적을 수 있다.
예) 申砬(신립), 崔麟(최린), 蔡倫(채륜), 河崙(하륜)
※ 준말에서 본음으로 소리나는 것은 본음대로 적는다.
예) 國聯(국련, 國際聯合), 大韓敎聯(대한교련, 大韓敎育聯合會)

※ 접두사처럼 쓰이는 한자가 붙어서 된 말이나 합성어, 둘 이상의 단어로 이루어진 고유 명사를 붙여 쓰는 경우나 십진법에 따라 쓰는 수(數)는 뒷말의 첫소리가 'ㄴ' 또는 'ㄹ' 소리로 나더라도 두음 법칙에 따라 적는다.
예) 逆利用(역이용), 年利率(연이율), 熱力學(열역학), 海外旅行(해외여행) 漢城旅館(한성여관), 新興理髮館(신흥이발관), 六千六百六十六(육천육백육십육)

3. 한자음 '라, 래, 로, 뢰, 루, 르'가 단어의 첫머리에 올 적에는, '나, 내, 노, 뇌, 누, 느'로 적는다. 단어의 첫머리 이외의 경우에는 본음대로 적는다.
예) 樂園(락원 → 낙원), 來日(래일 → 내일), 老人(로인 → 노인), 雷聲(뢰성 → 뇌성) 樓閣(루각 → 누각), 陵墓(릉묘 → 능묘)
娛樂(오락), 去來(거래), 敬老(경로), 水雷(수뢰), 高樓(고루), 王陵(왕릉)

※ 접두사처럼 쓰이는 한자가 붙어서 된 단어는 뒷말을 두음 법칙에 따라 적는다.
예) 來來月(내내월), 上老人(상노인), 重勞動(중노동), 非論理的(비논리적)

頭音法則에 해당하는 漢字는 4級 1,000자 범위 내에서 53자로 다음과 같다.

女 年 念 羅 落 樂 亂 卵 覽 朗 來 冷 略 糧 兩 量 良 慮 麗 旅 歷 力 連 練 烈 列 令 領 例 禮 勞 路 老 錄 綠 論 料 龍 柳 留 流 類 陸 六 輪 律 離 李 利 理 里 林 立

11.2. 漢字 練習

다음 한자의 훈과 음을 익히고 한자를 쓰면서 기억해 보세요.

한자쓰기1

ム5 갈 거:			車7 수레 거 ¦ 수레 차		
去			車		
糸20 이을 계:			广15 넓을 광:		
繼			廣		
匚11 구분할/지경 구			宀10 집 궁		
區			宮		
口16 그릇 기			十9 남녘 남		
器			南		
彳10 무리 도			金14 구리 동		
徒			銅		
癶12 오를 등			金16 기록할 록		
登			錄		
鳥14 울 명			牛8 칠[養] 목		
鳴			牧		
力11 힘쓸 무:			人10 곱 배(:)		
務			倍		
刀7 다를/나눌 별			人9 지킬 보(:)		
別			保		
大4 지아비 부			糸12 실 사		
夫			絲		
手8 이을 승			宀9 집 실		
承			室		
魚11 고기/물고기 어			牛4 소 우		
魚			牛		

한자쓰기 2

人16 선비 유						辶13 놀 유					
儒						遊					

女8 손윗누이 자						犬15 장려할 장(:)					
姊						獎					

冂6 두 재:						禾16 쌓을 적					
再						積					

人13 전할 전						示10 할아비 조					
傳						祖					

人7 살 주:						血12 무리 중:					
住						衆					

言19 증거 증						糸10 종이 지					
證						紙					

曰12 가장 최:						手11 밀 추					
最						推					

走15 뜻 취:						金10 바늘 침(:)					
趣						針					

宀6 집 택						石10 대포 포:					
宅						砲					

宀12 찰 한						口6 합할 합					
寒						合					

木10 씨 핵						香9 향기 향					
核						香					

刀6 형벌 형						田13 꽃 화					
刑						花					

手12 휘두를 휘											
揮											

基礎漢字와 生活言語

문제풀기

● 다음 漢字의 訓과 音을 쓰시오.

1. 銅 (   )
2. 器 (   )
3. 錄 (   )
4. 遊 (   )
5. 砲 (   )
6. 趣 (   )
7. 徒 (   )
8. 衆 (   )
9. 推 (   )
10. 針 (   )
11. 儒 (   )
12. 姉 (   )
13. 絲 (   )
14. 積 (   )
15. 核 (   )
16. 鳴 (   )
17. 繼 (   )
18. 承 (   )
19. 奬 (   )
20. 證 (   )
21. 保 (   )
22. 宮 (   )
23. 牧 (   )
24. 香 (   )
25. 刑 (   )
26. 揮 (   )
27. 務 (   )

● 다음 漢字의 訓과 音에 맞는 漢字를 쓰시오.

28. 가장 최: (   )
29. 갈 거: (   )
30. 고기/물고기 어 (   )
31. 곱 배(:) (   )
32. 구분할/지경 구 (   )
33. 꽃 화 (   )
34. 남녘 남 (   )
35. 넓을 광: (   )
36. 다를/나눌 별 (   )
37. 두 재: (   )
38. 살 주: (   )
39. 소 우 (   )
40. 수레 거 | 수레 차 (   )
41. 씻을 세: (   )
42. 오를 등 (   )
43. 전할 전 (   )
44. 종이 지 (   )
45. 지아비 부 (   )
46. 집 실 (   )
47. 집 택 (   )
48. 찰 한 (   )
49. 할아비 조 (   )
50. 합할 합 (   )

11.3. 實戰 應用

■ 디지털 ¹遊牧民과 우리²시대의 ³신화

'디지털 유목민'이란 ⁴新造語가 널리 ⁵사용되고 있다. 디지털 유목민이라는 낯선 ⁶單語를 우리가 언제부터 사용하기 ⁷시작했는지는 모르겠지만 ⁸최근 ⁹국내 한 大企業(대기업)의 ¹⁰광고에 키워드로 ¹¹등장한 ¹²이후로 거의 ¹³日常語가 되어버린 듯하다. ¹⁴자사의 브랜드 價値(가치)를 높이면서 ¹⁵소비자의 購買(구매) 慾求(욕구)를 이끌어내고자 하는 ¹⁶목적의 ¹⁷상업 광고 속에서 디지털 유목민이라는 단어가 喚起(환기)시키는 이미지, 某種(모종)의 ¹⁸意味는 대단히 魅惑的(매혹적)인 것으로 다가온다. '바야흐로 디지털 유목민의 시대가 ¹⁹도래했다. ²⁰당신이 바로 ²¹주인공이다!'라는 광고의 메시지와 ²²接續하는 瞬間(순간), 우리 눈앞에서 ²³세계의 ²⁴未來가 눈부신 幻想(환상)처럼 펼쳐지기 시작하기 때문이다.

디지털 유목민이라는 신조어는 ²⁵전기신호의 ²⁶특정한 ²⁷處理方式을 일컫는 '디지털'이라는 단어와 특정한 ²⁸樣式의 삶을 살아가는 ²⁹주체인 '유목민'이라는 단어가 ³⁰결합돼 만들어졌다. 이 두 ³¹個의 단어 가운데서 의미의 ³²核心을 차지하고 있는 것은 亦是(역시) 디지털이다. 전기신호를 디지털적으로 ³³處理하는 ³⁴방식의 ³⁵발견은 놀라운 ³⁶기술 ³⁷革命의 ³⁸결과이다. ³⁹중요한 것은 이와 같은 기술 혁명의 시대가 새로운 삶의 양식을 ⁴⁰創出하고 있다는 믿음을 불러 일으켰고 디지털 유목민이라는 신조어의 誕生(탄생)을 가져왔다는 ⁴¹點이다.

디지털의 세계에 매혹된 ⁴²師徒들에게 있어 디지털 유목민이란 디지털 ⁴³문명의 ⁴⁴積極的인 享有(향유)를 ⁴⁵통해 ⁴⁶과거 아날로그 시대의 ⁴⁷정주민들과는 ⁴⁸본질적으로 ⁴⁹구별되는, 새로운 ⁵⁰次元의 '열린 삶'을 살아가는 주인공을 의미한다. 그들에게 있어 디지털이라는 문명의 ⁵¹利器는

◆ 위의 本文 가운데 한글은 漢字로, 漢字는 한글로 고쳐 쓰세요.

1.	12.	23.	34.	45.
2.	13.	24.	35.	46.
3.	14.	25.	36.	47.
4.	15.	26.	37.	48.
5.	16.	27.	38.	49.
6.	17.	28.	39.	50.
7.	18.	29.	40.	51.
8.	19.	30.	41.	
9.	20.	31.	42.	
10.	21.	32.	43.	
11.	22.	33.	44.	

유목민이 누렸던 ⁵²解放과 ⁵³자유의 삶을 ⁵⁴保證하는 그 무엇이다. 이제 우리는 ⁵⁵수만 피트 ⁵⁶상공의 ⁵⁷旅客機 속에서 노트북으로 ⁵⁸業務를 처리하고 아프리카 奧地(오지)에서 ⁵⁹지구 ⁶⁰반대편의 그 누군가에게 핸드폰으로 ⁶¹통화를 할 수 있으며 홈 네트워킹을 ⁶²이용해 집밖에서 ⁶³居室의 TV를 ⁶⁴작동시킬 수도 있다. 그러나 디지털 시대의 도래와 尖端(첨단)의 문명적 이기들은 ⁶⁵과연 ⁶⁶大衆들에게 ⁶⁷眞正한 의미에서 유목민적 삶의 자유와 해방을 가져다주고 있는 것일까.

디지털 시대의 도래는 ⁶⁸근본적으로 기술의 혁명이 ⁶⁹招來한 결과이며 디지털 문명은 ⁷⁰精神이라기보다는 ⁷¹물질의 차원에서 비롯된 豊饒(풍요)를 의미한다. 먼저 우리는 이 기술 혁명의 결과들, 물질적 풍요를 穩全(온전)하게 누릴 수 없는 많은 사람들이 우리 ⁷²사회에 ⁷³存在하고 있다는 ⁷⁴사실을 記憶(기억)해야만 할 것이다. 디지털 문명의 세계에서 그들은 ⁷⁵자신의 ⁷⁶經濟的 ⁷⁷貧困과 ⁷⁸상대적 剝奪感(박탈감)만을 ⁷⁹確認할 뿐이다. 그 나머지 ⁸⁰대부분의 ⁸¹大衆들은 첨단 디지털 테크놀로지에 의해 만들어진 이미지들의 세계에 갇혀있는 ⁸²境遇이다. 그들은 ⁸³매일매일 ⁸⁴無限定으로 ⁸⁵생산되는 이미지를 굶주린 거지처럼 마구 먹어치운다. 생각해보면 대중들이 慾望(욕망)하는 디지털 유목민이라는 것도 잘 만들어진 이미지, 幻像(환상)일 뿐이다.

알고 보면 우리 모두 華麗(화려)한 디지털 문명의 裏面(이면)에서 하루하루 奴隷(노예)로 살아가고 있는 것인지도 모른다. 거기에서 우리가 마주치는 것은 ⁸⁶속도와 效率(효율)을 ⁸⁷禮讚하는 디지털 세계의 冷酷(냉혹)함이다. 기술의 혁명이 초래한 디지털 문명이 해방과 자유로 象徵(상징)되는 유목민적 삶의 양식을 다시 ⁸⁸재현시켜줄 것이라는 믿음은 새로운 迷信(미신)이 아닐 수 없다. 디지털 유목민의 탄생은 대중의 욕망을 재현하고 있는 우리시대의 신화인 셈이다. (南基卓, 敎授新聞, 2007年 03月 10日)

◆ 위의 本文 가운데 한글은 漢字로, 漢字는 한글로 고쳐 쓰세요.

52.	60.	68.	76.	84.
53.	61.	69.	77.	85.
54.	62.	70.	78.	86.
55.	63.	71.	79.	87.
56.	64.	72.	80.	88.
57.	65.	73.	81.	
58.	66.	74.	82.	
59.	67.	75.	83.	

11.4. 時事 漢字語

❁ 未必的故意

◆ 未 아닐 미 必 반드시 필 的 과녁 적 故 연고 고 意 뜻 의

  自己의 行爲로 인해 어떤 犯罪(범죄)결과가 일어날 수 있음을 알면서도 그 결과의 발생을 인정하여 받아들이는 심리 상태 不確定的(불확정적) 故意의 하나로서 '조건부 고의'라고도 한다. 자기의 행위로부터 어떤 결과가 '발생할 지도 모른다.'는 것을 알면서도 '발생해도 어쩔 도리가 없다.'고 인정하고 있는 심리 상태를 말한다. 즉, 범죄사실이 발생할 가능성을 인식하고도 이를 용인하는 것을 말한다. 이에 반해 '인식 있는 過失(과실)'은 '결과가 발생할 수 있겠지만 그럴 리 없다'라고 생각하는 것이다. 殺人(살인)의 경우 미필적 고의와 인식 있는 過失은 살인죄와 過失致死(과실치사)로 나뉜다.
  우리 刑法(형법)에서는 원칙적으로 고의행위만을 처벌 대상으로 한다. 형법 제13조는 '죄의 성립요소인 사실을 인식하지 못한 행위는 벌하지 아니한다. 단, 법률에 특별한 규정이 있는 경우에는 예외로 한다.'고 규정하고 있다. 따라서 형법에서는 고의의 범행만을 문제 삼고 있기 때문에 미필적 고의는 처벌대상이 되고 자신의 행위가 죄에 해당하는 사실을 인식하지 못한 과실(過失)의 경우는 벌하지 않는다. 이는 형법 제14조 '정상의 주의를 태만함으로 인하여 죄의 성립요소인 사실을 인식하지 못한 행위는 法律(법률)에 특별한 규정이 있는 경우에 한하여 處罰(처벌)한다.'를 根據(근거) 規定(규정)으로 삼는다.

과제   지난 한 주 동안 신문이나 방송에서 화제가 된 時事 漢字語를 조사해 오기.(漢字의 音과 訓, 漢字語의 意味, 背景知識 등)

12. 프로크루스테스(Procrustes)가 起居하는 곳

12.1. 俗音 漢字語

한글 맞춤법은 漢字語에서 本音으로도 나고 俗音으로도 나는 것은 각각 그 소리에 따라 적는다고 규정하고 있다. 이에 따라 俗音으로 소리 나는 漢字語는 俗音 그대로 적어야 한다. 俗音이란 무엇인가? 예를 들면 '六月'은 '유월'로 읽고 쓴다. '六'의 本音은 '륙'이고, 頭音法則을 따라도 '육'이 되지 '유'가 될 수 없으므로 '유'음은 俗音이다. 이와 같이 俗音이란 漢字의 本音과 달리 一般(일반)社會에서 다르게 읽는 音으로 거의 대부분이 옛 字典에 典據가 없는 音이다. 俗音은 일부 漢字語에서만 生成되고 보편적인 것은 아니다. 따라서 頭音法則처럼 특별한 규칙이 있는 것이 아니므로 俗音 漢字를 대하게 되면 多音字 쯤으로 생각하고 익히는 것이 좋다.

漢字 俗音의 발생은 國語의 音韻(음운)法則 등과 밀접한 關係가 있는 것으로 보인다. 漢字語의 讀音이 매끄럽지 못하고 어려운 경우 매끄럽고 쉽게 發音할 수 있는 音價로 音이 변화하기도 한다. 사실 頭音法則의 적용을 받는 漢字의 頭音도 本音과는 다르다는 점에서 크게는 俗音으로 볼 수 있다. 다만 그 法則性이 두드러지므로 頭音法則으로 따로 떼어 묶을 수 있는 것일 뿐이다.

俗音과 本音의 경계는 분명하지 않다. 오랜 세월이 경과하면 俗音이 本音과 자리를 바꾸는 경우도 생긴다. 예로 覆蓋(복개)의 '覆'은 본래 '덮을 부'로 '부'로 읽어야 하나 언제부터인가 일부 漢字語는 '복'으로 읽었다. '복'은 俗音이라 할 수 있다. 그러나 지금은 상황이 逆轉되어 '부'음은 覆載(부재), 覆育(부육) 등 일부 漢字語에만 남아있고 나머지는 전부 '복'음이다. 결국 지금은 '덮다'의 뜻에서는 '복'음이 本音이고, '부'음이 俗音이라 할 수 있는 것이다. 그러나 여전히 字典에는 '덮다'의 뜻으로 '부'음의 흔적이 남아 있고, '복'음도 인정하고 있으므로 이런 경우는 多音으로 처리하는 것이 편리할 것이다.

俗音은 本音을 밀어내고 俗音으로만 쓰이거나 本音과 共存하는 경우도 있고, 俗音 漢字語가 漢字말이라는 인식이 稀薄(희박)해지면서 한글화한 경우도 있다. 한글화한 경우는 俗音으로 볼 수 없다. 몇 가지 예를 들어 보기로 한다.

'許諾(허락)'은 本音은 '허낙'이지만 俗音은 '허락'이다. 國語辭典에도 표제어가 '허락(許諾)'으로 되어 있고, '허낙'은 '허락(許諾)의 잘못'이라 적고 있다. 즉, '許諾'은 '허락'으로만 읽고 써야 하는 것이다. '十月'은 本音은 '십월'이지만 俗音은 '시월'이다. 國語辭典에도 표제어가 '시월(十月)'로 되어 있고, '십월'은 '시월(十月)의 잘못'이라 적고 있다. 즉, 十月은 '시월'로만 읽고 써야 하는 것이다.

내락(內諾)의 경우는 허락(許諾)과 같은 경우라 볼 수 있음에도 '내락(內諾)'을 표준어로 하고, '내낙(內諾)'을 내락(內諾)의 원말이라 하고 있다. 어떤 경우는 원말이라 하고 어떤 경우는 잘못이라 풀이하고 있어 일관성이 없다. 그러나 역시 원말 보다는 표준어에 무게가 실린 것이므로 '내락'이라는 俗音이 '내낙'의 本音에 우선한다고 할 수 있다. 盟誓맹세의 경우에도, '맹서(盟誓)'는 '맹세의 원말'로 풀이하고, '맹세(盟誓)'는 표준말로 풀이하고 있다. 역시 '맹서(盟誓)'의 本音보다는 '맹세(盟誓)'의 俗音이 우선하는 것으로 볼 수 있다.

契丹글안이란 漢字語는 '계단, 글단, 글안, 거란'의 4가지 음이 보인다. 국어사전에는 '계단'은 '거란'의 잘못이라 적고 있다. 나라이름인 경우에는 '글'이라고 읽으므로 일단, '계단'은 틀린 讀音이다. 그러면 '글단'은 맞는 것인가? 국어사전에 '글단(契丹)'은 '거란의 원말'이라 적고 있다. '거란'(漢字가 부기되지 않고 한글로만 표기되어 있다.)을 찾으면 '글안(契丹)에서 온 말'로 풀이하고 있고, '글안(契丹)'을 찾으면 '거란'을 참조하라고 되어 있다. 결국 '契丹글안'은 本音이 '글단'이고 俗音이 '글안'이며, '거란'은 한글화한 말로 볼 수 있고, 俗音 '글안'과 한글화한 말 '거란'이 共存하는 것으로 볼 수 있다.

'과녁'은 '貫革관혁'에서 온 말이다. 國語辭典에서 '관혁(貫革)'을 찾으면 '과녁의 원말(語源)'로 풀이하고 있다. 그리고 '과녁'을 찾으면 이미 漢字가 부기되지 않고 한글로만 표기되고 있으므로 '과'와 '녁'은 각각 '貫'과 '革'의 俗音이라 할 수 없고, '과녁'은 貫革관혁에서 유래한 한글화한 말로 볼 수 있다. '과녁' 그대로 한글로 쓰고, '貫革관혁'이라는 漢字語를 쓸 경우에는 이를 '관혁'으로 읽고 표기하면 될 것이다. 그런데, 예로 '장고(杖鼓)'나 '삭월세(朔月貰)'의 경우에는 각각 '장구'와 '사글세'의 語源임에도 불구하고 國語辭典에 각각 '장구의 잘못', '사글세의 잘못'이라고 적고 있다. '杖鼓장고, 朔月貰삭월세'라는 漢字語와 '장고, 삭월세'라는 讀音의 사용 자체를 제한하고 있는 것이다. 오직 한글로 '장구, 사글세'만 써야 한다. '관혁(貫革)' 등의 경우와 대비된다. 소리만을 중시해서는 안 되고, 國語를 表記하는 文字로서의 漢字, 그리고 그 漢字의 本音과 뜻도 중요하므로 마땅히 한글화한 '장구', '사글세'는 그대로 쓰고, 그 原語인 '杖鼓(장고), 朔月貰(삭월세)'도 漢字語로서 쓰는 것을 허용하여야 한다고 본다.

참고로 '채비(差備)'의 差는 古字典에 '다를 차, 어긋날 치, 부릴(使) 채'로 '채'음이 등록되어 있음에도 國語辭典에서는 '채비'를 漢字를 부기하지 않고 '차비(差備)'에서 온 말로 풀고 있다. 이는 잘못으로 '채비(差備)'를 그대로 漢字말로 보아야 한다.

12.2. 漢字 練習

다음 한자의 훈과 음을 익히고 한자를 쓰면서 기억해 보세요.

한자쓰기1

言17 욀 강:						人12 뛰어날 걸					
講						傑					
言9 셀 계:						鳥21 닭 계					
計						鷄					
高10 높을 고						穴15 다할/궁할 궁					
高						窮					
人4 이제 금						糸12 줄 급					
今						給					
土11 터 기						糸10 들일 납					
基						納					
寸16 인도할 도:						斗4 말 두					
導						斗					
龍16 용 룡						毛4 터럭 모					
龍						毛					
宀11 빽빽할 밀						十12 넓을 박					
密						博					
手9 절 배:						辶19 가[側] 변					
拜						邊					
女11 며느리 부						舌8 집 사					
婦						舍					
禾12 세금 세:						手11 줄 수					
稅						授					
水4 물 수						言13 시 시					
水						詩					

12. 프로크루스테스(Procrustes)가 起居하는 곳

한자쓰기2

木12 심을 식						口20 엄할 엄					
植						嚴					
邑11 우편 우						水8 기름 유					
郵						油					
阜17 숨을 은						卩5 도장 인					
隱						印					
歹12 남을 잔						八8 법 전:					
殘						典					
糸11 짤 조						鳥11 새 조					
組						鳥					
口8 두루 주						水13 준할 준:					
周						準					
言14 기록할 지						糸18 짤 직					
誌						織					
禾9 가을 추						示11 표 표					
秋						票					
臼16 일[盛] 흥(:)											
興											

문제풀기

다음 漢字의 訓과 音을 쓰시오.

1. 邊 (　　　)
2. 誌 (　　　)
3. 殘 (　　　)
4. 博 (　　　)
5. 窮 (　　　)
6. 鷄 (　　　)
7. 印 (　　　)
8. 周 (　　　)
9. 納 (　　　)
10. 傑 (　　　)
11. 斗 (　　　)
12. 婦 (　　　)
13. 密 (　　　)
14. 鳥 (　　　)
15. 稅 (　　　)
16. 隱 (　　　)
17. 詩 (　　　)
18. 嚴 (　　　)
19. 講 (　　　)
20. 龍 (　　　)
21. 郵 (　　　)
22. 導 (　　　)
23. 興 (　　　)
24. 拜 (　　　)
25. 準 (　　　)
26. 授 (　　　)
27. 舍 (　　　)
28. 組 (　　　)
29. 織 (　　　)
30. 毛 (　　　)
31. 票 (　　　)

다음 漢字의 訓과 音에 맞는 漢字를 쓰시오.

32. 가을 추 (　　　)
33. 기름 유 (　　　)
34. 높을 고 (　　　)
35. 물 수 (　　　)
36. 법 전: (　　　)
37. 셀 계: (　　　)
38. 심을 식 (　　　)
39. 이제 금 (　　　)
40. 줄 급 (　　　)
41. 터 기 (　　　)

12.3. 實戰 應用

■ 프로크루스테스(Procrustes)가 ¹起居하는 곳

오늘날 우리의 ²대학은 프로크루스테스(Procrustes)가 기거하는 케피소스(Cephissus) ³강가를 닮았다. 해마다 어떠한 ⁴자의식도 없이 平均値^(평균치)의 ⁵均一化된 尺度^(척도)로 ⁶敎授들이나 ⁷학과, 대학 ⁸전체에 ⁹대한 키재기가 이루어지고 있다. 대학은 오로지 ¹⁰評價를 ¹¹爲해 ¹²存在하는 듯하다. ¹³興味로운 것은 이때 ¹⁴動員되는 척도의 冷酷^(냉혹)함이다. ¹⁵자연스럽게 거기에는 ¹⁶물신적인 ¹⁷權威가 깃들인다. 대학 ¹⁸周邊에는 함부로 잘려진 팔, 다리들이 널려 있다.

너무도 ¹⁹당연하게도 평가는 ²⁰결코 ²¹單純化되지도, ²²내실 있는 ²³방안을 追究^(추구)하지도 않는다. ²⁴異見들은 ²⁵소수적인 것이거나 ²⁶集團利己主義로 가볍게 黙殺^(묵살)되어 버린다. 또한 평가되는 쪽도 재빠르게 이러한 평가에 ²⁷適應해나간다. 아니, 어떤 ²⁸식으로든 ²⁹惡貨는 살아남는다. 얼마 ³⁰전에 '³¹敎授新聞'에서도 ³²기사화했던 것처럼, ³³본질은 사라지고 평가를 잘 받는 대학과 그렇지 않은 대학이 남는다. ³⁴사정이 그렇다 보니, ³⁵批判的이거나 ³⁶독자적인 것, ³⁷계량될 수 없는 깊이 ³⁸등은 이러한 평가에서 결코 ³⁹이로운 것일 리 없다. ⁴⁰세월이 흐를수록 교수들은 서로 닮아간다. 그만그만한 키의 난장이들.

그러자, 곧 그 난장이들은 또 다른 ⁴¹편법들을 만들어낸다. 가난한 碩^(석)·⁴²博士 ⁴³課程生들이 모여서 學振^(학진)에서 ⁴⁴발급하는 KS⁴⁵票가 찍힌 ⁴⁶論文들을 ⁴⁷대량생산하다가 걸려든다. 하지만 보다 ⁴⁸隱密하고 ⁴⁹高次元的인 ⁵⁰거래들이 있을 수 있다. 아마도 ⁵¹시간이 조금 더 흐르면 이러한 ⁵²組織은 더 ⁵³國際化될 수밖에 없으리라. ⁵⁴印度 벵갈로(Bangalore)의 가난한 ⁵⁵학생들이 ⁵⁶학

◆ 위의 本文 가운데 한글은 漢字로, 漢字는 한글로 고쳐 쓰세요.

1.	13.	25.	37.	49.
2.	14.	26.	38.	50.
3.	15.	27.	39.	51.
4.	16.	28.	40.	52.
5.	17.	29.	41.	53.
6.	18.	30.	42.	54.
7.	19.	31.	43.	55.
8.	20.	32.	44.	56.
9.	21.	33.	45.	
10.	22.	34.	46.	
11.	23.	35.	47.	
12.	24.	36.	48.	

비를 [57]調達하기 위해 [58]國際組織을 갖춘 [59]論文注文生産業體에서 일하지 말라는 [60]法이 없다. 어떤 [61]업체에서는 極祕裏(극비리)에 [62]國際學術論文에 揭載(게재)될 때까지의 모든 [63]業務를 [64]대행해 주는 幻想的(환상적)인 [65]학술 서비스를 提供(제공)하는 [66]境遇도 있을 수 있다.

[67]誤解하지 마시라. 지난 세월이 좋았노라고 말하려는 게 아니다. 우리의 [68]근대식 대학은 [69]식민지에서 생겨났다. 게다가 가난과 [70]전쟁과 獨裁體制(독재체제)를 거치면서 대학은 象牙塔(상아탑)으로 傲然(오연)했으며, 한때는 [71]민주기지였으나, [72]사실, [73]巨大한 缺乏(결핍) [74]자체이기도 했다. [75]講義들은 제대로 이루어지지 못했다. [76]능력 없는 교수들이 오히려 더 목소리를 높일 수 있기도 했다. 그야말로 [77]混亂의 도가니였으며, [78]수많은 학생들은 스승이 없이 無性生殖(무성생식)을 [79]통해 스스로를 키워나가지 않으면 안 되었다.

[80]변화는 반드시 있어야 했고 이를 위해서 평가시스템이 [81]導入되었으며 [82]일정한 [83]성과를 거둔 것도 사실이다. 그러나 이제 와서 [84]중요한 것은 이 변화의 [85]구체적인 [86]樣相이 아닐까. [87]大學評價 [88]방식에 있어서 지나친 [89]形式主義는 대학을 위한 것이 아니다. [90]학문에 대한 평가는 恒常(항상) 그 [91]질적인 [92]水準을 [93]擔保하려는 苦悶(고민)이 [94]要求된다. [95]교육에 대한 [96]국가적인 비전과 哲學(철학)을 [97]提高하려는 [98]努力 없이 [99]大學改革은 결코 [100]성공할 수 없다. 게다가 우리의 대학도 [101]시장의 [102]無限競爭 속에 뛰어든 지 오래다. 평가가 아니더라도 이러한 冷酷(냉혹)한 [103]현실에 적응하지 못하는 대학은 淘汰(도태)될 수밖에 없다. [104]至今까지의 대학평가 시스템은 恐龍(공룡)과 다를 바 없었다. 지금까지 거두었던 일정한 성과를 볼모로 이러한 시스템을 그대로 固執(고집)하는 데에는 [105]문제가 없지 않다. 이제 대학평가 시스템이 [106]급변하는 현실에 [107]對應해야 할 때다. (南基卓, 敎授新聞 2006年 9月 30日)

◆ 위의 本文 가운데 한글은 漢字로, 漢字는 한글로 고쳐 쓰세요.

57.	68.	79.	90.	101.
58.	69.	80.	91.	102.
59.	70.	81.	92.	103.
60.	71.	82.	93.	104.
61.	72.	83.	94.	105.
62.	73.	84.	95.	106.
63.	74.	85.	96.	107.
64.	75.	86.	97.	
65.	76.	87.	98.	
66.	77.	88.	99.	
67.	78.	89.	100.	

12.4. 時事 漢字語

🌸 綠色革命

◆ 綠 푸를 녹(록)　色 빛 색　革 가죽 혁　命 목숨 명

　開發(개발) 途上國(도상국)에서 수확량이 많은 개량 품종을 도입하여 식량의 증산을 꾀하는 일종의 농업 개혁을 말한다. 녹색 혁명은 비료의 사용량을 증가시키는 방법과 새로운 다수확 신품종 곡물의 개발이라는 두 가지 방법을 통하여 이루어진다. 개발 도상국에서는 녹색 혁명을 적극 도입함으로써 농업 생산 增大(증대)를 꾀하고 있다.

　1960년대 후반에 이르러 같은 面積(면적)에서 在來種(재래종)의 배 이상을 收穫(수확)할 수 있는 쌀과 밀의 新品種이 필리핀과 멕시코에서 開發(개발)되었고, 이의 보급으로 아시아 여러 나라에서는 비약적인 농업증산을 가져와 食糧自給(식량자급)을 달성하게 되었다. 이 신품종에 의한 개발도상국의 급속한 식량증산을 '녹색혁명'이라 부르게 되었다. 이 신품종의 보급에는 수리시설·화학비료·농약투하 등이 뒤따라야 하는 어려움이 있었으나 녹색혁명은 지속적인 발전을 하였다.

과제 지난 한 주 동안 신문이나 방송에서 화제가 된 時事 漢字語를 조사해 오기.(漢字의 音과 訓, 漢字語의 意味, 背景知識 등)

13. 沙漠사막에서의 설교

13.1. 略字, 俗字 등의 概念개념

漢字에는 正字, 略字, 俗字, 同字, 古字, 本字, 異體字, 簡化字 등이 있다. 觀을 예로 들면 觀(正字), 覌 观(略字), 観(俗字), 观(簡化字); 年을 예로 들면 年(正字), 秊(本字); 棋(바둑 기)를 예로 들면, 棋(正字), 棊(同字), 碁(同字)이다. 正字는 널리 쓰이는 바른 字形의 글자이다. 略字는 이 正字의 劃획을 簡略化하여 쓰기 쉽게 만든 글자이다. 俗字는 民間에서 널리 쓰이는 글자로 엄밀하게는 틀린 글자이지만, 많이 쓰이는 것은 正字나 略字로 취급하기도 한다. 同字는 역시 正字로 訓音이 같은 글자이다. 古字, 本字는 新字가 나오면서 쓰임이 없어지거나 작아진 글자이다. 異體字는 正字의 劃획에 여러 가지 변화가 가해진 변형 글자이다. 簡化字는 中國에서 사용되는 略字이다.

俗字는 엄밀하게는 틀린 글자이지만, 많이 쓰이는 것은 正字나 略字로 취급하기도 한다. 糢(모호할 모)를 예로 들면 본래 模의 俗字다. 그러나 1915년의『新字典』에는 벌써 糢(모호할 모)가 模로부터 독립하여 糢糊모호(말이나 태도가 흐리터분하여 분명하지 않다)라는 말로는 模糊모호에 우선하여 쓰이고 있음을 보이고 있다. 이런 경우의 俗字는 이미 正字의 반열에 올라와 있는 것이다. 또 点을 예로 들면 이는 본래 俗字이나 이미 일반에 널리 쓰여 略字로서의 地位를 차지하고 있는 것이다.

한편 인쇄체와 필기체를 비롯하여 컴퓨터상에도 하나의 글자이면서도 모양이 조금씩 다른 글자들도 있고, 俗字가 正字 대신에 들어가 있는 것들도 있다. 예로 컴퓨터의 글자 중 强이 보통 4,888字 범위 내에 들어 있고, 強은 部首로나 찾아야 나온다. 畫, 祕, 兎(토끼 토), 戱(놀이 희) 등도 각각 畵, 秘, 兔, 戲로 등록되어 있다.

同字는 訓音이 같은 글자이다. 예외처럼 보이는 글자도 있지만 그 출발은 訓音이 같은 데 있다. 예로 做(지을 주)와 作(만들 작)은 字典에 同字로 되어 있는데, 音이 다르다. 그러나 두 글자가 同字라 할 때는 做와 作 모두 '지을 주, 만들 주'로 訓音이 모두 같다는 전제가 깔려 있다. 현재의 '作(작)'음과 同字라는 뜻은 아닌 것이다. 同字에는 劍劒(칼 검) 峯峰(봉우리 봉)처럼 部首 劃획의 위치 변경이나 모양 변화에 그치는 完全同字가 있고, 歎嘆(탄식할 탄, 한숨 쉴 탄)처럼 거의 모든 경우에 뜻이 같은 同字가 있고, 疏疎(소통할 소, 성길 소; 두 글자는 성기다, 드물다의 뜻만 공유, 소통하다 등의 뜻은 疏만 쓰고 疎는 쓰지 않음)처럼 일부 뜻만 공유하는 同字가 있다. 따라서 同字라고 무조건 바꾸어 쓸 수 있는 것은 아니다. 또 訓音이 모두 같은 조건하에서도 일부 漢字語는 습관적으로 특정 글자만 선택하여 쓰기도 한다.

古字, 本字는 역시 正字의 하나이다. 新字, 略字, 俗字가 나오면서 그 쓰임이 없어지거나 작아졌을 뿐 正字라는 지위가 사라진 것은 아니다. 예로 豐이 正字, 豊이 俗字였지만 지금은

豊이 正字로 자리잡아 豐은 古字, 本字 취급을 한다. 그러나 豐 역시 쓰임이 많지 않을 뿐 여전히 쓰이며 正字로서의 지위를 유지하고 있다.

異體字는 筆寫本이나 木版本목판본 漢文 原典을 보면 쉽게 접할 수 있다. 그러나 國語 생활에서 반드시 필요한 부분은 아니므로 標準 字形의 漢字 正字를 익히는데 힘을 써야 한다.

簡化字는 中國 略字라 할 수 있다. 中國과의 交易이 增大하면서 中國 簡化字를 漢字 試驗에 導入하자는 論議들이 있고 實際로 簡化字를 漢字試驗에 導入한 곳도 있다. 크게 보면 簡化字도 漢字[略字]로서 正字와 완전히 동떨어진 文字가 아니므로 略字의 範疇범주에서 簡化字를 導入하여 쓰는 것은 可能하리라 判斷된다. 단 中國에서 이미 獨立 正字로 쓰이고 있는 글자들을 簡化字로 지정하여 발생하는 혼란이 있으므로 이런 류의 글자들은 사용을 자제하여야 한다. 中國 簡化字總表에 依하면 簡化字는 모두 2,235字이고 이 중 1表와 2表의 482字를 익히면 나머지 3表의 1,753字는 簡化된 劃획을 따로 익히지 않아도 모두 알 수 있도록 되어 있다. 더군다나 이 482字 조차도 碍(礙), 宝(寶), 蚕(蠶), 辞(辭), 担(擔), 灯(燈), 点(點), 独(獨) 등 旣存기존의 韓國 略字와 通하는 것이 約 80字이고, 기타 글자도 正字와 對比하여 簡化된 部分을 살펴보는 정도이면 簡化字는 쉽게 알아볼 수 있다. 漢字를 아는 사람에게 簡化字는 어렵거나 낯선 文字가 아닌 것이다. 예로 貝(조개 패)를 贝로 줄인 것은 한 번 보면 바로 알 수 있을 것이다. 또 貝를 贝로 줄인 것을 알게 되면 贞(貞), 则(則), 负(負), 贡(貢), 员(員), 财(財), 狈(狽), 责(責), 厕(廁), 贩(販), 贬(貶), 败(敗), 贪(貪), 贫(貧), 侦(偵), 侧(側), 货(貨), 贯(貫), 测(測), 恻(惻), 贰(貳), 贡(貢), 赏(賞), 费(費), 勋(勛), 帧(幀), 贴(貼), 贻(貽), 贵(貴), 贷(貸), 贸(貿), 贺(賀), 资(資), 贾(賈), 损(損), 圆(圓), 贼(賊), 贿(賄), 赂(賂), 债(債), 赁(賃), 惯(慣), 琐(瑣), 殒(殞), 赈(賑), 婴(嬰), 帻(幘), 绩(績), 愤(憤), 遗(遺), 赋(賦), 喷(噴), 赌(賭), 赏(賞), 赐(賜), 赖(賴), 殡(殯) 등은 한 번에 해결되는 것이다. 꼭 부수자가 아니더라도 여러 글자에 공통으로 출현하는 글자 역시 마찬가지다. 雚을 예로 들면 雚이 又로 簡化된 것을 알면, 观(觀), 权(權), 劝(勸), 欢(歡) 등은 힘들이지 않고 쉽게 알아보게 되는 것이다.

略字는 컴퓨터 환경에서는 그 필요성이 줄어들었다고 볼 수 있으나 아직도 文書를 직접 써야 하는 경우가 있고 그럴 때 略字는 아주 유용하다고 할 수 있다. 本書의 略字는 종래부터 쓰여 온 略字 외에 俗字 중에 略字처럼 기능하는 글자, 中國 簡化字 중 국내에서도 通用되는 글자 등도 흡수하였다. 다만 筆劃필획은 쓰기에 더 쉬울지라도 劃획이 줄지 아니한 글자(解의 俗字 觧, 陰의 俗字 隂, 蔭(그늘 음)의 俗字 蔭 등)는 略字 목록에서 削除삭제하였다.

참고로 略字가 특정 쓰임으로만 국한되어 별개의 正字로 독립해 가기도 한다. 예로 杰(뛰어날 걸)은 傑의 略字라고 하지만 예로부터 주로 이름자로만 쓰일 뿐 傑의 略字로서의 기능은 약하다고 볼 수 있다. 円(둥글 원)은 圓의 略字로 되어 있고, 전산용 4,888字에 들어 있지만 국내에서는 쓰임이 없다고 할 수 있고 현재는 日本의 화폐 단위로서의 기능만 하고 있다고 할 수 있다. 또 略字는 언제든 正字를 대신하여 쓸 수 있는 글자이지만 固有名詞명사의 표기 등 특별한 경우에는 選擇的 또는 習慣的습관적으로 正字 또는 略字만 쓰일 수도 있다. 또 독립된 正字가 다른

正字의 略字 역할을 겸하는 경우도 있다. 이런 글자의 예로 臺대 대(台), 餘(余), 豫(予), 藝(芸), 缺(欠) 등을 들 수 있는데, 이런 경우에는 지정된 略字 기능 이외에 각각의 글자의 고유한 訓音을 共有하지는 않음에 주의하여야 한다.

여기에서 略字로 지정된 글자 중에는 상위級數에 新習漢字로 配定된 漢字가 있을 수 있으나 略字로서의 기능은 별개이므로 하위級數에서 略字 시험의 出題 대상이 된다. 예로 欠은 '하품 흠' 자로 1級에 등록되어 있으나 4級 Ⅱ 配定漢字인 缺(이지러질 결)의 略字 문제로도 나올 수 있다. 이 경우 '하품 흠'이란 訓音과 '缺'字는 아무런 관계가 없음에 또한 주의하여야 한다.

▣ 재미있는 漢字

어느 구두쇠 영감집에 손님이 왔다. 식사 때가 됐건만 갈 생각을 않는다. 곤란한 건 그집 며느리였다. 밥상은 올려야겠는데 시아버지 성격으로 보아 손님에게까지 식사를 제공했다가는 불호령이 뻔한 일. 궁리 끝에 문밖에서 이렇게 여쭈었다.

"人良卜一이리요?('人良卜一'은 '食上'을 쪼갠 것이니, 뜻은 '식사올릴까요?'임.)"

그러자 시아버지가 하는 말,

"月月山山커든('月月山山'은 '朋出'을 쪼갠 것이니, 뜻은 '벗이 나가거들랑'임)

이렇게 문답하면 손님은 못 알아들을 줄 알았는데 웬걸? 손님 역시 문자깨나 아는 사람이라 이들의 수작을 훤히 알고 있었다. 점잖게 이렇게 나무랐다.
"亞心士白이로고. 丁口竹天이로다.

('亞心士白'은 '惡者'를 쪼갠 것이니, '악한 놈이로고'의 뜻이며, '丁口竹天'은 '可笑'를 쪼갠 것으로 '가소롭구나'의 뜻임)

13.2. 漢字 練習

☞ 다음 한자의 훈과 음을 익히고 한자를 쓰면서 기억해 보세요.

한자쓰기1

攴12 감히/구태여 감:	人15 검소할 검:
敢	儉
木17 검사할 검:	广10 곳집 고
檢	庫
木10 학교 교:	刀8 문서 권
校	券
卩8 책 권(:)	心9 성낼 노:
卷	怒
言22 읽을 독 ǀ 구절 두	豆7 콩 두
讀	豆
木9 버들 류(:)	木4 나무 목
柳	木
肉9 등 배:	心15 분할 분:
背	憤
木9 조사할 사	言17 사례할 사:
査	謝
广7 차례 서:	口12 착할 선:
序	善
糸11 가늘 세:	人10 닦을 수
細	修
禾7 빼어날 수	方9 베풀 시:
秀	施
大5 잃을 실	日8 바꿀 역 ǀ 쉬울 이:
失	易

한자쓰기2

부수/획수 훈음	한자	부수/획수 훈음	한자
十4 낮 오:	午	宀7 완전할 완	完
日18 빛날 요:	曜	人17 넉넉할 우	優
雨8 비 우:	雨	辶13 옮길 운:	運
卩6 위태할 위	危	肉6 고기 육	肉
隹18 섞일 잡	雜	糸17 길쌈 적	績
尸10 펼 전:	展	田5 밭 전	田
卜5 점령할 점:/점칠 점	占	广10 뜰 정	庭
十8 마칠 졸	卒	糸11 마칠 종	終
金17 쇠북 종	鍾	心7 뜻 지	志
手9 가리킬 지	指	玉9 보배 진	珍
示10 빌 축	祝	尢12 나아갈 취:	就
手7 던질 투	投		

13. 沙漠사막에서의 설교

문제풀기

● 다음 漢字의 訓과 音을 쓰시오.

1. 細 (　　　)　11. 修 (　　　)　21. 憤 (　　　)
2. 指 (　　　)　12. 投 (　　　)　22. 秀 (　　　)
3. 敢 (　　　)　13. 背 (　　　)　23. 謝 (　　　)
4. 檢 (　　　)　14. 志 (　　　)　24. 雜 (　　　)
5. 儉 (　　　)　15. 券 (　　　)　25. 怒 (　　　)
6. 肉 (　　　)　16. 易 (　　　)　26. 鍾 (　　　)
7. 庫 (　　　)　17. 田 (　　　)　27. 危 (　　　)
8. 績 (　　　)　18. 柳 (　　　)　28. 占 (　　　)
9. 就 (　　　)　19. 施 (　　　)　29. 卷 (　　　)
10. 優 (　　　)　20. 珍 (　　　)　30. 豆 (　　　)

● 豆다음 漢字의 訓과 音에 맞는 漢字를 쓰시오.

31. 나무 목　(　　　)　37. 빌 축　(　　　)　42. 잃을 실　(　　　)
32. 낮 오:　(　　　)　38. 빛날 요:　(　　　)　43. 조사할 사 (　　　)
33. 뜰 정　(　　　)　39. 옮길 운:　(　　　)　44. 차례 서:　(　　　)
34. 마칠 졸　(　　　)　40. 완전할 완 (　　　)　45. 착할 선:　(　　　)
35. 마칠 종　(　　　)　41. 읽을 독 | 구절 두　46. 펼 전:　(　　　)
36. 비 우:　(　　　)　　　　　　　(　　　)　47. 학교 교:　(　　　)

13.3. 實戰 應用

■ 沙漠^{사막}에서의 ¹설교

우리나라에서 ²지방대학은 하나의 외딴 섬이다. ³학생들은 마지못해 그곳을 찾아드는데 그곳은 언제나 커다란 ⁴부재와 缺乏^{결핍}의 ⁵공간인지라 그들은 4⁶년 내내 그저 ⁷脫出을 꿈꾸면서 보내게 된다. 1⁸학년 ⁹신입생들 ¹⁰중 ¹¹상당수는 潛在的^{잠재적}인 ¹²再修生이며 그런 그들에게는 아득하게나마 編入^{편입}의 길이 誘惑的^{유혹적}일 수밖에 없다. 내가 ¹³在職하고 있는 ¹⁴대학은 ¹⁵국립대학이어서 한결 ¹⁶狀況이 나은 ¹⁷편인데도 ¹⁸금요일 ¹⁹오후가 되면 ²⁰교정은 썰물이 빠져나간 바닷가처럼 荒凉^{황량}하다. 그러다 보니 ²¹방학이 되면 아예 ²²문을 닫아거는 대학도 생겨나는 모양이다.

²³최근에 遂行^{수행}된 한 ²⁴조사에 따르면 우리나라 학생들이 OECD ²⁵국가 중에서도 ²⁶優秀한 ²⁷修學能力을 지니고 있다. 그렇다면 우리 ²⁸교육의 ²⁹未來는 우리가 想像^{상상}하는 것만큼은 어둡지 않은 것 같기도 하다. ³⁰實際로 우리는 所謂^{소위} '³¹敎育革命'이라고 불릴 만한 많은 ³²변화와 ³³발전들을 ³⁴經驗하고 있다. 앞에 言及^{언급}한 조사 ³⁵內容은 우리 교육의 빛과 어둠을 ³⁶동시에 보여준다. 우리 학생들은 높은 수학능력을 갖추었음에도 ³⁷학업에 ³⁸대한 ³⁹과도한 ⁴⁰負擔感을 느끼고 있다. ⁴¹현재의 ⁴²敎育制度 속에서는 그들 중 ⁴³極少數의 학생만이 그 ⁴⁴過程을 ⁴⁵통해 ⁴⁶成就感을 맛볼 뿐이라는 ⁴⁷사실은 놀랍기보다 차라리 ⁴⁸당연한 일이다. 모든 ⁴⁹榮光은 소위 ⁵⁰국립서울⁵¹대를 ⁵²爲始한 몇 ⁵³個의 ⁵⁴巨大한 綜合^{종합}대학들이 ⁵⁵獨占하고 있다. 10퍼센트 남짓한 학생들의 ⁵⁶根據 없는 엘리트⁵⁷의식을 ⁵⁸爲해 나머지 학생들의 潛在的^{잠재적}이고 ⁵⁹多樣한 ⁶⁰가

◆ 위의 本文 가운데 한글은 漢字로, 漢字는 한글로 고쳐 쓰세요.

1.	13.	25.	37.	49.
2.	14.	26.	38.	50.
3.	15.	27.	39.	51.
4.	16.	28.	40.	52.
5.	17.	29.	41.	53.
6.	18.	30.	42.	54.
7.	19.	31.	43.	55.
8.	20.	32.	44.	56.
9.	21.	33.	45.	57.
10.	22.	34.	46.	58.
11.	23.	35.	47.	59.
12.	24.	36.	48.	60.

능성들은 封鎖^{봉쇄}되어 버렸다. 이 垂直的^{수직적}인 ⁶¹序列 ⁶²構造는 ⁶³시간이 흐를수록 오히려 더욱 ⁶⁴강화될 뿐이다. 이는 雨後竹筍^{우후죽순}처럼 생겨나는 大型割引賣店^{대형할인매점}들이 ⁶⁵재래의 ⁶⁶商街들을 집어삼키는 것과 전혀 다르지 않다.

하지만 더욱 놀랍고 錯雜^{착잡}한 것은 교육에 대한 우리 ⁶⁷국민의 ⁶⁸열정이 ⁶⁹대부분 ⁷⁰대학입학과 함께 싸늘하게 식어 버린다는 사실이리라. 교육의 ⁷¹최종적인 ⁷²목적이 한 ⁷³인간의 ⁷⁴지적·情緒的^{정서적}·⁷⁵신체적 ⁷⁶완성을 ⁷⁷향한 것이지, 소위 '⁷⁸명문대학'일 리 없다. 명문대학 ⁷⁹자체를 ⁸⁰否定하자는 게 아니다. 다만 대학이란 더욱 다양하고 ⁸¹다면화된 공간이어야 함을 指摘^{지적}하고 싶을 뿐이다. 우리 ⁸²사회는 中央^{중앙} ⁸³집중적이고 劃一的^{획일적}이며 因襲的^{인습적}인 偏見^{편견}에서 벗어나 더욱 ⁸⁴자립적이면서도 ⁸⁵특화된 ⁸⁶대학공간을 가져야 할 때가 되었다.

이러한 ⁸⁷構造的 矛盾^{모순}들이 지방대학의 自救策^{자구책}을 ⁸⁸무력한 것으로 만들기 쉽겠기에 하는 말이다. 마치 블랙홀처럼 모든 ⁸⁹분야의 우수한 ⁹⁰인재들을 몇 개의 대학이 독점하면 지방대학의 ⁹¹특성화 ⁹²努力은 ⁹³限界에 ⁹⁴직면할 수밖에 없다. 지방대학에서 할 수 있는 일이 고작 ⁹⁵졸업생의 就業率^{취업률}을 높이기 위해 신발이 닳도록 뛰는 일일 뿐인가. 어느 ⁹⁶학교를 나왔는가가 한 사람의 ⁹⁷운명을 ⁹⁸결정하는 사회에서는 아무리 獻身的^{헌신적}이고 ⁹⁹果敢한 ¹⁰⁰投資가 遂行^{수행}되더라도 지방대학은 ¹⁰¹如前히 지방대학일 따름이다. 그곳에서는 교육의 ¹⁰²질적 ¹⁰³개선을 위한 노력들이 쉽게 挫折^{좌절}될 수밖에 없다. 旣存^{기존}의 교육제도는 학생들로부터 ¹⁰⁴자발적인 ¹⁰⁵動機를 앗아가 버린다. 그들은 스스로를 2¹⁰⁶류쯤으로 받아들인다. ¹⁰⁷設令, 그 어려운 障礙^{장애}를 이겨내고 自己成熟^{자기성숙}의 契機^{계기}를 찾는다 해도 이는 한 치의 변화도 보이지 않는 ¹⁰⁸현실 속에서 또 다른 하나의 挫折^{좌절}로 이어질 뿐이다. 오랫동안 孤軍奮鬪^{고군분투}해 오지만 지방대학은 여전히 하나의 외딴 섬일 뿐이다. ¹⁰⁹학문에 대한 드높은 열정과 ¹¹⁰성공에 대한 가슴 뛰는 ¹¹¹기대감으로 우수한 학생들이 기꺼이 ¹¹²選擇할 수 있는 지방대학은 아직 나타나지 않고 있다.

◆ 위의 本文 가운데 한글은 漢字로, 漢字는 한글로 고쳐 쓰세요.

61.	72.	83.	94.	105.
62.	73.	84.	95.	106.
63.	74.	85.	96.	107.
64.	75.	86.	97.	108.
65.	76.	87.	98.	109.
66.	77.	88.	99.	110.
67.	78.	89.	100.	111.
68.	79.	90.	101.	112.
69.	80.	91.	102.	
70.	81.	92.	103.	
71.	82.	93.	104.	

내가 재직하고 있는 대학에서는 학생들의 [113]기본적인 [114]능력을 涵養^{함양}시키기 위해서 [115]讀書認證制를 [116]施行해 오고 있다. [117]졸업을 하기 위해서 학생들은 [118]指定된 [119]最小限의 [120]冊을 읽고 [121]소정의 [122]檢證過程을 거쳐야만 한다. 이는 '책 읽는 [123]대학생'을 위한 최소한의 [124]心慮에서 나온 것이다. 어디에선가 [125]일본의 [126]소설가 무라카미 하루키(村上春樹^{촌상춘수}) 소설가는 남들과 똑같은 책을 읽는 사람은 남과 똑같은 생각밖에 할 수가 없다고 말한 적이 있다. 그렇다고 한다면 하물며 책 한 [127]卷 제대로 읽지 않고도 나쁘지 않은 [128]成績으로 대학을 졸업할 수 있는 대학생에게서 우리는 무엇을 [129]기대할 수 있을까? [130]必是 이는 [131]장기적으로 국가의 발전을 가로막는 [132]치명적인 [133]요인이 될 수 있으리라. 이러한 憂慮^{우려}와 [134]意志를 담은 독서인증제는 이미 크고 작은 暗礁^{암초}를 만나고 있다. 자발적인 동기를 지니지 않은 학생들에게 이런 [135]교육적인 [136]配慮는 마치 '사막에서의 설교'처럼 여겨질 수밖에 없다. 그들에게 이런 [137]認證制는 그저 귀찮은 그 무엇일 따름이다.

微微^{미미}하지만 [138]대학사회에도 이미 변화의 바람이 불기 시작했다. 싫든 좋든 졸업을 하려면 이런 인증제를 거쳐야만 한다. [139]强制로 [140]시작했지만 이런 [141]制度들이 대학의 [142]정체성을 되묻게 하는 [143]始發點이 될 수 있다.

대학은 [144]변해야 한다. 이를 [145]가속화하려면 [146]교육계의 [147]深部에 자리 잡고 있는 더 크고 더 깊은 病弊^{병폐}들을 도려내야 하는 것은 勿論^{물론}이다. 나는 믿는다. 대학사회는 [148]自律的인 [149]危機 [150]對處 능력을 갖고 있다. 그동안 [151]방심했을 뿐이다. 이제 그 능력이 빛을 [152]發할 때가 되었다. (南基卓, 語文生活 2005年 1月 通卷 第86號)

◆ 위의 本文 가운데 한글은 漢字로, 漢字는 한글로 고쳐 쓰세요.

113.	121.	129.	137.	145.
114.	122.	130.	138.	146.
115.	123.	131.	139.	147.
116.	124.	132.	140.	148.
117.	125.	133.	141.	149.
118.	126.	134.	142.	150.
119.	127.	135.	143.	151.
120.	128.	136.	144.	152.

13.4. 時事 漢字語

❀ **實質國民所得 [GNI at constant price]**

> ◊ 實 열매 실　質 바탕 질　國 나라 국　民 백성 민　所 바 소　得 얻을 득
>
> 　　國民所得은 각 생산물에 단위당 附加價値(부가가치)를 곱하여 貨幣(화폐)金額(금액)으로 표시한 다음 이를 합계하여 推計(추계)하고 있는데, 이때 적용되는 가격에 따라 名目國民所得(명목국민소득)과 實質國民所得으로 분류된다.
>
> 　　실질국민소득은 생산수량으로 나타낸 소득을 말하는데 각 생산물마다 거래단위가 서로 달라 이를 合算(합산)하여 나타내기가 어려워 실제로는 그 해의 생산물에 특정 기준시점(기준년)의 가격(실질가격)을 매년 똑같이 곱하여 算出(산출)한다. 따라서 실질국민소득은 물가변동에는 영향을 받지 않고 生産物(생산물) 數量(수량)의 변동만을 나타내 준다. 결국 생산물의 수량이 늘어나지 않는 경우에도 명목국민소득은 物價(물가)가 오르면 그만큼 커지나 실질국민소득은 물가가 올라도 물가 上昇分(상승분)이 反映(반영)되지 않기 때문에 커지지 않는다.
>
> 　　國民經濟(국민경제)의 構造(구조)나 국민소득 구성요소의 변동 등을 분석하는 경우에는 명목가격계열을 사용하게 되나 국민경제가 長期的(장기적)으로 어떻게 변화하고 있는가 등을 알아보기 위해서는 실질가격계열을 사용하게 된다.

과제　지난 한 주 동안 신문이나 방송에서 화제가 된 時事 漢字語를 조사해 오기.(漢字의 音과 訓, 漢字語의 意味, 背景知識 등)

14. '學而思^{학이사}' 물의 미학

14.1. 代表訓音의 理解

訓은 漢字의 새김(뜻)을, 音은 漢字의 소리를 말한다. 예로 漢字 '天'을 예로 들면 訓은 '하늘, 임금, 목숨, 크다' 등이고, 音은 '천'이다. 音은 비교적 明確하고 限定되어 있지만 訓은 대체로 그 범위가 넓다. 오랜 세월에 걸쳐 사용되어 오는 동안 원래의 뜻이 확장되거나 다른 뜻이 추가되어 대부분의 漢字가 하나 이상의 訓을 가지고 있다. 그래서 學習者 사이에 의사소통의 필요상 漢字 한 字 한 字에 이름을 지어 주는 작업이 필요하게 되었다. 예로 漢字 '天'은 '하늘 천, 임금 천, 목숨 천, 클 천' 등으로 여러 訓이 있지만 오랜 세월 '하늘 천'이 代表訓音으로 자리 잡아 대부분의 사람이 '목숨 천'이라 하면 잘 모르지만 '하늘 천' 하면 바로 '天'이라는 글자모양을 떠 올리는 것이다. 그래서 代表訓音이 생기게 되었다. 代表訓音은 오랜 세월 전승되어 온, 말 그대로 그 글자를 대표하는 訓音으로 정착된 것이므로 代表訓音을 먼저 외고 의사소통이나 시험 답안 작성에 代表訓音을 제시하는 것이 좋다.

代表訓音은 어떻게 選定된 것인가? 韓國語文敎育硏究會 選定 代表訓音은 『東國正韻^{정운}』, 『三韻聲彙^{삼운성휘}』, 『全韻^{전운}玉篇』, 『訓蒙^{훈몽}字會』, 『新增類合』, 『石峯^{석봉}千字文』, 『倭語類解^{왜어유해}』, 『兒學編^{아학편}』, 『字類註釋^{자류주석}』, 『字典釋要^{자전석요}』, 『新字典』, 기타 諺解^{언해}文獻^{문헌} 등 傳來文獻^{문헌}에 보이는 漢字 한 字 한 字의 訓音을 검토하여 ① 傳統訓音은 그 글자를 대표할 만한 보편적이고 합리적인 訓音으로 오랜 세월 전승되어 왔으므로 이를 존중한다. ② 一字一訓一音을 원칙으로 하고, 부득이한 경우 複數 訓音을 代表訓音으로 한다. ③ 순우리말(固有語) 訓을 살리며, 用例를 訓으로 삼는 것은 避한다. ④ 從來의 俗訓을 避하고, 正訓을 원칙으로 한다. ⑤ 固有語의 의미가 바뀐(轉移) 경우에는 現代語를 살려 訓音으로 삼는다는 등의 원칙하에 選定되었다.

<訓音採點基準>

代表訓音 외에 위에 열거한 傳統 字典類에 등장하는 訓은 典據가 확실한 訓으로 맞는 訓으로 처리한다. 다만 固有語의 의미가 바뀌거나(轉移) 한글 철자에 변동이 있는 경우에는 現代語를 살리는 방향으로 한다. 참고로 다음의 訓音은 認定되지 않는다.

① 어떤 글자의 訓音에 대하여 個人的 見解를 담은 경우 : 字典이나 學習 敎材는 개인적으로 編纂^{편찬}한 것도 있고, 學會나 出版社^{출판사}에서 編纂^{편찬}委員會를 구성하여 共同으로 編纂^{편찬}한 것도 있다. 물론 이런 著作^{저작}들은 典據를 가지고 編纂^{편찬}되어야 하고 어떤 글자의 訓音에 대하여 개인적 견해를 담은 경우에는 개인적 의견임을 표시하여야 하고, 公式化하려면 關係 學者들의 동의를 얻는 절차를 밟아야 한다. 여러 사람의 동의를 얻지 못한 견해는 한 개인의 의견에 지나지 않으며, 이런 부분은 試驗에서 인정되지 않는다. 물론 妥當性^{타당성}이 있는

訓音이라면 토론을 거쳐 수용하는 절차를 밟게 되지만 當該당해 試驗에 막 바로 適用되지는 않는다. 字典을 이용하려면 大學의 漢字 關聯관련 學科에서 많이 이용하는 權威있는 字典을 구입해야 한다.

② 編纂편찬 과정의 실수로 訓音이 잘못된 경우 : 編纂편찬 과정의 실수로 訓音이 잘못된 경우가 있다. 틀린 것으로 바른 것을 바꿀 수는 없으므로 이런 경우는 구제받을 길이 없다. 學習하면서 의심나는 부분은 관련 기관에 質疑를 하고, 해당 기관에서 배포하는 正誤表 등을 이용하여 틀린 것을 바로잡아야 한다.

③ 특별한 경우를 제외하고는 나라이름, 성(姓), 물이름, 나무이름, 땅이름 등으로 訓을 쓰는 것은 정답으로 인정하지 않는다. 이런 漢字는 하나 둘이 아니어서 이를 용인할 경우, 대부분의 漢字가 이러한 訓으로 대체되어 버리고, 정작 중요한 訓들이 후순위로 밀릴 것이기 때문이다. 또 이런 경우는 그 글자가 성(姓)으로 쓰이고, 이름자로도 쓰인다는 것을 보이는 것이지 엄밀하게는 訓이라 보기에는 어려운 것이다. 英(꽃부리 영)을 예로 들면 '나라이름 영', '영국(英國) 영'과 같은 형태의 訓音은 인정하지 않는다. 英國의 英은 英吉利를 줄인 것이고, England의 音借음차(假借가차)이다. 소리를 빌리면서 뜻도 취하여 England를 꽃부리 같고, 길하고, 이익이 되는 나라로 지칭하고 있는 것이다. 실제로 英이 英國을 지칭하는 말로 쓰여, '나라이름 영'이라고 하기도 하나 이를 인정하지 않는 것은 이를 용인할 경우, 美는 나라이름 미, 佛은 나라이름 불 등으로 나라이름으로 쓰이는 대부분의 漢字가 이러한 訓으로 대체되어 버리고, 정작 중요하고 일반적인 訓 즉, 美(아름다울 미), 佛(부처 불) 등이 후순위로 밀릴 것이기 때문이다. 梁(들보 량)의 경우, 나라이름으로도 쓰이고, 성씨로도 쓰이기 때문에 '성(姓) 량', '양(梁)나라 량'이라 할 수도 있지만 이를 인정치 않는 것은 보다 일반적인 '들보 량'을 알고 있는 가를 확인하고자 하기 때문이다. 沮(막을 저)의 경우 沮水저수라는 강이 있어 이를 '물이름(沮水저수) 저'라 하기도 하지만 이를 인정치 않는 것은 보다 일반적인 '막을 저'를 알고 있는 가를 확인하고자 하기 때문이다. 桑(뽕나무 상)의 경우 이를 '나무이름 상'으로 하면 인정하지 않는다. 구체적으로 '뽕나무 상'으로 답하여야 한다. 그러나 다른 訓이 없이 姓氏, 人名, 地名, 國名, 山名, 水名 등으로 쓰이는 漢字는 예외적으로 '~이름'을 인정한다. 全國漢字能力檢定試驗이 代表訓音을 내세우는 이유 중의 하나는 보다 일반적인 전통 訓을 익힐 수 있도록 유도하는 취지도 있다는 점을 염두에 두어야 한다.

④ 특별한 경우를 제외하고는 漢字 단어를 訓으로 쓰면 인정되지 않는다. 모든 漢字를 순 우리말 訓으로만 하는 것은 어려움이 있어, 全國漢字能力檢定試驗도 부득이하게 傳來文獻문헌에 根據가 있는 漢字단어로 된 訓은 수용하고 있다. 그러나 기타의 漢字단어 訓은 대체로 수용치 않는다. 漢字말 訓을 認定하는 경우는 訓으로서의 資格 要件을 갖추고 있어야 하고, 순우리말 訓이 없거나 순우리말 訓 보다는 漢字말 訓이 더욱 일반적으로 알려져 있다고 판단되는 경우에 한한다. 일례로 哨(망볼 초)를 '보초(步哨) 초'로 하면 誤答이 된다. 步哨의 步(걷는다)의 의미가 哨에는 없기 때문이다. 斬(벨 참)을 '참신(斬新)할 참'으로 하면 誤答이 된다.

斬에는 新(새롭다)의 의미가 없기 때문이다. 이런 漢字말은 일단 訓으로서의 資格 要件을 갖추지 못하고 있으므로 논할 것도 없다. 예외적으로 區를 '구분(區分)할 구'라 하면 이를 인정한다. 나눌 구(區), 나눌 분(分)으로 區分의 의미를 區 혼자서도 대변할 수 있고 '나누다'의 순우리말 訓 보다는 이 訓이 더욱 일반적으로 알려져 있다고 판단하였기 때문이다. 그러나 戰(싸움 전)을 '전쟁(戰爭) 전', '전투(戰鬪) 전'이라 하면 인정되지 않는다. 訓의 자격 요건을 갖추었다고 보이지만 '싸움'이라는 전통 훈이 보다 일반적이므로, '전쟁'이나 '전투'를 인정하고 보태야 할 이유가 없는 것이다. 漢字의 訓을 익히는 까닭은 그 글자가 들어간 다른 單語를 접했을 때 이미 익힌 訓으로 그 뜻을 쉽게 유추할 수 있을 것이기 때문이다. 漢字 訓을 漢字 單語로 한다면 정확한 의미를 모른 채 역시 漢字의 소리만 외우게 되는 결과를 초래할 것이고, 漢字의 訓은 不知其數부지기수로 많아질 것이다. 역시 傳統 訓을 중심으로 學習하는 것이 좋다.

⑤ 특별한 경우를 제외하고는 해당 漢字의 音으로 訓을 쓰면 인정되지 않는다. 예로 學(배울 학)을 '학 학'이라 하면 誤答이다. 그러나 脈(맥 맥), 串(곶 곶), 籠(농 롱) 등은 인정된다. 이런 경우는 漢字의 音이 이미 하나의 독립된 의미체계를 이루면서 單語가 된 것이고, 또, 그 訓을 다른 訓들과 비교하여 대표 訓에 준할 정도로 중요한 자리를 차지하고 있다고 인정되기 때문이다. 그러나 音으로 訓이 되는 글자들도 대부분 다른 訓이 있으므로 가능하면 音으로 訓을 삼는 것은 피하는 것이 좋다.

참고로 漢字는 名詞명사나 形容詞형용사 등이 구분되지 않고 쓰이거나 能動, 被動피동, 使動, 受動 등이 구분되지 않고 쓰이는 경우가 있다. 또 漢字의 訓은 含蓄性함축성 있게 表現되는 것이 많다. 예로 '길다, 길게 하다, 길어지다, 긺, 길이, 긴' 등등은 우리말에서는 분명 다른 것이지만 漢字는 '長'이라는 漢字로 이 모든 것을 表現할 수 있다. 그러나 '長'이 이를 다 표현한다고 하여 訓音을 '길다 장, 길게 하다 장, 길어지다 장, 긺 장, 길이 장, 긴 장, 길 장' 등으로 모두 摘示적시하지는 않으며 보통 '긴 장'이나 '길 장' 정도로 壓縮하여 表現하는 것으로 그치고 이런 語尾어미의 변화나 態의 변화는 일일이 摘示적시하지 않는 것이 일반적이다. 漢字의 特性을 이해하면 되는 것을 訓으로 복잡하게 表現할 필요는 없기 때문이다.

訓音을 적는 것도 오랜 원칙이 있다. 訓音을 동시에 적을 때는 訓과 音 사이를 한 칸 띄우고, 訓이 形容詞형용사나 動詞동사인 경우에는 원형을 밝히지 않고 '~ㄹ', '~할'의 활용으로 訓이 音을 修飾수식하는 형태로 표현하는 것이 오랜 원칙이다. 예로 天은 '하늘 천', 感은 '느낄 감', 動은 '움직일 동'으로 표현한다. 최근에는 '느끼다 감', '움직이다 동'과 같이 원형을 밝혀 적기도 하지만 그러나 오랜 訓音 표기법을 존중하는 것이 좋다.

14.2. 漢字 練習

다음 한자의 훈과 음을 익히고 한자를 쓰면서 기억해 보세요.

한자쓰기1

水16 격할 격						攴13 공경 경:					
激						敬					
子8 계절 계:						木14 곡식 곡					
季						穀					
口5 글귀 구						穴7 연구할 구					
句						究					
止18 돌아갈 귀:						辰13 농사 농					
歸						農					
彳15 큰 덕						頁16 머리 두					
德						頭					
火16 등 등						鹿19 고울 려					
燈						麗					
辶11 이을 련						老6 늙을 로:					
連						老					
八4 여섯 륙						女7 묘할 묘:					
六						妙					
人6 칠[討] 벌						竹15 법 범:					
伐						範					
日12 넓을 보:						米10 가루 분(:)					
普						粉					
口5 넉 사:						辛19 말씀 사					
四						辭					
人5 신선 선						宀9 베풀 선					
仙						宣					

한자쓰기2

糸15 줄 선						手11 쓸[掃除] 소(:)					
線						掃					

辶10 보낼 송:						儿8 아이 아					
送						兒					

宀6 편안 안						火13 연기 연					
安						煙					

雨12 구름 운						水13 근원 원					
雲						源					

心10 은혜 은						疋14 의심할 의					
恩						疑					

人6 맡길 임(:)						日9 어제 작					
任						昨					

士7 장할 장:						金16 돈 전:					
壯						錢					

竹15 마디 절						糸12 끊을 절					
節						絶					

广10 자리 좌:						目11 붙을 착					
座						着					

貝11 꾸짖을 책						巛3 내 천					
責						川					

竹16 쌓을 축						手11 찾을 탐					
築						探					

豆13 풍년 풍						广10 피곤할 피					
豊						疲					

水12 호수 호						口6 돌아올 회					
湖						回					

문제풀기

다음 漢字의 訓과 音을 쓰시오.

1. 粉 (　　　　)
2. 激 (　　　　)
3. 季 (　　　　)
4. 麗 (　　　　)
5. 穀 (　　　　)
6. 源 (　　　　)
7. 句 (　　　　)
8. 絶 (　　　　)
9. 普 (　　　　)
10. 錢 (　　　　)
11. 歸 (　　　　)
12. 回 (　　　　)
13. 燈 (　　　　)
14. 辭 (　　　　)
15. 妙 (　　　　)
16. 範 (　　　　)
17. 宣 (　　　　)
18. 送 (　　　　)
19. 築 (　　　　)
20. 掃 (　　　　)
21. 究 (　　　　)
22. 煙 (　　　　)
23. 恩 (　　　　)
24. 疑 (　　　　)
25. 連 (　　　　)
26. 座 (　　　　)
27. 壯 (　　　　)
28. 探 (　　　　)
29. 伐 (　　　　)
30. 豊 (　　　　)
31. 疲 (　　　　)

다음 漢字의 訓과 音에 맞는 漢字를 쓰시오.

32. 공경 경: (　　　　)
33. 구름 운 (　　　　)
34. 꾸짖을 책 (　　　　)
35. 내 천 (　　　　)
36. 넉 사: (　　　　)
37. 농사 농 (　　　　)
38. 늙을 로: (　　　　)
39. 마디 절 (　　　　)
40. 맡길 임(:) (　　　　)
41. 머리 두 (　　　　)
42. 붙을 착 (　　　　)
43. 신선 선 (　　　　)
44. 아이 아 (　　　　)
45. 어제 작 (　　　　)
46. 여섯 륙 (　　　　)
47. 줄 선 (　　　　)
48. 큰 덕 (　　　　)
49. 편안 안 (　　　　)
50. 호수 호 (　　　　)

14.3. 實戰 應用

■ '學而思^{학이사}' 물의 ¹미학

이즈음 ²세상은 온통 騷音^{소음} 속에 가득 차 있는 것 같다. 여기저기서 살기 어렵다는 아우성 소리가 ³連日 들려온다. ⁴經濟 ⁵危機에 ⁶대한 ⁷宣言이 거듭 ⁸反復되고 ⁹政府의 목소리는 ¹⁰국민들이 허리띠를 다시 졸라매야 한다는 대목에서 자꾸 높아만 간다. 이런 ¹¹狀況 속에서 이래저래 ¹²疲勞感을 느끼는 것은 ¹³보통의 삶을 살아가는 ¹⁴다수의 庶民^{서민}들일 뿐이다.

들여다보면 진짜 세상 돌아가는 꼴이 ¹⁵神奇하기만 하다. ¹⁶신문이나 ¹⁷放送을 ¹⁸통하여 ¹⁹매일매일 ²⁰接하는 ²¹一連의 ²²사건들에 대하여 사람들은 더 이상 놀라지 않는다. IMF ²³事態가 던진 衝擊^{충격}을 아직도 생생하게 記憶^{기억}하고 있는 ²⁴대다수 국민들은 憂鬱症^{우울증}을 앓으며 삶에 대한 ²⁵관심을 조금씩 버리고 있는 지도 모른다. 이즈음에 이르러 ²⁶至今까지 우리 ²⁷사회를 支撑^{지탱}해온 모든 ²⁸指標들이 남김없이 사라져 버렸다는 느낌이 든다. '²⁹세계화'라는 ³⁰絶對 ³¹명제가 어쩌면 그 모든 것들을 앗아가 버렸는지도 모를 일이다. 지금 우리 앞에는 ³²지향해야 할 그 어떤 ³³이념과 價値^{가치}도 없는 것 같다. 그렇다면 어떻게 해서 우리의 삶이 이 ³⁴地境에 떨어진 것인가. ³⁵自歎의 목소리는 높지만 ³⁶책임있는 ³⁷대답은 하나도 들리지 않는다.

요즘 우리 사회의 雰圍氣^{분위기}를 떠올리노라면 안개 속에 가라앉아 있는 한 ³⁸張의 憂鬱^{우울}한 ³⁹풍경화가 저절로 떠오른다. 모든 길들이 다 지워져버린 안개 가운데 서 있는 사람들의 ⁴⁰운명이란 어떤 것일지. 그런 저런 ⁴¹想念에 떨어질 때마다 나는 한 ⁴²卷의 ⁴³冊을 ⁴⁴무심코 펼치게 된다. ⁴⁵노자의 '⁴⁶道德經'이 바로 그것이다. 누구는 웬 ⁴⁷신선놀음이냐고 입을 비죽거릴지도 모르지만 먼 ⁴⁸시간 속에 깃들어 있는 노자의 목소리는 내 앞에서 暫時^{잠시}나마 세상의 混濁^{혼탁}함을 말끔하게 걷어가 버린다.

◆ 위의 本文 가운데 한글은 漢字로, 漢字는 한글로 고쳐 쓰세요.

1.	11.	21.	31.	41.
2.	12.	22.	32.	42.
3.	13.	23.	33.	43.
4.	14.	24.	34.	44.
5.	15.	25.	35.	45.
6.	16.	26.	36.	46.
7.	17.	27.	37.	47.
8.	18.	28.	38.	48.
9.	19.	29.	39.	
10.	20.	30.	40.	

'學而思' 물의 미학

책을 열고 노자를 따라 터벅터벅 도덕경의 ⁴⁹세계 속으로 걸어가 보라. 거기, 노자의 뒤를 따라 걷는 나의 발걸음이 오래 머무는 ⁵⁰句節이 있다. "⁵¹최고의 ⁵²선은 물과 같다. 물은 ⁵³능히 ⁵⁴만물을 ⁵⁵이롭게 하되 다투지 아니하고, 모든 사람들이 싫어하는 낮은 곳에 ⁵⁶處한다"라는 대목에 이를 때 내 마음은 그지없이 ⁵⁷편안해진다. 물의 ⁵⁸성질은 透明투명할 뿐더러 柔軟유연하다. 물은 그 ⁵⁹자체가 ⁶⁰순리이며 ⁶¹常識을 ⁶²尊重하는 삶을 늘 일깨워 주는 ⁶³存在인 것이다. 나의 삶의 터전인 ⁶⁴춘천의 자랑 ⁶⁵중의 하나도 물이다. 깨끗하면서도 ⁶⁶풍부한 춘천의 ⁶⁷水資源은 ⁶⁸여행객들 모두에게 깊은 ⁶⁹印象을 남긴다. 뿐만 아니라 ⁷⁰秀麗한 ⁷¹풍광에 둘러싸인 춘천이라는 ⁷²도시는 ⁷³인간과 ⁷⁴자연이 ⁷⁵共存하는 삶의 한 가지 ⁷⁶模範을 보여주는 ⁷⁷장소이기도 하다. 溪谷계곡의 바위틈 사이를 흘러 내려와 ⁷⁸호수를 만들고, ⁷⁹강을 이루기도 하는 물의 흐름은 ⁸⁰四季節의 ⁸¹변화를 따라 悠悠유유히 ⁸²전개되는 순리와 상식의 세계이다.

⁸³학문의 세계에서도 이와 같은 순리와 상식의 ⁸⁴眞理가 존중되어야 할 터이다. ⁸⁵특히 ⁸⁶작금의 ⁸⁷대학 ⁸⁸현실을 ⁸⁹염두에 둘 때 이는 ⁹⁰절실한 ⁹¹要求이다. 대학의 가치와 役割역할을 ⁹²과연 어디에 둘 것인가 하는 것은 ⁹³如前히 熟考숙고해야 할 ⁹⁴문제이다. ⁹⁵大勢만을 쫓아 현실을 그대로 追隨추수하는 ⁹⁶態度에서 나온 ⁹⁷방안은 시간이 ⁹⁸經過하면 서서히 ⁹⁹副作用을 드러낼 것이다. 인간의 ¹⁰⁰행복에 ¹⁰¹寄與하기 ¹⁰²爲해 존재하는 것이 학문이라면, 인간 ¹⁰³자신을 ¹⁰⁴探究하고 啓發계발하기 위한 ¹⁰⁵지식을 버리고 어찌 학문을 말할 수 있을 것인가 하는 ¹⁰⁶疑問이 든다. ¹⁰⁷인문학에 대한 ¹⁰⁸무관심은 그런 ¹⁰⁹點에서 대단히 憂慮우려되는 ¹¹⁰광경이다.

¹¹¹인류사의 전개는 ¹¹²물질적인 豊饒풍요만으로 인간이 행복할 수 없으며 그 사회 또한 ¹¹³先

◆ 위의 本文 가운데 한글은 漢字로, 漢字는 한글로 고쳐 쓰세요.

49.	63.	77.	91.	105.
50.	64.	78.	92.	106.
51.	65.	79.	93.	107.
52.	66.	80.	94.	108.
53.	67.	81.	95.	109.
54.	68.	82.	96.	110.
55.	69.	83.	97.	111.
56.	70.	84.	98.	112.
57.	71.	85.	99.	113.
58.	72.	86.	100.	
59.	73.	87.	101.	
60.	74.	88.	102.	
61.	75.	89.	103.	
62.	76.	90.	104.	

進國이 될 수 없다는 [114]사실을 [115]분명히 말해주고 있다. [116]眞實을 말하자면 인간의 행복이란, 현실의 삶과 [117]내면적인 [118]精神의 삶의 [119]일치에 [120]依해서만 [121]실현될 수 있는 성질의 것이다. 여기서 현실의 [122]방편이거나 [123]도구로만 [124]사용되는 지식을 追究(추구)하는 것이 학문의 바른 길이 아님은 [125]명백하다. [126]眞正한 학문은 앎과 삶의 일치를 圖謀(도모)하는 것이라야 한다. 그것은 [127]理想과 현실을 媒介(매개)하고 [128]理論과 實踐(실천)의 [129]합일을 꾀해나가는 [130]中斷 없는 [131]작업이다.

앎과 삶의 일치에 [132]到達하기 위해 우리는 무엇보다 먼저 순리와 상식의 가치부터 [133]回復해야 할 [134]필요가 있다. 순리와 상식을 존중하지 않는 [135]個人의 삶과 사회는 穩全(온전)하게 [136]작동할 수 없다. 우리의 [137]視線을 강이 되고 바다를 이루는 하나의 흐름 위에 둘 때 그로부터 우리 모두는 물의 미학을 謙虛(겸허)한 마음으로 배울 수 있을 것이다. (南基卓, 敎授新聞, 2000年 12月 11日)

◆ 위의 本文 가운데 한글은 漢字로, 漢字는 한글로 고쳐 쓰세요.

114.	119.	124.	129.	134.
115.	120.	125.	130.	135.
116.	121.	126.	131.	136.
117.	122.	127.	132.	137.
118.	123.	128.	133.	

14.4. 時事 漢字語

❁ 非正規職勤勞者

◆ 非 아닐 비   正 바를 정   規 법 규   職 직분 직   勤 부지런할 근   勞 일할 로   者 놈 자

雇傭(고용)의 지속성·근로방식·근로시간 면에서 標準的(표준적)인 正規 勤勞者가 아닌 사람을 말한다.

계속적인 일자리가 아닌 형태로 일하는 임시직·계약직·촉탁직 근로자, 파트타이머, 파견 용역·재택 근로자, 계약기간이 1개월 미만이거나 떠돌아 다니면서 일하는 일용직 근로자, 골프장 캐디, 보험설계사 같은 특수고용인 등을 모두 包括(포괄)한다.

勤勞基準法(근로기준법)에 따라 임금지급 원칙, 근로시간 제한, 초과 근로수당, 연월차 휴가, 퇴직금, 解雇(해고), 災害補償(재해보상) 등 대부분의 保護(보호)를 받을 수 있다.

과제 지난 한 주 동안 신문이나 방송에서 화제가 된 時事 漢字語를 조사해 오기.(漢字의 音과 訓, 漢字語의 意味, 背景知識 등)

15. 國際語의 幻覺(환각)

15.1. 語助辭의 理解

語助辭란 별다른 뜻이 없이 다른 글자를 補助(보조)하여 주거나 文章의 흐름을 자연스럽게 연결하여 주는 역할을 하는 것들이다. 漢文은 물론이고, 國語辭典에 보면 語助辭가 들어있는 漢字語들도 등록되어 있고 통상적인 訓音으로는 풀이되지 않는 경우가 있다. 이에 國語辭典에 등록된 語助辭가 들어있는 漢字語를 대강 추려 그 글자의 이해를 돕기로 한다. 또 語助辭가 아닌 것과 배정 범위 밖의 것도 몇 가지 다루었다.

也(어조사 야) 본래 뱀을 그린 상형문자이나 주로 語助辭로 쓰인다. 최근에 '이끼 야'라고 하지만 이끼는 입에서 나오는 기운, 즉 語助辭의 뜻으로 쓰인 옛말 '입기(口氣), 입겻'의 잘못이다. 이 글자는 문장을 종결하거나 중간에 말 흐름을 일단 끊을 때 쓰인다. 及其也(급기야) 也無妨(야무방) 언즉시야(言則是也) 초야(初也) 필야(必也) 독야청청(獨也靑靑) 시야비야(是也非也)

耶(어조사 야) 邪(야)와 동자로 語助辭로 쓰이는데, 통상적으로 의문을 담는다. 천야만야(千耶萬耶) 유야무야(有耶無耶)

於(어조사 어) 주로 처소격(~에, ~에게, ~으로, ~로부터), 목적격(~를), 비교격(~보다) 조사로 쓰인다. 또 감탄사로도 쓰인다. 가정맹어호(苛政猛於虎) 수명어천(受命於天) 승어부(勝於父) 어중간(於中間) 어차피(於此彼) 유어예(遊於藝) 청출어람(靑出於藍) 오희(於戲) 오호(於呼/嗚呼)

焉(어찌/어조사 언) 문장을 종결하거나 중간에 말 흐름을 일단 끊을 때 쓰인다. 또 대명사로도 쓰인다. 앞에 올 때는 '어찌'의 뜻의 의문 부사로 쓰인다. 결언(缺焉) 소언(少焉) 어언(於焉) 오불관언(吾不關焉) 종언(終焉) 언감생심(焉敢生心)

于(어조사 우) 於(어)와 마찬가지로 주로 처소격(~에, ~에게, ~으로, ~로부터), 목적격(~를), 비교격(~보다) 조사로 쓰인다. 당일우귀(當日于歸) 여수장우중문시(與隋將于仲文詩) 우선(于先) 지우금(至于今)

矣(어조사 의) 문장을 종결하거나 중간에 말 흐름을 일단 끊을 때 쓰인다. 만사휴의(萬事休矣) 이의물론(已矣勿論) 족차족의(足且足矣)

如 대개 '같다'의 뜻으로 쓰이지만 이 글자가 뒤에 오는 경우에는 然과 마찬가지로 '~한듯 함, ~같음, ~함'의 뜻을 나타내거나, 앞 글자의 뜻을 강조하는 역할을 한다. 고여금(古如今) 사불여의(事不如意) 사인여천(事人如天) 세월여류(歲月如流) 여산약해(如山若海) 여의주(如意珠) 여하(如何) 결여(缺如) 하여(何如) 혹여(或如)

與 대개 '주다, 참여하다, 그렇다' 등의 뜻으로 쓰인다. 다음은 '~와 더불어'의 뜻으로 쓰이

거나, '그리고, ~와, ~과'의 뜻으로 쓰인 사례이다. 여민동락(與民同樂) 유불여불(唯佛與佛) 자여손(子與孫) 자여질(子與姪)

然 모두 '그렇다, 그러하다'의 뜻으로 쓰인다. 접속 부사로 '그러나'의 뜻으로 쓰이는 경우도 있다. 개연(蓋然) 고연(固然) 구태의연(舊態依然) 당연(當然) 연부(然否) 연이나(然__) 연즉(然則)

愈(나을 유) 愈~愈는 '~하면 할수록 더욱 더'의 뜻을 지닌다. 예로 愈往愈甚유왕유심은 '갈수록 더 심함'의 뜻이다. 유거유절(愈去愈切) 유왕유독(愈往愈篤) 유출유괴(愈出愈怪) 유하유별(愈下愈別)

以 수단, 방법, 자격, 이유 등의 뜻을 가지고 문장을 연결한다. ~로써, 그로써, ~를 가지고, ~로서, ~에, ~ 때문에, ~하여, ~를 거느리고 등으로 풀이된다. 가이동가이서(可以東可以西) 교우이신(交友以信) 미생이전(未生以前) 소이연(所以然) 이민위천(以民爲天) 이이제이(以夷制夷) 자고이래(自古以來)

已(이미/말 이) 앞에 오면 대개 '이미'의 뜻이고 뒤에 오면 대개 '말다, 그만두다'의 뜻이다. 漢文에서 而已이이, 而已矣이이의 등을 '뿐이다'로 번역하는 데, 이도 알고 보면 '그리고 그만이다'의 뜻을 줄인 것뿐이다. 이결(已決) 이왕(已往) 이연지사(已然之事) 부득이(不得已) 필사내이(必死乃已)

而(말이을 이) 말을 연결하여 주는 역할을 하므로 흔히 '말이을 이'라 부른다. 접속사로서 '그리고, 그러나'의 뜻을 갖는다. 곤이지지(困而知之) 구체이미(具體而微) 사이비(似而非) 이금이후(而今以後) 자로이득(自勞而得) 청이불문(聽而不聞)

耳 국어에서는 모두 '귀'의 뜻이나 漢文에서는 '而已이이, 而已矣이이의'와 마찬가지로 '~일 뿐이다, ~일 따름이다'의 종결사로 쓰이기도 한다. 訓民正音 序文에 '...欲욕使人人아로 便於어日用耳니라'

將 장수나 장차의 뜻으로 쓰이나 '~를 가지고, ~로써, ~로서'로 以와 같은 뜻으로 쓰이는 경우도 있다. 장계취계(將計就計) 장공속죄(將功贖罪) 장공절죄(將功切罪)

哉(어조사 재) 보통 감탄형 종결사로 쓰인다. 선재(善哉) 애재(哀哉) 장재(壯哉) 쾌재(快哉)

的 중국어에서는 '~의'의 뜻으로 소유격 조사로 쓰이나 우리나라에서는 특수하게 가치 평가가 담긴 말로도 쓰인다. 예로 歷史的 事實이라 하면 단순히 '역사의 사실'이 아니고 '역사적으로 의미 있는 사실'의 뜻이다. 가급적(可及的) 기초적(基礎的) 다목적(多目的) 반사회적(反社會的) 절대적(絕對的) 창조적(創造的)

諸(어조사 제) '모두 제'의 뜻과 음이나 漢文에서는 "君子求諸저己, 小人求諸저人, 一言而이可以興邦흥방, 有諸저?"처럼 之於지어와 之乎지호의 뜻으로 쓰이기도 한다. 이 때의 소리는 '저'가 된다. 종결사로서의 쓰임도 있는듯한데, 국어에 거저(居諸) 홀저(忽諸) 일거월저(日居月諸) 등이 있다.

之(갈/어조사 지) '가다'의 뜻은 적고, 소유격 조사 '~의'의 뜻으로 많이 쓰이고, 대명사 또는 종결사로도 쓰인다. 지남지북(之南之北) 감지덕지(感之德之) 견이지지(見而知之) 경이원지(敬而遠之) 가거지지(可居之地) 망국지한(亡國之恨) 역이지언(逆耳之言)

乎(어조사 호) 의문이나 감탄형 종결사, 비교격이나 처소격 조사 등으로 쓰인다. 단호(斷乎) 어시호(於是乎) 차호(嗟乎) 환호(煥乎) 국지어음 이호중국(國之語音 異乎中國)

● 이야기 故事成語

● 塞翁之馬 새옹지마

塞翁之馬새옹지마는 글자 그대로는 邊方에 사는 늙은이의 말이라는 뜻이다. 그런데 이 말은 人生의 吉凶禍福길흉화복은 豫測하기가 어렵다, 福이 바뀌어 禍화가 되고 禍화가 바뀌어 福이 된다는 말로 쓰인다. 왜 그럴까? 역시 故事를 알아야만 한다. 이 이야기가 실려 있는 淮南子회남자 人間訓의 글을 보기로 한다.

邊方에 사는 말을 잘 다루던 사람이 있었다. 어느 날 말이 까닭 없이 오랑캐 땅으로 가버렸다. 이에 사람들은 모두 안됐다고 여기고 이 사람을 慰勞했다. 이 때 그 사람의 아비가 말하기를 "이 일이 어찌 福이 되지 않겠는가?" 하였다. 數個月이 지난 뒤에 그 말이 오랑캐의 駿馬준마를 끌고서 되돌아 왔다. 이에 사람들은 모두 이 일을 祝賀축하하였는데, 그 사람의 아비는 또 말하기를 "이 일이 어찌 禍화가 되지 않겠는가?"라고 하였다. 집에 좋은 말이 넘치고, 그 아들은 말 타기를 좋아하였으니 기어이 그 아들이 말을 타다 떨어져 넓적다리뼈가 부러지고 말았다. 이에 사람들은 모두 이 일을 慰勞하였는데, 그 아비는 또 말하기를 "이 일이 어찌 福이 되지 않겠는가?"라고 하였다. 1年이 지난 뒤에 오랑캐가 大軍을 몰고 邊境을 넘어왔다. 壯丁들은 활시위를 당기며 싸워, 邊方 사람의 열에 아홉은 죽었는데, 이 사람의 아들은 절뚝발이라서 싸움터에 나가지 못하고 아비는 그를 돌보아 父子가 서로 목숨을 保全하였다. 그러니 福이 禍화가 되는 것이고, 禍화가 福이 되는 것이 理致인 것이다.

안 좋은 일이 생겼다고 失望할 일이 아니고, 좋은 일이 생겼다고 마냥 기뻐할 일도 아니다. 將來는 豫測하기 어려운 것이니 現在의 狀況에 失望하거나 滿足하지 말고 늘 警戒하고 부지런히 힘쓸 일이다.

近塞上之人有善術者, 馬無故亡而入胡, 人皆弔之。其父曰:「此何遽不爲福乎!」居數月, 其馬將胡駿馬而歸, 人皆賀之。其父曰:「此何遽不能爲禍乎!」家富良馬, 其子好騎, 墮而折其髀, 人皆弔之。其父曰:「此何遽不爲福乎!」居一年, 胡人大入塞, 丁壯者引弦而戰, 近塞之人, 死者十九, 此獨以跛之故, 父子相保。故福之爲禍, 禍之爲福。(淮南子 人間訓)

15.2. 漢字 練習

▶ 다음 한자의 훈과 음을 익히고 한자를 쓰면서 기억해 보세요.

한자쓰기1

甘5 달 감						手17 칠[打] 격					
甘						擊					
土11 굳을 견						骨10 뼈 골					
堅						骨					
亠6 사귈 교						見11 법 규					
交						規					
糸9 벼리 기						土16 단 단					
紀						壇					
网19 벌릴 라						田10 머무를 류					
羅						留					
車15 바퀴 륜						舛14 춤출 무:					
輪						舞					
网14 벌할 벌						土16 벽 벽					
罰						壁					
人7 부처 불						人12 갖출 비:					
佛						備					
攵12 흩을 산:						竹10 웃음 소:					
散						笑					
頁13 기릴/칭송할 송:						又8 받을 수(:)					
頌						受					
心10 쉴 식						日13 어두울 암:					
息						暗					
食16 남을 여						火16 탈 연					
餘						燃					

한자쓰기2

부수/획수	훈음		부수/획수	훈음
隹12	수컷 웅 / 雄		金14	은 은 / 銀
巾11	장막 장 / 帳		阜14	막을 장 / 障
竹20	문서 적 / 籍		一2	고무래/장정 정 / 丁
巾9	임금 제: / 帝		日11	낮 주 / 晝
手9	가질 지 / 持		口11	부를 창: / 唱
糸17	줄일 축 / 縮		齒15	이 치 / 齒
心7	쾌할 쾌 / 快		土3	흙 토 / 土
糸12	거느릴 통: / 統		肉9	세포 포(:) / 胞
門12	한가할 한 / 閑		宀10	해할 해: / 害
水10	바다 해: / 海		言11	허락할 허 / 許
心12	은혜 혜: / 惠		言21	도울 호: / 護
口8	화할 화 / 和		欠22	기쁠 환 / 歡
人6	쉴 휴 / 休			

문제풀기

다음 漢字의 訓과 音을 쓰시오.

1. 持 (   )
2. 備 (   )
3. 統 (   )
4. 丁 (   )
5. 堅 (   )
6. 頌 (   )
7. 歡 (   )
8. 餘 (   )
9. 甘 (   )
10. 護 (   )
11. 障 (   )
12. 留 (   )
13. 籍 (   )
14. 輪 (   )
15. 受 (   )
16. 羅 (   )
17. 罰 (   )
18. 紀 (   )
19. 壁 (   )
20. 佛 (   )
21. 骨 (   )
22. 胞 (   )
23. 息 (   )
24. 暗 (   )
25. 笑 (   )
26. 惠 (   )
27. 齒 (   )
28. 帝 (   )
29. 帳 (   )
30. 縮 (   )
31. 舞 (   )
32. 擊 (   )
33. 快 (   )
34. 燃 (   )
35. 閑 (   )
36. 散 (   )

다음 漢字의 訓과 音에 맞는 漢字를 쓰시오.

37. 낮 주   (   )
38. 단 단   (   )
39. 바다 해: (   )
40. 법 규   (   )
41. 부를 창: (   )
42. 사귈 교   (   )
43. 수컷 웅   (   )
44. 쉴 휴   (   )
45. 은 은   (   )
46. 해할 해: (   )
47. 허락할 허 (   )
48. 화할 화   (   )
49. 흙 토   (   )

15.3. 實戰 應用

■ ¹國際語의 幻覺^{환각}

²세계 ³공용어가 된 ⁴영어

<⁵만일 막 태어난 ⁶당신의 ⁷子息에게 영어와 ⁸조선어 가운데 하나를 ⁹모국어로 고를 ¹⁰機會가 주어진다면, 당신은 자식에게 어느 것을 ¹¹勸하겠는가?> 이것은 우리 ¹²思想界의 浪客^{낭객} 복거일이 「21¹³世紀를 어떻게 맞을 것인가?」란 글에서 ¹⁴提起한 하나의 물음이다. 그런데 조금만 눈치가 빠르다면, 우리는 이 ¹⁵질문의 ¹⁶底意가 이미 질문의 ¹⁷형식 속에 露骨的^{노골적}으로 드러나 있음을 알 수 있다. 그는 ¹⁸故意로, 「조선어」라는 抵抗感^{저항감}을 주는 ¹⁹單語를 ²⁰選擇하고 있기 때문이다. 그의 ²¹主張은 一目瞭然^{일목요연}하다. 早晚間^{조만간} 모든 ²²민족어들은 博物館^{박물관}으로 보내질 것이고, 영어가 但^단 하나뿐인 국제어로 자리잡게 되리라는 것이다. 그리하여 그는 영어를 공용어로 ²³擇하는 措置^{조치}가 가장 ²⁴현실적이라고 주장한다. 아예 영어를 쓰는 게 낫겠지만, 영어가 국제어라고 해서, 우리가 영어를 선뜻 쓰기는 어려울 것이기 때문이라는 것이다.

얼마 ²⁵전에 出刊^{출간}된 『感染^{감염}된 ²⁶언어』란 ²⁷册에서 고종석은 이 물음에 이렇게 ²⁸화답한다. <아이에게 영어와 한국어 가운데 하나를 모국어로 고를 기회가 주어진다면, 나는 그 아이의 ²⁹保護者로서 거리낌없이 그 아이에게 영어를 택하도록 하겠다. 언어는 ³⁰도구만은 아니지만, 그것이 다른 무엇에 앞서 도구인 것도 ³¹사실이기 때문이>라고.

³²전세계가 복거일의 指摘^{지적}처럼 하나의 「³³지구 ³⁴帝國」으로 ³⁵統合되어가고 있음은 ³⁶否認할 수 없는 사실이다. ³⁷당연히 영어는 ³⁸佛語나 獨逸語^{독일어}를 壓倒^{압도}할 만큼 커다란 힘을 지니게 되었다. 영어를 제대로 驅使^{구사}하지 못하는 사람은 이제 ³⁹專門的인 ⁴⁰領域뿐만이 아니라, 많은 ⁴¹日常的인 영역에서도 ⁴²불편을 ⁴³甘受하지 않으면 안 된다. ⁴⁴신지식인 심형래가 만든 ⁴⁵영화 『용가리』는 영어로 만들어졌고, 한글字幕^{자막}이 ⁴⁶사용되었다. 아이들은 거기서 「우리 것」을

◆ 위의 本文 가운데 한글은 漢字로, 漢字는 한글로 고쳐 쓰세요.

153.	163.	173.	183.	193.
154.	164.	174.	184.	194.
155.	165.	175.	185.	195.
156.	166.	176.	186.	196.
157.	167.	177.	187.	197.
158.	168.	178.	188.	198.
159.	169.	179.	189.	
160.	170.	180.	190.	
161.	171.	181.	191.	
162.	172.	182.	192.	

보는 것이 아니라, ⁴⁷세계적인 것, 卽ᵏ ⁴⁸미국적인 것을 보고 돌아온다. 미국에서 活躍中ᵃᵏᵘᵏ인 ⁴⁹운동선수들은 아주 能熟ᵏᵘᵏ하게 영어를 구사한다. ⁵⁰시간이 흐를수록 그들에게서 ⁵¹한국어는 語塞ᵒᵏ한 것으로 ⁵²변해 가리라, 요즈음 젊은이들의 언어를 蠶食ᵏᵏ해가는 디지털세계의 언어는 차라리 ⁵³無國籍에 가까운 것이기도 하다. 우리는 이런 것을 「⁵⁴현실」이라고 부른다.

⁵⁵사실상 이미 우리의 현실은 冷酷ᵏᵏ하게 영어 ⁵⁶공용화를 ⁵⁷실현하고 있는지도 모른다. ⁵⁸富者집 아이들은 어려서부터 ⁵⁹해외로 ⁶⁰留學을 떠나고, ⁶¹敎授들은 ⁶²자신도 모르게 튀어나오는 영어를 자랑스러운 履歷ᵒᵏ처럼 달고 다닌다. 이 모든 ⁶³事態를 돌이킬 妙策ᵏᵏ이 있을 것 같지도 않다. ⁶⁴국어는 ⁶⁵日帝가 폈던 국어 抹殺政策ᵏᵏᵏᵏ보다 더 ⁶⁶深刻하고 ⁶⁷持續的인 ⁶⁸危機에 逢着ᵏᵏ해 있음이 사실이다. 그렇다고 여기서 <모국어>에 ⁶⁹대한 해묵은 ⁷⁰稱頌을 되풀이하고 싶은 생각도 없다. 고종석의 지적처럼, 언어가 純粹ᵏᵘ해야 한다고 주장하기도 어렵다.

바벨塔ᵏ과 劃一化ᵏᵏᵏ된 국제어

다만 내가 말하고 싶은 것은 이 모든 사태가 그들이 생각하는 것처럼 ⁷¹簡單하지는 않다는 것이다. 그들은 ⁷²민족에 基盤ᵏᵏ을 둔 국어가 이 尖端ᵏᵈ의 ⁷³시대에 쏟아져 들어오는 <分秒ᵇᵏ를 다투는 ⁷⁴情報>들에 대한 障礙ᵏᵒᵃ가 될 것이라고 ⁷⁵斷言한다. 고종석의 ⁷⁶境遇에는, 모든 민족어들이 그렇게 쉽사리는 사라지지 않을 것이라고 ⁷⁷前提하고 있기는 하지만, 그것이 불편한 도구가 될 것임에는 ⁷⁸疑問의 ⁷⁹餘地가 없는 듯하다. 그리하여 그들은 ⁸⁰공히 바벨탑 ⁸¹이전의 세계로 돌아가기를 慾望ᵒᵏ한다. 그러면 모든 ⁸²문제가 ⁸³解決될 것처럼. 그들은 영어를 공용어로 선택한 후에, 『우리는 모두 그리스인이다』라고 외치기를 ⁸⁴要求하는 것이다. 하지만 이것은 偏僻ᵖᵏ된 생각일 뿐이다. ⁸⁵設令 전세계가 하나의 언어로 통합된다 하더라도, 해결되는 문제는 거의 없다. 오늘날 우리가 부딪히는 ⁸⁶주된 문제는 率直ᵏᵏ히 언어 ⁸⁷障壁에서 ⁸⁸起因한다고 하기 어렵다. 또한 그런 문제들은 어떤 ⁸⁹식으로든 현실 속에서 해결될 것이다. 아마도 머지않은 ⁹⁰未來에 ⁹¹인간들은 보다 尖端化ᵏᵈᵏ된 機械ᵏᵏ의 도움을 받아, 이러한 장애를 넘어설 수 있을

◆ 위의 本文 가운데 한글은 漢字로, 漢字는 한글로 고쳐 쓰세요.

199.	208.	217.	226.	235.
200.	209.	218.	227.	236.
201.	210.	219.	228.	237.
202.	211.	220.	229.	238.
203.	212.	221.	230.	239.
204.	213.	222.	231.	240.
205.	214.	223.	232.	241.
206.	215.	224.	233.	242.
207.	216.	225.	234.	243.

지도 모른다.

더욱 ⁹²중요한 ⁹³點은 언어가 하나로 통합된 세계가 온다 하더라도, 『우리는 모두 그리스인이다』라고 말할 수 있는 ⁹⁴행복한 瞬間순간은 결코 오지 않으리라는 사실이다. 미국 ⁹⁵내에서 ⁹⁶소수민족이 迫害박해를 ⁹⁷당하고, 甚至於심지어는 ⁹⁸殺害를 당하기까지 하는 것은 전혀 언어 장애 때문이 아니다. 그렇다면 모든 ⁹⁹異民族들은 『그리스인』답게 ¹⁰⁰성형수술이라도 해야 되는 것일까. 또 그게 ¹⁰¹가능하다 한들, ¹⁰²無差別的인 ¹⁰³銃擊으로부터 누가 그들을 ¹⁰⁴保護해 줄 것인가? 영어에 ¹⁰⁵관한 ¹⁰⁶限, 우리보다 훨씬 ¹⁰⁷개방적인 필리핀이 우리보다 越等월등한 삶의 ¹⁰⁸질을 누리는가는 의문이다.

내가 생각하기에 영어 ¹⁰⁹共用化論者들은 어쩌면 가장 중요한 한 가지 물음을 빠뜨렸던 것 같다. 그것은 바로 인간 삶에 대한 깊은 ¹¹⁰省察이다. 우리는 바벨탑에 대한 두려움에 빠져서도 안 되겠지만, 그것에 대한 ¹¹¹과신에 빠져서도 안 된다. 인간 삶의 ¹¹²구체적인 흐름을 ¹¹³直視하는 것이 무엇보다도 ¹¹⁴필요하다. 그랬다면, 「지구 제국」이 한낱 抽象추상임을 그들은 알게 되리라. 그것은 언제든지 ¹¹⁵민족국가들의 시대보다 더 작고 分割분할된 ¹¹⁶地域과 ¹¹⁷體制들이 서로 ¹¹⁸교통하는 ¹¹⁹결과에 지나지 않는다는 것을 말이다. 이에 ¹²⁰비하면 그 어떠한 인간도 ¹²¹權力意志(Will to Power)에서 ¹²²자유롭지 않다는 것. 이러한 사실을 ¹²³無視하는 한, 이 땅 위에 자유를 실현하려는 모든 ¹²⁴自由主義者들은 挫折좌절할 수밖에 없다.

불편해도 ¹²⁵소중한 나의 모국어

한 아이가 있었다고 ¹²⁶假定하자. 아이의 ¹²⁷부모는 그 아이가 ¹²⁸경쟁력을 지닐 수 있도록, 아주 어렸을 적부터 국제어인 영어를 가르쳤다. ¹²⁹다행히 아이는 부모의 뜻을 잘 따라 주었고, 또 그의 ¹³⁰인생은 ¹³¹순조로웠다. 그 아이는 모든 정보에 다른 누구보다도 빨랐고, 그 어떠한 ¹³²집단적인 抑壓억압도 없었으므로, ¹³³資本의 흐름을 제대로 ¹³⁴看破해 미국으로 건너갔다. 그는

◆ 위의 本文 가운데 한글은 漢字로, 漢字는 한글로 고쳐 쓰세요.

244.	253.	262.	271.	280.
245.	254.	263.	272.	281.
246.	255.	264.	273.	282.
247.	256.	265.	274.	283.
248.	257.	266.	275.	284.
249.	258.	267.	276.	285.
250.	259.	268.	277.	286.
251.	260.	269.	278.	
252.	261.	270.	279.	

훌륭한 135과학 136기술자가 될 수도 있을 것이고, 또 金融⁽ᵍᵘᵐʸᵘⁿᵍ⁾ 137專門家가 될 수도 있을 것이다. 설령 그가 138백인 優越主義⁽ᵘʷᵒˡᶻᵘᵘⁱ⁾의 틈바구니에서 살아남아, 그의 모든 욕망을 139구현한다 하더라도 하나의 질문은 140유효할 터이다. 과연 그는 행복할 것인가?

이야기를 좀 더 끌고 나가자. 나도 자주 이 땅을 휩쓰는 터무니없는, 거의 狂信⁽ᵍʷᵃⁿᵍˢⁱⁿ⁾에 가까운 141民族主義가 때로 142역겹지 않은 것은 아니다. 하지만 우리는 아직도 143分斷된 채 민족국가의 꿈조차 제대로 이루지 못한 게 사실이 아닌가. 또한 그런 槪念⁽ᵍᵃᵉⁿʸᵉᵒᵐ⁾이 아예 144存在하지 않은 경우를 145除外한다면, 세계의 그 어떠한 나라에서도 아직까지 민족이 抛棄⁽ᵖᵒᵍⁱ⁾된 적이 없다. 그런데 우리의 146特異한, 147自稱 자유주의자들은 이제 그만 민족을 廢棄⁽ᵖʸᵉᵍⁱ⁾ 148處分하자고 한다. 국어 같은, 모든 「불편한」 149差異들을 없애고 세계(미국) 속으로 150동화되자고 한다. 그래도 나는 이 보잘것없고 때로는 불편하기도 한 나의 모국어를 사랑한다. 이것은 그들이 생각하는 것처럼, 國粹主義⁽ᵍᵘᵏˢᵘᶻᵘⁱ⁾ 때문도 아니고, 국어를 151통해 얻을 수 있는 보잘 것 없는 旣得權⁽ᵍⁱᵈᵉᵘᵏᵍʷᵒⁿ⁾ 때문도 아니다. 오히려 거기에 획일화와 152집중화를 통해 지구를 153巨大한 沙漠⁽ˢᵃᵐᵃᵏ⁾으로 만들어 가는 「현실」에 맞서, 154眞正 자유롭고도 豊饒⁽ᵖᵘⁿᵍʸᵒ⁾로운 인간 삶에 대한 探索⁽ᵗᵃᵐˢᵃᵉᵏ⁾이 존재한다는 믿음 때문이다. (南基卓, 語文會報[現 語文生活] 1999年 9月 通卷 第31號)

◆ 위의 本文 가운데 한글은 漢字로, 漢字는 한글로 고쳐 쓰세요.

287.	291.	295.	299.	303.
288.	292.	296.	300.	304.
289.	293.	297.	301.	305.
290.	294.	298.	302.	306.

15.4. 時事 漢字語

✿ 住宅轉賣制限

◆ 住 살 주   宅 집 택   轉 구를 전   賣 팔 매   制 절제할 제   限 한할 한

　사전적으로 '轉賣(전매)'는 다른 사람이 산 것을 다시 사는 것을 의미하며 전매제한이라 함은 산 것을 다시 파는 것을 제한하는 것으로 그 제한 대상은 包括的(포괄적)이라고 할 수 있으나, 주로 『주택법』에서 규정하는 주택을 대상으로 하여 實需要者(실수요자)에 대한 주택의 수급 및 투기억제를 위해 기간을 정하여 주택입주자로 선정된 지위 또는 주택에 대한 相續(상속) 이외의 매매(賣買)·증여(贈與) 및 그 밖의 권리 변동을 隨伴(수반)하는 일체의 행위에 대한 제한을 의미한다.

　주택건설촉진법(제38조 3)에는 국민주택기금을 融資(융자)받아 짓는 국민주택은 5년의 범위 안에서 대통령령이 정하는 기간 동안 타인에게 전매할 수 없도록 規定(규정)하고 있다. 이를 국민주택 전매제한이라고 한다. 不動産(부동산) 投機(투기)를 막기 위해 전매금지 기한을 彈力的(탄력적)으로 운용하고 있으며 전매금지는 賣買(매매)·贈與(증여)를 포함, 賃貸(임대)까지 해당된다.

[과제] 지난 한 주 동안 신문이나 방송에서 화제가 된 時事 漢字語를 조사해 오기.(漢字의 音과 訓, 漢字語의 意味, 背景知識 등)

16. 쑈리·킴에 대한 斷想

16.1. 同字異音字(多音字) 漢字語

漢字는 하나 이상의 音을 가진 것도 있다. 대체로 뜻이 달라지는 경우에 音도 달라진다. '降'을 예로 들면, 降等(강등) 등 '내리다'의 뜻에서는 '강', 投降(투항) 등 '항복하다'의 뜻에서는 '항'음이 된다. 같은 뜻이면서도 音이 다른 경우도 있다. '茶(차 다/차)'를 예로 들면 똑같은 '차'의 뜻이나 茶房(다방) 紅茶(홍차) 등에 보이듯 漢字語에 따라 음이 다르게 쓰인다. 또 모든 漢字語에 두 가지 음이 모두 쓰이는 경우도 있다. 예를 들면 '醵'는 '추렴하다'의 뜻으로 모든 漢字語에 '거'와 '갹'의 두 음이 모두 인정된다. 주의할 것은 어떤 '音'은 거의 소멸되어 특정 漢字語에만 살아남아 있고 다른 漢字語에 그 '音'이 적용되지 않는다는 것이다. 예로 乾(마를 간)은 '乾木水生간목수생' 등에만 남아 있어 '乾燥건조'는 '건조'일 뿐 이를 '간조'로 하지 않는다는 것이다. 다음은 4級 配定漢字 범위 내에서 여전한 쓰임을 지니고 있는 多音字의 訓音과 해당 漢字語를 보인 것이다. 단, 語例에는 배정 범위 밖의 것도 참고로 넣어 놓았다.

干 40 [방패 간 | 벼슬아치 한]
　　干戈(간과) 若干(약간) 干支(간지) 阿干(아한) 鹽干(염한)

降 40 [내릴 강: | 항복할 항]
　　降等(강등) 降伏(항복) 降雨(강우) 投降(투항)

車 70 [수레 거 | 수레 차]
　　客車(객차) 車庫(차고) 車馬(거마) 人力車(인력거)

見 52 [볼 견: | 뵈올 현:]
　　見聞(견문) 見積(견적) 見齒(현치) 發見(발견) 謁見(알현) 朝見(조현)

更 40 [고칠 경 | 다시 갱:]
　　更生(갱생) 更新(갱신) 更張(경장) 變更(변경)

告 52 [고할 고: | 고할 곡]
　　告白(고백) 廣告(광고) 出必告(출필곡)

金 80 [쇠 금 | 성(姓) 김]
　　金賞(금상) 純金(순금) 金氏(김씨)

單 42 [홀 단 | 오랑캐임금 선]
　　簡單(간단) 單純(단순) 食單(식단) 單于(선우)

大 80 [큰 대(:) | 큰 태:]
　　大捷(대첩) 擴大(확대) 大保(태보) 大僕(태복) 大傅(태부) 大社(태사)

度 60 [법도 도(:) | 헤아릴 탁]
  角度(각도) 軌度(궤도) 度支(탁지) 預度(예탁)

讀 60 [읽을 독 | 구절 두]
  講讀(강독) 購讀(구독) 句讀點(구두점) 吏讀(이두)

洞 70 [골 동: | 밝을 통:]
  洞長(동장) 洞達(통달) 洞察(통찰) 洞燭(통촉) 洞穴(동혈)

樂 62 [즐길 락 | 노래 악 | 좋아할 요]
  苦樂(고락) 管絃樂(관현악) 極樂(극락) 樂曲(악곡) 樂山樂水(요산요수)

伏 40 [엎드릴 복 | 새알품을 부]
  蟄伏(칩복) 降伏(항복) 伏鷄(부계)

復 42 [회복할 복 | 다시 부:]
  光復(광복) 復舊(복구) 復活(부활) 復興(부흥)

否 40 [아닐 부: | 막힐 비:]
  可否(가부) 否認(부인) 安否(안부) 否塞(비색) 否運(비운)

父 80 [아비 부 | 남자미칭 보]
  父親(부친) 嶽父(악부) 尙父(상보) 漁父(어보) 尼父(이보) 古公亶父(고공단보)

北 80 [북녘 북 | 달아날 배:]
  北極(북극) 越北(월북) 敗北(패배)

寺 42 [절 사 | 내관(內官) 시:]
  寺刹(사찰) 山寺(산사) 寺正(시정) 九寺(구시)

殺 42 [죽일 살 | 감할/빠를 쇄:]
  殺蟲(살충) 暗殺(암살) 減殺(감쇄) 殺到(쇄도)

狀 42 [형상 상 | 문서 장:]
  告訴狀(고소장) 年賀狀(연하장) 狀態(상태) 症狀(증상)

說 52 [말씀 설 | 달랠 세: | 기쁠 열]
  概說(개설) 浪說(낭설) 遊說(유세) 說樂(열락)

省 60 [살필 성 | 덜 생]
  歸省(귀성) 反省(반성) 省略(생략)

數 70 [셈 수: | 자주 삭 | 빽빽할 촉]
  計數(계수) 級數(급수) 疏數(소삭) 煩數(번삭) 數罟(촉고)

宿 52 [잘 숙 | 별자리 수:]
  露宿(노숙) 留宿(유숙) 星宿(성수) 宿願(숙원) 辰宿(진수)

識 52 [알 식 | 기록할 이지]
  鑑識(감식) 面識(면식) 博識(박식) 識別(식별) 標識(표지)

食 70 [밥/먹을 식 | 밥 사]
　　間食(간식) 食糧(식량) 菜食(채식) 簞食(단사)

氏 40 [각시/성씨(姓氏) 씨 | 나라이름 지]
　　某氏(모씨) 姓氏(성씨) 氏族(씨족) 月氏(월지)

惡 52 [악할 악 | 미워할 오]
　　發惡(발악) 善惡(선악) 憎惡(증오) 嫌惡(혐오)

易 40 [바꿀 역 | 쉬울 이:]
　　簡易(간이) 貿易(무역) 易經(역경) 容易(용이)

葉 50 [잎 엽 | 고을이름 섭]
　　枯葉(고엽) 葉書(엽서) 枝葉(지엽) 迦葉(가섭)

豫 40 [미리 예: | 미리 여]
　　豫感(예감) 豫探(여탐)

切 52 [끊을 절 | 온통 체]
　　斷切(단절) 一切(일절/일체) 適切(적절) 切親(절친)

差 40 [다를 차 | 어긋날 치 | 부릴 채]
　　誤差(오차) 差別(차별) 參差(참치) 差備(채비)

參 52 [참여할 참 | 석 삼]
　　古參(고참) 持參(지참) 參觀(참관) 參拾(삼십)

推 40 [밀 추 | 밀 퇴]
　　推尋(추심) 推讓(추양) 推敲(퇴고) 推窓(퇴창)

趣 40 [뜻 취: | 뜻 추:]
　　趣旨(취지) 興趣(흥취) 三惡趣(삼악추)

則 50 [법칙 칙 | 곧 즉]
　　規則(규칙) 犯則(범칙) 準則(준칙) 學則(학칙) 불연즉(不然則)

便 70 [편할 편(:) | 똥오줌 변]
　　簡便(간편) 男便(남편) 大便(대변) 用便(용변)

暴 42 [사나울 폭 | 모질 포:]
　　狂暴(광포) 亂暴(난폭) 暴動(폭동) 橫暴(횡포)

合 60 [합할 합 | 홉 홉]
　　結合(결합) 合格(합격) 合理(합리) 會合(회합) 十合(십홉)

行 60 [다닐 행(:) | 항렬 항]
　　旅行(여행) 流行(유행) 行列(항렬/행렬)

畫 60 [그림 화: | 그을 획(劃)]
　　圖畫(도화) 漫畫(만화) 畫順(획순)

基礎漢字와 生活言語

16.2. 漢字 練習

☞ 다음 한자의 훈과 음을 익히고 한자를 쓰면서 기억해 보세요.

한자쓰기1

水12 덜 감:	犬4 개 견
減	犬
缶10 이지러질 결	人9 맬 계:
缺	係
糸7 이어맬 계:	子4 구멍 공:
系	孔
攵7 칠[擊] 공:	車9 군사 군
攻	軍
力13 부지런할 근(:)	隹19 어려울 난(:)
勤	難
木17 박달나무 단	矢12 짧을 단(:)
檀	短
彳11 얻을 득	卩7 알 란:
得	卵
木8 수풀 림	月11 바랄 망:
林	望
米6 쌀 미	犬5 범할 범:
米	犯
石13 비석 비	竹14 셈 산:
碑	算
人13 다칠 상	石5 돌 석
傷	石
皿12 성할 성:	木7 묶을 속
盛	束

16. 쑈리·킴에 대한 斷想

한자쓰기2

氏4 각시/성씨(姓氏) 씨	土17 누를 압
氏	壓
石11 갈 연:	二4 다섯 오:
研	五
又4 벗 우:	口5 오를/오른(쪽) 우:
友	右
口13 동산 원	阜11 그늘 음
園	陰
音9 소리 음	寸11 장수 장(:)
音	將
衣13 꾸밀 장	人11 머무를 정
裝	停
日6 이를 조:	水15 밀물/조수 조
早	潮
工5 왼 좌:	木6 붉을 주
左	朱
穴11 창 창	木7 마을 촌:
窓	村
艸14 모을 축	刀9 법칙 칙
蓄	則
人5 다를 타	鬥20 싸움 투
他	鬪
巾5 베/펼 포(:) ǀ 보시 보:	日15 사나울 폭 ǀ 모질 포:
布	暴
手7 겨룰 항:	心16 법 헌:
抗	憲

基礎漢字와 生活言語

한자쓰기3

口8 부를 호								女6 좋을 호:							
呼								好							
戶4 집 호:								火6 재 회							
戶								灰							
凵4 흉할 흉								巾7 바랄 희							
凶								希							

■ 재미있는 漢字

　김삿갓이 여덟살 때 글을 지은 얘기가 있다. 김삿갓이 서당을 다니는데 선생님한테 귀여움을 독차지하였다. 하도 머리가 좋고 공부를 잘하니까, 하나를 들으면 열을 알았다. 귀신처럼 잘 알았다.

　그런데 선생님만 자리를 비웠다 하면 애들이 자꾸 때렸다. 하루는 이웃집에서 선생님을 초청해 선생님이 술마시러 가시게 되었다. 틀림없이 두들겨 맞을 것 같자, 어린 김삿갓은 밖에 나가서 사다리를 타고 지붕으로 올라가 새 새끼를 잡으며 놀다가 기와를 깼다.

　"옳지. 이 짓을 우리가 선생님한테 일러 바치자."
　선생님이 술을 잡수시고 얼큰해서 오셨다.
　"선생님, 선생님!" "왜 그러냐?"
　"김삿갓이 저 지붕 위에 올라가서 새 새끼를 잡으려다 기와장에 가서 기와를 깨뜨렸대요. 그래도 안 때리실 겁니까?"
　"아 때리긴 때려야지."
　그러나 때리고 싶은 맘이 없어서, 김삿갓을 보고 이렇게 말하였다.
　"너 之(갈 지)자 열 둘을 놓고 글을 짓겠느냐 아니면 회초리를 열두 대 맞겠느냐?"
　"글을 짓겠습니다." "그럼 지어라."
　김삿갓은 之자 12개가 들어가는 글을 거뜬히 지었다.
　　屋之上之登之해　鳥之雛之執之라가
　　瓦之落之破之하니　師之怒之撻之로다.
　이래서 김삿갓은 매를 맞지 않았다고 한다.

문제풀기

다음 漢字의 訓과 音을 쓰시오.

1. 氏 (　　　)
2. 研 (　　　)
3. 犬 (　　　)
4. 抗 (　　　)
5. 孔 (　　　)
6. 陰 (　　　)
7. 裝 (　　　)
8. 壓 (　　　)
9. 傷 (　　　)
10. 減 (　　　)
11. 係 (　　　)
12. 蓄 (　　　)
13. 潮 (　　　)
14. 希 (　　　)
15. 檀 (　　　)
16. 犯 (　　　)
17. 憲 (　　　)
18. 布 (　　　)
19. 呼 (　　　)
20. 勤 (　　　)
21. 朱 (　　　)
22. 碑 (　　　)
23. 暴 (　　　)
24. 盛 (　　　)
25. 鬪 (　　　)
26. 卵 (　　　)
27. 難 (　　　)
28. 得 (　　　)
29. 早 (　　　)
30. 系 (　　　)
31. 缺 (　　　)
32. 將 (　　　)
33. 灰 (　　　)
34. 好 (　　　)
35. 戶 (　　　)
36. 攻 (　　　)

다음 漢字의 訓과 音에 맞는 漢字를 쓰시오.

51. 군사 군　(　　　)
52. 다를 타　(　　　)
53. 다섯 오:　(　　　)
54. 돌 석　(　　　)
55. 동산 원　(　　　)
56. 마을 촌:　(　　　)
57. 머무를 정　(　　　)
58. 묶을 속　(　　　)
59. 바랄 망:　(　　　)
60. 법칙 칙　(　　　)
61. 벗 우:　(　　　)
62. 셈 산:　(　　　)
63. 소리 음　(　　　)
64. 수풀 림　(　　　)
65. 쌀 미　(　　　)
66. 오를/오른(쪽) 우:　( )
67. 왼 좌:　(　　　)
68. 짧을 단(:)　(　　　)
69. 창 창　(　　　)
70. 흉할 흉　(　　　)

16.3. 實戰 應用

■ 쑈리·킴에 ¹대한 ²斷想

宋炳洙^{송병수}의 ³短篇 「쑈리·킴」은 1957⁴년에 쓰여 진 ⁵소설이다. ⁶周知하는 바와 같이 이 소설은 우리나라에 머물고 있는 ⁷미군과 ⁸기지촌 ⁹문화에 대한 ¹⁰최초의 ¹¹문학적 ¹²報告書에 ¹³屬한다. 요즘 소파(SOFA)¹⁴協定 ¹⁵개정을 ¹⁶爲한 촛불¹⁷示威를 보면서 나는 가끔씩 아주 오래 전에 읽었던 이 소설을 떠올리곤 한다. 그리고 그럴 때마다 錯雜^{착잡}한 느낌을 떨칠 수가 없다. 이미 ¹⁸오십년 가까운 ¹⁹세월이 흘렀는데도 소설 속의 ²⁰풍경이 그다지 낯설게 느껴지지 않는 탓이다. 이제 ²¹한·미 ²²간의 새로운 ²³關係 ²⁴정립이 ²⁵要求된다는 ²⁶點을 ²⁷否認할 사람은 많지 않을 것이다. 그런 ²⁸意味에서 ²⁹최근의 소파 개정 ³⁰運動은 하나의 ³¹중요한 試驗臺^{시험대}로 여겨진다.

나는 이 ³²사건을 그저 ³³감정적으로 이끌어 가는 것에도 ³⁴반대하지만, ³⁵미국을 어떤 ³⁶식으로든지 하나의 터부로 남겨 놓아선 안 된다고 생각한다. 미국은 그저 아름다운 ³⁷正義의 나라가 아니라 우리 ³⁸민족의 ³⁹生存權 ⁴⁰자체를 ⁴¹결정할 수 있는 엄청난 힘을 지니고 있기 때문이다. 게다가 미국에 대한 ⁴²省察은 ⁴³세계사적인 의미를 띤 것이기도 하다. ⁴⁴자국 ⁴⁵내에도 적지 않은 ⁴⁶批判勢力이 있는 마당에 우리가 미국을 ⁴⁷公論의 ⁴⁸장으로 끌어내는 것 자체를 두려워할 ⁴⁹필요는 없지 않은가. ⁵⁰시민들에 ⁵¹依해서 ⁵²자발적으로 ⁵³시작되었고 ⁵⁴평화적으로 ⁵⁵進行되고 있는 이⁵⁶番 촛불시위를 ⁵⁷單純히 ⁵⁸反美主義로 몰아가려는 ⁵⁹態度는 ⁶⁰결코 바람직하지 않다. 그것은 촛불 속에 타오르는 우리 ⁶¹국민의 ⁶²소망을 ⁶³曲解하는 일이라고 생각한다.

◆ 위의 本文 가운데 한글은 漢字로, 漢字는 한글로 고쳐 쓰세요.

1.	14.	27.	40.	53.
2.	15.	28.	41.	54.
3.	16.	29.	42.	55.
4.	17.	30.	43.	56.
5.	18.	31.	44.	57.
6.	19.	32.	45.	58.
7.	20.	33.	46.	59.
8.	21.	34.	47.	60.
9.	22.	35.	48.	61.
10.	23.	36.	49.	62.
11.	24.	37.	50.	63.
12.	25.	38.	51.	
13.	26.	39.	52.	

16. 쑈리·킴에 대한 斷想

나는 미국이 그야말로 아름다운 나라로서 우리 국민의 記憶^{기억}에 남을 수 있기를 ⁶⁴希望한다. 그러나 ⁶⁵만일 그것이 幻想^{환상}일 뿐이라면 우리는 ⁶⁶결연히 그것을 ⁶⁷批判할 수 있어야 하지 않을까. ⁶⁸사실상 ⁶⁹세계에 널리 퍼져 있는 반미주의는 미국의 ⁷⁰帝國主義的인 ⁷¹世界戰略 자체가 키워낸 것이기도 하다. 미국과의 ⁷²眞正한 ⁷³友好關係를 ⁷⁴재정립하기 위해서는 ⁷⁵過去의 잘못된 ⁷⁶역사를 ⁷⁷청산하는 ⁷⁸작업이 요구된다. ⁷⁹대한민국에 대한 미국의 ⁸⁰認識이 과거의 낡은 틀을 벗어나지 못한다면, 이는 미국 스스로에게도 바람직한 일이라 하긴 어렵다.

하지만 이번 사건을 지켜보면서 내가 느끼는 착잡함은 이번 사건이 거의 斷片的^{단편적}인 ⁸¹次元에서만 진행될 뿐, 깊은 성찰을 ⁸²缺如하고 있다는 점에서도 온다. 나는 우리 ⁸³자신의 ⁸⁴省察的인 힘이 더욱 중요하다고 생각하는 ⁸⁵便이다. 어쩌면 소파협정 개정만큼이나 중요한 것은 우리 마음속의 소파를 개정하는 일이 아닐까. ⁸⁶수많은 ⁸⁷미국인들에게 ⁸⁸한국이 ⁸⁹如前히 ⁹⁰전후의 기지촌을 聯想^{연상}케 하는 것이라면, 그러한 낡은 문화를 ⁹¹果敢하게 벗어내지 못하는 우리에게도 ⁹²문제는 있다는 것이다. 미국을 ⁹³변하게 하려면 우리 자신이 먼저 변하지 않으면 안 된다. 스스로 변하지 못하면서 다른 무언가를 ⁹⁴변화시키기란 어렵다.

다시 소설 「쑈리·킴」으로 돌아가 보자. ⁹⁵주인공 ⁹⁶소년은 원래 ⁹⁷金氏지만 혀가 잘 돌아가지 않는 양키들은 그를 '킴'이라고 부른다. 그것을 탓하기는 어렵다. 거기에는 ⁹⁸생리적인 ⁹⁹構造의 ¹⁰⁰差異가 놓여 있기 때문이다. 문제는 우리들 스스로가 자신을 '쑈리·킴'과 같은 ¹⁰¹방식으로 ¹⁰²呼名하려는 데에 있다. 오늘날에도 여전히 우리는 ¹⁰³英語 속에서 우리를 互稱^{호칭}할 때 스스로 '킴'이라고 부르지 않는가. 나아가 ¹⁰⁴영어학습을 위한 수많은 프로그램 속에서 우리의 어린이들은 토미라든가 세실, 조지 等으로 불리어진다. 그러한 ¹⁰⁵認識體系 속에서는 모든 차이는 그저 ¹⁰⁶불편한 것으로 여겨질 뿐이다. 이러한 태도 속에 潛在^{잠재}하고 있는 ¹⁰⁷문화적 ¹⁰⁸植民主義를 어떻게 해야 할까? 그것을 이 ¹⁰⁹시대의 ¹¹⁰創氏改名이라고 ¹¹¹非難하는 것은 어쩌면 쉬운

◆ 위의 本文 가운데 한글은 漢字로, 漢字는 한글로 고쳐 쓰세요.

64.	74.	84.	94.	104.
65.	75.	85.	95.	105.
66.	76.	86.	96.	106.
67.	77.	87.	97.	107.
68.	78.	88.	98.	108.
69.	79.	89.	99.	109.
70.	80.	90.	100.	110.
71.	81.	91.	101.	111.
72.	82.	92.	102.	
73.	83.	93.	103.	

일인지도 모른다. 하지만 한 [112]국가의 [113]未來를 [114]좌우할 [115]언어교육 [116]政策이 [117]별다른 [118]討論이나 [119]合議조차 없이 [120]시류에 맡겨져 버린다는 것은 [121]危險스럽고 안타까운 일이 아닐 수 없다.

　오늘날 어떠한 민족도 [122]세계화를 떠나서 [123]독자적으로 生存하기란 어렵다. 그리고 그 세계화에 제대로 [124]適應하기 위해서 우리는 영어를 [125]習得하지 않으면 안 된다. [126]영어열풍은 쉽사리 그치지 않을 [127]사회 全般的^{전반적}인 [128]風潮라 할 수 있다. [129]早期에 [130]자녀들을 英語圈^{영어권}에 [131]留學 보내려는 이들이 생겨나고, 기러기 아빠라는 게 우리 사회에서 낯익은 [132]現狀으로 자리 잡게 된다. 영어를 [133]공용어로 하자는 [134]見解조차 곧잘 쏟아져 나온다. 그러다 보니 甚至於^{심지어}는 영어 [135]발음을 보다 [136]正確하게 하기 위해서 자녀들의 혀 [137]수술까지 [138]盛行된다는 憂鬱^{우울}한 [139]消息마저 들려온다. 勿論^{물론} 이러한 현상에 대해서 감정적으로 [140]對應해서는 도움이 되지 않을 터이다. 그것은 고작해야 폭 좁은 [141]民族主義에 대한 [142]강조로 나아가든가, 아니면 우리의 [143]민족근성에 대한 그릇된 인식만을 [144]深化할 뿐이다.

　率直^{솔직}히 말해서 所謂^{소위} 세계화 시대에 [145]민족어의 [146]운명이 어떻게 [147]전개될지에 대해서 [148]確固한 [149]입장을 가지기란 어렵다. 그저 鸚鵡^{앵무}새처럼 민족어로서의 우리말의 純粹性^{순수성}을 지키려는 것은 [150]불가능한 일에 가깝다. 그러나 그렇다고 해서 손쉽게 [151]세계어라는 幻想^{환상} 속으로 나아가는 것도 위험한 일이다. 한 나라의 [152]언어 정책, 그 [153]중에서도 幼兒^{유아}에 대한 언어교육은 바로 그 국가의 [154]將來에 대한 [155]布石과도 같다. 결코 눈앞의 작은 [156]利益에 眩惑^{현혹}될 일이 아니다.

　지난해 6[157]월의 월드컵 4[158]강은 蹴球^{축구}를 넘어서 우리 국민의 [159]내면에 커다란 [160]斷絶과 변화를 가져왔다. 그리고 그러한 변화의 흐름이 [161]자연스럽게 가닿은 곳이 소파 개정 운동이라

◆ 위의 本文 가운데 한글은 漢字로, 漢字는 한글로 고쳐 쓰세요.

112.	123.	134.	145.	156.
113.	124.	135.	146.	157.
114.	125.	136.	147.	158.
115.	126.	137.	148.	159.
116.	127.	138.	149.	160.
117.	128.	139.	150.	161.
118.	129.	140.	151.	
119.	130.	141.	152.	
120.	131.	142.	153.	
121.	132.	143.	154.	
122.	133.	144.	155.	

16. 쏘리·킴에 대한 斷想

할 수 있다면, 언어를 [162]專攻하는 한 사람으로서 나는 이제야말로 '더 나은 삶'을 위한 礎石[초석]이 될 바람직한 우리의 언어 정책을 [163]設定하기 위해 深思熟考[심사숙고]해야 할 때라고 말하고 싶다. 그동안 우리 국민들이 보여주었던 뜨거운 [164]열정과 [165]自負心이 그러한 미래를 만들어낼 수 있으리라고 믿어 본다. (南基卓, 語文生活 2003年 1月 通卷 第62號)

◈ 위의 本文 가운데 한글은 漢字로, 漢字는 한글로 고쳐 쓰세요.
162. | 163. | 164. | 165. |

16.4. 時事 漢字語

❁ **稀土類 [rare-earth metals]**

◈ 稀 드물 희 土 흙 토 類 무리 류

　희토류란 란탄(lanthanum), 세륨(cerium), 디스프로슘(dysprosium) 등의 元素(원소)를 일컫는 말로 稀貴 鑛物(광물)의 한 종류다. 희토류는 화학적으로 安定되면서도 열을 잘 전달하는 성질이 있어 삼파장 전구, LCD 연마광택제, 家電製品(가전제품) 모터자석, 광학렌즈, 전기차 배터리 合金 등의 제품을 생산할 때 쓰인다.

　地殼(지각) 내 총 含有量(함유량)이 300ppm(100만 분의 300) 未滿(미만)인 희유금속의 일종이다. 1794년 스웨덴에서 처음 발견된 이트륨(Y)을 시작으로 1910년대까지 17개 원소가 차례로 발견됐다. 일반적으로 은백색 또는 회색을 띠고 공기 중에서 서서히 酸化(산화)하며, 酸(산)과 뜨거운 물에는 녹지만 알칼리에는 잘 녹지 않는다. 화학적으로 안정되면서도 열을 잘 전달하는 성질이 있어 광학유리, 전자제품 등 尖端産業(첨단산업)의 素材(소재)로 사용된다. 이 때문에 '첨단산업의 비타민'이라고 불린다. 중국이 세계 희토류 매장의 30%, 생산량의 95% 이상을 차지하고 있어 현재 전 세계 희토류를 獨占(독점)하고 있다.

과제　지난 한 주 동안 신문이나 방송에서 화제가 된 時事 漢字語를 조사해 오기.(漢字의 音과 訓, 漢字語의 意味, 背景知識 등)

附錄

1. 四音節 故事成語 및 漢字語/165

2. 類義語(同義語, 同意語)/213

3. 相對語(反對語, 反意語, 反義語, 對義語)/241

▨ 實戰 應用問題 答案/260

▨ 최근 旣出기출問題 4級 [61회-63회]/272

<부록> 四音節 故事成語 및 漢字語

1. 四音節 故事成語 및 漢字語

家家戶戶가가호호 [72724242]　한 집 한 집 (유) 家家門前
家給人足가급인족 [72508072]　집집마다 먹고 사는 것에 부족함이 없이 넉넉함. <출> 한서(漢書)
家徒壁立가도벽립 [72404272]　세간 하나 없고 집안에 단지 사방 벽만 있을 뿐임. 집안이 가난함.
　　　　　　　　　　　　　　<출> 수서(隋書) 조원숙(趙元淑) 열전 (유) 家徒四壁
家徒四壁가도사벽 [72408042]　집안이 네 벽 뿐이라는 뜻으로, 집안 형편이 매우 어려움 <출>
　　　　　　　　　　　　　　한서(漢書) 사마상여전(司馬相如傳) (유) 家徒壁立
可東可西가동가서 [50805080]　동쪽이라 할 수도 있고 서쪽이라 할 수도 있다는 뜻으로, 이러나
　　　　　　　　　　　　　　저러나 상관(相關)없다는 말. 가이동가이서(可以東可以西)의 준
　　　　　　　　　　　　　　말
家無擔石가무담석 [72504260]　석(石)은 한 항아리, 담(擔)은 두 항아리라는 뜻으로 집에 모아 놓
　　　　　　　　　　　　　　은 재산이 조금도 없음. <출> 후한서(後漢書) 열전(列傳) 第十七
家貧親老가빈친로 [72426070]　집이 가난하고 부모가 늙었을 때는 마음에 들지 않은 벼슬자리라
　　　　　　　　　　　　　　도 얻어서 어버이를 봉양(奉養)해야 한다는 말 <출> 공자가어
　　　　　　　　　　　　　　(孔子家語)
加上尊號가상존호 [50724260]　임금이나 왕후(王后)의 존호(尊號)에 다시 존호(尊號)를 더함
家書萬金가서만금 [72628080]　여행 중에 가족에게 서신을 받으면 그 기쁨이 만금을 얻는 데 해
　　　　　　　　　　　　　　당함. 가서저만금(家書抵萬金)의 준말. <출> 두보(杜甫)의 시 춘
　　　　　　　　　　　　　　망(春望)
價重連城가중연성 [52704242]　여러 성(城)을 합할 정도로 그 값어치가 귀중하다는 말 <출> 사기
　　　　　　　　　　　　　　(史記) 상여전(相如傳) (유) 連城之寶, 價值連城
加重處罰가중처벌 [50704242]　형을 더 무겁게 하여 내리는 벌.
假支給金가지급금 [42425080]　정한 날보다 앞당겨 임시로 지급하는 돈.
刻骨痛恨각골통한 [40404040]　뼈에 사무칠 만큼 원통하고 한스러움.
各樣各色각양각색 [62406270]　저마다 다른 여러 가지 모양과 빛깔.
各自圖生각자도생 [62726280]　저마다 스스로 삶의 계획을 꾸려감.
角者無齒각자무치 [62605042]　뿔이 있는 짐승은 이가 없다는 뜻으로 한 사람이 여러 가지 재주
　　　　　　　　　　　　　　나 복을 다 가질 수 없음을 이름
各自爲政각자위정 [62724242]　저마다 스스로 정치를 함. 전체와의 조화나 타인과의 협력이 어렵
　　　　　　　　　　　　　　게 됨. <출> 춘추좌씨전(春秋左氏傳) 선공(宣公) 2년조
間不容髮간불용발 [72724240]　머리털 하나 들어갈 틈도 없이 사태가 매우 급박함
看雲步月간운보월 [40524280]　고향 생각이 간절하여, 낮이면 고향 쪽 구름을 보고, 밤이면 달을

보며 거님 <출> 後漢書(후한서)

敢不生心감불생심 [40728070] 감히 엄두도 내지 못함. (유) 敢不生意, 焉敢生心

敢不生意감불생의 [40728062] 敢不生心 참조. 감히 엄두도 내지 못함.

甘言利說감언이설 [40606252] 달콤한 말과 이로운 말, 남의 비위를 맞추거나 꾀는 말.

甲骨文字갑골문자 [40407070] 거북의 등딱지나 짐승의 뼈에 새긴 상형 문자.

江湖煙波강호연파 [72504242] 강이나 호수 위에 안개처럼 보얗게 이는 기운과 그 수면의 잔물결. 대자연의 풍경.

改過自新개과자신 [50527262] 改過遷善 참조. 허물을 고쳐 스스로 새롭게 함.

開卷有益개권유익 [60407042] 책을 읽으면 유익함. 독서를 무척 좋아했던 중국 송나라 태종(太宗)의 말. <출> 왕벽지(王闢之) 승수연담록(澠水燕談錄)

開門納賊개문납적 [60804040] 開門揖盜 참조. 문을 열어 도둑을 맞아들임.

開物成務개물성무 [60726242] 만물의 뜻을 열어 천하의 사무(事務)를 성취함 또는 사람이 아직 모르는 곳을 개발(開發)하여 뜻을 성취함 <출> 易經(역경)

改玉改行개옥개행 [50425060] 차고 다닐 옥의 종류를 바꾸면 걸음걸이도 바꾸어야 함. 법을 변경하면 일도 고쳐야 함.

開源節流개원절류 [60405252] 재원을 늘리고 지출을 줄임. <출> 순자(荀子) 부국(富國)편

客反爲主객반위주 [52624270] 손님이 도리어 주인이 됨. (유) 主客顚倒

車水馬龍거수마룡 [72805040] 수레들은 흐르는 강물과 같고, 마필(馬匹)들의 움직임은 물에서 헤엄치는 교룡(蛟龍)과 같다(車如流水, 馬如游龍)는 뜻으로, 권세있는 자에게 줄을 대보려는 아부꾼들의 차량 행렬을 묘사한 말. 수레와 말의 왕래가 많아 매우 떠들석한 상황. <출> 후한서(後漢書) 명덕마황후기(明德馬皇后紀)

居安思危거안사위 [40725040] 편안할 때에 어려움이 닥칠 것을 미리 대비하여야 함. <출> 춘추좌씨전(春秋左氏傳) (유) 安居危思, 有備無患 (상) 亡羊補牢, 死後藥方文, 死後淸心丸

擧一反三거일반삼 [50806280] 하나를 들면 셋을 돌이켜 앎. 스승으로부터 하나를 배우면 다른 것까지도 유추해서 앎. <출> 논어(論語) 술이(述而)편

車在馬前거재마전 [72605072] 경험이 없는 말로 수레를 끌게 하려면, 먼저 다른 말이 끄는 수레 뒤에 매어 따라다니게 하여 길들여야 한다는 뜻으로, 작은 일에서부터 훈련을 거듭한 뒤 본업에 종사해야 함

格物致知격물치지 [52725052] 실제 사물의 이치를 연구하여 앎에 이름. <출> 대학(大學) (유) 格致

見金如石견금여석 [52804260] 황금을 보기를 돌같이 함. 지나친 욕심을 절제함. 최영 장군이 어린 시절 그의 아버지가 항상 그에게 경계하여 말하기를 "황금

보기를 돌같이 하라" 라고 하였다. 이 말을 들은 최영은 항상 이 네 자로 띠에 새겨놓고 죽을 때까지 가슴에 품고서 잃지를 않았다. 〈출〉 성현(成俔)의 용재총화(慵齋叢話)

見卵求鷄견란구계 [52404240] 달걀을 보고 닭이 되어 울기를 바라는 것처럼 지나치게 성급함. 〈출〉 장자(莊子) (유) 見彈求炙, 見卵而求時夜, 見彈求鴞

見利思義견리사의 [52625042] 눈앞의 이익을 보면 의리를 먼저 생각함. (상) 見利忘義

見物生心견물생심 [52728070] 어떠한 실물을 보게 되면 그것을 가지고 싶은 욕심이 생김.

堅白同異견백동이 [40807040] 중국 전국(戰國) 시대의 공손용이 내어 건 일종의 궤변(詭辯). 단단하고 흰 돌은 눈으로 보아서는 그것이 흰 것을 알 수 있으나 단단한지는 모르며, 손으로 만져 보았을 때에는 그것이 단단한 것인 줄 알 수 있을 뿐 빛깔은 흰지 모르므로, 단단하고 흰 돌은 동일한 물건이 아니라고 설명하는 것. (유) 堅白論, 堅石白馬, 詭辯, 詭辭

堅壁淸野견벽청야 [40426260] 성에 들어가 지키며 적에게 먹을 것을 주지 않기 위해 들판을 비움.

見危授命견위수명 [52404270] 見危致命 참조. 나라가 위태로울 때 자기의 몸을 나라에 바침.

見危致命견위치명 [52405070] 나라가 위태로울 때 자기의 몸을 나라에 바침. 〈출〉 논어(論語) 자장(子張)편 (유) 見危授命

決死反對결사반대 [52606262] 죽기를 각오하고 있는 힘을 다하여 반대함.

結義兄弟결의형제 [52428080] 桃園結義 참조. 형제의 의리를 맺음.

結草報恩결초보은 [52704242] 죽은 뒤에라도 은혜를 잊지 않고 갚음. 〈출〉 춘추시대에, 진나라의 위과(魏顆)가 아버지가 세상을 떠난 후에 서모를 개가시켜 순사(殉死)하지 않게 하였더니, 그 뒤 싸움터에서 그 서모 아버지의 혼이 적군의 앞길에 풀을 묶어 적을 넘어뜨려 위과가 공을 세울 수 있도록 하였다는 고사에서 유래. 〈출〉 춘추좌씨전(春秋左氏傳) 선공(宣公) 15年 秋七月條 (유) 結草, 刻骨難忘, 白骨難忘, 難忘之澤, 難忘之恩

經國濟世경국제세 [42804272] 나라를 잘 다스려 세상을 구제함.

敬老孝親경로효친 [52707260] 늙은이를 공경하고 어버이에게 효도함.

經世濟民경세제민 [42724280] 세상을 다스리고 백성을 구제함. 經濟(경제)의 어원.

經世致用경세치용 [42725062] 利用厚生 참조. 학문은 세상을 다스리는 데에 실질적인 이익을 줄 수 있는 것이어야 한다는 유교의 한 주장.

敬天勤民경천근민 [52704080] 하늘을 공경하고 백성을 위하여 부지런히 일함.

驚天動地경천동지 [40707270] 하늘을 놀라게 하고 땅을 뒤흔듦. 세상을 몹시 놀라게 함. (유) 驚

天

敬天愛人경천애인 [52706080]	하늘을 숭배하고 인간을 사랑함.
鏡花水月경화수월 [40708080]	거울에 비친 꽃과 물에 비친 달. 눈으로 볼 수 있으나 잡을 수는 없음. 시문에서 느껴지기는 하나 표현할 수 없는 미묘한 정취.
鷄口牛後계구우후 [40705072]	닭의 주둥이와 소의 꼬리. 큰 단체의 꼴찌보다는 작은 단체의 우두머리가 되는 것이 오히려 나음. <출> 전국책(戰國策) 한책(韓策)과 사기(史記) 소진열전(蘇秦列傳)
鷄卵有骨계란유골 [40407040]	달걀에도 뼈가 있음. 어렵게 얻은 계란이 운 사납게 곯은 계란이었다는 데서 운수가 나쁜 사람은 모처럼 좋은 기회를 만나도 역시 일이 잘 안됨을 이르는 말. <출> 송남잡지(松南雜識)
計無所出계무소출 [62507070]	百計無策 참조. 계획하여 보나 소득이 없음.
古今東西고금동서 [60628080]	옛날과 지금, 동양과 서양을 통틀어 이르는 말.
孤獨單身고독단신 [40524262]	孑孑單身 참조. 외로운 홀몸.
孤立無援고립무원 [40725040]	四面楚歌 참조. 고립되어 구원을 받을 데가 없음.
高山流水고산유수 [62805280]	管鮑之交 참조. 높은 산과 흐르는 물. 풍류의 곡조를 잘 아는 사람이 아니면 알지 못할 미묘한 거문고의 소리. 자기 마음속과 가치를 잘 알아주는 참다운 친구.
孤城落日고성낙일 [40425080]	외딴 성과 서산에 지는 해. 세력이 다하고 남의 도움이 없는 매우 외로운 처지. <출> 당(唐)나라 왕유(王維)의 시 송위평사(送韋評事)
高聲放歌고성방가 [62426270]	술에 취하여 거리에서 큰 소리를 지르거나 노래를 부르는 짓.
苦心血誠고심혈성 [60704242]	마음과 힘을 다하는 지극한 정성
高陽酒徒고양주도 [62604040]	술을 좋아하여 제멋대로 행동하는 사람. 진(秦)나라 말기 유방(劉邦)을 도와 한(漢)나라의 창업을 도운 고양(高陽)땅의 역이기(酈食其)가 유생(儒生)을 싫어하는 유방을 처음 만날 때 자기는 유생이 아니라 고양 땅의 술꾼이라 한 데서 유래. <출> 사기(史記) 역생육가(酈生陸賈)열전
古往今來고왕금래 [60426270]	예전과 지금.
高低長短고저장단 [62428062]	높고 낮음과 길고 짧음.
苦盡甘來고진감래 [60404070]	쓴 것이 다하면 단 것이 옴. 고생 끝에 즐거움이 옴. 세상일은 순환되는 것임. (상) 興盡悲來
告解聖事고해성사 [52424272]	告白聖事(고백성사)
曲直不問곡직불문 [50727270]	不問曲直 참조. 바르거나 바르지 않음을 묻지 아니함.
骨肉相殘골육상잔 [40425240]	가까운 혈족끼리 서로 해치고 죽임. (유) 骨肉相爭, 骨肉相戰, 煮

豆燃萁, 兄弟鬩牆

骨肉相爭골육상쟁 [40425250] 骨肉相殘 참조. 가까운 혈족끼리 서로 싸움.
骨肉相戰골육상전 [40425262] 骨肉相殘 참조. 가까운 혈족끼리 서로 싸움.
功過相半공과상반 [62525262] 세운 공과 허물이 절반씩임.
公明正大공명정대 [62627280] 하는 일이나 태도가 사사로움이나 그릇됨이 없이 분명하고, 정당하고 떳떳함.
公示送達공시송달 [62504242] 민사 소송법에서, 당사자의 주거 불명 따위의 사유로 소송에 관한 서류를 전달하기 어려울 때에 그 서류를 법원 게시판이나 신문에 일정한 기간 동안 게시함으로써 송달한 것과 똑같은 효력을 발생시키는 송달 방법.
攻玉以石공옥이석 [40425260] 옥을 가는 데 돌로 한다는 뜻으로, 하찮은 물건이나 사람도 중요한 일을 할 땐 귀하게 쓰인다는 말 〈출〉 후한서(後漢書)
空前絶後공전절후 [72724272] 前無後無 참조. 앞에는 비었고, 뒤에는 끊어짐.
共存共榮공존공영 [62406242] 다 같이 잘 살아나감.
公平無私공평무사 [62725040] 공평하여 사사로움이 없음.
過門不入과문불입 [52807270] 아는 이의 문전을 지나가면서도 들르지 못할 만큼 바쁨 (유) 過門, 憂過
過失相規과실상규 [52605250] 향약의 네 가지 덕목 가운데 하나. 나쁜 행실을 하지 못하도록 서로 규제함을 이름.
觀過知仁관과지인 [52525240] 사람의 과실은 군자와 소인에 따라 달라, 그 잘못함을 보고 사람이 어진 성품인지를 안다는 말 〈출〉 논어(論語)
官製葉書관제엽서 [42425062] 정부에서 발행한 일정한 규격의 우편엽서.
觀天望氣관천망기 [52705272] 구름이나 여러 대기 현상을 살펴보고 날씨를 예측하는 일
光明正大광명정대 [62627280] 말과 행동이 떳떳하고 정당함 (유) 公明, 公正, 大公至平, 至公, 至公無私, 至公至平
光陰流水광음유수 [62425280] 세월이 흐르는 물처럼 빠름 〈출〉 안씨가훈(顔氏家訓) (유) 光陰如箭
校外指導교외지도 [80804242] 교사가 학교 밖에서 학생들의 생활을 단속하고 지도하는 일.
交友以信교우이신 [60525262] 믿음으로 벗을 사귐. 화랑도 세속 오계의 하나.
敎學相長교학상장 [80805280] 가르치고 배우면서 서로 성장함. 〈출〉 예기(禮記).
口角春風구각춘풍 [70627062] 좋은 말재주로 남을 칭찬하여 즐겁게 함 또는 그런 말
九曲羊腸구곡양장 [80504240] 九折羊腸 참조. 아홉 번 꼬부라진 양의 창자.
救國干城구국간성 [50804042] 나라를 구하는 방패와 성이란 뜻으로, 나라를 구하여 지키는 믿음직한 군인이나 인물 (유) 干城之材, 棟梁之器

| 九年面壁구년면벽 [80807042] | 面壁九年 참조. 달마가 숭산(嵩山) 소림사에서 9년 동안 벽을 보고 좌선하여 도를 깨달은 일. 〈출〉 오등회원(五燈會元) 동토조사(東土祖師)편. |

口無完人구무완인 [70505080]   그 입에 오르면 온전한 사람이 없음이라는 뜻으로, 그런 사람을 욕하는 말

九死一生구사일생 [80608080]   아홉 번 죽을 뻔하다 한 번 살아남. 죽을 고비를 여러 차례 넘기고 겨우 살아남. 〈출〉 이소(離騷). (유) 百死一生, 十生九死, 萬死一生, 起死回生

救世濟民구세제민 [50724280]   세상을 구하고 민생을 구제함

九十春光구십춘광 [80807062]   석 달 동안의 화창한 봄 날씨 또는 노인의 마음이 청년처럼 젊음

九牛一毛구우일모 [80508042]   아홉 마리의 소 가운데 박힌 하나의 털. 매우 많은 것 가운데 극히 적은 수. 〈출〉 한서(漢書) 사마천전(司馬遷傳). (유) 滄海一粟, 滄海一滴, 大海一滴, 大海一粟

求田問舍구전문사 [42427042]   논밭과 집을 구하고 문의하여 산다는 뜻으로, 자기의 이익에만 마음을 쓰고 국가의 대사를 돌보지 아니함 〈출〉 위지(魏志)

九折羊腸구절양장 [80404240]   아홉 번 꼬부라진 양의 창자. 꼬불꼬불하며 험한 산길. (유) 九曲羊腸, 九折

九天直下구천직하 [80707272]   一瀉千里 참조. 하늘에서 땅을 향하여 일직선으로 떨어짐. 일사천리의 형세.

舊態依然구태의연 [52424070]   예전 모습 그대로임.

國利民福국리민복 [80628052]   나라의 이익과 국민의 행복.

君射臣決군사신결 [40405252]   임금이 활쏘기를 좋아하면 신하는 깍지를 낀다는 뜻으로 윗사람이 즐겨하면 아랫사람이 반드시 본받음 〈출〉 순자(荀子)

君臣有義군신유의 [40527042]   五倫(오륜)의 하나. 임금과 신하 사이에는 의리가 잇어야 함.

君子務本군자무본 [40724260]   군자는 근본에 온 힘을 다 쏟음. 〈출〉 논어(論語) 학이(學而)편.

君子不器군자불기 [40727242]   군자는 그릇이 아님. 군자는 그릇처럼 국한되지 않음. 〈출〉 논어(論語) 위정(爲政)편.

君子三樂군자삼락 [40728062]   군자의 세 가지 즐거움. 부모가 살아 계시고 형제가 무고한 것, 하늘과 사람에게 부끄러워할 것이 없는 것, 천하의 영재를 얻어서 가르치는 것. 〈출〉 맹자(孟子) 진심장(盡心章).

群衆心理군중심리 [40427062]   많은 사람이 모였을 때에, 자제력을 잃고 쉽사리 흥분하거나 다른 사람의 언동에 따라 움직이는 일시적이고 특수한 심리 상태.

軍行旅進군행여진 [80605242]   군대가 전쟁터로 나아감.

權不十年권불십년 [42728080]   권세는 십 년을 가지 못함. 아무리 높은 권세라도 오래가지 못함.

(유) 勢不十年

歸馬放牛귀마방우 [40506250]　전쟁에 썼던 말과 소를 놓아줌. 더 이상 전쟁을 하지 아니함. 〈출〉 상서(尙書) 무성(武成)편.

極樂往生극락왕생 [42624280]　죽어서 극락세계에 다시 태어남.

極惡無道극악무도 [42525072]　더할 나위 없이 악하고 도리에 완전히 어긋나 있음.

近朱者赤근주자적 [60406050]　近墨者黑 참조. 붉은 것을 가까이 하면 붉어짐.

金科玉條금과옥조 [80624240]　금이나 옥처럼 귀중히 여겨 꼭 지켜야 할 법칙이나 규정.

金口木舌금구목설 [80708040]　주의를 환기시키는 종을 가리키는 말로 훌륭한 말로 사회(社會)를 가르치고 이끌어 나가는 사람을 이름

金權萬能금권만능 [80428052]　돈만 있으면 모든 일을 다 할 수 있음.

金石相約금석상약 [80605252]　金石之約 참조. 쇠나 돌처럼 굳고 변함없는 약속.

金石爲開금석위개 [80604260]　中石沒鏃 참조. 쇠와 돌을 열리게 함. 정신을 집중해서 전력을 다 하면 어떤 일에도 성공할 수 있음. 〈출〉 신서(新序) 잡사(雜事) 4편.

金城鐵壁금성철벽 [80425042]　金城湯池 참조. 쇠로 만든 성과 철로 만든 벽. 방어 시설이 잘되어 있어서 공격하기 어려운 성. 〈출〉 서적(徐積)의 화예복(和倪復).

今是昨非금시작비 [62426242]　오늘은 옳고 어제는 그르다는 뜻으로, 과거의 잘못을 이제야 깨달음 〈출〉 도잠(陶潛) 귀거래사(歸去來辭) (유) 昨非今是

今始初聞금시초문 [62625062]　지금 비로소 처음으로 들음.

今時初聞금시초문 [62725062]　바로 지금 처음으로 들음.

急轉直下급전직하 [62407272]　형세가 걷잡을 수 없을 만큼 급작스럽게 안 좋은 방향으로 전개됨.

己未運動기미운동 [52426272]　기미년(1919년)의 운동, 삼일운동.

起死回生기사회생 [42604280]　九死一生 참조. 거의 죽을 뻔하다가 도로 살아남. 〈출〉 여씨춘추(呂氏春秋) 별류편(別類篇) (유) 幾死僅生

奇想天外기상천외 [40427080]　착상이나 생각 따위가 쉽게 짐작할 수 없을 정도로 기발하고 엉뚱함.

起承轉結기승전결 [42424052]　한시에서, 기는 시를 시작하는 부분, 승은 그것을 이어받아 전개하는 부분, 전은 시의를 한 번 돌리어 전환하는 부분, 결은 전체 詩意(시의)를 끝맺는 부분임, 논설문 따위의 글을 짜임새 있게 짓는 형식에도 적용됨.

氣絶招風기절초풍 [72424062]　기 흐름이 막히고 풍증에 걸림. 몹시 놀란 상태를 나타냄.

基調演說기조연설 [52524252]　중요 인물이 나와 모임의 기본 취지나 정책, 방향 따위에 대하여 설명하는 연설.

氣盡脈盡기진맥진 [72404240]　기운과 의지력이 다하여 스스로 가누지 못할 지경이 됨.
機銃掃射기총소사 [40424240]　비행기에서 목표물을 비로 쓸어 내듯이 기관총으로 쏘는 일.
奇貨可居기화가거 [40425040]　진기한 물건은 잘 간직할만함. 나중에 이익을 남기고 팜. 좋은 기회를 놓치지 말아야 함. 〈출〉 사기(史記) 여불위열전(呂不韋列傳).
落落長松낙락장송 [50508040]　가지가 길게 축축 늘어진 키가 큰 소나무.
落木寒天낙목한천 [50805070]　나뭇잎이 다 떨어진 겨울의 춥고 쓸쓸한 풍경. 또는 그런 계절.
落心千萬낙심천만 [50707080]　마음이 천길만길 떨어짐, 바라던 일을 이루지 못하여 마음이 몹시 상함.
落葉歸根낙엽귀근 [50504060]　잎이 떨어져 뿌리로 돌아감. 결국은 자기가 본래 났거나 자랐던 곳으로 돌아감. 〈출〉 전등록(傳燈錄).
落花流水낙화유수 [50705280]　떨어지는 꽃과 흐르는 물. 가는 봄의 경치. 살림이나 세력이 약해져 아주 보잘것없이 됨. 떨어지는 꽃은 물이 흐르는 대로 흐르기를 바라고 흐르는 물은 떨어지는 꽃을 띠워 흐르기를 바란다는 데서, 남녀가 서로 그리워함을 이르는 말. 춘앵전이나 처용무에서, 두 팔을 좌우로 한 번씩 뿌리는 춤사위.
難攻不落난공불락 [42407250]　金城湯池 참조. 공격하기가 어려워 쉽사리 함락되지 아니함.
亂臣賊子난신적자 [40524072]　나라를 어지럽히는 불충한 무리. 〈출〉 맹자(孟子) 등문공(滕文公) 하편. (유) 奸臣賊子
難解難入난해난입 [42424270]　이해하기 어렵고, 깨달음에 들기도 어려움 〈출〉 법화경(法華經)
難兄難弟난형난제 [42804280]　누구를 형이라 하고 누구를 아우라 하기 어려움. 두 사물이 비슷하여 낫고 못함을 정하기 어려움. 〈출〉 세설신어(世說新語) 덕행편(德行篇). (유) 伯仲, 伯仲之間, 伯仲之勢, 伯仲勢, 莫上莫下, 難伯難仲
南男北女남남북녀 [80728080]　우리나라에서, 남자는 남쪽 지방 사람이 잘나고 여자는 북쪽 지방 사람이 고움을 이르는 말.
男女老少남녀노소 [72807070]　남자와 여자, 늙은이와 젊은이이란 뜻으로, 모든 사람을 이름.
男女有別남녀유별 [72807060]　유교 사상에서 남자와 여자 사이에 분별이 있어야 함을 이름.
男女平等남녀평등 [72807262]　남자와 여자의 법률적 권리나 사회적 대우에 차별이 없음.
南面出治남면출치 [80707042]　임금의 자리에 올라 나라를 다스림. 임금이 남쪽을 향하여 신하와 대면한 데서 유래. (유) 南面
南船北馬남선북마 [80508050]　東奔西走 참조. 남쪽은 강이 많아서 배를 이용하고 북쪽은 산과 사막이 많아서 말을 이용함. 늘 쉬지 않고 여기저기 여행을 하거나 돌아다님. (유) 北馬南船

南風不競 남풍불경 [80627250]	춘추시대, 초(楚)나라의 영윤(令尹) 자경(子庚)은 군사를 거느리고 정(鄭)나라로 쳐 들어갔으나 자전과 자서는 방비를 튼튼하게 하였다. 초나라의 출병 소식을 들은 진(秦)나라 악관(樂官) 사광(師曠)은 ""내가 간혹 남방의 노래, 북방의 노래를 부르는데, 남방의 음조는 미약하고 조금도 생기가 없다(南風不競 多死聲). 초군은 반드시 멸망할 것이다.""라고 하였다는 고사에서 유래. 세력이 크게 떨치지 못함을 이르는 말 <출> 남풍(南風),춘추좌씨전(春秋左氏傳)
南行北走 남행북주 [80608042]	남으로 가고 북으로 달린다는 말로 바삐 돌아다님 (유) 南船北馬, 東奔西走, 東馳西走, 東行西走, 津梁
冷暖自知 냉난자지 [50427252]	물이 차가운지, 따뜻한지는 그 물을 마신 자만이 안다는 뜻으로, 자기 일은 남이 말하기 전에 자기 스스로 안다는 말 <출> 전등록(傳燈錄)
老當益壯 노당익장 [70524240]	늙었지만 의욕이나 기력은 점점 좋아짐. <출> 후한서(後漢書) 마원전(馬援傳). (유) 老益壯
怒發大發 노발대발 [42628062]	몹시 노하여 크게 성을 냄. <출> 사기(史記) 인상여전(藺相如傳). (유) 怒髮衝冠
老士宿儒 노사숙유 [70525240]	나이가 많고 학식이 깊은 선비
勞使和合 노사화합 [52606260]	노동자와 사용자가 화합함.
老生常談 노생상담 [70804250]	노인들이 늘 하는 이야기란 뜻으로 새로운 의견이 없는 상투적인 말
老少同樂 노소동락 [70707062]	늙은이와 젊은이가 함께 즐김.
老少不定 노소부정 [70707260]	노인도 소년도 언제 죽을지 모른다는 뜻으로, 사람의 목숨은 덧없어 죽음에는 노소가 따로 없음
怒室色市 노실색시 [42807072]	안방에서 화를 내고 밖에 나가 얼굴 붉힌다는 뜻으로 속담 '종로에서 뺨 맞고 한강에서 눈 흘긴다'는 말과 통함 (유) 怒甲移乙
綠水靑山 녹수청산 [60808080]	푸른 물과 푸른 산.
綠衣使者 녹의사자 [60606060]	푸른 옷을 입은 사자. 앵무새.
論功行賞 논공행상 [42626050]	공적의 크고 작음 따위를 논의하여 그에 알맞은 상을 줌. (유) 賞功
農爲政本 농위정본 [72424260]	농사가 정치의 근본이고 나라의 기본임 <출> 제범(帝範)
能小能大 능소능대 [52805280]	모든 일에 두루 능함.
能者多勞 능자다로 [52606052]	유능한 사람 일수록 많은 일을 함 또는 필요 이상의 수고를 함 <출> 장자(莊子)

多多益善다다익선 [60604250]　많으면 많을수록 더욱 좋음. 한(漢)나라의 장수 한신(韓信)이 고조(高祖)와 장수의 역량에 대하여 얘기할 때, 고조는 10만 정도의 병사를 지휘할 수 있는 그릇이지만, 자신은 병사의 수가 많을수록 잘 지휘할 수 있다고 한 말에서 유래. <출> 사기(史記) 회음후열전(淮陰侯列傳).

多聞博識다문박식 [60624252]　보고 들은 것이 많고 아는 것이 많음.

多事多難다사다난 [60726042]　여러 가지 일도 많고 어려움이나 탈도 많음.

多士濟濟다사제제 [60524242]　여러 선비가 모두 뛰어나다는 뜻으로 훌륭한 인재가 많음을 이름 <출> 시경(詩經) (유) 濟濟多士

多少不計다소불계 [60707262]　많고 적음을 헤아리지 아니함.

多才多能다재다능 [60626052]　재주가 많고 능력이 많음.

多情多感다정다감 [60526060]　정이 많고 감정이 풍부함.

多情多恨다정다한 [60526040]　유난히 잘 느끼고 또 원한도 잘 가짐 또는 애틋한 정도 많고 한스러운 일도 많음

單獨一身단독일신 [42528062]　孑孑單身 참조. 홀몸.

單文孤證단문고증 [42704040]　한 쪽의 문서, 한 개의 증거라는 뜻으로, 불충분한 증거 (상) 博引旁證

斷章取義단장취의 [42604242]　남의 글에서 전체의 뜻과는 관계없이 자기가 필요한 부분만을 따서 마음대로 해석하여 씀 <출> 춘추좌씨전(春秋左氏傳) 양공(襄公)

當機立斷당기입단 [52407242]　그 자리에서 바로 결단을 내림 <출> 춘추좌씨전(春秋左氏傳)

黨同伐異당동벌이 [42704240]　일의 옳고 그름은 따지지 않고 뜻이 같으면 한 무리가 되고 그렇지 않으면 공격함. *2004년 올해의 사자성어 <출> 후한서(後漢書) 당동전(黨同傳). (유) 黨閥, 同黨伐異, 黨利黨略

大驚失色대경실색 [80406070]　크게 놀라 얼굴빛이 하얗게 됨. (유) 大驚失性

大同小異대동소이 [80708040]　큰 차이 없이 거의 같음. (유) 五十笑百

大明天地대명천지 [80627070]　아주 환하게 밝은 세상.

大書特記대서특기 [80626072]　大書特筆 참조. 글자를 크게 쓰고 특별하게 보이게 기록함.

大書特書대서특서 [80626062]　大書特筆 참조. 글자를 크게 쓰고 특별하게 보이게 씀.

大書特筆대서특필 [80626052]　글자를 크게 쓰고 특별하게 보이게 씀. 신문 따위의 출판물에서 어떤 기사에 큰 비중을 두어 다룸. (유) 大書特記, 大書特書, 大字特書, 特筆大書

大逆無道대역무도 [80425072]　사람의 도리를 거스르는 행위로 예전에는 임금에 대한 거스름을 뜻함 <출> 한서(漢書) (유) 大逆不道

大義名分대의명분 [80427262] 사람으로서 마땅히 지키고 행하여야 할 도리나 본분. 어떤 일을 꾀하는 데 내세우는 합당한 구실이나 이유.

對人春風대인춘풍 [62807062] 남을 대할 때는 봄바람과 같이 부드럽게 대함. (상) 持己秋霜

大字特書대자특서 [80706062] 大書特筆 참조. 큰 글자로 특별하게 보이게 씀.

大材小用대재소용 [80528062] 牛鼎烹鷄 참조. 큰 재목(材木)이 작게 쓰임. 큰 재목은 큰일에 쓰여야 함.

德無常師덕무상사 [52504242] 덕(德)을 닦는 데는 일정한 스승이 없음. 마주치는 환경, 마주치는 사람 모두가 수행에 도움이 됨.

德本財末덕본재말 [52605250] 사람이 살아가는 데 덕(德)이 근본이고, 재물(財物)은 사소함.

徒勞無功도로무공 [40525062] 勞而無功 참조. 헛되고 공훈이 없음. <출>. <출> 장자(莊子) 천운(天運)편.

徒勞無益도로무익 [40525042] 勞而無功 참조. 헛되고 실익이 없음.

徒手體操도수체조 [40726250] 맨손체조.

到處春風도처춘풍 [52427062] 四面春風 참조. 이르는 곳마다 봄바람.

獨當一面독당일면 [52528070] 혼자서 한 방면이나 한 부문의 임무를 담당하는 것 <출> 한서(漢書) 장량전(張良傳)

獨不將軍독불장군 [52724280] 혼자서는 장군이 될 수 없음. 무슨 일이든 자기 생각대로 혼자서 처리하는 사람. 다른 사람에게 따돌림을 받는 외로운 사람. 남과 의논하고 협조하여야 함.

讀書亡羊독서망양 [62625042] 글을 읽는 데 정신이 팔려서 먹이고 있던 양을 잃음. 하는 일에는 뜻이 없고 다른 생각만 하다가 낭패를 봄. <출>. <출> 장자(莊子) 외편(外篇) 변무편(騈拇篇).

讀書三到독서삼도 [62628052] 독서를 하는 세 가지 방법. 입으로 다른 말을 아니하고 책을 읽는 구도(口到), 눈으로 다른 것을 보지 않고 책만 잘 보는 안도(眼到), 마음속에 깊이 새기는 심도(心到). (유) 三到

讀書三餘독서삼여 [62628042] 책을 읽기에 적당한 세 가지 여유있는 때. 겨울, 밤, 비가 올 때. (유) 三餘

獨守空房독수공방 [52427242] 혼자서 빈방을 지킴, 혼자 지냄, 아내가 남편 없이 혼자 지냄.

同苦同樂동고동락 [70607062] 괴로움도 즐거움도 함께 함.

同工異曲동공이곡 [70724050] 같은 재주에 다른 곡조. 재주나 솜씨는 같지만 표현된 내용이나 맛이 다름. <출> 한유(韓愈)의 진학해(進學解). (유) 同工異體, 同巧異曲, 同巧異體

同工異體동공이체 [70724062] 同工異曲 참조. 같은 재주에 만든 것은 다른 형체.

同氣相求동기상구 [70725242] 同病相憐 참조. 같은 기운끼리 서로를 구함.

同黨伐異동당벌이 [70424240]　黨同伐異 참조. 뜻이 같으면 무리를 이루고 다르면 공격함.
同名異人동명이인 [70724080]　같은 이름을 가진 서로 다른 사람.
東問西答동문서답 [80708072]　동쪽을 물으니 서쪽으로 답함. 물음과는 전혀 상관없는 엉뚱한 대답. (유) 問東答西
東山再起동산재기 [80805042]　동진의 사인이 일찍이 동산으로 은퇴했다가 다시 큰 벼슬을 하게 된 고사로, 물러난 사람이나 실패한 사람이 다시 일어나 세상에 나옴을 뜻함 〈출〉 진서(晉書)
東西古今동서고금 [80806062]　동양과 서양, 옛날과 지금을 통틀어 이르는 말.
東西南北동서남북 [80808080]　동쪽과 서쪽, 남쪽과 서쪽. 사방.
同姓同本동성동본 [70727060]　姓(성)과 본관이 모두 같음.
同聲相應동성상응 [70425242]　同病相憐 참조. 같은 소리끼리는 서로 응하여 울림. 같은 무리끼리 서로 통하고 자연히 모임.
同心同德동심동덕 [70707052]　일치단결된 마음. 〈출〉 상서(尙書) 태서(泰書).
同惡相助동악상조 [70525242]　악인도 서로 돕는다는 뜻으로, 같은 무리끼리 서로 도움 〈출〉 사기(史記)
童牛角馬동우각마 [62506250]　뿔이 없는 송아지와 뿔이 있는 말의 뜻으로 도리에 어긋남
同族相殘동족상잔 [70605240]　같은 겨레끼리 서로 싸우고 죽임.
斗南一人두남일인 [42808080]　북두칠성의 남쪽(온 천하)의 단 한 사람. 천하에 으뜸가는 훌륭한 인물.
頭髮上指두발상지 [60407242]　머리털이 곤두선다는 뜻으로 심하게 화난 모습 〈출〉 사기(史記) 항우(項羽) (유) 髮植穿冠, 髮衝冠, 怒髮衝冠
斗酒不辭두주불사 [42407240]　말술도 사양하지 않음. 술을 매우 잘 마심. 〈출〉 사기(史記) 항우본기(項羽本紀).
頭寒足熱두한족열 [60507250]　머리는 차게, 발은 따뜻하게 하면 건강에 좋음
燈下不明등하불명 [42727262]　등잔 밑이 어두움. 가까이에 있는 물건이나 사람을 잘 찾지 못함.
燈火可親등화가친 [42805060]　등불을 가까이할 만함. 서늘한 가을밤은 등불을 가까이 하여 글 읽기에 좋음. 〈출〉 한유(韓愈) 부독서성남(符讀書城南).
馬耳東風마이동풍 [50508062]　牛耳讀經 참조. 말귀에 동쪽바람. 남의 말을 귀담아 듣지 않고 그대로 흘려버림. 〈출〉 이백(李白) 답왕십이한야독작유회(答王十二寒夜獨酌有懷). (유) 如風過耳, 牛耳讀經, 對牛彈琴, 牛耳誦經
萬古不變만고불변 [80607252]　아주 오랜 세월 동안 변하지 아니함.
萬古絶色만고절색 [80604270]　傾國之色 참조. 아주 오랜 세월 동안 나오지 않은 예쁜 용모.
萬古風雪만고풍설 [80606262]　萬古風霜 참조. 아주 오랜 세월 동안 겪어 온 많은 고생.
萬口成碑만구성비 [80706240]　만인의 입이 비를 이룬다는 뜻으로, 여러 사람이 칭찬하는 것이

송덕비를 세우는 것과 같음
萬病通治만병통치 [80606042] 한 가지 처방으로 온갖 병을 다 고침.
萬不成說만불성설 [80726252] 語不成說 참조. 모든 것이 말이 되지 않음.
萬事如意만사여의 [80724262] 모든 일이 뜻과 같음.
萬牛難回만우난회 [80504242] 만 마리의 소로 끌어도 돌려 세울 수 없을 만큼 고집 센 사람.
滿場一致만장일치 [42728050] 장내에 모인 모든 사람의 의견이 같음.
滿朝百官만조백관 [42607042] 조정의 모든 벼슬아치 (유) 滿朝
末大必折말대필절 [50805240] 가지가 크면 줄기가 부러짐 〈출〉 춘추전씨전(春秋左氏傳)
亡羊得牛망양득우 [50424250] 양을 잃고 소를 얻음. 손해를 본 것이 오히려 이익이 된다는 뜻.
賣官賣職매관매직 [50425042] 돈이나 재물을 받고 벼슬을 팖.
買死馬骨매사마골 [50605040] 죽은 말의 뼈를 삼. 귀중한 것을 손에 넣기 위해 먼저 공을 들이는 것. 〈출〉 춘추전국시대에 어떤 왕이 천리마를 얻기 위해 죽은 천리마의 뼈를 비싼 값에 샀더니, 소문이 전해져 천리마를 가진 사람들이 하나 둘 씩 나타나 천리마를 쉽게 손에 넣을 수 있었다는 데서 유래.
面壁九年면벽구년 [70428080] 愚公移山 참조. 달마가 숭산(嵩山) 소림사에서 9년 동안 벽을 보고 좌선하여 도를 깨달은 일. 오등회원(五燈會元) 동토조사(東土祖師)편. (유) 九年面壁
面從後言면종후언 [70407260] 面從腹背 참조. 대면하여서는 복종하는 체하면서 뒤에서는 다른 말을 함.
面紅耳赤면홍이적 [70405050] 얼굴이 귀 밑까지 붉어질 만큼 부끄러움
明見萬里명견만리 [62528070] 만리 밖의 일을 환하게 살펴서 알고 있다는 뜻으로, 매우 총명함 〈출〉 후한서(後漢書)
明鏡止水명경지수 [62405080] 맑은 거울과 고요한 물. 잡념과 가식과 헛된 욕심 없이 맑고 깨끗한 마음. 〈출〉. 〈출〉 장자(莊子) 덕충부편(德充符篇). (유) 雲心月性
名落孫山명락손산 [72506080] 손산(孫山)의 이름이 마지막이라는 말로 송나라의 손산이 친구와 함께 과거를 치렀는데 자신의 이름이 합격명단 마지막에 있고 친구는 떨어졌다는 고사에서 시험에 합격하지 못하고 떨어짐을 말함 〈출〉 과정록(過庭錄) (유) 孫山之外
名門巨族명문거족 [72804060] 이름나고 크게 번창한 집안.
名不虛傳명불허전 [72724252] 이름이 헛되이 퍼진 것이 아니라는 뜻으로, 이름날 만한 까닭이 있음을 이르는 말.
命緣義輕명연의경 [70404250] 목숨을 의에 연연하여 가볍게 여기다는 뜻으로, 의로움을 위해서

　　　　　　　　　　　는 목숨도 아끼지 않음 〈출〉 후한서(後漢書)
命在朝夕명재조석 [70606070]　命在頃刻 참조. 아침이나 저녁에 숨이 끊어질 지경.
名正言順명정언순 [72726052]　뜻이 바르고 말이 이치에 맞음
名從主人명종주인 [72407080]　사물의 이름은 원래 주인이 붙인 이름을 따름. 사물의 명칭은 현
　　　　　　　　　　　지의 호칭법에 따라야 한다는 말. 〈출〉 춘추곡량전(春秋穀梁傳)
　　　　　　　　　　　환공(桓公) 2년조.
木鷄養到목계양도 [80405252]　춘추전국 시대 제(齊)나라에 닭싸움 전문 기성자(紀渻子)에게 왕
　　　　　　　　　　　이 언제 싸움닭의 준비가 끝나냐고 묻자 나무로 만든 닭 같으
　　　　　　　　　　　니 훈련이 완성되었다고 하는 고사에서 나온 말로 아주 점잖고
　　　　　　　　　　　융통성이 없다는 뜻 〈출〉 장자(莊子) 달생(達生)편
木本水源목본수원 [80608040]　나무의 밑동과 물의 근원이란 뜻으로, 자식은 자기 몸의 근원인
　　　　　　　　　　　부모를 생각해야 함 〈출〉 좌전(左傳)
目不識丁목불식정 [60725240]　아주 간단한 글자인 '丁' 자를 눈으로 보고도 그것이 '고무래'인
　　　　　　　　　　　줄을 알지 못함. 까막눈. 신당서(新唐書) 장굉정전(張宏靖傳).
　　　　　　　　　　　(유) 一文不知, 一字不識, 一文不通, 一字無識, 全無識, 判無識,
　　　　　　　　　　　魚魯不辨
目食耳視목식이시 [60725042]　눈으로 먹고 귀로 본다는 뜻으로, 맛있는 것보다 보기에 아름다운
　　　　　　　　　　　음식을 좋아하고, 몸에 맞는 것보다 귀로 들은 유행하는 의복
　　　　　　　　　　　(衣服)을 입는 것처럼 겉치레만 따름 〈출〉 사마광(司馬光)의 우
　　　　　　　　　　　서(迂書)
木人石心목인석심 [80806070]　나무로 만든 인간과 돌의 마음. 의지가 굳어 어떠한 유혹에도 마
　　　　　　　　　　　음이 흔들리지 않는 사람. 진(晋)나라 무제(武帝) 때의 권신(權
　　　　　　　　　　　臣) 가충(賈充)이 한 말로 진서(晋書).
目指氣使목지기사 [60427260]　눈짓으로 지시하고 얼굴빛으로 사람을 부린다는 말로 사람을 경
　　　　　　　　　　　멸하며 부림 〈출〉 한서(漢書)
無價大寶무가대보 [50528042]　값을 헤아릴 수 없을 만큼 귀한 보물 〈출〉 삼국유사(三國遺事)
無骨好人무골호인 [50404280]　줏대가 없이 두루뭉술하고 순하여 남의 비위를 다 맞추는 사람.
無窮無盡무궁무진 [50405040]　끝이 없고 다함이 없음.
無男獨女무남독녀 [50725280]　아들이 없고 하나뿐인 딸.
無念無想무념무상 [50525042]　무아의 경지에 이르러 일체의 상념을 떠남.
無本大商무본대상 [50608052]　밑천 없이 하는 큰 장사라는 뜻으로 도둑을 비꼬아 하는 말 (유)
　　　　　　　　　　　綠林豪傑, 梁上君子
無不通達무불통달 [50726042]　無不通知 참조. 통달하지 아니한 것이 없음.
無不通知무불통지 [50726052]　무슨 일이든지 환히 통하여 모르는 것이 없음. (유) 無不通達

| 無比一色무비일색 [50508070] | 傾國之色 참조. 견줄 데가 없는 오직 하나의 미모, 미인.
| 無辭可答무사가답 [50405072] | 일에 대한 이치가 바르기에 더 이상 따질 말이 없음
| 無常出入무상출입 [50427070] | 아무 때나 거리낌 없이 드나듦.
| 無所不在무소부재 [50707260] | 있지 않는 데가 없이 어디든지 다 있음
| 無所不爲무소불위 [50707242] | 하지 못하는 바가 없음. 주로 강한 권력을 말할 때 쓰임.
| 無始無終무시무종 [50625050] | 시작도 끝도 없다는 뜻으로, 불변의 진리나 윤회의 무한성을 말함
| 無信不立무신불립 [50627272] | 신의가 없으면 살아갈 수 없음을 이르는 말. <출> 논어(論語) 안연편(顔淵篇).
| 務實力行무실역행 [42527260] | 참되고 실속 있도록 힘써 실행함.
| 無言不答무언부답 [50607272] | 대답하지 못할 말이 없음
| 無爲徒食무위도식 [50424072] | 하는 일 없이 한갓 먹기만 함.
| 無爲自然무위자연 [50427270] | 인위적인 것이 없고 저절로 그러한 상태. 이상적인 경지. <출> 노자(老子).
| 無人不知무인부지 [50807252] | 소문이 널리 퍼져서 모르는 사람이 없음
| 無腸公子무장공자 [50406272] | 창자가 없는 공자라는 뜻으로 담력이나 기개가 없는 사람을 비웃는 말 또는 게(蟹)를 말함
| 無錢旅行무전여행 [50405260] | 여행에 드는 비용을 가지지 아니하고 길을 떠나 얻어먹으면서 다니는 여행.
| 無錢取食무전취식 [50404272] | 값을 치를 돈도 없이 남이 파는 음식을 취함.
| 無主空山무주공산 [50707280] | 주인이 없는 빈 산 또는 쓸쓸한 분위기의 산
| 無風地帶무풍지대 [50627042] | 바람이 불지 아니하는 지역에서 다른 곳의 재난 따위가 미치지 아니하는 안전한 곳을 비유적으로 이르는 말.
| 無後爲大무후위대 [50724280] | 자손이 없는 것은 가장 큰 불효임
| 聞過則喜문과즉희 [62525040] | 자신의 허물을 듣고 기뻐하다라는 뜻으로 자신의 잘못에 대한 비판을 기꺼이 받아들임
| 問東答西문동답서 [70807280] | 東問西答 참조. 동쪽을 물으니 서쪽이라고 답함.
| 文房四寶문방사보 [70428042] | 文房四友 참조. 문인의 방의 네 가지 보물.
| 文房四友문방사우 [70428052] | 문인의 방의 네 가지 벗. 종이, 붓, 먹, 벼루의 네 가지 문방구. (유) 文房四寶, 四友, 四寶
| 文藝復興문예부흥 [70424242] | 르네상스(Renaissance). 14세기-16세기에, 이탈리아를 중심으로 하여 유럽 여러 나라에서 일어난 인간성 해방을 위한 문화 혁신 운동.
| 文人相輕문인상경 [70805250] | 문인들이 서로 가벼이 얕잡아봄
| 聞一知十문일지십 [62805280] | 하나를 듣고 열 가지를 미루어 앎. 지극히 총명함. <출> 논어(論

語) 공야장(公冶長).

門前成市문전성시 [80726272]   집 문 앞이 시장을 이루다시피 함. 찾아오는 사람이 많음. 〈출〉 한서(漢書) 정숭전(鄭崇傳). (유) 門庭若市 (상) 門前雀羅

文筆盜賊문필도적 [70524040]   膝甲盜賊 참조. 남의 글이나 저술을 베껴 마치 제가 지은 것처럼 하는 사람.

物色比類물색비류 [72705052]   물색은 제물로 바친 동물의 털 색깔로 '물색하다'라는 말이 여기서 나왔으며 비류는 물건의 비슷함을 견줘보는 것으로 같은 것을 비교해서 연구하는 것을 말함 〈출〉 예기(禮記)

物心兩面물심양면 [72704270]   물질적인 것과 정신적인 것의 두 방면.

物心一如물심일여 [72708042]   사물과 마음이 구분 없이 하나의 근본으로 통합됨.

物外閑人물외한인 [72804080]   세상사에 관계하지 않고 한가롭게 지내는 사람.

美辭麗句미사여구 [60404242]   아름답게, 듣기 좋게 꾸민 글귀.

美意延年미의연년 [60624080]   즐거운 마음으로 사는 사람은 오래 삶 〈출〉 순자(荀子)

美風良俗미풍양속 [60625242]   아름답고 좋은 풍속이나 기풍.

民貴君輕민귀군경 [80504050]   백성이 존귀하고 사직은 그 다음이며 임금은 가볍다'라고 말한 데서 유래. 2011년 새해 사자성어. 〈출〉 맹자(孟子) 진심(盡心) 편

密雲不雨밀운불우 [42527252]   짙은 구름이 끼어 있으나 비가 오지 않음. 어떤 일의 징조만 있고 그 일은 이루어지지 않음. 위에서 내리는 은택이 아래까지 고루 내려지지 않음. 2006년 올해의 사자성어. (출) 周易 小畜卦의 卦辭

博古知今박고지금 [42605262]   널리 옛 일을 알면 오늘날의 일도 알게 됨.

博覽強記박람강기 [42406072]   여러 가지의 책을 널리 많이 읽고 기억을 잘함. (유) 博學多識

博文約禮박문약례 [42705260]   널리 학문을 닦아 사리를 연구하고, 이것을 실행하는 데 예의로써 하여 정도에 벗어나지 않게 함 〈출〉 논어(論語)

博施濟衆박시제중 [42424242]   사랑과 은혜를 널리 베풀어 뭇사람을 구제함 〈출〉 논어(論語)

博愛主義박애주의 [42607042]   차별을 버리고 온 인류가 서로 평등하게 사랑하여야 한다는 주의.

博學多識박학다식 [42806052]   博覽強記 참조. 학식이 넓고 아는 것이 많음.

反面教師반면교사 [62708042]   아주 나쁜 점만 가르쳐주는 선생이란 뜻에서 그와 같이 되지 않기 위한 본보기로 삼음

半部論語반부논어 [62624270]   반 권의 논어. 고전의 학습이 매우 중요함을 비유한 말. 산동(山東)사람 조보(趙普)가 송(宋) 태조를 도와 천하를 통일하였는데, "논어의 절반 지식으로 태조께서 천하를 평정하시는 일을 도왔으며, 나머지 절반의 지식으로 폐하께서 천하를 다스리도록

돕고 있습니다." 라고 말한 데서 유래. <출> 나대경(羅大經)의 학림옥로(鶴林玉露).

半信半疑반신반의 [62626240] 내용의 절반은 믿으면서도 절반은 의심함.

方長不折방장부절 [72807240] 한창 자라는 풀이나 나무를 꺾지 아니함. 앞길이 유망한 사람이나 사업에 대하여 훼살을 놓지 않음.

防患未然방환미연 [42504270] 화를 당하기 전에 재앙을 미리 막음

拜金思想배금사상 [42805042] 돈을 최고의 가치로 여기고 숭배하는 사상.

百家爭鳴백가쟁명 [70725040] 많은 학자나 문화인 등이 자기의 학설이나 주장을 자유롭게 발표하여, 논쟁하고 토론함. 1956년에 중국 공산당이 정치 투쟁을 위하여 내세운 강령.

百年大計백년대계 [70808062] 먼 앞날까지 미리 내다보고 세우는 크고 중요한 계획.

百年同樂백년동락 [70807062] 百年偕老 참조. 평생 동안 즐거움을 함께 함.

百年言約백년언약 [70806052] 百年佳約 참조. 평생을 같이 지낼 것을 굳게 다짐하는 아름다운 언약.

百年河淸백년하청 [70805062] 아무리 오랜 시일이 지나도 어떤 일이 이루어지기 어려움. 황하(黃河)가 늘 흐려 맑을 때가 없다는 데서 유래. <출> 춘추좌씨전(春秋左氏傳) 양왕(襄王) 8년조. (유) 不知何歲月, 千年一淸

白頭如新백두여신 [80604262] 머리가 백발이 되도록 오래 사귀었어도 서로 마음을 깊이 알지 못하여 새로 사귄 사람과 다름이 없음. 오랫동안 사귀어 온 사이지만 서로 간의 정이 두텁지 못함.

白龍魚服백룡어복 [80405060] 흰 용이 물고기로 모습을 바꾸었다는 뜻으로, 그 때문에 어부에게 붙잡힌다는 데서, 귀한 사람이 허름한 옷을 입고 가난한 사람 모습을 함 <출> 동경부(東京賦)

百萬長者백만장자 [70808060] 재산이 매우 많은 사람, 아주 큰 부자.

白面書生백면서생 [80706280] 한갓 글만 읽고 세상일에는 전혀 경험이 없는 사람. 송서(宋書) 심경지전(沈慶之傳).

百發百中백발백중 [70627080] 백 번 쏘아 백 번 맞힘. 총이나 활 따위를 쏠 때마다 겨눈 곳에다 맞음. 무슨 일이나 틀림없이 잘 들어맞음. (유) 一發必中

百死一生백사일생 [70608080] 九死一生 참조. 백 번 죽을 뻔하다가 한 번 살아남.

白首北面백수북면 [80528070] 재주와 덕이 없는 사람은 늙어서도 북쪽을 향하여 스승의 가르침을 받음이 마땅함. 배움에는 나이 제한이 없으므로 백발의 노인이 되어서도 배워야 함.

白水眞人백수진인 [80804280] 옛날 중국에서 후한이 새로 나타나게 될 것을 예언한 말로 돈의 다른 이름으로 쓰임

白雲孤飛백운고비 [80524042] 흰구름이 외롭게 떠다닌다는 말로 멀리 떠나온 자식이 어버이를 그리워하는 마음 <출> 당서(唐書)

白衣民族백의민족 [80608060] 흰옷을 입은 민족, 한민족을 이르는 말. 예로부터 우리 민족이 흰옷을 즐겨 입은 데서 유래.

白衣從軍백의종군 [80604080] 벼슬 없이 군대를 따라 싸움터로 감.

百戰老將백전노장 [70627042] 수많은 싸움을 치른 노련한 장수.

百戰百勝백전백승 [70627060] 싸울 때마다 다 이김.

百折不屈백절불굴 [70407240] 어떠한 난관에도 결코 굽히지 않음. (유) 百折不撓

百害無益백해무익 [70525042] 해롭기만 하고 하나도 이로운 바가 없음.

便同一室변동일실 [70708080] 변소를 같이 쓰는 한 집이라는 데서, 남과 아주 가까워 한 집안이나 마찬가지임

邊上加邊변상가변 [42725042] 기존의 본전에 邊利(변리)를 합쳐 만든 새 본전에 덧붙인 변리.

別無神通별무신통 [60506260] 별로 신통할 것이 없음.

別無長物별무장물 [60508072] 長物은 여분(餘分)이라는 뜻. 필요한 것 이외에는 갖지 않음. 물욕이 없는 검소한 생활. <출> 세설신어(世說新語) 덕행(德行)편.

別有天地별유천지 [60707070] 武陵桃源 참조. 이 세상과 따로 존재하는 세계.

兵家常事병가상사 [52724272] 전쟁에서 이기고 지는 일은 흔히 있는 일임을 이름, 실패는 흔히 있으므로 낙심할 것이 없음을 이르는 말.

兵貴神速병귀신속 [52506260] 군대는 귀신처럼 빨리 움직임이 중요함 <출> 위지(魏志)

步武堂堂보무당당 [42426262] 걸음걸이가 씩씩하고 위엄이 있음. 步는 한 걸음, 武는 반걸음.

報本反始보본반시 [42606262] 천지에 보답하고 처음으로 돌아간다는 뜻으로, 천지와 선조의 은혜에 보답함 <출> 예기(禮記)

報怨以德보원이덕 [42405252] 원한을 덕으로 갚음.

伏地不動복지부동 [40707272] 땅에 엎드려 움직이지 아니한다는 말로 주어진 일이나 업무를 처리하는 데 몸을 사림

本第入納본제입납 [60627040] 본집으로 들어가는 편지라는 뜻으로, 자기 집으로 편지할 때에 편지 겉봉에 자기 이름을 쓰고 그 밑에 쓰는 말.

奉仕活動봉사활동 [52527272] 사회나 타인에 대해 정성을 들여 섬기거나 돌보는 일.

富國強兵부국강병 [42806052] 나라를 부유하게 만들고 군대를 강하게 함, 부유한 나라와 강한 군대.

富貴功名부귀공명 [42506272] 재산이 많고 지위가 높으며 공을 세워 이름을 떨침.

富貴榮華부귀영화 [42504240] 재산이 많고 지위가 높으며 귀하게 되어서 세상에 드러나 온갖 영광을 누림.

富貴在天부귀재천 [42506070] 부유함과 귀함은 하늘에 달려 있음.

不當利得부당이득 [72526242]　정당치 못한 방법으로 얻는 이익.
不大不小부대불소 [72807280]　크지도 작지도 않고 알맞음.
不得不然부득불연 [72427270]　그렇게 될 수밖에 없음.
不得要領부득요령 [72425250]　要領不得 참조. 말이나 글 또는 일의 골자나 이치를 알 수가 없음.
父母奉養부모봉양 [80805252]　부모를 받들어 모심.
夫婦有別부부유별 [70427060]　五倫(오륜)의 하나, 남편과 아내 사이에는 본분의 구별이 있음.
婦有長舌부유장설 [42708040]　여자가 말이 많음은 화의 발단이 됨
不自量力부자양력 [72725072]　자신의 힘은 생각하지 않고 섣부르게 행동함 〈출〉좌전(左傳)
父子有親부자유친 [80727060]　五倫(오륜)의 하나. 아버지와 아들 사이에는 두터운 정이 있어야 함.
父傳子傳부전자전 [80527252]　아버지가 아들에게 대대로 전함 (유) 父子相傳, 父傳子承
負重致遠부중치원 [40705060]　무거운 물건을 지고 먼 곳까지 감. 중요한 직책을 맡음. 〈출〉 삼국지(三國志) 촉서(蜀書) 방통(龐統)전.
不知甘苦부지감고 [72524060]　달고 씀을 가리지 못한다는 뜻으로 아주 쉬운 이치도 알지 못함을 이르는 말.
不知去處부지거처 [72525042]　간 곳을 모름.
不知寢食부지침식 [72524072]　不撤晝夜 참조. 자고 먹는 일을 잊을 만큼 일에 열중함. (유) 不撤晝夜, 不解衣帶, 夜以繼晝, 晝而繼夜
父風母習부풍모습 [80628060]　아버지와 어머니를 골고루 닮음
北馬南船북마남선 [80508050]　南船北馬 참조. 북쪽은 말, 남쪽은 배를 이용하여 돌아다님.
北窓三友북창삼우 [80628052]　거문고, 술, 시(詩). 백거이(白居易)의 북창삼우시(北窓三友詩).
不可救藥불가구약 [72505062]　치료약을 구할 수 없음. 일이 만회할 수 없을 지경에 달하였음. 〈출〉 시경(詩經) 대아(大雅)의 판(板) 시.
不可不念불가불념 [72507252]　잊어서는 절대 안 됨.
不可思議불가사의 [72505042]　생각하거나 미루어 헤아릴 수 없음, 이상야릇함.
不可勝數불가승수 [72506070]　헤아릴 수 없을 만큼 아주 많음.
不暇草書불가초서 [72407062]　한자 초서를 쓸 때는 획과 점을 일일이 쓰지 않는데 이것마저 쓸 틈이 없을 만큼 매우 바쁨
不可抗力불가항력 [72504072]　사람의 힘으로는 저항할 수 없는 힘.
不可形言불가형언 [72506260]　말이나 글로 표현할 수 없음.
不敢生意불감생의 [72408062]　감히 엄두도 내지 못함. (유) 敢不生心, 焉敢生心
不攻自破불공자파 [72407242]　치지 않아도 저절로 깨짐.
不念舊惡불념구악 [72525252]　지나간 잘못을 마음 속에 담아두지 않음 〈출〉 논어(論語) 공야장(公冶長)편

不良少年불량소년 [72527080]　행실이나 성품이 나쁜 소년.
不勞所得불로소득 [72527042]　직접 일을 하지 아니하고 얻는 이익.
不老長生불로장생 [72708080]　늙지않고 오래도록 살아감.
不立文字불립문자 [72727070]　불교에서 문자로 가르침을 세우지 않는다는 의미에서 마음에서 마음으로 전한다는 뜻으로 쓰임.
不問可知불문가지 [72705052]　묻지 아니하여도 알 수 있음. (유) 不言可想, 不言可知
不問曲折불문곡절 [72705040]　不問曲直 참조. 바르고 굽음을 묻지 아니함.
不問曲直불문곡직 [72705072]　옳고 그름을 따지지 아니함. <출> 사기(史記) 열전(列傳) 이사전(李斯傳). (유) 不問曲折, 曲直不問
不伐己長불벌기장 [72425280]　자기의 장점을 자랑하지 않는다는 뜻으로, 겸손한 자세를 말함
不分皁白불분조백 [72624280]　착하고 나쁨, 잘나고 못남을 가리지 않음
不事二君불사이군 [72728040]　한 사람이 두 임금을 섬기지 아니함.
不言可想불언가상 [72605042]　不問可知 참조. 말하지 않아도 상상할 수 있음.
不言可知불언가지 [72605052]　不問可知 참조. 말하지 않아도 알 수 있음.
不易流行불역유행 [72405260]　불역(不易)은 예술의 본질은 바뀌지 않음을, 유행(流行)은 표현 방식은 시대에 따라 끊임없이 변함을 나타내는 말로 이 두 가지가 하나의 바탕으로 돌아가야한다는 생각
不要不急불요불급 [72527262]　중요하지도 않고 급하지도 않음.
不遠萬里불원만리 [72608070]　不遠千里 참조. 만 리 길도 멀다하지 않음.
不遠千里불원천리 [72607070]　천 리 길도 멀다고 여기지 않음. <출> 맹자(孟子) 양혜왕(梁惠王). (유) 不遠萬里
不爲福先불위복선 [72425280]　복을 얻는 데 남보다 앞서면 남에게 미움을 받으므로 남에 앞서서 차지하려 하지 않음
不爲酒困불위주곤 [72424040]　술 때문에 곤란하게 되지 아니함 <출> 논어(論語)
不遺餘力불유여력 [72404272]　있는 힘을 남기지 않고 다 씀 <출> 전국책(戰國策) (유) 全力投球
不因人熱불인인열 [72508050]　사람의 열로써 밥을 짓지 않는다는 뜻으로, 남에게 은혜를 입는 것을 떳떳이 여기지 않음 <출> 세설신어(世說新語)
不快指數불쾌지수 [72424270]　기온과 습도 따위의 기상 요소를 자료로 무더위에 대하여 몸이 느끼는 쾌, 불쾌의 정도를 나타내는 지수.
不避風雨불피풍우 [72406252]　비바람을 무릅쓰고 일함.
不學無識불학무식 [72805052]　배운 것이 없어 아는 것이 없음.
不解衣帶불해의대 [72426042]　不撤晝夜 참조. 옷 띠를 풀지 않고 잠시도 쉬지 않으며 일에 힘씀 <출> 한서(漢書) (유) 不撤晝夜, 不知寢食, 夜以繼晝, 晝而繼夜
不協和音불협화음 [72426262]　어울리지 않는 소리 또는 사람들 관계가 잘 어울리지 않음

<부록> 四音節 故事成語 및 漢字語

飛耳長目비이장목 [42508060] 멀리 있는 것을 빨리 듣는 귀와 먼 곳을 보는 눈이라는 뜻으로, 관찰력이 넓고 날카로움 또는 책 <출> 관자(管子) (유) 長目飛耳

非一非再비일비재 [42804250] 같은 현상이나 일이 한둘이 아니고 많음.

飛將數奇비장수기 [42427040] 중국 한(漢)나라 때 장군 이광(李廣)이 재주는 많으나 여러 번 어려움을 겪었다는 고사에서 비장(飛將)'은 이광을 가리키고, '수기(數奇)'는 '운수가 사납다'라는 뜻이므로 재주가 많으면 어려움도 많게 됨 <출> 사기(史記) 이장군열전(李將軍列傳)

鼻下政事비하정사 [50724272] 코 밑에 닥친 일에 관한 정사(政事)라는 뜻으로, 하루하루를 겨우 먹고 살아가는 일 (유) 鼻下公事

貧者一燈빈자일등 [42608042] 가난한 사람이 바치는 하나의 등(燈). 물질의 많고 적음보다 정성이 중요함. 왕이 부처에게 바친 백 개의 등은 밤사이에 다 꺼졌으나 가난한 노파 난타(難陀)가 정성으로 바친 하나의 등은 꺼지지 않았다는 데서 유래. 賢愚經(현우경).

氷上競技빙상경기 [50725050] 얼음판 위에서 하는 경기를 통틀어 이르는 말.

氷姿玉質빙자옥질 [50404252] 얼음같이 맑고 깨끗한 살결과 구슬같이 아름다운 자질. (유) 仙姿玉質

思考方式사고방식 [50507260] 어떤 문제에 대하여 생각하고 궁리하는 방법이나 태도.

舍己從人사기종인 [42524080] 자기의 행위를 버리고 다른 사람의 좋은 점을 본떠 행함

士農工商사농공상 [52727252] 예전에, 백성을 나누던 네 가지 계급. 선비, 농부, 공장(工匠), 상인을 이름.

四端七情사단칠정 [80428052] 성리학(性理學)에서 사단(四端)은 인간의 본성에서 우러나오는 마음씨로 인의예지(仁義禮智)를 말하며, 칠정(七情)은 인간의 자연적 감정으로 희로애락애오욕(喜怒哀樂愛惡欲)을 가리킴 <출> 맹자(孟子)

四達五通사달오통 [80428060] 四通八達 참조. 길이 여러 발면으로 다 통함.

事大主義사대주의 [72807042] 주체성이 없이 세력이 강한 나라나 사람을 받들어 섬기는 태도.

思慮分別사려분별 [50406260] 생각을 짜내어 옳고 그름을 잘 구별함 (유) 熟慮斷行 (상) 輕擧妄動

四面春風사면춘풍 [80707062] 두루 봄바람. 누구에게나 좋게 대함, 또는 그런 사람. (유) 到處春風, 四時春風

事半功倍사반공배 [72626250] 들인 노력은 적고 성과는 많음.

師範學校사범학교 [42408080] 사범 교육을 목적으로 하는 학교.

仕非爲貧사비위빈 [52424242] 관리는 가난해도 녹을 먹기 위해 일하지 않는다는 뜻으로, 관리는

- 185 -

덕을 천하에 펴야 한다는 말 〈출〉 맹자(孟子)

死生決斷사생결단 [60805242] 죽고 삶을 돌보지 않고 끝장을 내려고 함.

死生關頭사생관두 [60805260] 죽고 사는 것이 달린 매우 위험한 고비 (유) 生死關頭

四書五經사서오경 [80628042] 사서(論語, 孟子, 大學, 中庸)와 오경(詩經, 書經, 易經, 禮記, 春秋)을 아울러 이르는 말.

四時春風사시춘풍 [80727062] 四面春風 참조. 사계절 봄바람. 두루 봄바람.

事實無根사실무근 [72525060] 근거가 없음, 터무니없음.

事有終始사유종시 [72705062] 일에는 처음과 끝이 있음 〈출〉 대학(大學)

使錢如水사전여수 [60404280] 돈을 아끼지 않고 물 쓰듯 함

死中求生사중구생 [60804280] 죽을 고비에서 살 길을 찾음 (유) 死中求活

事親以孝사친이효 [72605272] 효도로써 어버이를 섬김. 화랑도 세속 오계의 하나.

四通五達사통오달 [80608042] 四通八達 참조. 길이 여러 방면으로 두루 통함.

四通八達사통팔달 [80608042] 도로나 교통망, 통신망 따위가 이리저리 사방으로 통함. (유) 四達五通, 四通五達

事必歸正사필귀정 [72524072] 모든 일은 반드시 바른길로 돌아감. (유) 邪不犯正

四海同胞사해동포 [80727040] 四海兄第 참조. 온 세상 사람이 모두 동포.

四海爲家사해위가 [80724272] 온 세상이 다 제 집이란 뜻으로, 임금의 업적이 큼 또는 떠돌아다녀서 일정하게 머무는 곳이 없음

四海兄第사해형제 [80728062] 온 세상 사람이 모두 형제. 친밀함을 이르는 말. 〈출〉 논어(論語) 안연편(顏淵篇). (유) 四海同胞

死灰復燃사회부연 [60404240] 불 꺼진 재가 다시 타오름. 세력을 잃었던 사람이 다시 득세함. 〈출〉 사기(史記) 한장유(韓長孺)열전.

山高水長산고수장 [80628080] 산은 높이 솟고 강은 길게 흐름. 군자의 덕행이 높고 한없이 오래 전하여 내려오는 것을 비유적으로 이름.

山窮水盡산궁수진 [80408040] 산길이 막히고 물길이 끊어져 더 갈 길이 없음. 막다른 지경에 이름. (유) 山盡水窮, 山盡海渴

山明水麗산명수려 [80628042] 山紫水明 참조. 산 모양이 선명하고 물이 고움.

山明水淸산명수청 [80628062] 山紫水明 참조. 산 모양이 선명하고 물이 맑음.

山戰水戰산전수전 [80628062] 산에서도 싸우고 물에서도 싸움. 세상의 온갖 고생과 어려움을 다 겪음.

山盡水窮산진수궁 [80408040] 山窮水盡 참조. 산길이 다하고 물길이 다함을 뜻하며 더 이상 나아갈 길이 없음

山珍海味산진해미 [80407242] 膏粱珍味 참조. 산에서 나는 진귀한 것과 바다에서 나는 맛있는 것.

山川草木 산천초목 [80707080]	산과 내와 풀과 나무라는 뜻으로, 자연을 이름.
山海珍味 산해진미 [80724042]	膏粱珍味 참조. 산에서 나는 진귀한 것과 바다에서 나는 맛있는 것.
殺身成仁 살신성인 [42626240]	捨生取義 참조. 자기의 몸을 희생하여 인(仁)을 이룸. <출> 논어(論語) 위령공편(衛靈公篇).
殺身立節 살신입절 [42627252]	捨生取義 참조. 자기의 몸을 희생하여 절개를 세움.
三權分立 삼권분립 [80426272]	국가의 권력을 입법, 사법, 행정의 삼권으로 분리하여 서로 견제하게 함으로써 권력의 남용을 막고, 국민의 권리와 자유를 보장하는 국가 조직의 원리.
三年不飛 삼년불비 [80807242]	3년 동안 날지 않음. 훗날 웅비(雄飛)할 기회를 기다림. <출> 춘추시대 오패(五霸)의 한 사람인 초(楚) 장왕(莊王)이 3년에 걸쳐 주색(酒色)으로 나날을 보내면서 간신과 충신을 가려내어, 국정에 임하자마자 간신을 처단하고 충신을 등용하여 한 번에 나라가 바로잡혔다는 고사에서 유래. 여씨춘추(呂氏春秋) 심응람(審應覽). (유) 一鳴驚人
三三五五 삼삼오오 [80808080]	서너 사람 또는 대여섯이 떼를 지은 모양 또는 여기저기 몇몇씩 흩어져 있는 모양 <출> 이백(李白)의 채련곡(采蓮曲)
三十六計 삼십육계 [80808062]	서른여섯 가지의 꾀. 많은 꾀. 여러 계책 중에 가장 좋은 것은 도망가는 것이라는 말(三十六計走爲上計). 자치통감(資治通鑑).
三位一體 삼위일체 [80508062]	세 가지의 것이 하나의 실체를 구성함.
三日遊街 삼일유가 [80804042]	과거에 급제한 사람이 사흘 동안 시험관과 선배 급제자와 친척을 방문하던 일.
三日天下 삼일천하 [80807072]	五日京兆 참조. 정권을 잡았다가 짧은 기간 내에 밀려나게 됨. 어떤 지위에 발탁, 기용되었다가 며칠 못 가서 떨어지는 일.
三寒四溫 삼한사온 [80508060]	7일을 주기로 사흘 동안 춥고 나흘 동안 따뜻함, 한국을 비롯하여 아시아의 동부, 북부에서 나타나는 겨울 기온의 변화 현상을 이름.
上文右武 상문우무 [72707242]	문무(文武)를 모두 높이 알아줌.
相思不見 상사불견 [52507252]	남녀가 서로 그리워하면서도 만나보지 못함
上山求魚 상산구어 [72804250]	緣木求魚 참조. 산에 올라 물고기를 구함.
上援下推 상원하추 [72407240]	윗사람이 끌어주고 아랫사람이 밀어주어 벼슬에 나아감. (유) 推戴
象形文字 상형문자 [40627070]	물건의 모양을 본떠서 만든 글자.
色如死灰 색여사회 [70426040]	얼굴 색이 꺼진 잿빛과 같다는 뜻으로 얼굴에 감정 표현이 없음

生寄死歸생기사귀 [80406040]　삶은 잠깐 머무르는 것이고, 죽음은 돌아감 〈출〉 회남자(淮南子)
生面大責생면대책 [80708052]　잘 알지 못하고 관계 없는 사람을 그릇 꾸짖음
生面不知생면부지 [80707252]　태어나서 만나 본 적이 없는 전혀 모르는 사람
生不如死생불여사 [80724260]　살아 있음이 차라리 죽는 것만 못함. 몹시 어려운 형편에 있음.
生死苦樂생사고락 [80606062]　삶과 죽음, 괴로움과 즐거움을 통틀어 이르는 말.
生死肉骨생사육골 [80604240]　죽은 사람을 살려 내어 뼈에 살을 붙인다는 뜻으로 큰 은혜를 베풂 (유) 生死骨肉
生三死七생삼사칠 [80806080]　사람이 태어난 뒤 사흘 동안과 죽은 뒤 이레 동안을 부정하다고 꺼리는 기간
席不暇暖석불가난 [60724042]　앉은 자리가 따뜻할 겨를이 없음. 자리나 주소를 자주 옮기거나 매우 바쁘게 돌아다님. 〈출〉 한유(韓愈)의 쟁신론(爭臣論).
石破天驚석파천경 [60427040]　돌이 깨지자 하늘이 놀란다는 뜻으로 아름다운 음악 또는 기발한 생각을 말함 〈출〉 이하(李賀)의 이빙공후인(李憑公侯引)
石火光陰석화광음 [60806242]　돌이 마주 부딪칠 때에 불이 반짝이는 것과 같이 빠른 세월
先景後事선경후사 [80507272]　먼저 자연 경치를 묘사하고 그 뒤에 화자의 정서나 심사를 묘사하는 한시의 시상 전개법
先公後私선공후사 [80627240]　공적인 일을 먼저 하고 사사로운 일은 뒤로 미룸.
善男善女선남선녀 [50725080]　성품이 착한 남자와 여자, 착하고 어진 사람들을 이름, 곱게 단장을 한 남자와 여자를 이름.
先禮後學선례후학 [80607280]　먼저 예의를 배우고 나중에 학문을 배우라는 뜻으로, 예의가 우선임을 이르는 말.
先發制人선발제인 [80624280]　남의 꾀를 사전에 알아차리고 일이 일어나기 전에 미리 막아 냄. (유) 先則制人
先病者醫선병자의 [80606060]　먼저 앓아 본 사람이 남을 고칠 수 있다는 뜻으로, 경험 있는 사람이 남을 도울 수 있음
先史時代선사시대 [80527262]　문헌 사료가 전혀 존재하지 않는 시대.
先聲後實선성후실 [80427252]　먼저 말로서 놀라게 하고 실력은 뒤에 가서 보여줌.
善爲說辭선위설사 [50425240]　말을 재치 있게 잘 함
先義後利선의후리 [80427262]　먼저 도리를 생각하고 이익은 그 뒤에 한다는 말로 장사의 기본 태도를 말함 〈출〉 맹자(孟子)
仙姿玉質선자옥질 [52404252]　氷姿玉質 참조. 신선의 자태에 옥의 바탕. 몸과 마음이 매우 아름다운 사람.
先制攻擊선제공격 [80424040]　상대편을 견제하거나 제압하기 위해 선수를 쳐서 공격하는 일.
先則制人선즉제인 [80504280]　先發制人 참조. 먼저 손을 쓰면 남을 제압할 수 있음. 〈출〉 사기

(史記) 항우본기(項羽本記).

仙風道骨선풍도골 [52627240] 신선의 풍채와 도인의 골격, 남달리 뛰어나고 高雅(고아)한 풍채를 이름.

雪上加雪설상가설 [62725062] 雪上加霜 참조. 눈 위에 또 눈이 덮힘.

說往說來설왕설래 [52425270] 서로 변론을 주고받으며 옥신각신함. 말이 오고 감. (유) 言去言來, 言三語四, 言往說來, 言往言來

雪中四友설중사우 [62808052] 옥매(玉梅), 납매(臘梅), 다매(茶梅), 수선(水仙)을 가리킴

雪中送炭설중송탄 [62804250] 추운 날씨에 땔감을 보냄. 급히 필요할 때 필요한 도움을 줌. 송사(宋史) 태종기(太宗紀).

葉公好龍섭공호룡 [50624240] 葉公(섭공)이란 춘추시대 초(楚) 나라의 葉(섭)이란 지방을 다스렸던 영주를 일컫는데 용을 무척 좋아했다고 한다. 하늘에 살던 용이 이 소문을 듣고 반가운 마음에 찾아갔더니, 그만 기겁을 하고 깜짝 놀라서 혼비백산 달아나고 말았다는 고사로 좋아한다고 하지만 정말로 좋아하는 것이 아니라 말로만 외칠 뿐 실제 하는 것은 없음을 가리킴 <출> 신서(新序) 잡사편

成功者退성공자퇴 [62626042] 공을 이룬 사람은 물러나야 한다는 뜻으로, 성공한 사람은 물러날 때를 알아야 함 <출> 사기(史記) 범저채택열전(范雎蔡澤列傳) (유) 成功身退, 成功者去

聲東擊西성동격서 [42804080] 동쪽에서 소리를 내고 서쪽에서 적을 침. 적을 유인하여 이쪽을 공격하는 체하다가 그 반대쪽을 치는 전술. 통전(通典)의 병전(兵典).

星羅雲布성라운포 [42425242] 별처럼 펼쳐져 있고, 구름처럼 퍼져 있다는 뜻으로, 사물이 여기저기 많이 흩어져 있는 모양 <출> 반고(班固)의 서도부(西都賦)

聲聞過情성문과정 [42625252] 명성이 실정을 앞선다는 뜻으로, 그 사람의 가치 이상으로 평판이 높음 <출> 맹자(孟子)

誠中形外성중형외 [42806280] 진실한 마음과 참된 생각은 꾸미지 않아도 결국 겉으로 드러남 <출> 대학(大學)

勢不十年세불십년 [42728080] 權不十年 참조. 권세는 십년을 가지 못함.

世上萬事세상만사 [72728072] 세상에서 일어나는 온갖 일.

世世相傳세세상전 [72725252] 여러 대를 두고 전하여 내려옴

世俗五戒세속오계 [72428040] 신라 진평왕 때에 圓光(원광)이 정한 花郞(화랑)의 다섯 가지 계율. 事君以忠, 事親以孝, 交友以信, 臨戰無退, 殺生有擇.

歲時風俗세시풍속 [52726242] 계절에 따라 치르는 옛날부터 그 사회에 전해 오는 생활 전반에 걸친 행사나 습관.

勢如破竹세여파죽 [42424242]	燎原之火 참조. 대를 쪼개는 기세. 적을 거침없이 물리치고 쳐들어가는 기세. 진서(晋書) 두예전(杜預傳).
歲寒三友세한삼우 [52508052]	추운 겨울철의 세 벗, 추위에 잘 견디는 소나무, 대나무, 매화나무를 통틀어 이름. 松竹梅.
小康狀態소강상태 [80424242]	혼란 따위가 그치고 조금 잠잠하여진 약간 편안한 상태.
素車白馬소거백마 [42728050]	흰 포장을 두른 수레와 흰말이라는 뜻으로 상여로 쓰이는데 친구의 죽음을 슬퍼하는 마음 또는 아주 친한 친구 사이를 뜻하기도 함 〈출〉 후한서(後漢書)
笑比河淸소비하청 [42505062]	맑은 황하를 보는 것 만큼이나 웃음을 보기가 어렵다는 데서 나온 말로 근엄하여 좀처럼 웃지 않음 〈출〉 송사(宋史)
小異大同소이대동 [80408070]	五十笑百 참조. 조금 다르고 크게는 같음.
所向無敵소향무적 [70605042]	나아가는 곳마다 적이 없음 〈출〉 삼국지(三國志)
速戰速決속전속결 [60626052]	빨리 몰아쳐 싸워 승부를 빨리 결정함, 어떤 일을 빨리 진행하여 빨리 끝냄을 비유적으로 이름.
孫康映雪손강영설 [60424062]	螢雪之功 참조. 열심히 공부함. 진(晋)나라의 손강(孫康)이 몹시 가난하여 겨울밤에는 눈빛으로 공부하였다는 데서 유래.
損者三樂손자삼요 [40608062]	사람의 몸에 손실이 되는 세 가지 즉 분에 넘치게 즐기는 것, 일하지 아니하고 노는 것을 즐기는 것, 주색을 좋아하는 것을 말함 〈출〉 논어(論語)
損者三友손자삼우 [40608052]	사귀면 손해가 되는 세 종류의 벗. 편벽한 벗, 착하기만 하고 줏대가 없는 벗, 말만 잘하고 성실하지 못한 벗. 〈출〉 논어(論語) 계씨(季氏) 편. (유) 三損友 (상) 益者三友
送舊迎新송구영신 [42524062]	묵은해를 보내고 새해를 맞음. (유) 送迎
數間斗屋수간두옥 [70724250]	두서너 칸밖에 안 되는 아주 작은 집 (유) 三間草家, 三間草屋, 數間草屋, 草家三間
修己治人수기치인 [42524280]	자신의 몸과 마음을 닦은 후에 남을 다스림.
水到魚行수도어행 [80525060]	물이 이르면 물고기가 다님. 무슨 일이건 때가 되면 이루어짐.
水陸珍味수륙진미 [80524042]	膏粱珍味 참조. 물과 뭍에서 나는 진귀하고 맛있는 것.
時不可失시불가실 [72725060]	勿失好機 참조. 때를 잃어버리면 안됨. 좋은 기회는 한번 지나가면 다시 잡기가 어려움. 〈출〉 상서(尙書) 태서(泰誓)편.
是非曲直시비곡직 [42425072]	옳고 그르고 굽고 곧음.
視死如歸시사여귀 [42604240]	視死如生 참조. 죽음을 두려워하지 않고 마치 고향으로 돌아가듯이 여김.
視死如生시사여생 [42604280]	죽음을 보기를 삶처럼 여김. 죽음을 두려워하지 않음. (유) 視死如

歸 〈출〉. 〈출〉 장자

時事用語시사용어 [72726270] 당시에 일어난 여러 가지 사회적 사건에 관련된 용어.
是是非非시시비비 [42424242] 여러 가지의 잘잘못. 서로 옳고 그름을 따지는 일 〈출〉 순자
市場物價시장물가 [72727252] 저자(시장)에서 거래되는 물건의 값.
始終如一시종여일 [62504280] 처음부터 끝까지 변함없이 한결같음.
時和年豊시화연풍 [72628042] 나라가 태평하고 풍년이 듦.
新聞記者신문기자 [62627260] 새로운 소식을 실어 나르는 신문에 실을 자료를 수집, 집필, 편집하는 사람.
信賞必罰신상필벌 [62505242] 공이 있는 자에게는 반드시 상을 주고, 죄가 있는 사람에게는 반드시 벌을 줌. 상과 벌을 공정하고 엄중하게 하는 일.
身言書判신언서판 [62606240] 중국 당나라 때에 관리를 선출하던 네 가지 표준. 예전에, 인물을 선택하는 데 표준으로 삼던 조건인 몸가짐, 말솜씨, 글씨쓰기, 판단력.
信用社會신용사회 [62626262] 거래 따위가 서로간의 믿음으로 움직이는 사회.
身土不二신토불이 [62807280] 몸과 땅은 둘이 아니고 하나라는 뜻으로, 자기가 사는 땅에서 산출한 농산물이라야 체질에 잘 맞음을 이르는 말.
室內溫度실내온도 [80726060] 방안 또는 건물 안의 따뜻함과 차가움의 정도. 또는 그것을 나타내는 수치.
實事求是실사구시 [52724242] 사실에 토대를 두어 진리를 탐구하는 일. 정확한 고증을 바탕으로 하는 과학적 객관적 학문 태도. 淸나라 고증학의 학문 태도. 조선 시대 실학파의 학문. 〈출〉한서(漢書) 하간헌왕덕전(河間獻王德傳).
心機一轉심기일전 [70408040] 이제까지 가졌던 마음가짐을 버리고 새로이 함.
心心相印심심상인 [70705242] 以心傳心 참조. 마음과 마음으로 서로 통함.
十年窓下십년창하 [80806272] 十年寒窓 참조. 십년을 창을 내리고 사람의 방문을 받지 않음.
十年寒窓십년한창 [80805062] 십년 동안 사람이 오지 않아 쓸쓸한 창문. 오랫동안 두문불출(杜門不出)하고 열심히 공부한 세월. 유기(劉祁)의 귀잠지(歸潛志). (유) 十年窓下
十目所視십목소시 [80607042] 여러 사람이 다 보고 있음. 세상 사람을 속일 수 없음. 대학(大學).
十生九死십생구사 [80808060] 九死一生 참조. 아홉 번 죽을 뻔하고 열 번을 살아남.
十二指腸십이지장 [80804240] 손가락 12개를 옆으로 늘어놓은 길이의 창자(실제 길이는 25-30cm로 12지 보다는 긺), 작은 창자 가운데 幽門(유문)에 이어지는 부분.
十中八九십중팔구 [80808080] 열 가운데 여덟이나 아홉 정도, 거의 대부분이거나 거의 틀림없음

을 이름.

惡衣惡食악의악식 [52605272]   錦衣玉食 참조. 너절하고 조잡한 옷을 입고 맛없는 음식을 먹음. 또는 그 옷이나 음식. (유) 粗衣惡食, 粗衣粗食 (상) 錦衣玉食, 好衣好食

惡戰苦鬪악전고투 [52626040]   매우 어려운 조건을 무릅쓰고 싸우고 고생스럽게 싸움.

安居危思안거위사 [72404050]   亡羊補牢 참조. 편안할 때에 어려움이 닥칠 것을 미리 대비함.

眼高手低안고수저 [42627242]   眼高手卑 참조. 눈은 높으나 재주가 낮음.

安分自足안분자족 [72627272]   자기 분수를 편안히 여기고 스스로 넉넉하다고 여김.

安分知足안분지족 [72625272]   편안한 마음으로 제 분수를 지키며 만족할 줄을 앎.

安貧樂道안빈낙도 [72426272]   가난한 생활을 하면서도 편안한 마음으로 도를 즐겨 지킴. (유) 淸貧樂道

安心立命안심입명 [72707270]   불성(佛性)을 깨닫고 삶과 죽음을 초월함으로써 마음의 편안함을 얻음.

眼中無人안중무인 [42805080]   傍若無人 참조. 눈 아래에 사람이 없음. 방자하고 교만하여 다른 사람을 업신여김.

眼下無人안하무인 [42725080]   傍若無人 참조. 눈 아래에 사람이 없음. 방자하고 교만하여 다른 사람을 업신여김.

安閑自適안한자적 [72407240]   悠悠自適 참조. 평화롭고 한가하여 마음 내키는 대로 즐김.

愛國愛族애국애족 [60806060]   나라와 겨레를 사랑함.

野球選手야구선수 [60625072]   야구에서 공격과 수비를 전문으로 하는 사람.

野生動物야생동물 [60807272]   산이나 들에서 저절로 나서 자라는 동물.

野生植物야생식물 [60807072]   산이나 들에서 저절로 나서 자라는 식물.

夜以繼晝야이계주 [60524060]   不撤晝夜 참조. 밤에도 낮을 이어 일하고 공부함.

藥房甘草약방감초 [62424070]   감초가 거의 모든 처방에 들어가는 데서, 아무 일에나 간섭하려 드는 사람, 어떤 일에서든지 두루 통하는 사람 등을 이름.

約法三章약법삼장 [52528060]   한(漢)나라 고조가 진(秦)나라 군사를 격파하고 함양(咸陽)에 들어가서 지방의 유력자들과 약속한 세 조항의 법. 사람을 살해한 자는 사형에 처하고, 사람을 상해하거나 남의 물건을 훔친 자는 처벌한다는 내용. (유) 法三章

弱肉强食약육강식 [62426072]   약한 자가 강한 자에게 먹힘. 강한 자가 약한 자를 희생시켜서 번영함. 약한 자는 끝내 강한 자에게 멸망함. 한창려집(韓昌黎集) 송부도문창사서(送浮屠文暢師序).

良藥苦口양약고구 [52626070]   병에 이로운 좋은 약은 입에 씀. 충언(忠言), 간언(諫言), 금언(金言)은 귀에 거슬리나 자신에게 이로움. 공자가어(孔子家語) 육

	본편(六本篇), 설원(說苑) 정간편(正諫篇).
兩者擇一양자택일 [42604080]	둘 중에서 하나를 고름.
魚東肉西어동육서 [50804280]	제사상을 차릴 때, 생선 반찬은 동쪽에 놓고 고기반찬은 서쪽에 놓는 일.
魚變成龍어변성룡 [50526240]	물고기가 변하여서 용이 됨. 아주 곤궁하던 사람이 부귀를 누리게 되거나 보잘것없던 사람이 큰 인물이 됨.
語不成說어불성설 [70726252]	말이 조금도 사리에 맞지 아니함. (유) 萬不成說, 不成說
億萬長者억만장자 [50808060]	헤아리기 어려울 만큼 많은 재산을 가진 큰부자.
言去言來언거언래 [60506070]	說往說來 참조. 말이 오고 감.
言三語四언삼어사 [60807080]	說往說來 참조. 말을 여러 번 주고받음.
言語道斷언어도단 [60707242]	말할 길이 끊어짐. 어이가 없어서 말하려 해도 말할 수 없음. (유) 道斷, 言語同斷
言語同斷언어동단 [60707042]	言語道斷 참조. 말씀이 함께 끊어짐.
言往說來언왕설래 [60425270]	說往說來 참조. 말이 오고 감.
言往言來언왕언래 [60426070]	說往說來 참조. 말이 오고 감.
言中有骨언중유골 [60807040]	말 속에 뼈가 있음. 예사로운 말 속에 단단한 속뜻이 들어 있음. (유) 言中有言, 言中有響
言中有言언중유언 [60807060]	言中有骨 참조. 말 속에 말이 있음. 예사로운 말 속에 어떤 풍자나 암시가 들어 있음.
言行相反언행상반 [60605262]	말과 행동이 서로 반대됨.
言行一致언행일치 [60608050]	말과 행동이 서로 같음, 말한 대로 실행함.
嚴冬雪寒엄동설한 [40706250]	몹시 추운 겨울철 눈 내리기 전후의 심한 추위.
與民同樂여민동락 [40807062]	임금이 백성과 함께 즐김. (유) 與民偕樂
與世推移여세추이 [40724042]	세상이 변하는 대로 따라 변함. (유) 與世浮沈
如魚得水여어득수 [42504280]	물고기가 물을 얻은 것과 같음. 마음에 맞는 사람을 얻거나 자신에게 매우 적합한 환경을 얻게 됨. 유비(劉備)가 제갈량(諸葛亮)을 얻었을 때 한 말에서 유래. <출> 삼국지(三國志) 촉서(蜀書) 제갈량(諸葛亮)전.
如鳥數飛여조삭비 [42427042]	학습(學習). 배우고 익히는 것은 새가 자주 날갯짓하는 것과 같다는 뜻. <출> 논어(論語) 학이(學而) 편 주자(朱子) 註.
旅進旅退여진여퇴 [52425242]	附和雷同 참조. 줏대 없이 물러나고 나아가는 것을 무리와 함께 함.
如出一口여출일구 [42708070]	異口同聲 참조. 여러 사람의 말이 한 입에서 나온 것과 같음.
如風過耳여풍과이 [42625250]	馬耳東風 참조. 바람이 귀를 통과하는 것과 같음.

女必從夫여필종부 [80524070]　아내는 반드시 남편을 따라야 함.
旅行案內여행안내 [52605072]　여행하는 사람의 편의를 위하여 교통 여건이나 숙소, 명승고적 따위를 안내하는 일.
連帶責任연대책임 [42425252]　두 사람 이상이 함께 지는 책임.
年末年始연말연시 [80508062]　한 해의 마지막 때와 새해의 첫머리를 아울러 이름.
緣木求魚연목구어 [40804250]　나무에 올라가서 물고기를 구함. 도저히 불가능한 일. 〈출〉맹자(孟子) 양혜왕(梁惠王) 편. (유) 上山求魚, 與狐謀皮
年富力强연부역강 [80427260]　나이가 젊고 기력이 왕성함.
連席會議연석회의 [42606242]　둘 이상의 회의체가 합동으로 여는 회의.
年月日時연월일시 [80808072]　해와 달과 날과 시를 아울러 이르는 말.
連戰連勝연전연승 [42624260]　싸울 때마다 계속하여 이김.
年中行事연중행사 [80806072]　해마다 일정한 시기를 정하여 놓고 하는 행사.
營養失調영양실조 [40526052]　5영양이 조화를 잃음, 영양소의 부족 또는 과잉으로 일어나는 신체의 이상 상태.
營業停止영업정지 [40625050]　영업을 못하게 함, 단속 규정을 위반하였을 때, 행정 처분에 의하여 일정 기간 영업을 못하게 하는 일.
英才敎育영재교육 [60628070]　뛰어난 재능을 지닌 사람의 재능을 훌륭하게 발전시키기 위한 특수 교육.
英韓辭典영한사전 [60804052]　영어를 한국어로 풀이한 사전.
五穀百果오곡백과 [80407062]　대표적으로 벼, 보리, 콩, 조, 기장의 곡식 곧 온갖 곡식과 과실을 이르는 말.
五十笑百오십소백 [80804270]　조금 낮고 못한 정도의 차이는 있으나 본질적으로는 차이가 없음. 양(梁)나라 혜왕(惠王)이 정사(政事)에 관하여 孟子에게 물었을 때, 전쟁에 패하여 어떤 자는 백 보를, 또 어떤 자는 오십 보를 도망했다면, 도망한 것에는 양자의 차이가 없으므로 오십보 도망간 자가 백보를 도망간 자를 비웃을 수 없다고 대답한 데서 유래. (유) 五十步百步, 大同小異, 小異大同
五言金城오언금성 [80608042]　五言長城 참조. 오언이 쇠로 만든 성과 같음.
五言長城오언장성 [80608042]　오언이 만리장성과 같음. 오언의 시에 매우 능숙함. (유) 五言金城
五言絶句오언절구 [80604242]　漢詩(한시)에서 한 구가 다섯 글자로 된 절구.
五風十雨오풍십우 [80628052]　닷새 동안 바람 불고 열흘 동안 비가 온다는 뜻으로 기후가 아주 고름을 이르는 말.
玉骨仙風옥골선풍 [42405262]　살빛이 희고 고결하여 신선과 같은 풍채.
溫故知新온고지신 [60425262]　옛것을 익히고 그것을 미루어서 새것을 앎. 〈출〉논어(論語) 위정

편(爲政篇).

完全無缺완전무결 [50725042] 충분히 갖추어져 있어 아무런 결점이 없음.

完全犯罪완전범죄 [50724050] 범인이 범행의 증거가 될 만한 물건이나 사실을 전혀 남기지 않아 자기의 범행 사실을 완전하게 숨김으로써 성립하는 범죄.

外交使節외교사절 [80606052] 국가 간의 외교 교섭을 위하여 외국에 파견되는 국가의 대표자. 또는 대표 기관.

要領不得요령부득 [52507242] 말이나 글 또는 일 따위의 줄거리나 이치를 알 수가 없음. (유) 不得要領

樂山樂水요산요수 [62806280] 산수(山水)의 자연을 즐기고 좋아함. <출> 논어(論語) 옹야편(雍也篇).

勇氣百倍용기백배 [62727050] 격려나 응원 따위에 자극을 받아 힘이나 용기를 더 냄.

龍門點額용문점액 [40804040] 시험에 낙제함. 용문을 올라간 잉어는 용이 되고, 그렇지 못한 것은 이마에 점이 찍혀서 돌아간다는 데서 유래. 唐나라 李白의 시 증최시랑(贈崔侍郞). (유) 點額

用意周到용의주도 [62624052] 마음 씀이 두루 미쳐 일에 빈틈이 없음.

牛步萬里우보만리 [50428070] 우직한 소의 걸음이 만리를 간다

雨順風調우순풍조 [52526252] 비가 때맞추어 알맞게 내리고 바람이 고르게 분다는 뜻으로, 농사에 알맞게 기후가 순조로움을 이르는 말.

牛往馬往우왕마왕 [50425042] 소 갈 데 말 갈 데 다 다님. 함부로 온갖 군데를 다 쫓아다님.

右往左往우왕좌왕 [72427242] 이리저리 왔다갔다하며 일이나 나아가는 방향을 종잡지 못함. 2003년 올해의 사자성어

牛耳讀經우이독경 [50506242] 馬耳東風 참조. 소귀에 경 읽기. 다산(茶山) 정약용(鄭若鏞)의 이담속찬(耳談續纂).

友好條約우호조약 [52424052] 나라와 나라 사이의 우의를 지키기 위하여 맺는 조약.

雲心月性운심월성 [52708052] 明鏡止水 참조. 구름 같은 마음과 달 같은 성품. 맑고 깨끗하여 욕심이 없음.

圓孔方木원공방목 [42407280] 方柄圓鑿(방예원조) 참조. 둥근 구멍에 모난 막대기.

遠交近攻원교근공 [60606040] 먼 나라와 친교를 맺고 가까운 나라를 공격함. <출> 전국시대의 외교 정책으로, 사기(史記) 범저채택전(范雎蔡澤傳).

月態花容월태화용 [80427042] 傾國之色 참조. 달처럼 고운 자태와 꽃처럼 아름다운 얼굴.

月下老人월하노인 [80727080] 부부의 인연을 맺어 줌. 중매를 섬. 당(唐)나라의 위고(韋固)가 달빛 아래서 글을 읽고 있던 어떤 노인을 만나 장래의 아내에 대한 예언을 들었다는 데서 유래. 태평광기(太平廣記) 정혼점(定婚店). (유) 氷人, 月老, 月下氷人

月下氷人 월하빙인 [80725080]	月下老人 참조. 氷人은 진(晋)나라 때 영고책(令孤策)이라는 사람이 얼음 밑에 있는 사람과 장시간 이야기를 주고받은 꿈을 꾼 뒤 남녀의 결혼중매를 하게 되었다는 데서 유래. 진서(晋書) 예술전(藝術傳).
危機一髮 위기일발 [40408040]	累卵之危 참조. 위험한 고비가 한 가닥 머리털 길이와 같이 여유가 조금도 없이 닥쳐옴.
危如一髮 위여일발 [40428040]	累卵之危 참조. 위험이 한 가닥 머리털 길이와 같이 가까이 다가옴.
爲人設官 위인설관 [42804242]	어떤 사람을 채용하기 위하여 일부러 벼슬자리를 마련함.
危險千萬 위험천만 [40407080]	위험이 천만이나 되는 수처럼 많음, 위험하기 짝이 없음.
有口無言 유구무언 [70705060]	입은 있어도 할말은 없음. 변명할 말이 없거나 변명을 못함.
柳綠花紅 유록화홍 [40607040]	초록빛 버들잎과 붉은 꽃. 봄의 자연 경치.
類萬不同 유만부동 [52807270]	비슷한 것이 아주 많으나 서로 같지는 아니함. 정도에 넘치거나 분수에 맞지 아니함.
有名無實 유명무실 [70725052]	내건 이름은 그럴듯하지만 알맹이가 없음.
有備無患 유비무환 [70425050]	亡羊補牢 참조. 미리 준비가 되어 있으면 걱정할 것이 없음. <출> 서경(書經) 열명편(說命篇).
類類相從 유유상종 [52525240]	同病相憐 참조. 끼리끼리 서로 쫓음.
有人衛星 유인위성 [70804242]	사람이 탄 인공위성.
遺傳因子 유전인자 [40525072]	생물체의 개개의 유전 형질을 발현시키는 원인이 되는 낱낱의 요소나 물질.
遊必有方 유필유방 [40527072]	집을 떠나 있을 때(遊)는 부모가 걱정하시지 않도록 반드시 있는 곳을 알려야 함. 父母在 不遠遊 遊必有方이라 한 공자의 말씀에서 유래. <출> 논어(論語) 이인(里仁) 편.
有閑階級 유한계급 [70404060]	생산 활동에 종사하지 아니하면서 소유한 재산으로 소비만 하는 계급.
六十甲子 육십갑자 [80804072]	甲乙丙丁戊己庚辛壬癸 10개의 天干(천간)과)와 子丑寅卯辰巳午未申酉戌亥 12개의 地支(지지)를 순차로 배합하여 甲子, 乙丑부터 壬戌, 癸亥까지 60 가지로 늘어놓은 것.
隱居放言 은거방언 [40406260]	은거하여 살면서 마음속에 품고 있는 생각을 털어놓음. <출> 논어(論語) 미자(微子) 편.
陰德陽報 음덕양보 [42526042]	남이 모르게 덕행을 쌓은 사람은 뒤에 그 보답을 받게 됨.
飮水思源 음수사원 [62805040]	물을 마실 때는 그 물의 근원을 생각함. 근본을 잊지 않음. 유자산집(庾子山集) 제7권의 징주곡(徵周曲).

陰陽五行음양오행 [42608060]　음양과 오행을 아울러 이름.
意氣投合의기투합 [62724060]　마음이나 뜻이 서로 맞음.
異口同聲이구동성 [40707042]　입은 다르나 목소리는 같음. 여러 사람의 말이 한결같음. (유) 異口同音, 如出一口
異口同音이구동음 [40707062]　異口同聲 참조. 입은 다르나 목소리는 같음.
利己主義이기주의 [62527042]　자기 자신의 이익만을 꾀하고, 사회 일반의 이익은 염두에 두지 않으려는 태도.
以德報怨이덕보원 [52524240]　덕으로써 원수에 보답함. 원수에게 은덕을 베풂.
以毒制毒이독제독 [52424242]　다른 독을 써서 독을 없앰. 惡人(악인)을 물리치는 데 다른 악인을 이용함을 이르는 말.
以卵擊石이란격석 [52404060]　달걀로 돌을 침. 아주 약한 것으로 강한 것에 대항하려는 어리석음. . <출> 묵자(墨子) 귀의(貴義)편. (유) 以卵投石
以卵投石이란투석 [52404060]　以卵擊石 참조. 달걀로 돌치기.
耳目口鼻이목구비 [50607050]　눈, 코, 입, 귀를 아울러 이름, 눈, 코, 입, 귀를 중심으로 한 얼굴의 생김새.
以石投水이석투수 [52604080]　하기 쉬운 말의 비유. 또는 충고하는 말을 잘 받아들임.
耳視目聽이시목청 [50426040]　소문을 듣고 직접 본 듯 상황을 알아차리고(耳視), 표정을 보고 직접 설명을 들은 듯 상황을 알아차림(目聽). 사람의 눈치가 매우 빠름. . <출> 열자(列子) 중니(仲尼)편.
以食爲天이식위천 [52724270]　백성들은 먹을거리를 하느님 삼음. 사람이 살아가는 데 먹는 것이 가장 중요함. <출> 사기(史記) 역생육가열전(酈生陸賈列傳).
以實直告이실직고 [52527252]　사실 그대로 고함. (유) 陳供, 實陣無諱, 以實告之, 從實直告
以心傳心이심전심 [52705270]　마음과 마음으로 서로 뜻이 통함. 석가가 제자인 가섭(迦葉)에게 말이나 글이 아니라 以心傳心의 방법으로 불교의 진수(眞髓)를 전했다는 데서 유래. 전등록(傳燈錄). (유) 心心相印, 拈華微笑, 拈華示衆
二十四時이십사시 [80808072]　하루를 스물넷으로 나누어 각각 이십사방위의 이름을 붙여 이르는 스물네 시.
以熱治熱이열치열 [52504250]　열로써 열을 다스림.
利用厚生이용후생 [62624080]　기구를 편리하게 쓰고 먹을 것과 입을 것을 넉넉하게 하여, 국민의 생활을 나아지게 함. <출> 상서(尙書) 우서(虞書)의 대우모(大禹謨). (유) 經世致用
二律背反이율배반 [80424262]　두 가지 규칙이 서로 등 돌리고 반대됨. 상호모순으로 양립할 수 없는 두 개의 명제. 칸트에 의하여 널리 쓰이게 된 용어로 안티

노미(antinomy)의 번역어.

以人爲感이인위감 [52804260] 남의 옳고 그름을 본보기로 삼음.
以一警百이일경백 [52804270] 一罰百戒 참조. 한명을 벌하여 백명을 경계하게 함.
以指測海이지측해 [52424272] 손가락을 가지고 바다의 깊이를 잼. 자기 역량을 모르는 어리석음.
二八靑春이팔청춘 [80808070] 16세 무렵의 꽃다운 청춘, 혈기 왕성한 젊은 시절.
離合集散이합집산 [40606240] 헤어지고, 합치고, 모이고, 흩어짐. 2002년 올해의 사자성어
利害得失이해득실 [62524260] 이로움과 해로움과 얻음과 잃음을 아울러 이르는 말.
利害相半이해상반 [62525262] 이익과 손해가 반반씩임.
利害打算이해타산 [62525070] 이해관계를 이모저모 모두 따져 보는 일.
以血洗血이혈세혈 [52425242] 피를 피로 씻음. 악을 악으로 갚거나 거듭 나쁜 짓을 함.
以火救火이화구화 [52805080] 불로써 불을 끄려함. 일을 처리함에 있어서 오히려 사태를 더욱 악화시킴. <출>. <출> 장자(莊子) 인간세(人間世).
益者三友익자삼우 [42608052] 사귀어서 자기에게 도움이 되는 세 가지의 벗. 심성이 곧은 사람, 믿음직한 사람, 문견이 많은 사람. <출> 논어(論語) 계씨(季氏)편. (유) 三益友 (상) 損者三友
引繼引受인계인수 [42404242] 넘겨주고 물려받음.
因果報應인과보응 [50624242] 種豆得豆 참조. 원인과 결과가 서로 호응하여 그대로 갚음.
因果應報인과응보 [50624242] 種豆得豆 참조. 원인과 결과가 서로 호응하여 그대로 갚음. 전생에 지은 선악에 따라 현재의 행과 불행이 있음. 현세에서의 선악의 결과에 따라 내세에서 행과 불행이 있음.
人名在天인명재천 [80726070] 사람의 목숨은 하늘에 달려 있음.
人命在天인명재천 [80706070] 사람의 목숨은 하늘에 달려있음.
人事不省인사불성 [80727262] 사람으로서의 예절을 차릴 줄 모름, 제 몸에 벌어지는 일을 모를 만큼 정신을 잃은 상태.
人死留名인사유명 [80604272] 사람은 죽어서 이름을 남김. 사람의 삶이 헛되지 아니하면 그 이름이 길이 남음. (유) 豹死留皮, 虎死留皮
人山人海인산인해 [80808072] 사람이 산을 이루고 바다를 이룸, 사람이 수없이 많이 모인 상태를 이름.
人相着衣인상착의 [80525260] 사람의 생김새와 입고 있는 옷.
人生無常인생무상 [80805042] 生者必滅 참조. 사람의 삶은 덧없음.
人生三樂인생삼락 [80808062] 인생의 세 가지 즐거움. 사람으로 태어난 것, 사내로 태어난 것, 장수하는 것.
因數分解인수분해 [50706242] 정수 또는 정식을 몇 개의 간단한 인수의 곱의 꼴로 바꾸어 나타

<부록> 四音節 故事成語 및 漢字語

내는 일.
人身攻擊인신공격 [80624040] 남의 신상에 관한 일을 들어 비난함.
人心難測인심난측 [80704242] 사람의 마음은 헤아리기 어려움.
人爲選擇인위선택 [80425040] 人爲淘汰 참조. 좋은 것, 우성인 것만 살아남도록 인위적으로 만듦.
因人成事인인성사 [50806272] 어떤 일을 자기 혼자의 힘으로 이루지 못하고 남의 힘을 얻어 이룸.
仁者無敵인자무적 [40605042] 어진 사람은 모든 사람이 사랑하므로 세상에 적이 없음.
人海戰術인해전술 [80726262] 우수한 화기보다 다수의 병력을 투입하여 적을 압도하는 전술.
一刻三秋일각삼추 [80408070] 一日三秋 참조. 일각(15분, 아주 짧은 시간)이 삼 년 같음.
一刻千金일각천금 [80407080] 일각(15분, 아주 짧은 시간)이라도 천금과 같이 귀중함. 소식(蘇軾)의 시 춘소(春宵).
一間斗屋일간두옥 [80724250] 한 칸밖에 안 되는 한 말들이 말만한 작은 집.
一擧兩得일거양득 [80504242] 한 가지 일을 하여 두 가지 이익을 얻음. 〈출〉 전국책(戰國策) 진책(秦策). (유) 兩得, 一擧二得, 一石二鳥, 一箭雙鵰, 一擧兩取, 一擧兩實 (상) 一擧兩失
一擧兩失일거양실 [80504260] 一擧兩得 참조. 한 가지 일을 하여 다른 두 가지 일을 잃음.
一擧兩實일거양실 [80504252] 一擧兩得 참조. 한 번 손을 들어 두개의 열매를 땀. 〈출〉 사기(史記) 장의열전(張儀列傳).
一擧兩取일거양취 [80504242] 一擧兩得 참조. 한 번 손을 들어 두 가지를 취함. 〈출〉 전국책(戰國策) 조책(趙策).
一擧二得일거이득 [80508042] 一擧兩得 참조. 한 가지 일을 하여 두 가지 이익을 얻음.
一擧一動일거일동 [80508072] 하나하나의 동작이나 움직임.
一口二言일구이언 [80708060] 한 입으로 두 말을 함, 한 가지 일에 대하여 말을 이랬다저랬다 함을 이름.
一國三公일국삼공 [80808062] 한 나라에 세 임금. 많은 사람들이 저마다 구구한 의견을 제시함을 비유한 말. 〈출〉 춘추좌씨전(春秋左氏傳) 희공(僖公) 5년조.
一短一長일단일장 [80628080] 一長一短 참조. 단점도 한 가지 장점도 한 가지.
一連番號일련번호 [80426060] 일률적으로 연속되어 있는 번호.
一律千篇일률천편 [80427040] 千篇一律 참조. 한 가지 규칙 내지는 특성이 모든 글에 똑같이 나타나 특성이 없음.
一望無際일망무제 [80525042] 한눈에 바라볼 수 없을 정도로 아득하게 멀고 넓어서 끝이 없음.
一脈相通일맥상통 [80425260] 하나의 맥락으로 서로 통함, 상태나 성질 따위가 서로 통하거나 비슷해짐.

一鳴驚人 일명경인 [80404080]　三年不飛 참조. 한번 시작하면 사람을 놀랠 정도의 대사업을 이룩함. <출> 춘추전국시대의 제나라 순우곤(淳于髡)이 새를 통하여 위왕(威王)에게 諫한 데서 유래. <출> 사기(史記) 골계(滑稽)열전.

一木難支 일목난지 [80804242]　큰 집이 무너지는 것을 나무 기둥 하나로 떠받치지 못함. 이미 기울어지는 대세를 혼자서는 감당할 수 없음. <출> 세설신어(世說新語) 임탄편(任誕篇). (유) 一柱難支

一無消息 일무소식 [80506242]　咸興差使 참조. 전혀 소식이 없음.

一文不知 일문부지 [80707252]　目不識丁 참조. 한 글자도 알지 못함.

一文不通 일문불통 [80707260]　目不識丁 참조. 한 글자에도 통하지 못함.

一問一答 일문일답 [80708072]　한 번 물음에 대하여 한 번 대답함.

一發必中 일발필중 [80625280]　百發百中 참조. 한 번 쏘아 반드시 맞춤.

一罰百戒 일벌백계 [80427040]　한 사람을 벌주어 백 사람을 경계함. 다른 사람들에게 경각심을 불러일으키기 위하여 본보기로 한 사람에게 엄한 처벌을 하는 일. (유) 以一警百, 懲一勵百

一夫從事 일부종사 [80704072]　한 남편만을 섬김

一悲一喜 일비일희 [80428040]　한편으로는 슬퍼하고 한편으로는 기뻐함. (유) 一喜一悲

一絲不亂 일사불란 [80407240]　한 오리 실도 엉키지 아니함, 질서가 정연하여 조금도 흐트러지지 아니함을 이름.

一石二鳥 일석이조 [80608042]　一擧兩得 참조. 돌 한 개를 던져 새 두 마리를 잡음. 동시에 두 가지 이득을 봄.

一心不亂 일심불란 [80707240]　마음을 한 가지 일에 기울여 다른 것에 주의를 돌리지 않음 <출> 아미타경(阿彌陀經)

一心專力 일심전력 [80704072]　한마음으로 한 곳에만 온 힘을 다함.

一言半句 일언반구 [80606242]　한 마디 말과 반 구절, 아주 짧은 말

一言半辭 일언반사 [80606240]　단 한 마디의 말이라는 뜻으로, 아주 짧은 말 <출> 사기(史記) (유) 一言半句

一言千金 일언천금 [80607080]　한마디의 말이 천금의 가치가 있음

一葉小船 일엽소선 [80508050]　一葉片舟 참조. 물위에 떠있는 잎사귀 하나처럼 작은 배.

一葉障目 일엽장목 [80504260]　잎사귀 하나로 눈을 가림. 부분적이고 일시적인 현상에 미혹되어 전반적이고 근본적인 문제를 깨닫지 못함. 갈천자(鶡冠子) 천칙(天則)편.

一葉知秋 일엽지추 [80505270]　하나의 나뭇잎을 보고 가을이 옴을 앎. 조그마한 일을 가지고 장차 올 일을 미리 짐작함. 회남자(淮南子) 설산훈편(說山訓篇).

<부록> 四音節 故事成語 및 漢字語

一衣帶水 일의대수 [80604280]	한 옷의 띠로 잴 수 있을 만큼 한 줄기 좁은 강물이나 바닷물. 겨우 냇물 하나를 사이에 둔 가까운 이웃. (유) 指呼之間, 指呼間, 咫尺
一人當千 일인당천 [80805270]	한 사람이 천 명의 적을 당해 냄 <출> 北齊書(북제서) (유) 一騎當千
一日三秋 일일삼추 [80808070]	하루가 삼 년 같음. 몹시 애태우며 기다림. <출> 시경(詩經) 왕풍(王風)의 시 채갈(采葛). (유) 一刻三秋, 一刻如三秋, 一日如三秋
一日千里 일일천리 [80807070]	하루에 천 리를 달림. 말이 매우 빨리 달림. 발전하는 속도가 빠름. 물의 흐름이 빠름. <출> 후한서(後漢書) 왕윤(王允)전.
一字無識 일자무식 [80705052]	目不識丁 참조. 한 글자도 알지 못함.
一字百金 일자백금 [80707080]	一字千金 참조. 글자 하나의 값이 백금의 가치가 있음.
一字不識 일자불식 [80707252]	目不識丁 참조. 한 글자도 알지 못함.
一字千金 일자천금 [80707080]	글자 하나의 값이 천금의 가치가 있음. 글씨나 문장이 아주 훌륭함. 진(秦)나라의 여불위(呂不韋)가 식객들을 동원해 백과사전 격인 여씨춘추(呂氏春秋)를 완성하고, 이 책에 대한 강한 자부심의 표현으로, 수도인 함양(咸陽) 성문에 걸어놓고, 누구든지 한 글자라도 더하거나 뺀다면 천금을 주겠다(有能增省一字者予千金)고 한 데서 유래. <출> 사기(史記) 여불위전(呂不韋傳). (유) 一字百金
一長一短 일장일단 [80808062]	일면의 장점과 다른 일면의 단점을 통틀어 이름. (유) 一短一長
一場風波 일장풍파 [80726242]	한바탕의 심한 야단. 싸움
一朝一夕 일조일석 [80608070]	하루 아침과 하루 저녁이란 뜻으로, 짧은 시일을 이르는 말.
一知半解 일지반해 [80526242]	하나쯤 알고 반쯤 깨달음이라는 뜻으로, 지식이 적음 <출> 滄浪詩話(창랑시화)
日進月步 일진월보 [80428042]	刮目相對 참조. 날마다 앞서가고 달마다 앞으로 걸어감.
一進一退 일진일퇴 [80428042]	한 번 나아감과 한 번 물러섬 <출> 荀子(순자)
一寸光陰 일촌광음 [80806242]	매우 짧은 동안의 시간.
日就月將 일취월장 [80408042]	刮目相對 참조. 날마다 자라고 달마다 발전함.
一致團結 일치단결 [80505252]	여럿이 마음을 합쳐 한 덩어리로 굳게 뭉침.
一波萬波 일파만파 [80428042]	하나의 물결이 연쇄적으로 많은 물결을 일으킨다는 뜻으로, 한 사건이 그 사건에 그치지 아니하고 잇따라 많은 사건으로 번짐을 이름.
一喜一悲 일희일비 [80408042]	한편으로는 기뻐하고 한편으로는 슬퍼함, 기쁨과 슬픔이 번갈아 일어남.

入國査證입국사증 [70805040]　외국인에 대한 입국을 허가하는 내용의 사실 증명.
立身出世입신출세 [72627072]　立身揚名 참조. 자신의 존재를 드러내고 세상에 나감. 사회적으로 유명해짐.
立地條件입지조건 [72704050]　논밭 등의 자리가 가지는 지리적 조건.
立春大吉입춘대길 [72708050]　입춘을 맞이하여 크게 길하기를 바람.
自強不息자강불식 [72607242]　스스로 힘써 몸과 마음을 가다듬어 쉬지 아니함.
自古以來자고이래 [72605270]　예로부터 지금까지의 동안.
自給自足자급자족 [72507272]　필요한 물자를 스스로 생산하여 충당함.
姉妹結緣자매결연 [40405240]　자매의 관계를 맺음, 지역이나 단체끼리 서로 돕거나 교류하기 위하여 친선 관계를 맺음.
自問自答자문자답 [72707272]　스스로 묻고 스스로 대답함.
子孫萬代자손만대 [72608062]　후손에서 후손으로 이어지는 오래도록 내려오는 여러 대.
自手成家자수성가 [72726272]　물려받은 재산이 없이 자기 혼자의 힘으로 집안을 일으키고 재산을 모음.
自勝者強자승자강 [72606060]　진실로 강한 자는 자신을 이기는 자. 자신을 이기는 것은 자기의 사리사욕을 극복하는 것. <출> 노자(老子) 변덕(辯德). (유) 克己
自信滿滿자신만만 [72624242]　스스로에 대한 믿음이 매우 가득함.
自業自得자업자득 [72627242]　자기가 저지른 일의 결과를 자기가 받음. (유) 自業自縛, 自作自受, 自作之孼, 自作孼
自然選擇자연선택 [72705040]　自然淘汰 참조. 생물집단에서 생활조건에 적응하는 것만 살아남음.
自由自在자유자재 [72607260]　모든 것을 자기 마음대로 할 수 있음.
子子孫孫자자손손 [72726060]　자손의 여러 代(대).
自作自受자작자수 [72627242]　自業自得 참조. 자기가 저지른 일의 결과를 자기가 받음.
自初至終자초지종 [72504250]　처음부터 끝까지의 과정.
自畵自讚자화자찬 [72607240]　자기가 그린 그림을 스스로 칭찬함. 자기가 한 일을 스스로 자랑함. (유) 自畵讚, 自讚, 自稱
作心三日작심삼일 [62708080]　단단히 먹은 마음이 사흘을 가지 못함. 결심이 굳지 못함.
作中人物작중인물 [62808072]　문학 작품에 나오는 인물.
張三李四장삼이사 [40806080]　甲男乙女 참조. 장씨(張氏)의 셋째 아들과 이씨(李氏)의 넷째 아들.
長者萬燈장자만등 [80608042]　부자가 부처님께 올리는 일만 개의 등. 貧者一燈과 대를 이루어 가난한 사람이 올리는 한 개의 등과 정성에서는 같은 것임을 말함.

再三再四재삼재사 [50805080]	서너 너덧 번. 여러 번.
低首下心저수하심 [42527270]	머리를 낮추고 마음을 아래로 향하게 함. 머리 숙여 복종함. 〈출〉 한유(韓愈)의 제악어문(祭鰐魚文).
適法節次적법절차 [40525242]	법에 맞는 행위의 순서나 방법.
赤貧如洗적빈여세 [50424252]	가진 것이 하나없는 가난함이 마치 물로 씻은 듯함, 아무것도 가진 것이 없을 정도로 매우 가난함.
積善餘慶적선여경 [40504242]	착한 일을 많이 한 결과로 경사스럽고 복된 일이 자손에게까지 미침. 주역(周易)의 문언전(文言傳). (상) 積惡餘殃
積小成大적소성대 [40806280]	愚公移山 참조. 작은 것을 쌓아 큰 것을 이룸.
適時適地적시적지 [40724070]	알맞은 시기와 장소.
適者生存적자생존 [40608040]	환경에 적응하는 생물만이 살아남고, 그렇지 못한 것은 도태되어 멸망하는 현상.
適材適所적재적소 [40524070]	알맞은 인재를 알맞은 자리에 씀.
積土成山적토성산 [40806280]	愚公移山 참조. 흙이 쌓여 산을 이룸.
前古未聞전고미문 [72604262]	前代未聞 참조. 이전이나 옛날에는 들은 바가 없음.
專管水域전관수역 [40408040]	연안국이 어업이나 그 밖의 자원 발굴 등에 대하여 특권을 가지는 수역.
電光石火전광석화 [72626080]	번갯불과 부싯돌의 불. 매우 짧은 시간이나 매우 재빠른 움직임 따위.
全國體典전국체전 [72806252]	전국 체육 대회.
前代未聞전대미문 [72624262]	이제까지 들어본 적이 없는 일. (유) 前古未聞
前無後無전무후무 [72507250]	이전에도 없었고 앞으로도 없음. (유) 空前絶後, 曠前絶後, 空前, 曠前
展示效果전시효과 [52505262]	정치 지도자가 대내외적으로 자신의 업적을 과시하기 위하여 실질적인 효과가 크지도 아니한 상징적인 정책을 실시함으로써 얻고자 하는 효과, 자신의 소득 수준에 따르지 아니하고 타인을 모방함으로써 소비 지출이 늘어나게 되는 사회적,심리적 효과.
前衛藝術전위예술 [72424262]	이전의 것을 배격하고 새로운 표현 수법을 앞장 서서 시도하고 보호하는 실험적이고 혁신적인 예술.
全人敎育전인교육 [72808070]	인간이 지닌 모든 자질을 조화롭게 발달시키는 것을 목적으로 하는 교육.
電子産業전자산업 [72725262]	컴퓨터 따위의 활용과 관련된 산업.
全知全能전지전능 [72527252]	모든 것을 알고, 모든 일을 다 행할 수 있는 능력.
絶海孤島절해고도 [42724050]	육지에서 아주 멀리 떨어져 있는 외딴섬.

點鐵成金점철성금 [40506280]	쇠를 달구어 황금을 만듦. 나쁜 것을 고쳐서 좋은 것을 만듦. 옛사람의 말을 따다가 글을 지음. 전습록(傳習錄) 卷下.
接道區域접도구역 [42726040]	도로와 인접한 구역, 도로 확장용 용지 확보나 도로 보호 등을 위하여 법으로 설정된 도로 인접 구역.
正當防衛정당방위 [72524242]	자기 또는 남에게 가하여지는 급박하고 부당한 침해를 막기 위하여 침해자에게 어쩔 수 없이 취하는 가해 행위.
程門立雪정문입설 [42807262]	제자가 스승을 극진히 섬김. 유초(遊酢)와 양시(楊時) 두 사람이 눈 오는 밤에 스승인 정이천(程伊川)을 모시고 서 있었다는 고사에서 유래.
正副統領정부통령 [72424250]	대통령과 부통령을 아울러 이름.
正正堂堂정정당당 [72726262]	태도나 수단이 바르고 떳떳함.
整形手術정형수술 [40627262]	선천적이거나 후천적인 기형, 또는 질환이나 외상에 따른 운동 기능의 장애를 정상 상태로 회복하기 위하여 실시 하는 외과 수술.
帝國主義제국주의 [40807042]	우월한 군사력과 경제력으로 다른 나라 민족을 정벌하여 대국가를 건설하려는 침략주의.
濟世安民제세안민 [42727280]	세상을 고통에서 구원하고 백성을 편안하게 살도록 함.
濟濟多士제제다사 [42426052]	훌륭한 여러 선비.
祭天儀式제천의식 [42704060]	하늘을 숭배하고 제사 지내는 종교 의식.
條件反射조건반사 [40506240]	특정 환경 조건에서의 일정한 자극에 대한 일정한 반응.
早期敎育조기교육 [42508070]	지능 발달이 빠른, 학령 이전의 어린이를 대상으로 실시하는 교육.
潮力發電조력발전 [40726272]	조수 간만의 차이로 일어나는 힘을 이용하는 수력 발전.
朝令夕改조령석개 [60507050]	朝令暮改 참조. 아침에 명령을 내렸다가 저녁에 다시 고침.
朝名市利조명시리 [60727262]	명예는 조정에서 다투고 이익은 시장에서 다툼. 무슨 일이든 알맞은 곳에서 하여야 함. <출> 전국책(戰國策) 진책(秦策).
朝聞夕死조문석사 [60627060]	아침에 참된 이치를 들어 깨달으면 저녁에 죽어도 한이 될 것이 없다는 말. 論語 里仁篇(이인편). 朝聞道夕死可矣
朝變夕改조변석개 [60527050]	아침에 고친 것을 저녁에 또 고침.
朝不慮夕조불려석 [60724070]	형세가 절박하여 아침에 저녁 일을 헤아리지 못함. 당장을 걱정할 뿐이고 앞일을 생각할 겨를이 없음. (유) 朝不謀夕
朝夕變改조석변개 [60705250]	朝令暮改 참조. 아침에 고친 것을 저녁에 또 고침.
早失父母조실부모 [42608080]	어려서 부모를 여읨.
朝花月夕조화월석 [60708070]	花朝月夕 참조. 꽃 피는 아침과 달 밝은 밤.

<부록> 四音節 故事成語 및 漢字語

宗敎改革종교개혁 [42805040] 16세기 유럽에서 로마 가톨릭 교회의 비교리적 행위에 반대하여 일어난 개혁 운동.
種豆得豆종두득두 [52424242] 콩을 심으면 반드시 콩이 나옴. 원인에 따라 결과가 생김. (유) 因果應報, 因果報應, 果報, 種瓜得瓜
終無消息종무소식 [50506242] 咸興差使 참조. 끝내 아무 소식이 없음.
從實直告종실직고 [40527252] 以實直告 참조. 사실로 바로 고함.
主客一體주객일체 [70528062] 주인과 손님이 하나가 됨. 주체와 객체가 하나가 됨.
主權在民주권재민 [70426080] 나라의 주권이 국민에게 있음.
走馬看山주마간산 [42504080] 말을 타고 달리며 산천을 구경함. 자세히 살피지 아니하고 대충대충 보고 지나감.
主務官廳주무관청 [70424240] 일정한 사무를 주관하여 그 권한과 직무를 관장하는 행정 관청.
酒色雜技주색잡기 [40704050] 술과 여자의 예쁜 모양과 잡스러운 여러 가지 노름을 아울러 이름.
晝夜長川주야장천 [60608070] 밤낮으로 쉬지 아니하고 연달아. (유) 長川
注入敎育주입교육 [62708070] 기억과 암기를 주로 하여 지식을 넣어 주는 형태의 교육.
竹林七賢죽림칠현 [42708042] 晉(진)나라 초기에 노자와 . <출> 장자의 무위 사상을 숭상하여 죽림에 모여 청담으로 세월을 보낸 일곱 명의 선비.
竹馬故友죽마고우 [42504252] 대말을 타고 놀던 오랜 벗. 어릴 때부터 같이 놀며 자란 벗. 진서(晋書) 은호전(殷浩傳). (유) 竹馬交友, 竹馬舊友, 竹馬之友
竹馬交友죽마교우 [42506052] 竹馬故友 참조. 대말을 타고 놀던 오랜 벗.
竹馬舊友죽마구우 [42505252] 竹馬故友 참조. 대말을 타고 놀던 오랜 벗.
衆口難防중구난방 [42704242] 뭇사람의 말을 막기가 어려움. 막기 어려울 정도로 여럿이 마구 지껄임.
衆目環視중목환시 [42604042] 衆人環視 참조. 여러 사람의 눈이 둘러싸고 지켜봄.
衆心成城중심성성 [42706242] 여러 사람의 마음이 성을 이룸. 여러 사람의 마음이 하나로 단결하면 성처럼 굳어짐.
重言復言중언부언 [70604260] 이미 한 말을 자꾸 되풀이함.
衆人環視중인환시 [42804042] 여러 사람이 둘러싸고 지켜봄. (유) 衆目環視
知過必改지과필개 [52525250] 허물임을 알면 반드시 고침.
支給停止지급정지 [42505050] 채무자가 채권자에게 채무를 변제할 능력이 없음을 표시하는 행위.
支離分散지리분산 [42406240] 支離滅裂 참조. 찢기고 떠나고 나뉘고 흩어짐.
紙上兵談지상병담 [70725250] 卓上空論 참조. 종이 위에서 펼치는 용병의 이야기.
至誠感天지성감천 [42426070] 지극한 정성에는 하늘도 감동함.

- 205 -

至誠盡力지성진력 [42424072]	지극한 정성을 바쳐 있는 힘을 다해 노력하겠다는 뜻. 2011년 산림청 사자성어
智者一失지자일실 [40608060]	千慮一失 참조. 슬기로운 사람도 많은 생각 중에는 간혹 실수가 있음.
知行合一지행합일 [52606080]	지식과 행동이 서로 맞아 하나가 됨.
直系尊屬직계존속 [72404240]	조상으로부터 직계로 내려와 자기에 이르는 사이의 혈족. …, 고조부모, 증조부모, 조부모, 부모를 이름.
直四角形직사각형 [72806262]	내각이 모두 직각인 사각형.
直射光線직사광선 [72406262]	정면으로 곧게 비치는 빛살.
直屬上官직속상관 [72407242]	자기가 직접 속하여 있는 부서의 상관.
盡善完美진선완미 [40505060]	盡善盡美 참조. 더할 나위 없이 좋고 아름다움.
盡善盡美진선진미 [40504060]	더할 나위 없이 훌륭하고 아름다움. 완전무결함. (유) 盡善完美
盡忠報國진충보국 [40424280]	충성을 다하여 나라의 은혜를 갚음.
進退無路진퇴무로 [42425060]	進退兩難 참조. 나아가고 물러날 길이 없음.
進退兩難진퇴양난 [42424242]	이러지도 저러지도 못하는 어려운 처지. (유) 進退維谷, 進退無路
集團農場집단농장 [62527272]	농지의 소유권을 공동으로 가지고 협동하여 조직적으로 경영하는 농장.
創氏改名창씨개명 [42405072]	성씨를 새로 만들고 이름을 고침, 일제가 강제로 우리나라 사람의 성과 이름을 일본식으로 고치게 한 일을 가리킴.
創業守成창업수성 [42624262]	나라(왕조)를 세우는 것과 나라(왕조)를 지키는 것. <출> 당서(唐書) 방현령전(房玄齡傳).
千軍萬馬천군만마 [70808050]	천 명의 군사와 만 마리의 군마, 아주 많은 수의 군사와 군마를 이름.
千金買骨천금매골 [70805040]	연(燕)나라의 소왕(昭王)이 어진 자를 구할 때, 곽외가 옛날 어느 임금이 천리마를 구하기 위해서 먼저 말의 뼈를 샀다는 이야기를 예로 들며 자기 자신부터 등용하게 했다는 고사로 열심히 인재를 구함을 말함 <출> 전국책(戰國策)
千年一淸천년일청 [70808062]	百年河淸 참조. 천 년에 한 번 맑아짐. 가능하지 아니한 일을 바람.
天道是非천도시비 [70724242]	하늘의 도는 옳은 지 그른 지 알 수 없음. 漢武帝 때 匈奴의 포로가 된 李陵을 司馬遷이 홀로 비호하다가 宮刑을 당하였는데, 뒤에 사마천은 伯夷叔齊는 仁과 德을 쌓았으나 굶어 죽었고, 顔回는 학문을 좋아하였으나 쌀겨도 배불리 못먹고 夭折하였지만, 盜跖은 사람을 죽이는 등 포악방자하였지만 천수를 누렸다고

		하면서 선현에 자신의 처지를 빗대 천도에 대해 의문을 제기한 데서 유래. 史記 伯夷叔齊列傳.
千慮一得천려일득	[70408042]	천 번을 생각하여 하나를 얻음. 어리석은 사람이라도 많은 생각을 하면 그 과정에서 한 가지쯤은 좋은 것이 나올 수 있음. (상) 千慮一失
千慮一失천려일실	[70408060]	천 번 생각에 한 번 실수. 슬기로운 사람이라도 여러 가지 생각 가운데에는 잘못되는 것이 있을 수 있음. 〈출〉 사기(史記) 회음후열전(淮陰侯列傳). (유) 智者一失 (상) 千慮一得
千萬多幸천만다행	[70806062]	아주 다행함. (유) 萬萬多幸, 萬分多幸
天方地方천방지방	[70727072]	하늘 방향이 어디이고 땅의 방향이 어디인지 모름. 마음이 조급하여 허둥지둥 함부로 날뛰는 모양. 天方地軸과 함께 한국 속담이 漢譯된 것. 원래 속담이 무엇인지는 확실치 않음. 동언해(東言解). 유) 天方地軸
川邊風景천변풍경	[70426250]	천변 중심의 경치나 삶의 모습, 박태원이 지은 소설의 이름.
天上天下천상천하	[70727072]	하늘 위와 하늘 아래라는 뜻으로, 온 세상을 이름.
天生緣分천생연분	[70804062]	하늘이 정하여 준 연분.
千歲一時천세일시	[70528072]	千載一遇 참조. 천년에 한 번 올까 말까한 한 번의 때.
天人共怒천인공노	[70806242]	하늘과 사람이 함께 노함, 누구나 분노할 만큼 증오스럽거나 도저히 용납할 수 없음을 이름.
千一夜話천일야화	[70806072]	1001일 동안 밤에 한 이야기. 아랍 어로 쓰여진 설화집, 아라비안나이트.
天災地變천재지변	[70507052]	지진, 홍수, 태풍 따위의 자연현상으로 인한 재앙.
天地萬物천지만물	[70708072]	세상에 있는 모든 것.
天地神明천지신명	[70706262]	온세상, 대자연을 다스린다는 온갖 신령.
千差萬別천차만별	[70408060]	여러 가지 사물이 모두 차이가 있고 구별이 있음.
千態萬象천태만상	[70428040]	천 가지 모습과 만 가지 형상, 온갖 모양, 세상 사물이 한결같지 아니하고 각각 모습,모양이 다름을 이름.
千篇一律천편일률	[70408042]	수많은 글이 모두 하나의 법칙 내지는 특성을 나타냄. 여럿이 개별적 특성이 없이 모두 엇비슷한 현상. 여러 시문의 격조(格調)가 모두 비슷하여 개별적 특성이 없음. (유) 一律千篇
天下一色천하일색	[70728070]	傾國之色 참조. 세상에 하나뿐인 미모.
天下壯士천하장사	[70724052]	세상에 비길 데 없는 힘센 사람.
天下絶色천하절색	[70724270]	傾國之色 참조. 세상에 끊어진 미모.
淸貧樂道청빈낙도	[62426272]	安貧樂道 참조. 청렴결백하고 가난하게 사는 것을 옳은 것으로

		여기고 즐김.
靑山流水청산유수 [80805280]		푸른 산에 거침없이 흐르는 맑은 물에서, 막힘없이 썩 잘하는 말을 비유적으로 이르는 말.
淸日戰爭청일전쟁 [62806250]		1894년 조선에 출병하는 문제로 일어난 청나라와 일본과의 전쟁.
靑天白日청천백일 [80708080]		하늘이 맑게 갠 대낮. 맑은 하늘에 뜬 해. 혐의나 원죄(冤罪)가 풀리어 무죄가 됨. <출> 한유(韓愈)의 여최군서(與崔群書).
淸風明月청풍명월 [62626280]		맑은 바람과 밝은 달.
草綠同色초록동색 [70607070]		同病相憐 참조. 풀색과 녹색은 같은 색. 같은 처지나 경우의 사람들 끼리 어울려 행동함.
草食動物초식동물 [70727272]		풀을 주로 먹고 사는 동물.
寸鐵殺人촌철살인 [80504280]		한 치의 쇠붙이로 사람을 죽임. 간단한 말로도 남을 감동시키거나 남의 약점을 찌름. 나대경(羅大徑)의 학림옥로(學林玉露) 지부(地部) 살인수단(殺人手段).
秋風落葉추풍낙엽 [70625050]		가을바람에 떨어지는 나뭇잎. 어떤 형세나 세력이 갑자기 기울어지거나 헤어져 흩어지는 모양.
春秋筆法춘추필법 [70705252]		춘추의 기록 방법. 공자가 엮은 춘추(春秋)와 같이 역사 사건에 대한 비판적이고 엄정한 필법. 대의명분을 밝히어 세우는 역사 서술 방법.
春夏秋冬춘하추동 [70707070]		봄, 여름, 가을, 겨울의 네 계절.
出奇制勝출기제승 [70404260]		기묘한 계략(計略)을 써서 승리함. <출> 사기(史記) 전단(田單)열전.
出産休暇출산휴가 [70527040]		근로 여성이 아이를 낳기 위하여 얻는 휴가.
出將入相출장입상 [70427052]		나가서는 장수가 되고 들어와서는 재상이 됨. 문무를 다 갖추어 장상(將相)의 벼슬을 모두 지냄.
忠言逆耳충언역이 [42604250]		충직한 말은 귀에 거슬림. <출> 사기(史記) 회남왕전(淮南王傳).
就勞事業취로사업 [40527262]		영세 근로자의 생계 지원 사업으로 정부에서 실시하는 일거리 제공사업.
七落八落칠락팔락 [80508050]		七零八落 참조. 일곱이 떨어지거나 여덟이 떨어짐.
七步成詩칠보성시 [80426242]		七步之才 참조. 일곱 걸음에 한 편의 시를 완성함.
卓上空論탁상공론 [50727242]		현실성이 없는 허황한 이론이나 논의. (유) 机上空論, 机上論, 紙上兵談
炭水化物탄수화물 [50805272]		탄소와 물분자로 이루어진 유기 화합물.
炭化水素탄화수소 [50528042]		탄소와 수소만으로 이루어진 화합물을 통틀어 이름.
太古時代태고시대 [60607262]		현재로부터 아주 멀리 떨어진 아주 오랜 시대.

太平聖代태평성대 [60724262]	道不拾遺 참조. 어진 임금이 잘 다스리어 태평한 세상이나 시대.
太平煙月태평연월 [60724280]	밥 짓는 연기에 은은한 달빛이 어리는 크게 평화로운 풍경의 세월. 근심이나 걱정이 없는 편안한 세월.
土木工事토목공사 [80807272]	철도를 놓고 뱃길을 내는 등의 땅과 하천 따위를 고쳐 만드는 공사.
通俗小說통속소설 [60428052]	문학적 가치보다는 흥미에 중점을 두고, 재미있는 사건의 전개에 중점을 두는 소설.
特急列車특급열차 [60624272]	보통의 급행열차보다 더 빨리 달리는 열차.
特別活動특별활동 [60607272]	정규 과업 이외의 활동. 학교 교육 과정에서 교과 학습 이외의 교육 활동.
特筆大書특필대서 [60528062]	大書特筆 참조. 특별하게 쓰고 큰 글씨로 씀.
破鏡重圓파경중원 [42407042]	반으로 잘라졌던 거울이 합쳐져 다시 둥그런 본 모습을 찾게 됨. 생이별한 부부가 다시 만남.
波狀攻擊파상공격 [42424040]	파도 모양으로 일정한 시간 간격을 두고 되풀이하여 하는 공격.
八方美人팔방미인 [80726080]	어느 모로 보나 아름다운 사람. 여러 방면에 능통한 사람. 한 가지 일에 정통하지 못하고 온갖 일에 조금씩 손대는 사람. 주관이 없이 누구에게나 잘 보이도록 처세하는 사람.
八字靑山팔자청산 [80708080]	미인의 고운 눈썹을 이름.
敗家亡身패가망신 [50725062]	집안의 재산을 다 써 없애고 몸을 망침.
平地風波평지풍파 [72706242]	평온한 자리에서 일어나는 바람과 파도, 뜻밖에 분쟁이 일어남을 비유. 唐(당)나라의 시인 劉禹錫(유우석)의 竹枝詞(죽지사).
平和共生평화공생 [72626280]	평온하고 화목하게 함께 살아감.
布帳馬車포장마차 [42405072]	비바람, 햇볕 따위를 막기 위하여 포장을 둘러친 마차, 손수레 따위에 네 기둥을 세우고 포장을 씌워 만든 이동식 간이 주점.
表音文字표음문자 [62627070]	말소리를 그대로 기호로 나타낸 문자.
風月主人풍월주인 [62807080]	맑은 바람과 밝은 달 따위의 아름다운 자연을 즐기는 사람.
風前燈火풍전등화 [62724280]	累卵之危 참조. 바람 앞의 등불. 사물이 매우 위태로운 처지에 놓임.
風化作用풍화작용 [62526262]	암석이 물리 현상으로 점차 분해되어 토양으로 형성되는 작용.
筆記試驗필기시험 [52724242]	답안을 글로 써야 하는 시험.
必有曲折필유곡절 [52705040]	반드시 무슨 까닭이 있음. (유) 必有事端
必有事端필유사단 [52707242]	必有曲折 참조. 반드시 무슨 일의 실마리가 있음.
下等動物하등동물 [72627272]	진화 정도가 낮아 몸의 구조가 단순한 원시적인 동물.
下情上達하정상달 [72527242]	백성의 뜻이 위에 미침

下學上達하학상달 [72807242]	아래를 배워 위에 도달함. 쉬운 지식을 배워 어려운 이치를 깨달음. 〈출〉 논어(論語) 헌문(憲問).
漢江投石한강투석 [72724060]	한강에 돌 던지기. 지나치게 미미하여 아무런 효과를 미치지 못함.
限界狀況한계상황 [42624240]	죽음 등 인생에서 불가피하게 직면할 수밖에 없는 상황.
韓方醫術한방의술 [80726062]	약초와 침 등으로 병을 치료하는 우리나라 의술.
航空郵便항공우편 [42724070]	비행기로 우편물을 실어 나르는 우편.
海陸珍味해륙진미 [72524042]	膏粱珍味 참조. 바다와 뭍에서 나는 진귀하고 맛난 것.
海水浴場해수욕장 [72805072]	바닷물에서 헤엄칠 수 있는 시설을 갖춘 장소.
解衣推食해의추식 [42604072]	자기 옷을 벗어주고 먹을 것을 건네줌. 다른 사람을 따듯하게 배려함. 漢나라 유방(劉邦)이 한신(韓信)을 이와 같이 대접하였다는 데에서 유래. 〈출〉 사기(史記) 회음후(淮陰侯) 열전.
行動擧止행동거지 [60725050]	몸을 움직이거나 멈춰 하는 모든 짓.
行方不明행방불명 [60727262]	간 곳이나 방향을 모름.
幸災不仁행재불인 [62507240]	남의 재난을 다행으로 여기는 것은 어질지 못함. 〈출〉 춘추좌씨전(春秋左氏傳) 희공(僖公) 14년조.
虛送歲月허송세월 [42425280]	하는 일 없이 헛되이 세월만 보냄.
虛張聲勢허장성세 [42404242]	실속은 없으면서 큰소리치거나 허세를 부림.
兄弟姉妹형제자매 [80804040]	남자 동기의 형과 아우, 여자 동기의 언니와 아우를 아울러 이름.
形形色色형형색색 [62627070]	많은 모양과 많은 빛깔.
好衣好食호의호식 [42604272]	錦衣玉食 참조. 좋은 옷 입고 좋은 음식을 먹음.
呼兄呼弟호형호제 [42804280]	서로 형이라 부르고 아우라 부름, 매우 가까운 친구로 지냄을 이름.
紅東白西홍동백서 [40808080]	제사 때에 신위를 기준으로, 붉은 과실은 동쪽에 흰 과실은 서쪽에 차리는 격식.
花容月態화용월태 [70428042]	傾國之色 참조. 꽃처럼 아름다운 얼굴과 달처럼 고운 자태.
花朝月夕화조월석 [70608070]	꽃 피는 아침과 달 밝은 밤. 경치가 좋은 시절. 음력 2월 보름과 8월 보름. (유) 朝花月夕
和風暖陽화풍난양 [62624260]	솔솔 부는 화창한 바람과 따스한 햇볕이라는 뜻으로, 따뜻한 봄 날씨를 이르는 말.
化學武器화학무기 [52804242]	독가스, 화염 방사기 등 화학전에 쓰는 무기.
確固不動확고부동 [42507272]	튼튼하고 굳어 흔들리거나 움직이지 아니함.
黃口小兒황구소아 [60708052]	부리가 누런 새 새끼같이 어린아이. 철없이 미숙한 사람을 낮잡아 이르는 말. (유) 黃口, 黃口幼兒

<부록> 四音節 故事成語 및 漢字語

黃金萬能황금만능 [60808052]　돈만 있으면 무엇이든지 마음대로 할 수 있음을 이름.
灰色分子회색분자 [40706272]　흑백이 분명치 않은 재색을 띤 부분체, 사상적 경향 따위가 뚜렷하지 않은 사람.
會者定離회자정리 [62606040]　만난 자는 반드시 헤어짐. 모든 것이 무상함.
回轉木馬회전목마 [42408050]　빙글빙글 도는 나무말, 기둥 둘레의 원판 위에 설치한 목마에 사람을 태워 빙글빙글 돌리는 놀이 기구.
孝道觀光효도관광 [72725262]　자식이 어버이를 다른 지방이나 다른 나라에 가서 그곳의 풍경이나 문물 따위를 구경하시도록 함.
厚生事業후생사업 [40807262]　사람들의 생활을 넉넉하고 윤택하게 하기 위한 사업.
訓民正音훈민정음 [60807262]　백성을 가르치는 바른 소리, 1443년에 세종이 창제한 표음문자를 이르는 말, 세종 28년(1446)에 훈민정음 28자를 세상에 반포할 때에 찍어 낸 판각 원본.
凶惡無道흉악무도 [52525072]　성질이 거칠고 사나우며 도의심이 없음.
興盡悲來흥진비래 [42404270]　즐거운 일이 다하면 슬픈 일이 닥쳐옴. 세상일은 순환되는 것임. (상) 苦盡甘來
喜色滿面희색만면 [40704270]　기쁜 빛이 얼굴에 가득함.
喜喜樂樂희희낙락 [40406262]　매우 기뻐하고 매우 즐거워함.

(2) 三音節 漢字語 및 故事成語

登龍門등용문 [704080]　용문을 오름, 크게 출세함. 출세를 위한 관문. * 黃河(황하) 상류의 용문 계곡 근처에 흐름이 매우 빠른 폭포가 있어 물고기가 만일 오르기만 하면 용이 된다고 하였다는 데서 유래. 後漢書(후한서) 李膺傳(이응전)에 보임.
未亡人미망인 [425080]　아직 따라 죽지 못한 사람, 남편이 죽고 홀로 남은 여자의 자칭. * 春秋左氏傳(춘추좌씨전) 魯(노) 成公 14년조 등에 보임. 자칭으로 다른 사람이 미망인이라 일컬으면 큰 실례.
白眼視백안시 [804242]　흰 눈으로 봄, 남을 업신여기거나 무시함. * 죽림칠현의 한 사람인 阮籍(완적)이 반갑지 않은 손님은 白眼으로, 반가운 손님은 靑眼으로 대하였다는 데서 유래. 晉書(진서) 阮籍傳(완적전)에 보임.
五車書오거서 [807060]　다섯 수레에 실을 만한 책, 아주 많은 책. 장서(藏書). * 莊子(장자) 雜篇 天下 第三十三에 보임. 또 杜甫(두보)의 題 柏學士茅屋 (제 백학사모옥)이라는 시에 男兒須讀五車書라 한 것이 보임.
一字師일자사 [807042]　한 글자를 가르쳐 준 스승. 핵심을 짚어주는 스승. * 詩文의 한 글자를

- 211 -

	고쳐 시의 정취를 살렸다는 唐 시인 鄭谷(정곡)의 고사에서 유래. 唐詩紀事(당시기사)에 보임.
知天命 지천명 [527070]	天命을 앎, 50세. * 孔子 말씀에서 유래. 論語(논어)에 보임.
指呼間 지호간 [424270]	손짓하여 부를만한 간격, 아주 가까운 거리.
千里眼 천리안 [707042]	천 리 밖의 것을 볼 수 있는 시력, 뛰어난 통찰력. * 양일이 정보원을 각지에 파견, 정보를 수집하여 먼 곳의 일을 바라보듯 잘 알고 있었다는 데서 유래. 魏書(위서) 楊逸傳(양일전)에 보임.
靑眼視 청안시 [804242]	푸른 눈으로 봄, 좋게 보고 잘 대함. * 죽림칠현의 한 사람인 阮籍(완적)이 반갑지 않은 손님은 白眼으로, 반가운 손님은 靑眼으로 대하였다는 데서 유래. 晉書(진서) 阮籍傳(완적전)에 보임.
解語花 해어화 [427070]	말을 풀이하는 꽃, 아름다운 여인, 기생 * 당 현종이 양귀비를 말을 알아 듣는 꽃으로 칭한 데서 유래. 王仁裕(왕인유)의 開元天寶遺事(개원천보유사)에 보임.
紅一點 홍일점 [408040]	푸른 잎 가운데 피어 있는 한 송이의 붉은 꽃, 많은 남자 사이에 끼어 있는 한 사람의 여자. * 王安石(왕안석)의 詠石榴詩(영석류시)에 보임.
花風病 화풍병 [706060]	꽃바람 병, 相思病.

2. 類義語(同義語, 同意語)

아래는 類義結合語와 類義語의 실례를 보인 것이다.

(1) 類義(同義, 同意)結合語

加增가증 [5042]	客旅객려 [5252]	競爭경쟁 [5050]	困窮곤궁 [4040]
家室가실 [7280]	居留거류 [4042]	經過경과 [4252]	共同공동 [6270]
家屋가옥 [7250]	居住거주 [4070]	經歷경력 [4252]	工作공작 [7262]
家宅가택 [7252]	巨大거대 [4080]	經理경리 [4262]	工造공조 [7242]
家戶가호 [7242]	擧動거동 [5072]	經營경영 [4240]	攻擊공격 [4040]
歌曲가곡 [7050]	建立건립 [5072]	警覺경각 [4240]	攻伐공벌 [4042]
歌樂가악 [7062]	檢督검독 [4242]	警戒경계 [4240]	攻討공토 [4040]
歌謠가요 [7042]	檢查검사 [4250]	季末계말 [4050]	空虛공허 [7242]
歌唱가창 [7050]	檢察검찰 [4242]	季節계절 [4052]	果敢과감 [6240]
街道가도 [4272]	擊打격타 [4050]	界境계경 [6242]	果實과실 [6252]
街路가로 [4260]	格式격식 [5260]	界域계역 [6240]	科目과목 [6260]
簡略간략 [4040]	激烈격렬 [4040]	繼續계속 [4042]	過去과거 [5250]
簡擇간택 [4040]	堅强견강 [4060]	繼承계승 [4042]	過失과실 [5260]
感覺감각 [6040]	堅固견고 [4050]	計算계산 [6270]	過誤과오 [5242]
敢勇감용 [4062]	決斷결단 [5242]	計數계수 [6270]	管理관리 [4062]
減省감생 [4262]	決判결판 [5240]	階級계급 [4060]	觀覽관람 [5240]
減損감손 [4240]	潔白결백 [4280]	階段계단 [4040]	觀視관시 [5242]
監觀감관 [4252]	結構결구 [5240]	階層계층 [4040]	觀察관찰 [5242]
監視감시 [4242]	結束결속 [5252]	告白고백 [5280]	關與관여 [5240]
監察감찰 [4242]	結約결약 [5252]	告示고시 [5250]	光明광명 [6262]
江河강하 [7250]	京都경도 [6050]	孤獨고독 [4052]	光色광색 [6270]
講解강해 [4242]	境界경계 [4262]	考究고구 [5042]	廣博광박 [5242]
降下강하 [4072]	境域경역 [4240]	考慮고려 [5040]	敎訓교훈 [8060]
强健강건 [6050]	慶福경복 [4252]	苦難고난 [6042]	具備구비 [5242]
强固강고 [6050]	慶祝경축 [4250]	高卓고탁 [6250]	區別구별 [6060]
獎勸장권 [4040]	景光경광 [5062]	穀糧곡량 [4040]	區分구분 [6062]

- 213 -

區域구역 [6040]	極窮극궁 [4240]	堂室당실 [6280]	領受영수 [5042]
救援구원 [5040]	極盡극진 [4240]	到達도달 [5242]	領統영통 [5042]
救濟구제 [5042]	根本근본 [6060]	到着도착 [5252]	例規예규 [6050]
構造구조 [4042]	金鐵금철 [8050]	圖畫도화 [6260]	例法예법 [6052]
構築구축 [4042]	急速급속 [6260]	導引도인 [4242]	例式예식 [6060]
究考구고 [4250]	給與급여 [5040]	導訓도훈 [4260]	例典예전 [6052]
君王군왕 [4080]	器具기구 [4252]	度量탁량 [6050]	勞勤노근 [5240]
君主군주 [4070]	己身기신 [5262]	徒黨도당 [4042]	勞務노무 [5242]
群黨군당 [4042]	技術기술 [5062]	盜賊도적 [4040]	論議논의 [4242]
群衆군중 [4042]	技藝기예 [5042]	逃亡도망 [4050]	料量요량 [5050]
軍旅군려 [8052]	記錄기록 [7242]	逃避도피 [4040]	料度요탁 [5060]
軍兵군병 [8052]	記識기지 [7252]	道路도로 [7260]	留住유주 [4270]
軍士군사 [8052]	起立기립 [4272]	道理도리 [7262]	陸地육지 [5270]
郡邑군읍 [6070]	起發기발 [4262]	都市도시 [5072]	律法율법 [4252]
屈曲굴곡 [4050]	難苦난고 [4260]	都邑도읍 [5070]	利益이익 [6242]
屈折굴절 [4040]	納入납입 [4070]	獨孤독고 [5240]	離別이별 [4060]
窮困궁곤 [4040]	年歲연세 [8052]	同等동등 [7062]	末端말단 [5042]
窮究궁구 [4042]	念慮염려 [5240]	同一동일 [7080]	每常매상 [7242]
窮極궁극 [4042]	念想염상 [5242]	洞里동리 [7070]	面容면용 [7042]
窮盡궁진 [4040]	努力노력 [4272]	洞達통달 [7042]	名稱명칭 [7240]
勸勉권면 [4040]	單獨단독 [4252]	洞通통통 [7060]	名號명호 [7260]
勸獎권장 [4040]	團圓단원 [5242]	頭首두수 [6052]	命令명령 [7050]
權稱권칭 [4240]	斷決단결 [4252]	等級등급 [6260]	明光명광 [6262]
貴重귀중 [5070]	斷絶단절 [4242]	羅列나열 [4242]	明朗명랑 [6252]
規格규격 [5052]	斷切단절 [4252]	樂歌악가 [6270]	明白명백 [6280]
規例규례 [5060]	段階단계 [4040]	冷寒냉한 [5050]	模範모범 [4040]
規範규범 [5040]	端末단말 [4250]	略省약생 [4062]	毛髮모발 [4240]
規式규식 [5060]	端正단정 [4272]	糧穀양곡 [4040]	文書문서 [7062]
規律규율 [5042]	達成달성 [4262]	良善양선 [5250]	文章문장 [7060]
規則규칙 [5050]	達通달통 [4260]	良好양호 [5242]	門戶문호 [8042]
規度규탁 [5060]	擔任담임 [4252]	旅客여객 [5252]	物件물건 [7250]
均等균등 [4062]	談說담설 [5052]	麗美여미 [4260]	物品물품 [7252]
均調균조 [4052]	談言담언 [5060]	練習연습 [5260]	美麗미려 [6042]
均平균평 [4072]	談話담화 [5072]	連續연속 [4242]	朴素박소 [6042]

<부록> 類義語(同義語, 同意語)

朴質박질 [6052]	部隊부대 [6242]	選別선별 [5060]	習學습학 [6080]
發起발기 [6242]	部類부류 [6252]	選擇선택 [5040]	承繼승계 [4240]
發射발사 [6240]	分配분배 [6242]	鮮麗선려 [5242]	承奉승봉 [4252]
發展발전 [6252]	分別분별 [6260]	設施설시 [4242]	始創시창 [6242]
妨害방해 [4052]	批評비평 [4040]	說話설화 [5272]	始初시초 [6250]
方道방도 [7272]	費用비용 [5062]	姓氏성씨 [7240]	施設시설 [4242]
方正방정 [7272]	貧困빈곤 [4240]	性心성심 [5270]	時期시기 [7250]
配分배분 [4262]	貧窮빈궁 [4240]	成就성취 [6240]	試驗시험 [4242]
法規법규 [5250]	事務사무 [7242]	省減생감 [6242]	式例식례 [6060]
法度법도 [5260]	事業사업 [7262]	省略생략 [6240]	式典식전 [6052]
法例법례 [5260]	使令사령 [6050]	省察성찰 [6242]	申告신고 [4252]
法律법률 [5242]	士兵사병 [5252]	聲音성음 [4262]	身體신체 [6262]
法式법식 [5260]	思考사고 [5050]	世界세계 [7262]	失敗실패 [6050]
法典법전 [5252]	思念사념 [5052]	世代세대 [7262]	室家실가 [8072]
法則법칙 [5250]	思慮사려 [5040]	素朴소박 [4260]	實果실과 [5262]
變改변개 [5250]	思想사상 [5042]	素質소질 [4252]	心性심성 [7052]
變更변경 [5240]	查檢사검 [5042]	損減손감 [4042]	兒童아동 [5262]
變易변역 [5240]	查察사찰 [5042]	損傷손상 [4040]	安康안강 [7242]
變革변혁 [5240]	社會사회 [6262]	損失손실 [4060]	安全안전 [7272]
變化변화 [5252]	舍屋사옥 [4250]	損害손해 [4052]	安平안평 [7272]
別離별리 [6040]	舍宅사택 [4252]	修習수습 [4260]	眼目안목 [4260]
別差별차 [6040]	辭說사설 [4052]	受領수령 [4250]	約結약결 [5252]
兵士병사 [5252]	産生산생 [5280]	守衛수위 [4242]	約束약속 [5252]
兵卒병졸 [5252]	算數산수 [7070]	授與수여 [4240]	樣態양태 [4042]
病患병환 [6050]	商量상량 [5250]	樹林수림 [6070]	養育양육 [5270]
保衛보위 [4242]	想念상념 [4252]	樹木수목 [6080]	語辭어사 [7040]
保護보호 [4242]	想思상사 [4250]	秀傑수걸 [4040]	言談언담 [6050]
報告보고 [4252]	狀態상태 [4242]	首頭수두 [5260]	言辭언사 [6040]
報道보도 [4272]	生産생산 [8052]	宿寢숙침 [5240]	言說언설 [6052]
本根본근 [6060]	生出생출 [8070]	肅嚴숙엄 [4040]	言語언어 [6070]
本源본원 [6040]	生活생활 [8072]	純潔순결 [4242]	嚴肅엄숙 [4040]
奉仕봉사 [5252]	書籍서적 [6240]	術藝술예 [6242]	業務업무 [6242]
奉承봉승 [5242]	書冊서책 [6240]	崇高숭고 [4062]	業事업사 [6272]
副次부차 [4242]	善良선량 [5052]	習練습련 [6052]	餘暇여가 [4240]

域境역경 [4042]	移運이운 [4262]	切斷절단 [5242]	周圍주위 [4040]
研究연구 [4242]	移轉이전 [4240]	節季절계 [5240]	州郡주군 [5260]
研修연수 [4242]	因緣인연 [5040]	絶斷절단 [4242]	朱紅주홍 [4040]
緣因연인 [4050]	引導인도 [4242]	接續접속 [4242]	重複중복 [7040]
榮華영화 [4240]	認識인식 [4252]	停留정류 [5042]	增加증가 [4250]
永遠영원 [6060]	認知인지 [4252]	停住정주 [5070]	志意지의 [4262]
英特영특 [6060]	一同일동 [8070]	停止정지 [5050]	知識지식 [5252]
藝術예술 [4262]	入納입납 [7040]	情意정의 [5262]	珍寶진보 [4042]
屋舍옥사 [5042]	自己자기 [7252]	正直정직 [7272]	眞實진실 [4252]
溫暖온난 [6042]	資財자재 [4052]	帝王제왕 [4080]	進出진출 [4270]
完全완전 [5072]	資質자질 [4052]	第次제차 [6242]	進就진취 [4240]
要求요구 [5242]	資貨자화 [4042]	第宅제택 [6252]	質朴질박 [5260]
勇敢용감 [6240]	殘餘잔여 [4042]	製作제작 [4262]	質素질소 [5242]
用費용비 [6250]	才術재술 [6262]	製造제조 [4242]	集團집단 [6252]
運動운동 [6272]	才藝재예 [6242]	除減제감 [4242]	集會집회 [6262]
怨恨원한 [4040]	財貨재화 [5242]	題目제목 [6260]	差別차별 [4060]
援救원구 [4050]	爭競쟁경 [5050]	早速조속 [4260]	差異차이 [4040]
願望원망 [5052]	爭鬪쟁투 [5040]	組織조직 [4040]	次第차제 [4262]
偉大위대 [5280]	貯積저적 [5040]	調均조균 [5240]	察見찰견 [4252]
委任위임 [4052]	貯蓄저축 [5042]	調和조화 [5262]	察觀찰관 [4252]
遺失유실 [4060]	積貯적저 [5040]	造作조작 [4262]	參與참여 [5240]
肉身육신 [4262]	積蓄적축 [4042]	存在존재 [4060]	創始창시 [4262]
肉體육체 [4262]	賊盜적도 [4040]	尊高존고 [4262]	創作창작 [4262]
育養육양 [7052]	全完전완 [7250]	尊貴존귀 [4250]	創初창초 [4250]
恩惠은혜 [4242]	典例전례 [5260]	尊崇존숭 [4240]	唱歌창가 [5070]
隱祕은비 [4040]	典範전범 [5240]	卒兵졸병 [5252]	採擇채택 [4040]
音聲음성 [6242]	典法전법 [5252]	終結종결 [5052]	冊書책서 [4062]
依據의거 [4040]	典式전식 [5260]	終端종단 [5042]	責任책임 [5252]
意思의사 [6250]	典律전율 [5242]	終末종말 [5050]	淸潔청결 [6242]
意義의의 [6242]	典籍전적 [5240]	終止종지 [5050]	聽聞청문 [4062]
意志의지 [6242]	戰爭전쟁 [6250]	座席좌석 [4060]	靑綠청록 [8060]
意趣의취 [6240]	戰鬪전투 [6240]	罪過죄과 [5052]	體身체신 [6262]
衣服의복 [6060]	轉移전이 [4042]	主君주군 [7040]	初創초창 [5042]
議論의논 [4242]	轉回전회 [4042]	住居주거 [7040]	寸節촌절 [8052]

<부록> 類義語(同義語, 同意語)

村落촌락 [7050]	特異특이 [6040]	害毒해독 [5242]	化變화변 [5252]
村里촌리 [7070]	判決판결 [4052]	害損해손 [5240]	和平화평 [6272]
祝慶축경 [5042]	敗亡패망 [5050]	海洋해양 [7260]	和協화협 [6242]
築構축구 [4240]	敗北패배 [5080]	解放해방 [4262]	話說화설 [7252]
蓄積축적 [4240]	便安편안 [7072]	解散해산 [4240]	話言화언 [7260]
出生출생 [7080]	平均평균 [7240]	解消해소 [4262]	貨財화재 [4252]
充滿충만 [5242]	平等평등 [7262]	行動행동 [6072]	畫圖화도 [6062]
趣意취의 [4062]	平安평안 [7272]	行爲행위 [6042]	確固확고 [4250]
測度측탁 [4260]	平和평화 [7262]	鄕村향촌 [4270]	歡喜환희 [4040]
層階층계 [4040]	包容포용 [4242]	虛空허공 [4272]	回歸회귀 [4240]
治理치리 [4262]	包圍포위 [4240]	虛無허무 [4250]	回轉회전 [4240]
侵犯침범 [4240]	品件품건 [5250]	許可허가 [5050]	會社회사 [6262]
打擊타격 [5040]	品物품물 [5272]	憲法헌법 [4052]	會集회집 [6262]
探求탐구 [4042]	豊足풍족 [4272]	賢良현량 [4252]	訓敎훈교 [6080]
探訪탐방 [4042]	豊厚풍후 [4240]	顯現현현 [4062]	訓導훈도 [6042]
態樣태양 [4240]	疲困피곤 [4040]	協和협화 [4262]	休息휴식 [7042]
宅舍택사 [5242]	疲勞피로 [4052]	刑罰형벌 [4042]	凶惡흉악 [5252]
土地토지 [8070]	下降하강 [7240]	形象형상 [6240]	凶暴흉포 [5242]
討伐토벌 [4042]	河川하천 [5070]	形式형식 [6260]	吸飮흡음 [4262]
統領통령 [4250]	學習학습 [8060]	形容형용 [6242]	興起흥기 [4242]
統合통합 [4260]	寒冷한랭 [5050]	形態형태 [6242]	喜樂희락 [4062]
通達통달 [6042]	恨歎한탄 [4040]	惠恩혜은 [4242]	希望희망 [4252]
鬪爭투쟁 [4050]	抗拒항거 [4040]	混亂혼란 [4040]	希願희원 [4250]
鬪戰투전 [4062]	航船항선 [4250]	混雜혼잡 [4040]	

(2) 類義語(同義語, 同意語)_2字

歌客가객 - 歌人가인 [7052]-[7080]
價格가격 - 價額가액 [5252]-[5240]
家計가계 - 家道가도 [7262]-[7272]
家敎가교 - 家訓가훈 [7280]-[7260]
家敎가교 - 庭敎정교 [7280]-[6280]
家敎가교 - 庭訓정훈 [7280]-[6260]

家規가규 - 家法가법 [7250]-[7252]
家名가명 - 家聲가성 [7272]-[7242]
家母가모 - 主母주모 [7280]-[7080]
家産가산 - 家財가재 [7252]-[7252]
家書가서 - 家信가신 [7262]-[7262]
加速가속 - 增速증속 [5060]-[4260]

家業가업 - 世業세업 [7262]-[7262]	更生갱생 - 再生재생 [4080]-[5080]
家長가장 - 戶主호주 [7280]-[4270]	巨商거상 - 大商대상 [4052]-[8052]
家族가족 - 食口식구 [7260]-[7270]	巨商거상 - 勝商승상 [4052]-[6052]
加罪가죄 - 加律가율 [5050]-[5042]	健康건강 - 健勝건승 [5042]-[5060]
加罪가죄 - 加刑가형 [5050]-[5040]	建軍건군 - 創軍창군 [5080]-[4280]
家品가품 - 門品문품 [7252]-[8052]	建議건의 - 建白건백 [5042]-[5080]
家風가풍 - 家行가행 [7262]-[7260]	健筆건필 - 筆健필건 [5052]-[5250]
家風가풍 - 門風문풍 [7262]-[8062]	傑作걸작 - 名作명작 [4062]-[7262]
角燈각등 - 提燈제등 [6242]-[4242]	儉約검약 - 節約절약 [4052]-[5252]
各人각인 - 各名각명 [6280]-[6272]	結末결말 - 結局결국 [5250]-[5252]
各地각지 - 各所각소 [6270]-[6270]	決死결사 - 限死한사 [5260]-[4260]
各地각지 - 各處각처 [6270]-[6242]	決水결수 - 決河결하 [5280]-[5250]
看過간과 - 放過방과 [4052]-[6252]	結實결실 - 結果결과 [5252]-[5262]
感想감상 - 所感소감 [6042]-[7060]	缺點결점 - 短所단소 [4240]-[6270]
降壇강단 - 下壇하단 [4050]-[7250]	缺點결점 - 短行단행 [4240]-[6260]
強敵강적 - 劇敵극적 [6042]-[4042]	決行결행 - 斷行단행 [5260]-[4260]
強敵강적 - 大敵대적 [6042]-[8042]	敬具경구 - 敬白경백 [5252]-[5280]
江港강항 - 河港하항 [7242]-[5042]	傾國경국 - 國色국색 [4080]-[8070]
改過개과 - 改心개심 [5052]-[5070]	經費경비 - 所入소입 [4250]-[7070]
改過개과 - 反省반성 [5052]-[6262]	輕雨경우 - 小雨소우 [5052]-[8052]
開校개교 - 開學개학 [6080]-[6080]	競爭경쟁 - 爭競쟁경 [5050]-[5050]
開國개국 - 開元개원 [6080]-[6052]	敬稱경칭 - 尊稱존칭 [5240]-[4240]
開國개국 - 建國건국 [6080]-[5080]	傾向경향 - 動向동향 [4060]-[7260]
開落개락 - 開謝개사 [6050]-[6042]	計減계감 - 計除계제 [6242]-[6242]
改良개량 - 改善개선 [5052]-[5050]	計略계략 - 方略방략 [6240]-[7240]
改元개원 - 改號개호 [5052]-[5060]	計量계량 - 計測계측 [6250]-[6242]
改正개정 - 更正경정 [5072]-[4072]	季氏계씨 - 令弟영제 [4040]-[5080]
改定개정 - 更定경정 [5060]-[4060]	高歌고가 - 高唱고창 [6270]-[6250]
改革개혁 - 改變개변 [5040]-[5052]	高見고견 - 尊意존의 [6252]-[4262]
客狀객상 - 客況객황 [5242]-[5240]	高官고관 - 達官달관 [6242]-[4242]
客席객석 - 客位객위 [5260]-[5250]	高官고관 - 顯職현직 [6242]-[4042]
客席객석 - 客座객좌 [5260]-[5240]	高教고교 - 高訓고훈 [6280]-[6260]
客室객실 - 客房객방 [5280]-[5242]	故國고국 - 祖國조국 [4280]-[7080]
更讀갱독 - 再讀재독 [4062]-[5062]	高談고담 - 高話고화 [6250]-[6272]

<부록> 類義語(同義語, 同意語)

苦樂고락 - 甘苦감고 [6062]-[4060]	公路공로 - 孔路공로 [6260]-[4060]
考量고량 - 思量사량 [5050]-[5050]	空老공로 - 虛老허로 [7270]-[4270]
考量고량 - 思料사료 [5050]-[5050]	功勞공로 - 效勞효로 [6252]-[5252]
苦勞고로 - 作苦작고 [6052]-[6260]	空房공방 - 空室공실 [7242]-[7280]
高名고명 - 大名대명 [6272]-[8072]	空白공백 - 餘白여백 [7280]-[4280]
高名고명 - 令名영명 [6272]-[5072]	空白공백 - 虛點허점 [7280]-[4240]
高名고명 - 有名유명 [6272]-[7072]	功業공업 - 功烈공렬 [6262]-[6240]
古木고목 - 老木노목 [6080]-[7080]	公用공용 - 公務공무 [6262]-[6242]
古木고목 - 老樹노수 [6080]-[7060]	公用공용 - 公費공비 [6262]-[6250]
古物고물 - 故物고물 [6072]-[4272]	公用공용 - 官費관비 [6262]-[4250]
古物고물 - 古品고품 [6072]-[6052]	公用공용 - 國費국비 [6262]-[8050]
古物고물 - 老物노물 [6072]-[7072]	公用공용 - 國用국용 [6262]-[8062]
高士고사 - 高人고인 [6252]-[6280]	公賊공적 - 公盜공도 [6240]-[6240]
考查고사 - 考驗고험 [5050]-[5042]	共存공존 - 同存동존 [6240]-[7040]
孤山고산 - 獨山독산 [4080]-[5280]	過念과념 - 過慮과려 [5252]-[5240]
古書고서 - 古典고전 [6062]-[6052]	過失과실 - 罪過죄과 [5260]-[5052]
古書고서 - 舊典구전 [6062]-[5252]	過言과언 - 過談과담 [5260]-[5250]
高手고수 - 上手상수 [6272]-[7272]	過飮과음 - 長酒장주 [5262]-[8040]
古式고식 - 舊式구식 [6060]-[5260]	過從과종 - 相從상종 [5240]-[5240]
苦心고심 - 苦慮고려 [6070]-[6040]	過讚과찬 - 過稱과칭 [5240]-[5240]
苦心고심 - 苦思고사 [6070]-[6050]	觀點관점 - 見地견지 [5240]-[5270]
苦心고심 - 勞思노사 [6070]-[5250]	廣告광고 - 廣布광포 [5252]-[5242]
苦心고심 - 勞心노심 [6070]-[5270]	校規교규 - 校則교칙 [8050]-[8050]
考案고안 - 案考안고 [5050]-[5050]	校內교내 - 學內학내 [8072]-[8072]
高額고액 - 多額다액 [6240]-[6040]	敎徒교도 - 信徒신도 [8040]-[6240]
高恩고은 - 大恩대은 [6242]-[8042]	敎徒교도 - 信者신자 [8040]-[6260]
苦戰고전 - 苦鬪고투 [6062]-[6040]	交番교번 - 代番대번 [6060]-[6260]
苦戰고전 - 難戰난전 [6062]-[4262]	交分교분 - 交情교정 [6062]-[6052]
苦海고해 - 苦域고역 [6072]-[6040]	交分교분 - 情交정교 [6062]-[5260]
共感공감 - 同感동감 [6260]-[7060]	交分교분 - 情分정분 [6062]-[5262]
公告공고 - 公發공발 [6252]-[6262]	校合교합 - 校正교정 [8060]-[8072]
公告공고 - 公示공시 [6252]-[6250]	舊功구공 - 舊勞구로 [5262]-[5252]
公告공고 - 公布공포 [6252]-[6242]	救民구민 - 濟民제민 [5080]-[4280]
功過공과 - 功罪공죄 [6252]-[6250]	口碑구비 - 口承구승 [7040]-[7042]

口碑구비 - 口傳구전 [7040]-[7052]	近年근년 - 比年비년 [6080]-[5080]
口碑구비 - 口占구점 [7040]-[7040]	近來근래 - 比來비래 [6070]-[5070]
舊惡구악 - 宿惡숙악 [5252]-[5252]	根性근성 - 性根성근 [6052]-[5260]
舊緣구연 - 舊因구인 [5240]-[5250]	根源근원 - 起首기수 [6040]-[4252]
舊友구우 - 故舊고구 [5252]-[4252]	近處근처 - 近邊근변 [6042]-[6042]
舊友구우 - 故友고우 [5252]-[4252]	近況근황 - 近狀근상 [6040]-[6042]
舊友구우 - 故人고인 [5252]-[4280]	近況근황 - 近勢근세 [6040]-[6042]
舊恩구은 - 前恩전은 [5242]-[7242]	急命급명 - 急令급령 [6270]-[6250]
舊章구장 - 舊典구전 [5260]-[5252]	急報급보 - 急告급고 [6242]-[6252]
救災구재 - 救難구난 [5050]-[5042]	急書급서 - 急信급신 [6262]-[6262]
九天구천 - 九野구야 [8070]-[8060]	急書급서 - 急便급편 [6262]-[6270]
具體구체 - 具象구상 [5262]-[5240]	急所급소 - 要部요부 [6270]-[5262]
口筆구필 - 口書구서 [7052]-[7062]	急所급소 - 要所요소 [6270]-[5270]
舊恨구한 - 舊怨구원 [5240]-[5240]	急所급소 - 要點요점 [6270]-[5240]
球形구형 - 球狀구상 [6262]-[6242]	給與급여 - 給料급료 [5040]-[5050]
國民국민 - 國人국인 [8080]-[8080]	急進급진 - 過激과격 [6242]-[5240]
局部국부 - 局所국소 [5262]-[5270]	急患급환 - 急病급병 [6250]-[6260]
國運국운 - 國步국보 [8062]-[8042]	起工기공 - 着工착공 [4272]-[5272]
國情국정 - 國狀국상 [8052]-[8042]	期待기대 - 期望기망 [5060]-[5052]
軍機군기 - 戰機전기 [8040]-[6240]	氣力기력 - 筋力근력 [7272]-[4072]
軍備군비 - 武備무비 [8042]-[4242]	氣力기력 - 精力정력 [7272]-[4272]
軍備군비 - 兵備병비 [8042]-[5242]	旗章기장 - 旗號기호 [7060]-[7060]
軍勢군세 - 武旅무려 [8042]-[4252]	氣絶기절 - 失氣실기 [7242]-[6072]
軍勢군세 - 兵勢병세 [8042]-[5242]	基層기층 - 底層저층 [5240]-[4040]
軍營군영 - 兵舍병사 [8040]-[5242]	氣品기품 - 風格풍격 [7252]-[6252]
軍律군율 - 軍規군규 [8042]-[8050]	吉月길월 - 令月영월 [5080]-[5080]
窮心궁심 - 用心용심 [4070]-[6270]	吉日길일 - 令日영일 [5080]-[5080]
貴宅귀댁 - 貴家귀가 [5052]-[5072]	落島낙도 - 孤島고도 [5050]-[4050]
貴宅귀댁 - 尊家존가 [5052]-[4272]	樂園낙원 - 樂土낙토 [6260]-[6280]
貴宅귀댁 - 尊宅존택 [5052]-[4252]	落月낙월 - 傾月경월 [5080]-[4080]
貴命귀명 - 尊命존명 [5070]-[4270]	落第낙제 - 留級유급 [5062]-[4260]
貴門귀문 - 尊門존문 [5080]-[4280]	落着낙착 - 決定결정 [5052]-[5260]
規程규정 - 規定규정 [5042]-[5060]	南進남진 - 南下남하 [8042]-[8072]
極上극상 - 太上태상 [4272]-[6072]	來到내도 - 來着내착 [7052]-[7052]

<부록> 類義語(同義語, 同意語)

內亂내란 - 內變내변 [7240]-[7252]	答辭답사 - 答言답언 [7240]-[7260]
內亂내란 - 內戰내전 [7240]-[7262]	當期당기 - 當季당계 [5250]-[5240]
來歷내력 - 由來유래 [7052]-[6070]	當代당대 - 當世당세 [5262]-[5272]
內密내밀 - 內祕내비 [7242]-[7240]	當代당대 - 當朝당조 [5262]-[5260]
內事내사 - 祕事비사 [7272]-[4072]	黨類당류 - 同類동류 [4252]-[7052]
內事내사 - 陰事음사 [7272]-[4272]	黨類당류 - 同種동종 [4252]-[7052]
來屬내속 - 來伏내복 [7040]-[7040]	當選당선 - 入選입선 [5250]-[7050]
來屬내속 - 來服내복 [7040]-[7060]	當所당소 - 當處당처 [5270]-[5242]
來人내인 - 來者내자 [7080]-[7060]	大家대가 - 巨星거성 [8072]-[4042]
內子내자 - 室人실인 [7272]-[8080]	對面대면 - 對見대견 [6270]-[6252]
內通내통 - 內應내응 [7260]-[7242]	對面대면 - 案對안대 [6270]-[5062]
內通내통 - 私通사통 [7260]-[4060]	大寶대보 - 大極대극 [8042]-[8042]
內通내통 - 野合야합 [7260]-[6060]	大寶대보 - 至寶지보 [8042]-[4242]
內通내통 - 通情통정 [7260]-[6052]	大雪대설 - 壯雪장설 [8062]-[4062]
來學내학 - 後學후학 [7080]-[7280]	大聲대성 - 大音대음 [8042]-[8062]
冷氣냉기 - 寒氣한기 [5072]-[5072]	大屋대옥 - 廣宅광택 [8050]-[5252]
冷溫냉온 - 溫冷온랭 [5060]-[6050]	待遇대우 - 待接대접 [6040]-[6042]
老公노공 - 尊老존로 [7062]-[4270]	待遇대우 - 處遇처우 [6040]-[4240]
老少노소 - 少長소장 [7070]-[7080]	代員대원 - 代人대인 [6242]-[6280]
勞作노작 - 力作역작 [5262]-[7262]	大位대위 - 高位고위 [8050]-[6250]
路程노정 - 道程도정 [6042]-[7242]	大位대위 - 盛位성위 [8050]-[4250]
路程노정 - 里程이정 [6042]-[7042]	大位대위 - 崇班숭반 [8050]-[4062]
綠堂녹당 - 綠窓녹창 [6062]-[6062]	大邑대읍 - 雄邑웅읍 [8070]-[5070]
綠林녹림 - 靑林청림 [6070]-[8070]	大任대임 - 大務대무 [8052]-[8042]
農婦농부 - 田婦전부 [7242]-[4242]	大作대작 - 巨作거작 [8062]-[4062]
多年다년 - 宿年숙년 [6080]-[5280]	大典대전 - 大儀대의 [8052]-[8040]
多辯다변 - 多言다언 [6040]-[6060]	大典대전 - 重典중전 [8052]-[7052]
多謝다사 - 多罪다죄 [6042]-[6050]	大罪대죄 - 大犯대범 [8050]-[8040]
多食다식 - 健食건식 [6072]-[5072]	大衆대중 - 群俗군속 [8042]-[4042]
多食다식 - 大食대식 [6072]-[8072]	對話대화 - 對談대담 [6272]-[6250]
短見단견 - 管見관견 [6252]-[4052]	對話대화 - 對語대어 [6272]-[6270]
短命단명 - 短世단세 [6270]-[6272]	對話대화 - 對言대언 [6272]-[6260]
單番단번 - 一擧일거 [4260]-[8050]	大孝대효 - 至孝지효 [8072]-[4272]
單行단행 - 獨行독행 [4260]-[5260]	到達도달 - 當到당도 [5242]-[5252]

都合도합 - 都數도수 [5060]-[5070]	萬世만세 - 萬葉만엽 [8072]-[8050]
獨斷독단 - 專決전결 [5242]-[4052]	末技말기 - 末藝말예 [5050]-[5042]
獨斷독단 - 專斷전단 [5242]-[4042]	末期말기 - 終期종기 [5050]-[5050]
獨宿독숙 - 獨寢독침 [5252]-[5240]	末技말기 - 下技하기 [5050]-[7250]
毒藥독약 - 惡藥악약 [4262]-[5262]	末世말세 - 世末세말 [5072]-[7250]
獨占독점 - 專有전유 [5240]-[4070]	末世말세 - 惡世악세 [5072]-[5272]
同甲동갑 - 同年동년 [7040]-[7080]	亡骨망골 - 亡物망물 [5040]-[5072]
同甲동갑 - 同齒동치 [7040]-[7042]	每戶매호 - 戶戶호호 [7242]-[4242]
同時동시 - 等時등시 [7072]-[6272]	名家명가 - 名門명문 [7272]-[7280]
洞長동장 - 洞首동수 [7080]-[7052]	名家명가 - 名手명수 [7272]-[7272]
動靜동정 - 起居기거 [7240]-[4240]	名家명가 - 名人명인 [7272]-[7280]
動靜동정 - 動止동지 [7240]-[7250]	名望명망 - 聲望성망 [7252]-[4252]
同窓동창 - 同門동문 [7062]-[7080]	名分명분 - 名目명목 [7262]-[7260]
同窓동창 - 同接동접 [7062]-[7042]	名分명분 - 名色명색 [7262]-[7270]
同窓동창 - 同學동학 [7062]-[7080]	名勝명승 - 景勝경승 [7260]-[5060]
同行동행 - 同道동도 [7060]-[7072]	名勝명승 - 勝景승경 [7260]-[6050]
同形동형 - 同樣동양 [7062]-[7040]	名勝명승 - 勝致승치 [7260]-[6050]
頭目두목 - 頭領두령 [6060]-[6050]	明月명월 - 名月명월 [6280]-[7280]
頭目두목 - 頭首두수 [6060]-[6052]	名醫명의 - 良醫양의 [7260]-[5260]
頭目두목 - 首領수령 [6060]-[5250]	明察명찰 - 總察총찰 [6242]-[4242]
頭目두목 - 主領주령 [6060]-[7050]	名筆명필 - 大筆대필 [7252]-[8052]
等價등가 - 同價동가 [6252]-[7052]	目下목하 - 當下당하 [6072]-[5272]
登校등교 - 出校출교 [7080]-[7080]	目下목하 - 目今목금 [6072]-[6062]
登極등극 - 登位등위 [7042]-[7050]	武器무기 - 兵具병구 [4242]-[5252]
登用등용 - 擧用거용 [7062]-[5062]	無料무료 - 無給무급 [5050]-[5050]
萬感만감 - 萬念만념 [8060]-[8052]	武神무신 - 軍神군신 [4262]-[8062]
萬感만감 - 百感백감 [8060]-[7060]	無敵무적 - 無前무전 [5042]-[5072]
萬國만국 - 萬域만역 [8080]-[8040]	無學무학 - 不學불학 [5080]-[7280]
萬物만물 - 群有군유 [8072]-[4070]	無學무학 - 非學비학 [5080]-[4280]
萬物만물 - 萬有만유 [8072]-[8070]	文談문담 - 文話문화 [7050]-[7072]
萬病만병 - 百病백병 [8060]-[7060]	文德문덕 - 文道문도 [7052]-[7072]
萬福만복 - 百福백복 [8052]-[7052]	問安문안 - 問候문후 [7072]-[7040]
萬事만사 - 百事백사 [8072]-[7072]	問責문책 - 責問책문 [7052]-[5270]
萬世만세 - 萬代만대 [8072]-[8062]	物名물명 - 品名품명 [7272]-[5272]

<부록> 類義語(同義語, 同意語)

物名물명 - 品目품목	[7272]-[5260]
未開미개 - 原始원시	[4260]-[5062]
未然미연 - 事前사전	[4270]-[7272]
民心민심 - 人心인심	[8070]-[8070]
博識박식 - 多識다식	[4252]-[6052]
反曲반곡 - 反屈반굴	[6250]-[6240]
班常반상 - 常班상반	[6242]-[4262]
發端발단 - 始作시작	[6242]-[6262]
發信발신 - 送信송신	[6262]-[4262]
發議발의 - 發案발안	[6242]-[6250]
發火발화 - 發砲발포	[6280]-[6242]
發火발화 - 點火점화	[6280]-[4080]
發火발화 - 着火착화	[6280]-[5280]
放發방발 - 放散방산	[6262]-[6240]
放發방발 - 放砲방포	[6262]-[6242]
訪韓방한 - 來韓내한	[4280]-[7080]
背景배경 - 後景후경	[4250]-[7250]
倍前배전 - 倍舊배구	[5072]-[5052]
百穀백곡 - 各穀각곡	[7040]-[6240]
百態백태 - 百樣백양	[7042]-[7040]
變心변심 - 轉意전의	[5270]-[4062]
兵法병법 - 戰術전술	[5252]-[6262]
病色병색 - 病氣병기	[6070]-[6072]
病席병석 - 病床병상	[6060]-[6042]
兵船병선 - 軍船군선	[5250]-[8050]
病中병중 - 病間병간	[6080]-[6072]
保眼보안 - 養目양목	[4242]-[5260]
保養보양 - 養生양생	[4252]-[5280]
服屬복속 - 屬服속복	[6040]-[4060]
服用복용 - 賞藥상약	[6062]-[5062]
服制복제 - 衣制의제	[6042]-[6042]
本式본식 - 本格본격	[6060]-[6052]
不當부당 - 失當실당	[7252]-[6052]
婦德부덕 - 女德여덕	[4252]-[8052]
婦道부도 - 女道여도	[4272]-[8072]
父母부모 - 兩親양친	[8080]-[4260]
分給분급 - 折給절급	[6250]-[4050]
分擔분담 - 分任분임	[6242]-[6252]
分別분별 - 思慮사려	[6260]-[5040]
分野분야 - 境地경지	[6260]-[4270]
分野분야 - 部門부문	[6260]-[6280]
分野분야 - 領域영역	[6260]-[5040]
不備불비 - 不具불구	[7242]-[7252]
不漁불어 - 凶漁흉어	[7250]-[5250]
不運불운 - 悲運비운	[7262]-[4262]
不意불의 - 非意비의	[7262]-[4262]
不次불차 - 非次비차	[7242]-[4242]
氷庫빙고 - 氷室빙실	[5040]-[5080]
氷人빙인 - 月老월로	[5080]-[8070]
四境사경 - 四邊사변	[8042]-[8042]
四極사극 - 四遠사원	[8042]-[8060]
思念사념 - 情念정념	[5052]-[5252]
私立사립 - 民立민립	[4072]-[8072]
使命사명 - 任務임무	[6070]-[5242]
死文사문 - 空文공문	[6070]-[7270]
私服사복 - 平服평복	[4060]-[7260]
私費사비 - 自費자비	[4050]-[7250]
四友사우 - 四寶사보	[8052]-[8042]
寫眞사진 - 寫實사실	[5042]-[5052]
四通사통 - 四達사달	[8060]-[8042]
死鬪사투 - 死戰사전	[6040]-[6062]
死灰사회 - 寒灰한회	[6040]-[5040]
山後산후 - 山背산배	[8072]-[8042]
三代삼대 - 三族삼족	[8062]-[8060]
三冬삼동 - 九冬구동	[8070]-[8070]
三拜삼배 - 三禮삼례	[8042]-[8060]
三春삼춘 - 九春구춘	[8070]-[8070]
三夏삼하 - 九夏구하	[8070]-[8070]

上古상고 - 太古태고 [7260]-[6060]
商略상략 - 商計상계 [5240]-[5262]
常例상례 - 通例통례 [4260]-[6060]
相法상법 - 相術상술 [5252]-[5262]
常數상수 - 定數정수 [4270]-[6070]
相議상의 - 相論상론 [5242]-[5242]
相議상의 - 商議상의 [5242]-[5242]
相爭상쟁 - 相鬪상투 [5250]-[5240]
商品상품 - 物件물건 [5252]-[7250]
常會상회 - 例會예회 [4262]-[6062]
省略생략 - 省減생감 [6240]-[6242]
生路생로 - 初行초행 [8060]-[5060]
生路생로 - 活計활계 [8060]-[7262]
生死생사 - 死命사명 [8060]-[6070]
生死생사 - 死生사생 [8060]-[6080]
生殺생살 - 殺活살활 [8042]-[4272]
生色생색 - 生光생광 [8070]-[8062]
生業생업 - 所業소업 [8062]-[7062]
生業생업 - 職業직업 [8062]-[4262]
生育생육 - 生長생장 [8070]-[8080]
生前생전 - 身前신전 [8072]-[6272]
生存생존 - 生息생식 [8040]-[8042]
生後생후 - 生來생래 [8072]-[8070]
書家서가 - 書師서사 [6272]-[6242]
書庫서고 - 冊庫책고 [6240]-[4040]
書童서동 - 學童학동 [6262]-[8062]
書面서면 - 文面문면 [6270]-[7070]
夕陽석양 - 殘陽잔양 [7060]-[4060]
仙家선가 - 仙居선거 [5272]-[5240]
先覺선각 - 先知선지 [8040]-[8052]
先納선납 - 豫納예납 [8040]-[4040]
鮮明선명 - 章章장장 [5262]-[6060]
先山선산 - 舊山구산 [8080]-[5280]
先聖선성 - 前聖전성 [8042]-[7242]

仙藥선약 - 聖藥성약 [5262]-[4262]
先王선왕 - 先主선주 [8080]-[8070]
先儒선유 - 前儒전유 [8040]-[7240]
善意선의 - 好意호의 [5062]-[4262]
仙人선인 - 道士도사 [5280]-[7252]
善人선인 - 善者선자 [5080]-[5060]
善人선인 - 良人양인 [5080]-[5280]
先任선임 - 前任전임 [8052]-[7252]
船着선착 - 着船착선 [5052]-[5250]
先親선친 - 先子선자 [8060]-[8072]
線形선형 - 絲狀사상 [6262]-[4042]
線形선형 - 線狀선상 [6262]-[6242]
說教설교 - 教說교설 [5280]-[8052]
雪氣설기 - 雪意설의 [6272]-[6262]
設立설립 - 建樹건수 [4272]-[5060]
說明설명 - 說與설여 [5262]-[5240]
說明설명 - 解說해설 [5262]-[4252]
說破설파 - 論破논파 [5242]-[4242]
雪後설후 - 雪餘설여 [6272]-[6242]
性格성격 - 氣質기질 [5252]-[7252]
性交성교 - 房事방사 [5260]-[4272]
性情성정 - 情性정성 [5252]-[5252]
成就성취 - 達成달성 [6240]-[4262]
盛會성회 - 高會고회 [4262]-[6262]
世事세사 - 世故세고 [7272]-[7242]
世上세상 - 世界세계 [7272]-[7262]
歲歲세세 - 連年연년 [5252]-[4280]
世智세지 - 世才세재 [7240]-[7262]
世智세지 - 俗才속재 [7240]-[4262]
世派세파 - 支派지파 [7240]-[4240]
細行세행 - 小節소절 [4260]-[8052]
少女소녀 - 童女동녀 [7080]-[6280]
少年소년 - 少童소동 [7080]-[7062]
所望소망 - 念願염원 [7052]-[5250]

<부록> 類義語(同義語, 同意語)

小別소별 - 小分소분 [8060]-[8062]	始初시초 - 當初당초 [6250]-[5250]
小序소서 - 小引소인 [8050]-[8042]	食客식객 - 寄客기객 [7252]-[4052]
少額소액 - 低額저액 [7040]-[4240]	識見식견 - 見識견식 [5252]-[5252]
消日소일 - 度日도일 [6280]-[6080]	識見식견 - 知見지견 [5252]-[5252]
消日소일 - 消光소광 [6280]-[6262]	植木식목 - 植樹식수 [7080]-[7060]
消日소일 - 消閑소한 [6280]-[6240]	食言식언 - 負約부약 [7260]-[4052]
消火소화 - 救火구화 [6280]-[5080]	神慮신려 - 神思신사 [6240]-[6250]
收金수금 - 集金집금 [4280]-[6280]	新法신법 - 新律신율 [6252]-[6242]
手段수단 - 方法방법 [7240]-[7252]	信任신임 - 信委신위 [6252]-[6240]
首席수석 - 首位수위 [5260]-[5250]	神傳신전 - 神授신수 [6252]-[6242]
首席수석 - 一位일위 [5260]-[8050]	信從신종 - 信伏신복 [6240]-[6240]
首席수석 - 主位주위 [5260]-[7050]	信從신종 - 信服신복 [6240]-[6260]
水雲수운 - 雲水운수 [8052]-[5280]	身體신체 - 肉體육체 [6262]-[4262]
手製수제 - 手作수작 [7242]-[7262]	失期실기 - 失時실시 [6050]-[6072]
收支수지 - 入出입출 [4242]-[7070]	失禮실례 - 缺禮결례 [6060]-[4260]
水害수해 - 水災수재 [8052]-[8050]	實利실리 - 實益실익 [5262]-[5242]
首號수호 - 初號초호 [5260]-[5060]	失望실망 - 失意실의 [6052]-[6062]
宿命숙명 - 定命정명 [5270]-[6070]	實施실시 - 實行실행 [5242]-[5260]
宿命숙명 - 天命천명 [5270]-[7070]	失言실언 - 失語실어 [6060]-[6070]
宿食숙식 - 寢食침식 [5272]-[4072]	失業실업 - 失職실직 [6062]-[6042]
宿願숙원 - 宿望숙망 [5250]-[5252]	失敗실패 - 落空낙공 [6050]-[5072]
宿儒숙유 - 宿學숙학 [5240]-[5280]	心曲심곡 - 情曲정곡 [7050]-[5250]
宿患숙환 - 宿病숙병 [5250]-[5260]	心身심신 - 心骨심골 [7062]-[7040]
順産순산 - 正産정산 [5252]-[7252]	深責심책 - 切責절책 [4252]-[5252]
順從순종 - 從順종순 [5240]-[4052]	心祝심축 - 暗祝암축 [7050]-[4250]
順行순행 - 順進순진 [5260]-[5242]	兒名아명 - 小字소자 [5272]-[8070]
勝負승부 - 勝敗승패 [6040]-[6050]	惡黨악당 - 惡漢악한 [5242]-[5272]
勝戰승전 - 戰勝전승 [6062]-[6260]	惡黨악당 - 凶漢흉한 [5242]-[5272]
詩歌시가 - 永言영언 [4270]-[6060]	樂律악률 - 樂調악조 [6242]-[6252]
時服시복 - 時衣시의 [7260]-[7260]	惡語악어 - 惡說악설 [5270]-[5252]
始祖시조 - 鼻祖비조 [6270]-[5070]	惡語악어 - 惡舌악설 [5270]-[5240]
始祖시조 - 元祖원조 [6270]-[5270]	安樂안락 - 康樂강락 [7262]-[4262]
始終시종 - 本末본말 [6250]-[6050]	安貧안빈 - 樂貧낙빈 [7242]-[6242]
始終시종 - 首末수말 [6250]-[5250]	安息안식 - 遊息유식 [7242]-[4042]

安心안심 - 放念방념 [7270]-[6252]
安全안전 - 萬全만전 [7272]-[8072]
安全안전 - 無故무고 [7272]-[5042]
安全안전 - 無事무사 [7272]-[5072]
安全안전 - 十全십전 [7272]-[8072]
安住안주 - 安接안접 [7270]-[7242]
案下안하 - 硏北연북 [5072]-[4280]
案下안하 - 座下좌하 [5072]-[4072]
愛酒애주 - 好酒호주 [6040]-[4240]
野史야사 - 外史외사 [6052]-[8052]
弱骨약골 - 弱質약질 [6240]-[6252]
略筆약필 - 約文약문 [4052]-[5270]
藥效약효 - 藥力약력 [6252]-[6272]
養鷄양계 - 鷄農계농 [5240]-[4072]
養兵양병 - 養軍양군 [5252]-[5280]
養成양성 - 育成육성 [5262]-[7062]
良案양안 - 名案명안 [5250]-[7250]
良友양우 - 勝友승우 [5252]-[6052]
良風양풍 - 美風미풍 [5262]-[6062]
漁家어가 - 漁戶어호 [5072]-[5042]
語氣어기 - 語勢어세 [7072]-[7042]
語氣어기 - 語調어조 [7072]-[7052]
漁夫어부 - 漁父어보 [5070]-[5080]
業績업적 - 功績공적 [6240]-[6240]
旅毒여독 - 路毒노독 [5242]-[6042]
旅裝여장 - 客裝객장 [5240]-[5240]
女裝여장 - 女服여복 [8040]-[8060]
旅情여정 - 旅思여사 [5252]-[5250]
力士역사 - 壯士장사 [7252]-[4052]
歷任역임 - 歷官역관 [5252]-[5242]
力戰역전 - 力爭역쟁 [7262]-[7250]
年老연로 - 年滿연만 [8070]-[8042]
年末연말 - 宿歲숙세 [8050]-[5252]
連名연명 - 合名합명 [4272]-[6072]

年次연차 - 序齒서치 [8042]-[5042]
年次연차 - 歲次세차 [8042]-[5242]
熱心열심 - 熱志열지 [5070]-[5042]
永年영년 - 永世영세 [6080]-[6072]
英斷영단 - 雄斷웅단 [6042]-[5042]
英略영략 - 英圖영도 [6040]-[6062]
永日영일 - 長日장일 [6080]-[8080]
英姿영자 - 英風영풍 [6040]-[6062]
豫見예견 - 先見선견 [4052]-[8052]
禮物예물 - 謝物사물 [6072]-[4272]
例外예외 - 格外격외 [6080]-[5280]
禮遇예우 - 禮待예대 [6040]-[6060]
例題예제 - 例問예문 [6062]-[6070]
玉食옥식 - 美食미식 [4272]-[6072]
屋外옥외 - 戶外호외 [5080]-[4280]
玉音옥음 - 德音덕음 [4262]-[5262]
玉體옥체 - 貴體귀체 [4262]-[5062]
溫室온실 - 暖室난실 [6080]-[4280]
溫熱온열 - 暖熱난열 [6050]-[4250]
溫衣온의 - 暖衣난의 [6060]-[4260]
溫風온풍 - 暖風난풍 [6062]-[4262]
完備완비 - 全具전구 [5042]-[7252]
完全완전 - 萬全만전 [5072]-[8072]
完全완전 - 十全십전 [5072]-[8072]
王家왕가 - 王室왕실 [8072]-[8080]
王家왕가 - 王族왕족 [8072]-[8060]
王公왕공 - 貴顯귀현 [8062]-[5040]
王權왕권 - 君權군권 [8042]-[4042]
王土왕토 - 王領왕령 [8080]-[8050]
外觀외관 - 外見외견 [8052]-[8052]
外國외국 - 異國이국 [8080]-[4080]
外國외국 - 他國타국 [8080]-[5080]
外題외제 - 標題표제 [8062]-[4062]
外題외제 - 表題표제 [8062]-[6262]

<부록> 類義語(同義語, 同意語)

料理요리 - 調理조리 [5062]-[5262]	人爲인위 - 人工인공 [8042]-[8072]
友愛우애 - 友情우정 [5260]-[5252]	一家일가 - 室家실가 [8072]-[8072]
右族우족 - 右姓우성 [7260]-[7272]	一見일견 - 一觀일관 [8052]-[8052]
運命운명 - 運勢운세 [6270]-[6242]	一見일견 - 一望일망 [8052]-[8052]
運送운송 - 轉運전운 [6242]-[4062]	日計일계 - 日算일산 [8062]-[8070]
運送운송 - 通運통운 [6242]-[6062]	一技일기 - 一能일능 [8050]-[8052]
運營운영 - 運用운용 [6240]-[6262]	日當일당 - 日給일급 [8052]-[8050]
遠代원대 - 遠世원세 [6062]-[6072]	一帶일대 - 一圓일원 [8042]-[8042]
遠洋원양 - 絶海절해 [6060]-[4272]	一列일렬 - 單列단열 [8042]-[4242]
原因원인 - 理由이유 [5050]-[6260]	日食일식 - 和食화식 [8072]-[6272]
遠地원지 - 遠方원방 [6070]-[6072]	一族일족 - 一門일문 [8060]-[8080]
遠地원지 - 遠域원역 [6070]-[6040]	一品일품 - 絶品절품 [8052]-[4252]
偉功위공 - 偉烈위열 [5262]-[5240]	立案입안 - 具案구안 [7250]-[5250]
類別유별 - 種別종별 [5260]-[5260]	入養입양 - 入後입후 [7052]-[7072]
儒生유생 - 書生서생 [4080]-[6280]	立會입회 - 證參증참 [7262]-[4052]
隱士은사 - 山林산림 [4052]-[8070]	自警자경 - 自戒자계 [7242]-[7240]
隱士은사 - 山長산장 [4052]-[8080]	自國자국 - 本國본국 [7280]-[6080]
意圖의도 - 意思의사 [6262]-[6250]	自給자급 - 自足자족 [7250]-[7272]
意圖의도 - 意志의지 [6262]-[6242]	自負자부 - 自信자신 [7240]-[7262]
意圖의도 - 意向의향 [6262]-[6260]	自殺자살 - 自決자결 [7242]-[7252]
意味의미 - 意義의의 [6242]-[6242]	自習자습 - 自學자학 [7260]-[7280]
意表의표 - 料外요외 [6262]-[5080]	自然자연 - 天然천연 [7270]-[7070]
利己이기 - 愛己애기 [6252]-[6052]	字典자전 - 字類자류 [7052]-[7052]
異變이변 - 變事변사 [4052]-[5272]	自讚자찬 - 自稱자칭 [7240]-[7240]
異域이역 - 局外국외 [4040]-[5280]	自害자해 - 自傷자상 [7252]-[7240]
異域이역 - 國外국외 [4040]-[8080]	作文작문 - 行文행문 [6270]-[6070]
異域이역 - 方外방외 [4040]-[7280]	殘雪잔설 - 宿雪숙설 [4062]-[5262]
異域이역 - 海外해외 [4040]-[7280]	長江장강 - 大河대하 [8072]-[8050]
利用이용 - 活用활용 [6262]-[7262]	壯擧장거 - 偉擧위거 [4050]-[5250]
以前이전 - 前往전왕 [5272]-[7242]	壯觀장관 - 偉觀위관 [4052]-[5252]
理解이해 - 納得납득 [6242]-[4042]	將來장래 - 來頭내두 [4270]-[7060]
理解이해 - 會得회득 [6242]-[6242]	長上장상 - 上長상장 [8072]-[7280]
人山인산 - 人海인해 [8080]-[8072]	場所장소 - 處所처소 [7270]-[4270]
人相인상 - 人態인태 [8052]-[8042]	長點장점 - 美點미점 [8040]-[6040]

- 227 -

長足장족 - 巨足거족 [8072]-[4072]
才器재기 - 才局재국 [6242]-[6252]
才能재능 - 器量기량 [6252]-[4250]
再錄재록 - 再記재기 [5042]-[5072]
再發재발 - 更發갱발 [5062]-[4062]
才士재사 - 才子재자 [6252]-[6272]
財産재산 - 資産자산 [5252]-[4052]
財政재정 - 錢政전정 [5242]-[4042]
在職재직 - 在勤재근 [6042]-[6040]
底意저의 - 內意내의 [4062]-[7262]
適法적법 - 合法합법 [4052]-[6052]
全國전국 - 擧國거국 [7280]-[5080]
全道전도 - 一道일도 [7272]-[8072]
電線전선 - 導線도선 [7262]-[4262]
前衛전위 - 前拒전거 [7242]-[7240]
前陣전진 - 先陣선진 [7240]-[8040]
前陣전진 - 前軍전군 [7240]-[7280]
絶色절색 - 一色일색 [4270]-[8070]
絶後절후 - 無後무후 [4272]-[5072]
接境접경 - 交界교계 [4242]-[6062]
定論정론 - 定說정설 [6042]-[6052]
正味정미 - 純量순량 [7242]-[4250]
定業정업 - 定職정직 [6062]-[6042]
正鐵정철 - 練鐵연철 [7250]-[5250]
正初정초 - 歲首세수 [7250]-[5252]
正初정초 - 歲初세초 [7250]-[5250]
正初정초 - 首歲수세 [7250]-[5252]
正初정초 - 年頭연두 [7250]-[8060]
情趣정취 - 情致정치 [5240]-[5250]
情趣정취 - 風情풍정 [5240]-[6252]
正則정칙 - 正度정도 [7250]-[7260]
正統정통 - 正系정계 [7242]-[7240]
情況정황 - 情景정경 [5240]-[5250]
情況정황 - 情狀정상 [5240]-[5242]

情況정황 - 情地정지 [5240]-[5270]
情況정황 - 情形정형 [5240]-[5262]
祖上조상 - 先代선대 [7072]-[8062]
操心조심 - 注意주의 [5070]-[6262]
早春조춘 - 初春초춘 [4270]-[5070]
朝會조회 - 朝禮조례 [6062]-[6060]
族長족장 - 族父족부 [6080]-[6080]
種子종자 - 種物종물 [5272]-[5272]
住居주거 - 居第거제 [7040]-[4062]
住居주거 - 住家주가 [7040]-[7072]
住居주거 - 住宅주택 [7040]-[7052]
住民주민 - 居民거민 [7080]-[4080]
中斷중단 - 中絶중절 [8042]-[8042]
重病중병 - 大病대병 [7060]-[8060]
地境지경 - 境域경역 [7042]-[4240]
知己지기 - 水魚수어 [5252]-[8050]
知己지기 - 心友심우 [5252]-[7052]
知己지기 - 知音지음 [5252]-[5262]
知己지기 - 知人지인 [5252]-[5280]
知己지기 - 親舊친구 [5252]-[6052]
知己지기 - 親友친우 [5252]-[6052]
支流지류 - 分流분류 [4252]-[6252]
知命지명 - 半百반백 [5270]-[6270]
地上지상 - 地面지면 [7072]-[7070]
地上지상 - 現世현세 [7072]-[6272]
智識지식 - 知力지력 [4052]-[5272]
地主지주 - 土主토주 [7070]-[8070]
地形지형 - 地相지상 [7062]-[7052]
直通직통 - 直放직방 [7260]-[7262]
眞景진경 - 實景실경 [4250]-[5250]
進步진보 - 開明개명 [4242]-[6062]
進步진보 - 開化개화 [4242]-[6052]
進步진보 - 向上향상 [4242]-[6072]
質問질문 - 質疑질의 [5270]-[5240]

<부록> 類義語(同義語, 同意語)

集注집주 － 集中집중 [6262]-[6280]	親筆친필 － 自筆자필 [6052]-[7252]
着席착석 － 着座착좌 [5260]-[5240]	七去칠거 － 七出칠출 [8050]-[8070]
着彈착탄 － 彈着탄착 [5240]-[4052]	稱讚칭찬 － 賞美상미 [4040]-[5060]
處女처녀 － 室女실녀 [4280]-[8080]	他人타인 － 他者타자 [5080]-[5060]
千慮천려 － 萬慮만려 [7040]-[8040]	他地타지 － 外地외지 [5070]-[8070]
天運천운 － 歷運역운 [7062]-[5262]	他村타촌 － 外村외촌 [5070]-[8070]
淸覽청람 － 高覽고람 [6240]-[6240]	他鄕타향 － 客地객지 [5042]-[5270]
淸覽청람 － 尊覽존람 [6240]-[4240]	卓論탁론 － 卓說탁설 [5042]-[5052]
淸望청망 － 淸名청명 [6252]-[6272]	脫字탈자 － 落字낙자 [4070]-[5070]
淸節청절 － 淸操청조 [6252]-[6250]	土俗토속 － 土風토풍 [8042]-[8062]
體樣체양 － 態樣태양 [6240]-[4240]	痛感통감 － 切感절감 [4060]-[5260]
草家초가 － 草堂초당 [7072]-[7062]	通交통교 － 通好통호 [6060]-[6042]
村場촌장 － 村市촌시 [7072]-[7072]	通人통인 － 通士통사 [6080]-[6052]
村中촌중 － 村內촌내 [7080]-[7072]	通知통지 － 報知보지 [6052]-[4252]
寸評촌평 － 短評단평 [8040]-[6240]	通則통칙 － 通規통규 [6050]-[6050]
最高최고 － 至上지상 [5062]-[4272]	通則통칙 － 通律통률 [6050]-[6042]
最高최고 － 最上최상 [5062]-[5072]	通則통칙 － 通法통법 [6050]-[6052]
最善최선 － 極善극선 [5050]-[4250]	統稱통칭 － 都名도명 [4240]-[5072]
秋景추경 － 秋容추용 [7050]-[7042]	投藥투약 － 給藥급약 [4062]-[5062]
秋情추정 － 秋思추사 [7052]-[7050]	特別특별 － 各別각별 [6060]-[6260]
秋波추파 － 眼波안파 [7042]-[4242]	特製특제 － 別製별제 [6042]-[6042]
祝儀축의 － 祝典축전 [5040]-[5052]	特酒특주 － 名酒명주 [6040]-[7240]
祝電축전 － 祝報축보 [5072]-[5042]	特效특효 － 卓效탁효 [6052]-[5052]
春景춘경 － 春容춘용 [7050]-[7042]	八方팔방 － 八面팔면 [8072]-[8070]
春情춘정 － 春機춘기 [7052]-[7040]	敗北패배 － 敗戰패전 [5080]-[5062]
出家출가 － 出門출문 [7072]-[7080]	便紙편지 － 書簡서간 [7070]-[6240]
出兵출병 － 出軍출군 [7052]-[7080]	便紙편지 － 書信서신 [7070]-[6262]
出産출산 － 生産생산 [7052]-[8052]	便紙편지 － 書狀서장 [7070]-[6242]
出産출산 － 出生출생 [7052]-[7080]	便紙편지 － 聲問성문 [7070]-[4270]
出船출선 － 發船발선 [7050]-[6250]	便紙편지 － 信書신서 [7070]-[6262]
測地측지 － 度地탁지 [4270]-[6070]	平素평소 － 平常평상 [7242]-[7242]
致景치경 － 美景미경 [5050]-[6050]	暴落폭락 － 急落급락 [4250]-[6250]
親政친정 － 親朝친조 [6042]-[6060]	暴飮폭음 － 大飮대음 [4262]-[8062]
親筆친필 － 肉筆육필 [6052]-[4252]	品評품평 － 品定품정 [5240]-[5260]

品行품행 - 素行소행	[5260]-[4260]	畫仙화선 - 畫聖화성	[6052]-[6042]
品行품행 - 操行조행	[5260]-[5060]	花容화용 - 容華용화	[7042]-[4240]
豊年풍년 - 登歲등세	[4280]-[7052]	患者환자 - 病者병자	[5060]-[6060]
風輪풍륜 - 風神풍신	[6240]-[6262]	黃泉황천 - 九原구원	[6040]-[8050]
風聞풍문 - 風聽풍청	[6262]-[6240]	黃泉황천 - 九泉구천	[6040]-[8040]
風習풍습 - 氣習기습	[6260]-[7260]	黃泉황천 - 遺界유계	[6040]-[4062]
豊作풍작 - 上作상작	[4262]-[7262]	黃泉황천 - 陰府음부	[6040]-[4242]
風害풍해 - 風難풍난	[6252]-[6242]	黃泉황천 - 重泉중천	[6040]-[7040]
下校하교 - 退校퇴교	[7280]-[4280]	回信회신 - 答信답신	[4262]-[7262]
下答하답 - 下回하회	[7272]-[7242]	會議회의 - 集議집의	[6242]-[6242]
河海하해 - 江海강해	[5072]-[7272]	效力효력 - 效能효능	[5272]-[5252]
寒暖한란 - 寒溫한온	[5042]-[5060]	效力효력 - 效用효용	[5272]-[5262]
漢籍한적 - 漢書한서	[7240]-[7262]	效力효력 - 效驗효험	[5272]-[5242]
合計합계 - 合算합산	[6062]-[6070]	後面후면 - 背面배면	[7270]-[4270]
合致합치 - 一致일치	[6050]-[8050]	訓戒훈계 - 勸戒권계	[6040]-[4040]
海內해내 - 區極구극	[7272]-[6042]	訓長훈장 - 學究학구	[6080]-[8042]
海賊해적 - 海盜해도	[7240]-[7240]	休息휴식 - 休止휴지	[7042]-[7050]
核心핵심 - 中心중심	[4070]-[8070]	休養휴양 - 靜養정양	[7052]-[4052]
幸運행운 - 利運이운	[6262]-[6262]	休紙휴지 - 敗紙패지	[7070]-[5070]
行爲행위 - 所爲소위	[6042]-[7042]	凶計흉계 - 惡計악계	[5262]-[5262]
行人행인 - 路人노인	[6080]-[6080]	凶年흉년 - 儉年검년	[5280]-[4080]
許可허가 - 認可인가	[5050]-[4250]	凶黨흉당 - 凶徒흉도	[5242]-[5240]
許給허급 - 許施허시	[5050]-[5042]	凶日흉일 - 惡日악일	[5280]-[5280]
虛名허명 - 空名공명	[4272]-[7272]	黑白흑백 - 白黑백흑	[5080]-[8050]
虛名허명 - 白望백망	[4272]-[8052]	黑白흑백 - 是非시비	[5080]-[4242]
虛言허언 - 空言공언	[4260]-[7260]	希望희망 - 所願소원	[4252]-[7050]
火工화공 - 火夫화부	[8072]-[8070]	希望희망 - 願望원망	[4252]-[5052]
火輪화륜 - 外車외차	[8040]-[8072]		

(3) 類義語(同義語, 同意語)_3字

可燃物가연물 - 可燃體가연체 [504072]-[504062]
加入金가입금 - 加入費가입비 [507080]-[507050]

<부록> 類義語(同義語, 同意語)

監督員감독원 - 監督者감독자 [424242]-[424260]
監視員감시원 - 監視人감시인 [424242]-[424280]
監視員감시원 - 監視者감시자 [424242]-[424260]
改良種개량종 - 育成種육성종 [505252]-[706252]
開票所개표소 - 開票場개표장 [604270]-[604272]
改革家개혁가 - 改革者개혁자 [504072]-[504060]
巨細事거세사 - 大小事대소사 [404272]-[808072]
建造物건조물 - 建築物건축물 [504272]-[504272]
建築家건축가 - 建築士건축사 [504272]-[504252]
建築家건축가 - 建築者건축자 [504272]-[504260]
儉約家검약가 - 經濟家경제가 [405272]-[424272]
儉約家검약가 - 節約家절약가 [405272]-[525272]
結果期결과기 - 結實期결실기 [526250]-[525250]
警覺心경각심 - 警戒心경계심 [424070]-[424070]
警報器경보기 - 報知機보지기 [424242]-[425240]
經常稅경상세 - 常時稅상시세 [424242]-[427242]
景勝地경승지 - 名勝地명승지 [506070]-[726070]
經驗談경험담 - 體驗談체험담 [424250]-[624250]
孤兒院고아원 - 保育院보육원 [405250]-[427050]
考案物고안물 - 考案品고안품 [505072]-[505052]
高潮線고조선 - 滿潮線만조선 [624062]-[424062]
共通點공통점 - 同一點동일점 [626040]-[708040]
觀客席관객석 - 觀覽席관람석 [525260]-[524060]
管理員관리원 - 管理人관리인 [406242]-[406280]
管理員관리원 - 管理者관리자 [406242]-[406260]
官費生관비생 - 國費生국비생 [425080]-[805080]
觀相學관상학 - 人相學인상학 [525280]-[805280]
教育家교육가 - 教育者교육자 [807072]-[807060]
交際家교제가 - 社交家사교가 [604272]-[626072]
具象化구상화 - 具體化구체화 [524052]-[526252]
國內法국내법 - 內國法내국법 [807252]-[728052]
窮八十궁팔십 - 上八十상팔십 [408080]-[728080]
極上等극상등 - 最上級최상급 [427262]-[507260]
極上品극상품 - 最上品최상품 [427252]-[507252]

- 231 -

基礎漢字와 生活言語

極惡人극악인 - 重惡人중악인 [425280]-[705280]
勤勞者근로자 - 勞動者노동자 [405260]-[527260]
今世界금세계 - 今世上금세상 [627262]-[627272]
技能工기능공 - 技術工기술공 [505272]-[506272]
寄生物기생물 - 寄生者기생자 [408072]-[408060]
樂天論낙천론 - 樂天說낙천설 [627042]-[627052]
來往人내왕인 - 往來人왕래인 [704280]-[427080]
勞動服노동복 - 作業服작업복 [527260]-[626260]
能辯家능변가 - 達辯家달변가 [524072]-[424072]
達辯家달변가 - 能辯家능변가 [424072]-[524072]
達辯家달변가 - 好辯客호변객 [424072]-[424052]
當局者당국자 - 當路者당로자 [525260]-[526060]
當務者당무자 - 實務者실무자 [524260]-[524260]
都大體도대체 - 大關節대관절 [508062]-[805252]
逃亡人도망인 - 逃亡者도망자 [405080]-[405060]
逃亡人도망인 - 逃走者도주자 [405080]-[404260]
都市民도시민 - 都市人도시인 [507280]-[507280]
都心部도심부 - 都心地도심지 [507062]-[507070]
到着順도착순 - 先着順선착순 [525252]-[805252]
毒舌家독설가 - 險口家험구가 [424072]-[407072]
同期生동기생 - 同窓生동창생 [705080]-[706280]
同鄕會동향회 - 鄕友會향우회 [704262]-[425262]
童話集동화집 - 童話冊동화책 [627262]-[627240]
賣上金매상금 - 賣出金매출금 [507280]-[507080]
模造紙모조지 - 白上紙백상지 [404270]-[807270]
無缺勤무결근 - 無缺席무결석 [504240]-[504260]
無名氏무명씨 - 無名人무명인 [507240]-[507280]
無産家무산가 - 無産者무산자 [505272]-[505260]
無所得무소득 - 無收入무수입 [507042]-[504270]
門下生문하생 - 門下人문하인 [807280]-[807280]
文化物문화물 - 文化財문화재 [705272]-[705252]
民有林민유림 - 私有林사유림 [807070]-[407070]
民有地민유지 - 私有地사유지 [807070]-[407070]
半空日반공일 - 半休日반휴일 [627280]-[627080]

- 232 -

<부록> 類義語(同義語, 同意語)

發明家발명가 － 發明者발명자　[626272]-[626260]
訪問客방문객 － 訪問者방문자　[427052]-[427060]
訪問記방문기 － 探訪記탐방기　[427072]-[404272]
方外客방외객 － 局外者국외자　[728052]-[528060]
配給所배급소 － 配給處배급처　[425070]-[425042]
保管料보관료 － 保管費보관비　[424050]-[424050]
保有者보유자 － 保持者보지자　[427060]-[424060]
本土種본토종 － 在來種재래종　[608052]-[607052]
負傷兵부상병 － 戰傷兵전상병　[404052]-[624052]
不足量부족량 － 不足分부족분　[727250]-[727262]
不老草불로초 － 不死藥불사약　[727070]-[726062]
不死身불사신 － 不死鳥불사조　[726062]-[726042]
事業家사업가 － 事業者사업자　[726272]-[726260]
相思病상사병 － 花風病화풍병　[525060]-[706260]
想定量상정량 － 推定量추정량　[426050]-[406050]
上八字상팔자 － 好八字호팔자　[728070]-[428070]
生活苦생활고 － 生活難생활난　[807260]-[807242]
書道家서도가 － 書藝家서예가　[627272]-[624272]
宣言文선언문 － 宣言書선언서　[406070]-[406062]
設計圖설계도 － 靑寫眞청사진　[426262]-[805042]
雪白色설백색 － 純白色순백색　[628070]-[428070]
細工師세공사 － 細工人세공인　[427242]-[427280]
世紀病세기병 － 時代病시대병　[724060]-[726260]
洗面所세면소 － 洗面室세면실　[527070]-[527080]
洗面所세면소 － 洗面場세면장　[527070]-[527072]
洗面所세면소 － 洗手間세수간　[527070]-[527272]
小賣商소매상 － 小賣人소매인　[805052]-[805080]
消費高소비고 － 消費量소비량　[625062]-[625050]
消費高소비고 － 消費額소비액　[625062]-[625040]
小兒服소아복 － 乳兒服유아복　[805260]-[405260]
所有人소유인 － 所有者소유자　[707080]-[707060]
所持人소지인 － 所持者소지자　[704080]-[704060]
俗世間속세간 － 俗世界속세계　[427272]-[427262]
損失金손실금 － 損害金손해금　[406080]-[405280]

基礎漢字와 生活言語

受領人수령인 － 受取人수취인 [425080]-[424280]
手續金수속금 － 手續費수속비 [724280]-[724250]
宿命觀숙명관 － 運命觀운명관 [527052]-[627052]
純損失순손실 － 純損害순손해 [424060]-[424052]
勝戰國승전국 － 戰勝國전승국 [606280]-[626080]
申告人신고인 － 申告者신고자 [425280]-[425260]
新年辭신년사 － 年頭辭연두사 [628040]-[806040]
實力家실력가 － 實力者실력자 [527272]-[527260]
實社會실사회 － 實世間실세간 [526262]-[527272]
實行家실행가 － 實行者실행자 [526072]-[526060]
案內員안내원 － 引導者인도자 [507242]-[424260]
安樂國안락국 － 安養界안양계 [726280]-[725262]
愛國心애국심 － 祖國愛조국애 [608070]-[708060]
愛酒家애주가 － 好酒家호주가 [604072]-[424072]
藥材商약재상 － 藥種商약종상 [625252]-[625252]
億萬年억만년 － 萬億年만억년 [508080]-[805080]
女信徒여신도 － 女信者여신자 [806240]-[806260]
旅行家여행가 － 周遊家주유가 [526072]-[404072]
力農家역농가 － 勤農家근농가 [727272]-[407272]
豫想高예상고 － 豫想量예상량 [404262]-[404250]
豫想高예상고 － 豫想額예상액 [404262]-[404240]
外國製외국제 － 外製品외제품 [808042]-[804252]
料理器요리기 － 調理器조리기 [506242]-[526242]
料理法요리법 － 調理法조리법 [506252]-[526252]
料理師요리사 － 調理士조리사 [506242]-[526252]
料理室요리실 － 調理室조리실 [506280]-[526280]
料理用요리용 － 調理用조리용 [506262]-[526262]
運動員운동원 － 運動家운동가 [627242]-[627272]
運動員운동원 － 運動者운동자 [627242]-[627260]
運轉士운전사 － 運轉者운전자 [624052]-[624060]
流動性유동성 － 移動性이동성 [527252]-[427252]
有力家유력가 － 有力者유력자 [707272]-[707260]
有意味유의미 － 有意義유의의 [706242]-[706242]
應援客응원객 － 應援團응원단 [424052]-[424052]

<부록> 類義語(同義語, 同意語)

義勇軍의용군 - 義勇隊의용대 [426280]-[426242]
異敎徒이교도 - 外敎人외교인 [408040]-[808080]
移住民이주민 - 移住者이주자 [427080]-[427060]
理解力이해력 - 理會力이회력 [624272]-[626272]
一個人일개인 - 一私人일사인 [804280]-[804080]
資産家자산가 - 財産家재산가 [405272]-[525272]
殘留物잔류물 - 殘存物잔존물 [404272]-[404072]
雜所得잡소득 - 雜收入잡수입 [407042]-[404270]
再構成재구성 - 再組織재조직 [504062]-[504040]
再武裝재무장 - 再軍備재군비 [504240]-[508042]
貯炭所저탄소 - 貯炭場저탄장 [505070]-[505072]
適法性적법성 - 合法性합법성 [405252]-[605252]
全無識전무식 - 判無識판무식 [725052]-[405052]
全盛期전성기 - 最盛期최성기 [724250]-[504250]
停車場정거장 - 停留場정류장 [507272]-[504272]
精米所정미소 - 製粉所제분소 [426070]-[424070]
整備工정비공 - 整備士정비사 [404272]-[404252]
罪責感죄책감 - 罪惡感죄악감 [505260]-[505260]
罪責感죄책감 - 罪障感죄장감 [505260]-[504260]
志望生지망생 - 志望者지망자 [425280]-[425260]
指名人지명인 - 指名者지명자 [427280]-[427260]
地方色지방색 - 地方熱지방열 [707270]-[707250]
地方色지방색 - 鄕土色향토색 [707270]-[428070]
地域性지역성 - 地方性지방성 [704052]-[707252]
支援軍지원군 - 救援兵구원병 [424080]-[504052]
進度表진도표 - 進行表진행표 [426062]-[426062]
珍風景진풍경 - 異風景이풍경 [406250]-[406250]
集結所집결소 - 集結地집결지 [625270]-[625270]
集會所집회소 - 集會場집회장 [626270]-[626272]
千萬年천만년 - 千萬代천만대 [708080]-[708062]
鐵工所철공소 - 鐵工場철공장 [507270]-[507272]
快男兒쾌남아 - 快男子쾌남자 [427252]-[427272]
快速船쾌속선 - 快走船쾌주선 [426050]-[424250]
通告文통고문 - 通達書통달서 [605270]-[604262]

通告文통고문 - 通知書통지서　[605270]-[605262]
通俗物통속물 - 大衆物대중물　[604272]-[804272]
痛快感통쾌감 - 痛快味통쾌미　[404260]-[404242]
敗北者패배자 - 敗戰者패전자　[508060]-[506260]
表具店표구점 - 表具舍표구사　[625252]-[625242]
標識板표지판 - 標示板표시판　[405250]-[405050]
好天候호천후 - 好天氣호천기　[427040]-[427072]
紅一點홍일점 - 一點紅일점홍　[408040]-[804040]
回想記회상기 - 回想錄회상록　[424272]-[424242]
後男便후남편 - 後書房후서방　[727270]-[726242]

(4) 類義語(同義語, 同意語)_4字

家家門前가가문전 - 家家戶戶가가호호　[72728072]-[72724242]
家徒四壁가도사벽 - 家徒壁立가사벽립　[72408042]-[72404272]
刻骨憤恨각골분한 - 刻骨痛恨각골통한　[40404040]-[40404040]
各樣各色각양각색 - 形形色色형형색색　[62406270]-[62627070]
個個服招개개복초 - 個個承服개개승복　[42426040]-[42424260]
個別敎授개별교수 - 個別指導개별지도　[42608042]-[42604242]
個人業者개인업자 - 個人業主개인업주　[42806260]-[42806270]
見危授命견위수명 - 見危致命견위치명　[52404270]-[52405070]
經世致用경세치용 - 利利厚生이용후생　[42725062]-[62624080]
階級觀念계급관념 - 階級意識계급의식　[40605252]-[40606252]
固定不變고정불변 - 一定不變일정불변　[50607252]-[80607252]
骨肉相爭골육상쟁 - 骨肉相殘골육상잔　[40425250]-[40425240]
骨肉相爭골육상쟁 - 骨肉相戰골육상전　[40425250]-[40425262]
公營放送공영방송 - 公共放送공공방송　[62406242]-[62626242]
公益事業공익사업 - 公共事業공공사업　[62427262]-[62627262]
科學武器과학무기 - 科學兵器과학병기　[62804242]-[62805242]
光明正大광명정대 - 大公至平대공지평　[62627280]-[80624272]
光明正大광명정대 - 至公無私지공무사　[62627280]-[42625040]
光明正大광명정대 - 至公至平지공지평　[62627280]-[42624272]
九曲羊腸구곡양장 - 九折羊腸구절양장　[80504240]-[80404240]

<부록> 類義語(同義語, 同意語)

九死一生구사일생 - 起死回生기사회생 [80608080]-[42604280]
九死一生구사일생 - 萬死一生만사일생 [80608080]-[80608080]
九死一生구사일생 - 百死一生백사일생 [80608080]-[70608080]
九死一生구사일생 - 十生九死십생구사 [80608080]-[80808060]
權不十年권불십년 - 勢不十年세불십년 [42728080]-[42728080]
金銀寶石금은보석 - 金銀財寶금은재보 [80604260]-[80605242]
南船北馬남선북마 - 北馬南船북마남선 [80508050]-[80508050]
農本主義농본주의 - 農本思想농본사상 [72607042]-[72605042]
農時方劇농시방극 - 農時方張농시방장 [72727240]-[72727240]
多士濟濟다사제제 - 濟濟多士제제다사 [60524242]-[42426052]
單獨一身단독일신 - 孤獨單身고독단신 [42528062]-[40524262]
黨同伐異당동벌이 - 同黨伐異동당벌이 [42704240]-[70424240]
大驚失色대경실색 - 大驚失性대경실성 [80406070]-[80406052]
代代孫孫대대손손 - 子子孫孫자자손손 [62626060]-[72726060]
大同小異대동소이 - 小異大同소이대동 [80708040]-[80408070]
大同小異대동소이 - 五十笑百오십소백 [80708040]-[80804270]
大書特筆대서특필 - 大書特記대서특기 [80626052]-[80626072]
大書特筆대서특필 - 大書特書대서특서 [80626052]-[80626062]
大書特筆대서특필 - 大字特書대자특서 [80626052]-[80706062]
大書特筆대서특필 - 特筆大書특필대서 [80626052]-[60528062]
大逆無道대역무도 - 大逆不道대역부도 [80425072]-[80427272]
大衆食堂대중식당 - 公衆食堂공중식당 [80427262]-[62427262]
同工異曲동공이곡 - 同工異體동공이체 [70724050]-[70724062]
東問西答동문서답 - 問東答西문동답서 [80708072]-[70807280]
同族相爭동족상쟁 - 同族相殘동족상잔 [70605250]-[70605240]
同族相爭동족상쟁 - 民族相殘민족상잔 [70605250]-[80605240]
馬耳東風마이동풍 - 如風過耳여풍과이 [50508062]-[42625250]
馬耳東風마이동풍 - 牛耳讀經우이독경 [50508062]-[50506242]
萬里同風만리동풍 - 千里同風천리동풍 [80707062]-[70707062]
萬無一失만무일실 - 萬不失一만불실일 [80508060]-[80726080]
面無人色면무인색 - 面如土色면여토색 [70508070]-[70428070]
明鏡止水명경지수 - 雲心月性운심월성 [62405080]-[52708052]
名門大家명문대가 - 名門巨族명문거족 [72808072]-[72804060]
名不虛傳명불허전 - 名不虛得명불허득 [72724252]-[72724242]

目不識丁목불식정 - 一文不知일문부지 [60725240]-[80707252]
目不識丁목불식정 - 一文不通일문불통 [60725240]-[80707260]
目不識丁목불식정 - 一字無識일자무식 [60725240]-[80705052]
目不識丁목불식정 - 一字不識일자불식 [60725240]-[80707252]
無不通知무불통지 - 無不通達무불통달 [50726052]-[50726042]
無害無得무해무득 - 無得無失무득무실 [50525042]-[50425060]
文房四友문방사우 - 文房四寶문방사보 [70428052]-[70428042]
博覽强記박람강기 - 博學多識박학다식 [42406072]-[42806052]
拜金主義배금주의 - 拜金思想배금사상 [42807042]-[42805042]
百年河淸백년하청 - 千年一淸천년일청 [70805062]-[70808062]
百發百中백발백중 - 一發必中일발필중 [70627080]-[80625280]
不老長生불로장생 - 長生不死장생불사 [72708080]-[80807260]
不問曲直불문곡직 - 曲直不問곡직불문 [72705072]-[50727270]
不問曲直불문곡직 - 不問曲折불문곡절 [72705072]-[72705040]
不遠千里불원천리 - 不遠萬里불원만리 [72607070]-[72608070]
不遺餘力불유여력 - 全力投球전력투구 [72404272]-[72724062]
不合理性불합리성 - 非合理性비합리성 [72606252]-[42606252]
飛耳長目비이장목 - 長目飛耳장목비이 [42508060]-[80604250]
鼻下政事비하정사 - 鼻下公事비하공사 [50724272]-[50726272]
氷姿玉質빙자옥질 - 仙姿玉質선자옥질 [50404252]-[52404252]
四面春風사면춘풍 - 到處春風도처춘풍 [80707062]-[52427062]
四面春風사면춘풍 - 四時春風사시춘풍 [80707062]-[80727062]
死生關頭사생관두 - 生死關頭생사관두 [60805260]-[80605260]
四通八達사통팔달 - 四達五通사달오통 [80608042]-[80428060]
四通八達사통팔달 - 四通五達사통오달 [80608042]-[80608042]
四海同胞사해동포 - 四海兄弟사해형제 [80727040]-[80728062]
山窮水盡산궁수진 - 山盡水窮산진수궁 [80408040]-[80408040]
三年不飛삼년불비 - 一鳴驚人일명경인 [80807242]-[80404080]
生面不知생면부지 - 一面不知일면부지 [80707252]-[80707252]
生死骨肉생사골육 - 生死肉骨생사육골 [80604042]-[80604240]
西方世界서방세계 - 西方國家서방국가 [80727262]-[80728072]
西山落日서산낙일 - 日落西山일락서산 [80805080]-[80508080]
先發制人선발제인 - 先則制人선즉제인 [80624280]-[80504280]
說往說來설왕설래 - 言去言來언거언래 [52425270]-[60506070]

<부록> 類義語(同義語, 同意語)

說往說來설왕설래 - 言三語四언삼어사 [52425270]-[60807080]
說往說來설왕설래 - 言往說來언왕설래 [52425270]-[60425270]
說往說來설왕설래 - 言往言來언왕언래 [52425270]-[60426070]
成功身退성공신퇴 - 成功者去성공자거 [62626242]-[62626050]
成功身退성공신퇴 - 成功者退성공자퇴 [62626242]-[62626042]
消息不通소식불통 - 音信不通음신불통 [62427260]-[62627260]
速戰速決속전속결 - 速進速決속진속결 [60626052]-[60426052]
時代精神시대정신 - 時代思想시대사상 [72624262]-[72625042]
視死如生시사여생 - 視死如歸시사여귀 [42604280]-[42604240]
室內競技실내경기 - 屋內競技옥내경기 [80725050]-[50725050]
十年知己십년지기 - 舊年親舊구년친구 [80805252]-[52806052]
十年寒窓십년한창 - 十年窓下십년창하 [80805062]-[80806272]
十中八九십중팔구 - 十常八九십상팔구 [80808080]-[80428080]
安貧樂道안빈낙도 - 淸貧樂道청빈낙도 [72426272]-[62426272]
暗黑社會암흑사회 - 暗黑世界암흑세계 [42506262]-[42507262]
暗黑社會암흑사회 - 暗黑天地암흑천지 [42506262]-[42507070]
語不成說어불성설 - 萬不成說만불성설 [70726252]-[80726252]
言語道斷언어도단 - 言語同斷언어동단 [60707242]-[60707042]
言中有骨언중유골 - 言中有言언중유언 [60807040]-[60807060]
嚴冬雪寒엄동설한 - 三冬雪寒삼동설한 [40706250]-[80706250]
歷歷可數역력가수 - 歷歷可知역력가지 [52525070]-[52525052]
緣木求魚연목구어 - 上山求魚상산구어 [40804250]-[72804250]
營利保險영리보험 - 營業保險영업보험 [40624240]-[40624240]
永遠無窮영원무궁 - 永永無窮영영무궁 [60605040]-[60605040]
五言金城오언금성 - 五言長城오언장성 [80608042]-[80608042]
要領不得요령부득 - 不得要領부득요령 [52507242]-[72425250]
運命論者운명론자 - 宿命論者숙명론자 [62704260]-[52704260]
月下氷人월하빙인 - 月下老人월하노인 [80725080]-[80727080]
有名無實유명무실 - 虛名無實허명무실 [70725052]-[42725052]
異口同聲이구동성 - 如出一口여출일구 [40707042]-[42708070]
異口同聲이구동성 - 異口同音이구동음 [40707042]-[40707062]
異國情趣이국정취 - 異國情調이국정조 [40805240]-[40805252]
以卵擊石이란격석 - 以卵投石이란투석 [52404060]-[52404060]
以卵擊石이란격석 - 漢江投石한강투석 [52404060]-[72724060]

理所固然이소고연 - 理所當然이소당연 [62705070]-[62705270]
以實直告이실직고 - 從實直告종실직고 [52527252]-[40527252]
以心傳心이심전심 - 心心相印심심상인 [52705270]-[70705242]
因果應報인과응보 - 因果報應인과보응 [50624242]-[50624242]
因果應報인과응보 - 種豆得豆종두득두 [50624242]-[52424242]
一刻三秋일각삼추 - 一日三秋일일삼추 [80408070]-[80808070]
一見如舊일견여구 - 一面如舊일면여구 [80524252]-[80704252]
一得一失일득일실 - 一利一害일리일해 [80428060]-[80628052]
一無可取일무가취 - 一無所取일무소취 [80505042]-[80507042]
一罰百戒일벌백계 - 以一警百이일경백 [80427040]-[52804270]
一石二鳥일석이조 - 一擧兩得일거양득 [80608042]-[80504242]
一石二鳥일석이조 - 一擧兩實일거양실 [80608042]-[80504252]
一石二鳥일석이조 - 一擧兩取일거양취 [80608042]-[80504242]
一石二鳥일석이조 - 一擧二得일거이득 [80608042]-[80508042]
一言半句일언반구 - 一言半辭일언반사 [80606242]-[80606240]
一言一行일언일행 - 一言一動일언일동 [80608060]-[80608072]
一字千金일자천금 - 一字百金일자백금 [80707080]-[80707080]
一長一短일장일단 - 一短一長일단일장 [80808062]-[80628080]
一喜一悲일희일비 - 一悲一喜일비일희 [80408042]-[80428040]
自手成家자수성가 - 自成一家자성일가 [72726272]-[72628072]
自業自得자업자득 - 自作自受자작자수 [72627242]-[72627242]
自然災害자연재해 - 氣象災害기상재해 [72705052]-[72405052]
自作地主자작지주 - 在村地主재촌지주 [72627070]-[60707070]
自稱君子자칭군자 - 自稱天子자칭천자 [72404072]-[72407072]
昨非今是작비금시 - 今是昨非금시작비 [62426242]-[62426242]
前代未聞전대미문 - 前古未聞전고미문 [72624262]-[72604262]
前無後無전무후무 - 空前絶後공전절후 [72507250]-[72724272]
竹馬故友죽마고우 - 竹馬交友죽마교우 [42504252]-[42506052]
竹馬故友죽마고우 - 竹馬舊友죽마구우 [42504252]-[42505252]
衆目環視중목환시 - 衆人環視중인환시 [42604042]-[42804042]
盡善盡美진선진미 - 盡善完美진선완미 [40504060]-[40505060]
進退兩難진퇴양난 - 進退無路진퇴무로 [42424242]-[42425060]
千慮一失천려일실 - 智者一失지자일실 [70408060]-[40608060]
千萬多幸천만다행 - 萬萬多幸만만다행 [70806062]-[80806062]

<부록> 類義語(同義語, 同意語)

千萬多幸천만다행 - 萬分多幸만분다행 [70806062]-[80626062]
千思萬量천사만량 - 千思萬度천사만탁 [70508050]-[70508060]
千差萬別천차만별 - 千態萬象천태만상 [70408060]-[70428040]
千篇一律천편일률 - 一律千篇일률천편 [70408042]-[80427040]
靑山流水청산유수 - 靑山雨水청산우수 [80805280]-[80805280]
草家三間초가삼간 - 三間草家삼간초가 [70728072]-[80727072]
草家三間초가삼간 - 三間草屋삼간초옥 [70728072]-[80727050]
草家三間초가삼간 - 數間斗屋수간두옥 [70728072]-[70724250]
草家三間초가삼간 - 數間草屋수간초옥 [70728072]-[70727050]
卓上空論탁상공론 - 紙上兵談지상병담 [50727242]-[70725250]
太平歲月태평세월 - 太平煙月태평연월 [60725280]-[60724280]
通俗歌謠통속가요 - 大衆歌謠대중가요 [60427042]-[80427042]
必有曲折필유곡절 - 必有事端필유사단 [52705040]-[52707242]
花朝月夕화조월석 - 朝花月夕조화월석 [70608070]-[60708070]
黃金萬能황금만능 - 金權萬能금권만능 [60808052]-[80428052]

3. 相對語(反對語, 反意語, 反義語, 對義語)

다음은 相對結合語 및 相對語의 실례를 보인 것이다.

(1) 相對(反對, 反意, 反義, 對義)結合語

加減가감 [5042]　　去留거류 [5042]　　公私공사 [6240]　　君臣군신 [4052]
加除가제 [5042]　　巨細거세 [4042]　　功過공과 [6252]　　今古금고 [6260]
可否가부 [5040]　　京鄕경향 [6042]　　功罪공죄 [6250]　　起結기결 [4252]
干滿간만 [4042]　　輕重경중 [5070]　　攻防공방 [4042]　　起伏기복 [4240]
簡細간세 [4042]　　古今고금 [6062]　　攻守공수 [4042]　　吉凶길흉 [5052]
甘苦감고 [4060]　　苦樂고락 [6062]　　空陸공륙 [7252]　　難易난이 [4240]
江山강산 [7280]　　高落고락 [6250]　　官民관민 [4280]　　南北남북 [8080]
強弱강약 [6062]　　高低고저 [6242]　　敎習교습 [8060]　　男女남녀 [7280]
開閉개폐 [6040]　　高下고하 [6272]　　敎學교학 [8080]　　內外내외 [7280]
去來거래 [5070]　　曲直곡직 [5072]　　君民군민 [4080]　　多少다소 [6070]

- 241 -

單複단복 [4240]	美惡미악 [6052]	損得손득 [4042]	然否연부 [7040]
斷續단속 [4242]	民官민관 [8042]	損益손익 [4042]	迎送영송 [4042]
短長단장 [6280]	班常반상 [6242]	送受송수 [4242]	豫決예결 [4052]
當落당락 [5250]	發着발착 [6252]	送迎송영 [4240]	玉石옥석 [4260]
當否당부 [5240]	方圓방원 [7242]	受給수급 [4250]	溫冷온랭 [6050]
大小대소 [8080]	背向배향 [4260]	手足수족 [7272]	往來왕래 [4270]
都農도농 [5072]	白黑백흑 [8050]	授受수수 [4242]	往復왕복 [4242]
冬夏동하 [7070]	本末본말 [6050]	收給수급 [4250]	右左우좌 [7272]
動靜동정 [7240]	夫婦부부 [7042]	收支수지 [4242]	怨恩원은 [4042]
動止동지 [7250]	父母부모 [8080]	水陸수륙 [8052]	遠近원근 [6060]
同異동이 [7040]	父子부자 [8072]	水火수화 [8080]	月日월일 [8080]
東西동서 [8080]	北南북남 [8080]	順逆순역 [5242]	有無유무 [7050]
得失득실 [4260]	分合분합 [6260]	勝負승부 [6040]	恩怨은원 [4240]
登降등강 [7040]	悲樂비락 [4262]	勝敗승패 [6050]	隱見은견 [4052]
登落등락 [7050]	悲歡비환 [4240]	始末시말 [6250]	隱現은현 [4062]
來去내거 [7050]	悲喜비희 [4240]	始終시종 [6250]	隱顯은현 [4040]
來往내왕 [7042]	貧富빈부 [4242]	是非시비 [4242]	陰陽음양 [4260]
冷暖냉난 [5042]	氷炭빙탄 [5050]	信疑신의 [6240]	異同이동 [4070]
冷熱냉열 [5050]	士民사민 [5280]	新古신고 [6260]	因果인과 [5062]
冷溫냉온 [5060]	師弟사제 [4280]	新舊신구 [6252]	日月일월 [8080]
良否양부 [5240]	死生사생 [6080]	臣民신민 [5280]	入落입락 [7050]
勞使노사 [5260]	死活사활 [6072]	身心신심 [6270]	入出입출 [7070]
老少노소 [7070]	山海산해 [8072]	失得실득 [6042]	姉妹자매 [4040]
陸海육해 [5272]	殺活살활 [4272]	實否실부 [5240]	子女자녀 [7280]
利害이해 [6252]	上下상하 [7272]	心身심신 [7062]	子母자모 [7280]
理亂이란 [6240]	常班상반 [4262]	心體심체 [7062]	自他자타 [7250]
離合이합 [4060]	賞罰상벌 [5042]	安否안부 [7240]	昨今작금 [6262]
滿干만간 [4240]	生死생사 [8060]	安危안위 [7240]	將兵장병 [4252]
賣買매매 [5050]	生殺생살 [8042]	愛惡애오 [6052]	將士장사 [4252]
明暗명암 [6242]	先後선후 [8072]	陽陰양음 [6042]	將卒장졸 [4252]
母子모자 [8072]	善惡선악 [5052]	言文언문 [6070]	長短장단 [8062]
問答문답 [7072]	成敗성패 [6250]	言行언행 [6060]	前後전후 [7272]
文武문무 [7042]	細大세대 [4280]	與受여수 [4042]	正反정반 [7262]
物心물심 [7270]	續斷속단 [4242]	與野여야 [4060]	正副정부 [7242]

<부록> 類義語(同義語, 同意語)

正誤정오 [7242]	重輕중경 [7050]	治亂치란 [4240]	刑罪형죄 [4050]
弟兄제형 [8080]	增減증감 [4242]	炭氷탄빙 [5050]	呼吸호흡 [4242]
朝夕조석 [6070]	增損증손 [4240]	投打투타 [4050]	好惡호오 [4252]
朝野조야 [6060]	知行지행 [5260]	敗興패흥 [5042]	和戰화전 [6262]
祖孫조손 [7060]	眞假진가 [4242]	豊凶풍흉 [4252]	活殺활살 [7242]
存亡존망 [4050]	進退진퇴 [4242]	夏冬하동 [7070]	會散회산 [6240]
存無존무 [4050]	集配집배 [6242]	寒暖한란 [5042]	後先후선 [7280]
終始종시 [5062]	集散집산 [6240]	寒熱한열 [5050]	凶吉흉길 [5250]
左右좌우 [7272]	着發착발 [5262]	寒溫한온 [5060]	凶豊흉풍 [5242]
罪罰죄벌 [5042]	天地천지 [7070]	海空해공 [7272]	黑白흑백 [5080]
罪刑죄형 [5040]	春秋춘추 [7070]	海陸해륙 [7252]	興亡흥망 [4250]
主客주객 [7052]	出缺출결 [7042]	向背향배 [6042]	興敗흥패 [4250]
主從주종 [7040]	出納출납 [7040]	虛實허실 [4252]	喜怒희로 [4042]
晝夜주야 [6060]	出入출입 [7070]	顯密현밀 [4042]	喜悲희비 [4042]
中外중외 [8080]	忠逆충역 [4242]	兄弟형제 [8080]	

(2) 相對語(反對語, 反意語, 反義語, 對義語)_2字

可決가결 ↔ 否決부결 [5052]-[4052]	改善개선 ↔ 改惡개악 [5050]-[5052]
可能가능 ↔ 不能불능 [5052]-[7252]	開市개시 ↔ 閉市폐시 [6072]-[4072]
家父가부 ↔ 家母가모 [7280]-[7280]	開式개식 ↔ 閉式폐식 [6060]-[4060]
加數가수 ↔ 減數감수 [5070]-[4270]	開業개업 ↔ 閉業폐업 [6062]-[4062]
加入가입 ↔ 脫退탈퇴 [5070]-[4042]	開園개원 ↔ 閉園폐원 [6060]-[4060]
可便가편 ↔ 否便부편 [5070]-[4070]	開場개장 ↔ 閉場폐장 [6072]-[4072]
減給감급 ↔ 加給가급 [4250]-[5050]	開店개점 ↔ 閉店폐점 [6052]-[4052]
減速감속 ↔ 加速가속 [4260]-[5060]	開會개회 ↔ 閉會폐회 [6062]-[4062]
强國강국 ↔ 弱國약국 [6080]-[6280]	格上격상 ↔ 格下격하 [5272]-[5272]
强大강대 ↔ 弱小약소 [6080]-[6280]	結果결과 ↔ 動機동기 [5262]-[7240]
强者강자 ↔ 弱者약자 [6060]-[6260]	結果결과 ↔ 原因원인 [5262]-[5050]
强卒강졸 ↔ 弱卒약졸 [6052]-[6252]	結團결단 ↔ 解團해단 [5252]-[4252]
强化강화 ↔ 弱化약화 [6052]-[6252]	決定결정 ↔ 留保유보 [5260]-[4242]
開口개구 ↔ 閉口폐구 [6070]-[4070]	輕減경감 ↔ 加重가중 [5042]-[5070]
開門개문 ↔ 閉門폐문 [6080]-[4080]	輕罪경죄 ↔ 重罪중죄 [5050]-[7050]

- 243 -

基礎漢字와 生活言語

輕患경환 ↔ 重患중환 [5050]-[7050]		國內국내 ↔ 國外국외 [8072]-[8080]
季主계주 ↔ 大主대주 [4070]-[8070]		國初국초 ↔ 國末국말 [8050]-[8050]
高空고공 ↔ 低空저공 [6272]-[4272]		君子군자 ↔ 小人소인 [4072]-[8080]
高級고급 ↔ 低級저급 [6260]-[4260]		禁止금지 ↔ 許可허가 [4250]-[5050]
古例고례 ↔ 新例신례 [6060]-[6260]		起立기립 ↔ 着席착석 [4272]-[5260]
高速고속 ↔ 低速저속 [6260]-[4260]		期末기말 ↔ 期初기초 [5050]-[5050]
苦言고언 ↔ 甘言감언 [6060]-[4060]		吉事길사 ↔ 凶事흉사 [5072]-[5272]
高溫고온 ↔ 低溫저온 [6260]-[4260]		吉相길상 ↔ 凶相흉상 [5052]-[5252]
高音고음 ↔ 低音저음 [6262]-[4262]		樂觀낙관 ↔ 悲觀비관 [6252]-[4252]
古人고인 ↔ 今人금인 [6080]-[6280]		暖流난류 ↔ 寒流한류 [4252]-[5052]
苦戰고전 ↔ 樂戰낙전 [6062]-[6262]		男服남복 ↔ 女服여복 [7260]-[8060]
高調고조 ↔ 低調저조 [6252]-[4252]		男相남상 ↔ 女相여상 [7252]-[8052]
高地고지 ↔ 低地저지 [6270]-[4270]		男性남성 ↔ 女性여성 [7252]-[8052]
古參고참 ↔ 新參신참 [6052]-[6252]		男孫남손 ↔ 女孫여손 [7260]-[8060]
曲學곡학 ↔ 正學정학 [5080]-[7280]		男子남자 ↔ 女子여자 [7272]-[8072]
公金공금 ↔ 私金사금 [6280]-[4080]		男情남정 ↔ 女情여정 [7252]-[8052]
公談공담 ↔ 私談사담 [6250]-[4050]		南下남하 ↔ 北上북상 [8072]-[8072]
公領공령 ↔ 私領사령 [6250]-[4050]		內客내객 ↔ 外客외객 [7252]-[8052]
公利공리 ↔ 私利사리 [6262]-[4062]		內道내도 ↔ 外道외도 [7272]-[8072]
公席공석 ↔ 私席사석 [6260]-[4060]		內面내면 ↔ 外面외면 [7270]-[8070]
共有공유 ↔ 專有전유 [6270]-[4070]		內部내부 ↔ 外部외부 [7262]-[8062]
過多과다 ↔ 過少과소 [5260]-[5270]		內容내용 ↔ 外觀외관 [7242]-[8052]
過小과소 ↔ 過大과대 [5280]-[5280]		內容내용 ↔ 形式형식 [7242]-[6260]
過失과실 ↔ 故意고의 [5260]-[4262]		內衣내의 ↔ 外衣외의 [7260]-[8060]
光明광명 ↔ 暗黑암흑 [6262]-[4250]		內因내인 ↔ 外因외인 [7250]-[8050]
校外교외 ↔ 校內교내 [8080]-[8072]		內在내재 ↔ 外在외재 [7260]-[8060]
舊規구규 ↔ 新規신규 [5250]-[6250]		內地내지 ↔ 外地외지 [7270]-[8070]
舊道구도 ↔ 新道신도 [5272]-[6272]		冷水냉수 ↔ 溫水온수 [5080]-[6080]
舊都구도 ↔ 新都신도 [5250]-[6250]		多量다량 ↔ 少量소량 [6050]-[7050]
舊路구로 ↔ 新路신로 [5260]-[6260]		多數다수 ↔ 少數소수 [6070]-[7070]
舊物구물 ↔ 新物신물 [5272]-[6272]		多元다원 ↔ 一元일원 [6052]-[8052]
舊法구법 ↔ 新法신법 [5252]-[6252]		壇上단상 ↔ 壇下단하 [5072]-[5072]
舊說구설 ↔ 新說신설 [5252]-[6252]		達筆달필 ↔ 惡筆악필 [4252]-[5252]
口語구어 ↔ 文語문어 [7070]-[7070]		當番당번 ↔ 非番비번 [5260]-[4260]

<부록> 類義語(同義語, 同意語)

當選당선	↔	落選낙선 [5250]-[5050]	同姓동성	↔	異姓이성 [7072]-[4072]
大過대과	↔	小過소과 [8052]-[8052]	同意동의	↔	異意이의 [7062]-[4062]
大國대국	↔	小國소국 [8080]-[8080]	同化동화	↔	異化이화 [7052]-[4052]
大郡대군	↔	小郡소군 [8060]-[8060]	得意득의	↔	失意실의 [4262]-[6062]
大道대도	↔	小道소도 [8072]-[8072]	登壇등단	↔	降壇강단 [7050]-[4050]
大量대량	↔	小量소량 [8050]-[8050]	登山등산	↔	下山하산 [7080]-[7280]
大路대로	↔	小路소로 [8060]-[8060]	登場등장	↔	退場퇴장 [7072]-[4272]
大利대리	↔	小利소리 [8062]-[8062]	滿船만선	↔	空船공선 [4250]-[7250]
大門대문	↔	小門소문 [8080]-[8080]	亡父망부	↔	亡母망모 [5080]-[5080]
大別대별	↔	小別소별 [8060]-[8060]	望後망후	↔	望前망전 [5272]-[5272]
大事대사	↔	小事소사 [8072]-[8072]	賣價매가	↔	買價매가 [5052]-[5052]
大失대실	↔	小失소실 [8060]-[8060]	賣氣매기	↔	買氣매기 [5072]-[5072]
對野대야	↔	對與대여 [6260]-[6240]	賣名매명	↔	買名매명 [5072]-[5072]
對外대외	↔	對內대내 [6280]-[6272]	賣主매주	↔	買主매주 [5070]-[5070]
大雨대우	↔	小雨소우 [8052]-[8052]	賣出매출	↔	買入매입 [5070]-[5070]
大邑대읍	↔	小邑소읍 [8070]-[8070]	買土매토	↔	賣土매토 [5080]-[5080]
大人대인	↔	小人소인 [8080]-[8080]	母親모친	↔	父親부친 [8060]-[8060]
大戰대전	↔	小戰소전 [8062]-[8062]	無期무기	↔	有期유기 [5050]-[7050]
大節대절	↔	小節소절 [8052]-[8052]	無量무량	↔	限量한량 [5050]-[4250]
大村대촌	↔	小村소촌 [8070]-[8070]	無料무료	↔	有料유료 [5050]-[7050]
大敗대패	↔	大勝대승 [8050]-[8060]	無病무병	↔	有病유병 [5060]-[7060]
大豊대풍	↔	大凶대흉 [8042]-[8052]	無産무산	↔	有産유산 [5052]-[7052]
代筆대필	↔	自筆자필 [6252]-[7252]	無色무색	↔	有色유색 [5070]-[7070]
大形대형	↔	小形소형 [8062]-[8062]	無性무성	↔	有性유성 [5052]-[7052]
對話대화	↔	獨白독백 [6272]-[5280]	無信무신	↔	有信유신 [5062]-[7062]
大火대화	↔	小火소화 [8080]-[8080]	無神무신	↔	有神유신 [5062]-[7062]
德談덕담	↔	惡談악담 [5250]-[5250]	無言무언	↔	有言유언 [5060]-[7060]
獨女독녀	↔	獨男독남 [5280]-[5272]	無子무자	↔	有子유자 [5072]-[7072]
獨立독립	↔	依存의존 [5272]-[4040]	無罪무죄	↔	有罪유죄 [5050]-[7050]
獨立독립	↔	依他의타 [5272]-[4050]	無害무해	↔	有害유해 [5052]-[7052]
童男동남	↔	童女동녀 [6272]-[6280]	無形무형	↔	有形유형 [5062]-[7062]
同樂동락	↔	同苦동고 [7062]-[7060]	門外문외	↔	門內문내 [8080]-[8072]
動令동령	↔	豫令예령 [7250]-[4050]	反抗반항	↔	服從복종 [6240]-[6040]
同父동부	↔	異父이부 [7080]-[4080]	發信발신	↔	受信수신 [6262]-[4262]

放熱방열 ↔ 吸熱흡열	[6250]-[4250]
白色백색 ↔ 黑色흑색	[8070]-[5070]
白晝백주 ↔ 深夜심야	[8060]-[4260]
變則변칙 ↔ 正則정칙	[5250]-[7250]
本校본교 ↔ 他校타교	[6080]-[5080]
本業본업 ↔ 副業부업	[6062]-[4262]
本質본질 ↔ 現象현상	[6052]-[6240]
部內부내 ↔ 部外부외	[6272]-[6280]
父子부자 ↔ 母女모녀	[8072]-[8080]
分洞분동 ↔ 合洞합동	[6270]-[6070]
分離분리 ↔ 結合결합	[6240]-[5260]
分離분리 ↔ 合體합체	[6240]-[6062]
分散분산 ↔ 集中집중	[6240]-[6280]
分筆분필 ↔ 合筆합필	[6252]-[6052]
分解분해 ↔ 合成합성	[6242]-[6062]
不良불량 ↔ 善良선량	[7252]-[5052]
不變불변 ↔ 可變가변	[7252]-[5052]
不通불통 ↔ 開通개통	[7260]-[6060]
不和불화 ↔ 親和친화	[7262]-[6062]
私心사심 ↔ 公心공심	[4070]-[6270]
死者사자 ↔ 生者생자	[6060]-[8060]
事前사전 ↔ 事後사후	[7272]-[7272]
山上산상 ↔ 山下산하	[8072]-[8072]
山前산전 ↔ 山後산후	[8072]-[8072]
産前산전 ↔ 産後산후	[5272]-[5272]
上京상경 ↔ 下京하경	[7260]-[7260]
上計상계 ↔ 下計하계	[7262]-[7262]
上級상급 ↔ 下級하급	[7260]-[7260]
上答상답 ↔ 下答하답	[7272]-[7272]
相對상대 ↔ 絶對절대	[5262]-[4262]
上里상리 ↔ 下里하리	[7270]-[7270]
上面상면 ↔ 下面하면	[7270]-[7270]
上半상반 ↔ 下半하반	[7262]-[7262]
上方상방 ↔ 下方하방	[7272]-[7272]
上部상부 ↔ 下部하부	[7262]-[7262]
上船상선 ↔ 下船하선	[7250]-[7250]
上水상수 ↔ 下水하수	[7280]-[7280]
上位상위 ↔ 下位하위	[7250]-[7250]
上日상일 ↔ 下日하일	[7280]-[7280]
上學상학 ↔ 下學하학	[7280]-[7280]
上行상행 ↔ 下行하행	[7260]-[7260]
上向상향 ↔ 下向하향	[7260]-[7260]
生家생가 ↔ 養家양가	[8072]-[5272]
生男생남 ↔ 生女생녀	[8072]-[8080]
生年생년 ↔ 卒年졸년	[8080]-[5280]
生産생산 ↔ 消費소비	[8052]-[6250]
生食생식 ↔ 火食화식	[8072]-[8072]
生前생전 ↔ 死後사후	[8072]-[6072]
生祝생축 ↔ 死祝사축	[8050]-[6050]
生花생화 ↔ 造花조화	[8070]-[4270]
先代선대 ↔ 後代후대	[8062]-[7262]
善德선덕 ↔ 惡德악덕	[5052]-[5252]
先發선발 ↔ 後發후발	[8062]-[7262]
善友선우 ↔ 惡友악우	[5052]-[5252]
先月선월 ↔ 後月후월	[8080]-[7280]
善意선의 ↔ 惡意악의	[5062]-[5262]
善人선인 ↔ 惡人악인	[5080]-[5280]
善者선자 ↔ 惡者악자	[5060]-[5260]
先主선주 ↔ 後主후주	[8070]-[7270]
先天선천 ↔ 後天후천	[8070]-[7270]
先學선학 ↔ 後學후학	[8080]-[7280]
善行선행 ↔ 惡行악행	[5060]-[5260]
成功성공 ↔ 落空낙공	[6262]-[5072]
成功성공 ↔ 失敗실패	[6262]-[6050]
成會성회 ↔ 流會유회	[6262]-[5262]
歲前세전 ↔ 歲後세후	[5272]-[5272]
歲出세출 ↔ 歲入세입	[5270]-[5270]
消火소화 ↔ 放火방화	[6280]-[6280]

<부록> 類義語(同義語, 同意語)

守節수절 ↔ 失節실절 [4252]-[6052]	惡果악과 ↔ 善果선과 [5262]-[5062]
受注수주 ↔ 發注발주 [4262]-[6262]	惡女악녀 ↔ 善男선남 [5280]-[5072]
手下수하 ↔ 手上수상 [7272]-[7272]	惡女악녀 ↔ 善女선녀 [5280]-[5080]
順路순로 ↔ 逆路역로 [5260]-[4260]	惡法악법 ↔ 良法양법 [5252]-[5252]
順流순류 ↔ 逆流역류 [5252]-[4252]	惡手악수 ↔ 好手호수 [5272]-[4272]
順産순산 ↔ 難産난산 [5252]-[4252]	惡心악심 ↔ 善心선심 [5270]-[5070]
順調순조 ↔ 逆調역조 [5252]-[4252]	惡用악용 ↔ 善用선용 [5262]-[5062]
順天순천 ↔ 逆天역천 [5270]-[4270]	惡運악운 ↔ 好運호운 [5262]-[4262]
順風순풍 ↔ 逆風역풍 [5262]-[4262]	惡風악풍 ↔ 良風양풍 [5262]-[5262]
順行순행 ↔ 逆行역행 [5260]-[4260]	暗色암색 ↔ 明色명색 [4270]-[6270]
勝利승리 ↔ 敗北패배 [6062]-[5080]	暗示암시 ↔ 明示명시 [4250]-[6250]
勝因승인 ↔ 敗因패인 [6050]-[5050]	愛他애타 ↔ 愛己애기 [6050]-[6052]
勝者승자 ↔ 敗者패자 [6060]-[5060]	夜學야학 ↔ 晝學주학 [6080]-[6080]
始期시기 ↔ 終期종기 [6250]-[5050]	夜行야행 ↔ 晝行주행 [6060]-[6060]
市內시내 ↔ 市外시외 [7272]-[7280]	良書양서 ↔ 惡書악서 [5262]-[5262]
始發시발 ↔ 終發종발 [6262]-[5062]	良質양질 ↔ 惡質악질 [5252]-[5252]
始發시발 ↔ 終着종착 [6262]-[5052]	女工여공 ↔ 男工남공 [8072]-[7272]
始業시업 ↔ 終業종업 [6262]-[5062]	女兒여아 ↔ 男兒남아 [8052]-[7252]
式前식전 ↔ 式後식후 [6072]-[6072]	女體여체 ↔ 男體남체 [8062]-[7262]
食前식전 ↔ 食後식후 [7272]-[7272]	年上연상 ↔ 年下연하 [8072]-[8072]
新年신년 ↔ 舊年구년 [6280]-[5280]	延長연장 ↔ 短縮단축 [4080]-[6240]
新墓신묘 ↔ 舊山구산 [6240]-[5280]	年初연초 ↔ 年末연말 [8050]-[8050]
新本신본 ↔ 古本고본 [6260]-[6060]	令前영전 ↔ 令後영후 [5072]-[5072]
新本신본 ↔ 舊本구본 [6260]-[5260]	豫算예산 ↔ 決算결산 [4070]-[5270]
新式신식 ↔ 舊式구식 [6260]-[5260]	午前오전 ↔ 午後오후 [7272]-[7272]
新任신임 ↔ 舊任구임 [6252]-[5252]	屋內옥내 ↔ 屋外옥외 [5072]-[5080]
新作신작 ↔ 舊作구작 [6262]-[5262]	溫氣온기 ↔ 冷氣냉기 [6072]-[5072]
新體신체 ↔ 舊體구체 [6262]-[5262]	溫暖온난 ↔ 寒冷한랭 [6042]-[5050]
新品신품 ↔ 古品고품 [6252]-[6052]	溫室온실 ↔ 冷室냉실 [6080]-[5080]
室內실내 ↔ 室外실외 [8072]-[8080]	完勝완승 ↔ 完敗완패 [5060]-[5050]
實名실명 ↔ 假名가명 [5272]-[4272]	外界외계 ↔ 內界내계 [8062]-[7262]
實質실질 ↔ 名目명목 [5252]-[7260]	外國외국 ↔ 內國내국 [8080]-[7280]
實兄실형 ↔ 實弟실제 [5280]-[5280]	外向외향 ↔ 內向내향 [8060]-[7260]
心的심적 ↔ 物的물적 [7052]-[7252]	容共용공 ↔ 反共반공 [4262]-[6262]

優良우량 ↔ 不良불량	[4052]-[7252]
雨後우후 ↔ 雨前우전	[5272]-[5272]
院內원내 ↔ 院外원외	[5072]-[5080]
原理원리 ↔ 應用응용	[5062]-[4262]
遠心원심 ↔ 求心구심	[6070]-[4270]
遠洋원양 ↔ 近海근해	[6060]-[6072]
月末월말 ↔ 月初월초	[8050]-[8050]
有給유급 ↔ 無給무급	[7050]-[5050]
有能유능 ↔ 無能무능	[7052]-[5052]
流動유동 ↔ 固定고정	[5272]-[5060]
有利유리 ↔ 不利불리	[7062]-[7262]
有名유명 ↔ 無名무명	[7072]-[5072]
有識유식 ↔ 無識무식	[7052]-[5052]
有用유용 ↔ 無用무용	[7062]-[5062]
有效유효 ↔ 無效무효	[7052]-[5052]
六順육순 ↔ 六逆육역	[8052]-[8042]
肉食육식 ↔ 草食초식	[4272]-[7072]
陰角음각 ↔ 陽角양각	[4262]-[6062]
陰德음덕 ↔ 陽德양덕	[4252]-[6052]
陰文음문 ↔ 陽文양문	[4270]-[6070]
陰性음성 ↔ 陽性양성	[4252]-[6052]
陰數음수 ↔ 陽數양수	[4270]-[6070]
陰地음지 ↔ 陽地양지	[4270]-[6070]
陰識음지 ↔ 陽識양지	[4252]-[6052]
利己이기 ↔ 利他이타	[6252]-[6250]
以內이내 ↔ 以外이외	[5272]-[5280]
異例이례 ↔ 通例통례	[4060]-[6060]
離陸이륙 ↔ 着陸착륙	[4052]-[5252]
以上이상 ↔ 以下이하	[5272]-[5272]
異說이설 ↔ 定說정설	[4052]-[6052]
異說이설 ↔ 通說통설	[4052]-[6052]
理性이성 ↔ 感性감성	[6252]-[6052]
理性이성 ↔ 感情감정	[6252]-[6052]
理直이직 ↔ 理屈이굴	[6272]-[6240]

異質이질 ↔ 同質동질	[4052]-[7052]
異質이질 ↔ 等質등질	[4052]-[6252]
離韓이한 ↔ 着韓착한	[4080]-[5280]
異形이형 ↔ 同形동형	[4062]-[7062]
以後이후 ↔ 以前이전	[5272]-[5272]
人爲인위 ↔ 自然자연	[8042]-[7270]
日前일전 ↔ 日後일후	[8072]-[8072]
任命임명 ↔ 解任해임	[5270]-[4252]
任意임의 ↔ 強制강제	[5262]-[6042]
入京입경 ↔ 出京출경	[7060]-[7060]
入口입구 ↔ 出口출구	[7070]-[7070]
入團입단 ↔ 退團퇴단	[7052]-[4252]
入社입사 ↔ 退社퇴사	[7062]-[4262]
入山입산 ↔ 出山출산	[7080]-[7080]
入場입장 ↔ 退場퇴장	[7072]-[4272]
入定입정 ↔ 出定출정	[7060]-[7060]
立體입체 ↔ 平面평면	[7262]-[7270]
入學입학 ↔ 退學퇴학	[7080]-[4280]
入會입회 ↔ 脫會탈회	[7062]-[4062]
自家자가 ↔ 他家타가	[7272]-[5072]
自動자동 ↔ 手動수동	[7272]-[7272]
自動자동 ↔ 他動타동	[7272]-[5072]
自力자력 ↔ 他力타력	[7272]-[5072]
自立자립 ↔ 依存의존	[7272]-[4040]
自立자립 ↔ 依他의타	[7272]-[4050]
自問자문 ↔ 自答자답	[7270]-[7272]
自社자사 ↔ 他社타사	[7262]-[5062]
自意자의 ↔ 他意타의	[7262]-[5062]
自作자작 ↔ 他作타작	[7262]-[5062]
子正자정 ↔ 正午정오	[7272]-[7272]
場內장내 ↔ 場外장외	[7272]-[7280]
長命장명 ↔ 短命단명	[8070]-[6270]
在來재래 ↔ 外來외래	[6070]-[8070]
在野재야 ↔ 在朝재조	[6060]-[6060]

<부록> 類義語(同義語, 同意語)

低價저가 ↔ 高價고가 [4252]-[6252]
低利저리 ↔ 高利고리 [4262]-[6262]
低熱저열 ↔ 高熱고열 [4250]-[6250]
前景전경 ↔ 後景후경 [7250]-[7250]
前期전기 ↔ 後期후기 [7250]-[7250]
前面전면 ↔ 後面후면 [7270]-[7270]
前門전문 ↔ 後門후문 [7280]-[7280]
前文전문 ↔ 後文후문 [7270]-[7270]
前半전반 ↔ 後半후반 [7262]-[7262]
前方전방 ↔ 後方후방 [7272]-[7272]
前部전부 ↔ 後部후부 [7262]-[7262]
前世전세 ↔ 後世후세 [7272]-[7272]
戰勝전승 ↔ 戰敗전패 [6260]-[6250]
全勝전승 ↔ 全敗전패 [7260]-[7250]
前身전신 ↔ 後身후신 [7262]-[7262]
前室전실 ↔ 後室후실 [7280]-[7280]
專用전용 ↔ 共用공용 [4062]-[6262]
前任전임 ↔ 後任후임 [7252]-[7252]
前者전자 ↔ 後者후자 [7260]-[7260]
前章전장 ↔ 後章후장 [7260]-[7260]
全體전체 ↔ 個別개별 [7262]-[4260]
前便전편 ↔ 後便후편 [7270]-[7270]
戰後전후 ↔ 戰前전전 [6272]-[6272]
切上절상 ↔ 切下절하 [5272]-[5272]
正格정격 ↔ 變格변격 [7252]-[5252]
正答정답 ↔ 誤答오답 [7272]-[4272]
精神정신 ↔ 物質물질 [4262]-[7252]
正室정실 ↔ 小室소실 [7280]-[8080]
靜的정적 ↔ 動的동적 [4052]-[7252]
早年조년 ↔ 老年노년 [4280]-[7080]
操心조심 ↔ 放心방심 [5070]-[6270]
朝陽조양 ↔ 夕陽석양 [6060]-[7060]
終價종가 ↔ 始價시가 [5052]-[6252]
終禮종례 ↔ 朝禮조례 [5060]-[6060]

終戰종전 ↔ 開戰개전 [5062]-[6062]
左開좌개 ↔ 右開우개 [7260]-[7260]
左記좌기 ↔ 右記우기 [7272]-[7272]
左面좌면 ↔ 右面우면 [7270]-[7270]
左方좌방 ↔ 右方우방 [7272]-[7272]
左番좌번 ↔ 右番우번 [7260]-[7260]
座席좌석 ↔ 立席입석 [4060]-[7260]
左手좌수 ↔ 右手우수 [7272]-[7272]
左足좌족 ↔ 右足우족 [7272]-[7272]
左便좌편 ↔ 右便우편 [7270]-[7270]
晝間주간 ↔ 夜間야간 [6072]-[6072]
主觀주관 ↔ 客觀객관 [7052]-[5252]
主室주실 ↔ 客室객실 [7080]-[5280]
主體주체 ↔ 客體객체 [7062]-[5262]
中止중지 ↔ 續行속행 [8050]-[4260]
地上지상 ↔ 地下지하 [7072]-[7072]
直言직언 ↔ 曲言곡언 [7260]-[5060]
直前직전 ↔ 直後직후 [7272]-[7272]
質疑질의 ↔ 答辯답변 [5240]-[7240]
質疑질의 ↔ 對答대답 [5240]-[6272]
集合집합 ↔ 解散해산 [6260]-[4240]
天然천연 ↔ 人造인조 [7070]-[8042]
聽者청자 ↔ 話者화자 [4060]-[7260]
體內체내 ↔ 體外체외 [6272]-[6280]
初面초면 ↔ 舊面구면 [5070]-[5270]
初聞초문 ↔ 舊聞구문 [5062]-[5262]
寸內촌내 ↔ 寸外촌외 [8072]-[8080]
總角총각 ↔ 室女실녀 [4262]-[8080]
最高최고 ↔ 最低최저 [5062]-[5042]
最多최다 ↔ 最少최소 [5060]-[5070]
最大최대 ↔ 最小최소 [5080]-[5080]
最上최상 ↔ 最下최하 [5072]-[5072]
最善최선 ↔ 最惡최악 [5050]-[5052]
最新최신 ↔ 最古최고 [5062]-[5060]

- 249 -

基礎漢字와 生活言語

最長최장 ↔ 最短최단 [5080]-[5062]　　下午하오 ↔ 上午상오 [7272]-[7272]
最前최전 ↔ 最後최후 [5072]-[5072]　　下車하차 ↔ 上車상차 [7272]-[7272]
最初최초 ↔ 最終최종 [5050]-[5050]　　合流합류 ↔ 分流분류 [6052]-[6252]
出國출국 ↔ 入國입국 [7080]-[7080]　　解冬해동 ↔ 結冬결동 [4270]-[5270]
出金출금 ↔ 入金입금 [7080]-[7080]　　解氷해빙 ↔ 結氷결빙 [4250]-[5250]
出發출발 ↔ 到着도착 [7062]-[5252]　　海外해외 ↔ 海內해내 [7280]-[7272]
出生출생 ↔ 死亡사망 [7080]-[6050]　　幸運행운 ↔ 不運불운 [6262]-[7262]
出席출석 ↔ 缺席결석 [7060]-[4260]　　向上향상 ↔ 低下저하 [6072]-[4272]
出所출소 ↔ 入所입소 [7070]-[7070]　　現實현실 ↔ 空想공상 [6252]-[7242]
親孫친손 ↔ 外孫외손 [6060]-[8060]　　現實현실 ↔ 理想이상 [6252]-[6242]
快調쾌조 ↔ 不調부조 [4252]-[7252]　　好感호감 ↔ 惡感악감 [4260]-[5260]
脫衣탈의 ↔ 着衣착의 [4060]-[5260]　　好食호식 ↔ 惡食악식 [4272]-[5272]
通加통가 ↔ 通減통감 [6050]-[6042]　　好衣호의 ↔ 惡衣악의 [4260]-[5260]
退院퇴원 ↔ 入院입원 [4250]-[7050]　　好材호재 ↔ 惡材악재 [4252]-[5252]
特大특대 ↔ 特小특소 [6080]-[6080]　　和氣화기 ↔ 怒氣노기 [6272]-[4272]
便利편리 ↔ 不便불편 [7062]-[7270]　　活物활물 ↔ 死物사물 [7272]-[6072]
平等평등 ↔ 差別차별 [7262]-[4060]　　活水활수 ↔ 死水사수 [7280]-[6080]
豊漁풍어 ↔ 凶漁흉어 [4250]-[5250]　　訓讀훈독 ↔ 音讀음독 [6062]-[6262]
豊作풍작 ↔ 凶作흉작 [4262]-[5262]　　黑字흑자 ↔ 赤字적자 [5070]-[5070]
下記하기 ↔ 上記상기 [7272]-[7272]
下馬하마 ↔ 上馬상마 [7250]-[7250]

(3) 相對語(反對語, 反意語, 反義語, 對義語)_3字

可變性가변성 ↔ 不變性불변성 [505252]-[725252]
可燃性가연성 ↔ 不燃性불연성 [504052]-[724052]
減少量감소량 ↔ 增加量증가량 [427050]-[425050]
減少勢감소세 ↔ 增加勢증가세 [427042]-[425042]
開式辭개식사 ↔ 閉式辭폐식사 [606040]-[406040]
開院式개원식 ↔ 閉院式폐원식 [605060]-[405060]
開會辭개회사 ↔ 閉會辭폐회사 [606240]-[406240]
開會式개회식 ↔ 閉會式폐회식 [606260]-[406260]
高物價고물가 ↔ 低物價저물가 [627252]-[427252]

<부록> 類義語(同義語, 同意語)

古書籍고서적 ↔ 新書籍신서적　[606240]-[626240]
高性能고성능 ↔ 低性能저성능　[625252]-[425252]
高所得고소득 ↔ 低所得저소득　[627042]-[427042]
高速度고속도 ↔ 低速度저속도　[626060]-[426060]
高姿勢고자세 ↔ 低姿勢저자세　[624042]-[424042]
高潮期고조기 ↔ 退潮期퇴조기　[624050]-[424050]
高地帶고지대 ↔ 低地帶저지대　[627042]-[427042]
高學年고학년 ↔ 低學年저학년　[628080]-[428080]
高學歷고학력 ↔ 低學歷저학력　[628052]-[428052]
公文書공문서 ↔ 私文書사문서　[627062]-[407062]
公保險공보험 ↔ 私保險사보험　[624240]-[404240]
公生活공생활 ↔ 私生活사생활　[628072]-[408072]
過房男과방남 ↔ 過房女과방녀　[524272]-[524280]
過小視과소시 ↔ 過大視과대시　[528042]-[528042]
光明面광명면 ↔ 暗黑面암흑면　[626270]-[425070]
舊思想구사상 ↔ 新思想신사상　[525042]-[625042]
舊時代구시대 ↔ 新時代신시대　[527262]-[627262]
舊制度구제도 ↔ 新制度신제도　[524260]-[624260]
舊主人구주인 ↔ 新主人신주인　[527080]-[627080]
舊體制구체제 ↔ 新體制신체제　[526242]-[626242]
極大量극대량 ↔ 極少量극소량　[428050]-[427050]
極大點극대점 ↔ 極小點극소점　[428040]-[428040]
極大化극대화 ↔ 極小化극소화　[428052]-[428052]
極左派극좌파 ↔ 極右派극우파　[427240]-[427240]
近地點근지점 ↔ 遠地點원지점　[607040]-[607040]
樂觀論낙관론 ↔ 悲觀論비관론　[625242]-[425242]
落地前낙지전 ↔ 落地後낙지후　[507072]-[507072]
男系親남계친 ↔ 女系親여계친　[724060]-[804060]
南極帶남극대 ↔ 北極帶북극대　[804242]-[804242]
南極點남극점 ↔ 北極點북극점　[804240]-[804240]
南端部남단부 ↔ 北端部북단부　[804262]-[804262]
內國人내국인 ↔ 外國人외국인　[728080]-[808080]
內在性내재성 ↔ 外在性외재성　[726052]-[806052]
內在律내재율 ↔ 外在律외재율　[726042]-[806042]

- 251 -

內地産내지산 ↔ 外地産외지산　[727052]-[807052]
內向性내향성 ↔ 外向性외향성　[726052]-[806052]
老處女노처녀 ↔ 老總角노총각　[704280]-[704262]
多數者다수자 ↔ 少數者소수자　[607060]-[707060]
多數派다수파 ↔ 少數派소수파　[607040]-[707040]
多數票다수표 ↔ 少數票소수표　[607042]-[707042]
單純性단순성 ↔ 複雜性복잡성　[424252]-[404052]
單層林단층림 ↔ 多層林다층림　[424070]-[604070]
當選人당선인 ↔ 落選人낙선인　[525080]-[505080]
當選者당선자 ↔ 落選者낙선자　[525060]-[505060]
大家族대가족 ↔ 小家族소가족　[807260]-[807260]
大公演대공연 ↔ 小公演소공연　[806242]-[806242]
大公園대공원 ↔ 小公園소공원　[806260]-[806260]
大區分대구분 ↔ 小區分소구분　[806062]-[806062]
大規模대규모 ↔ 小規模소규모　[805040]-[805040]
大吉日대길일 ↔ 大凶日대흉일　[805080]-[805280]
大納會대납회 ↔ 大發會대발회　[804062]-[806262]
大部隊대부대 ↔ 小部隊소부대　[806242]-[806242]
大部分대부분 ↔ 小部分소부분　[806262]-[806262]
大手術대수술 ↔ 小手術소수술　[807262]-[807262]
大有年대유년 ↔ 大殺年대살년　[807080]-[804280]
大戰鬪대전투 ↔ 小戰鬪소전투　[806240]-[806240]
大豊年대풍년 ↔ 大凶年대흉년　[804280]-[805280]
大貨物대화물 ↔ 小貨物소화물　[804272]-[804272]
都給人도급인 ↔ 受給人수급인　[505080]-[425080]
到着地도착지 ↔ 出發地출발지　[525270]-[706270]
同意語동의어 ↔ 反意語반의어　[706270]-[626270]
同義語동의어 ↔ 反義語반의어　[704270]-[624270]
同意者동의자 ↔ 反對者반대자　[706260]-[626260]
同質性동질성 ↔ 異質性이질성　[705252]-[405252]
同質化동질화 ↔ 異質化이질화　[705252]-[405252]
得人心득인심 ↔ 失人心실인심　[428070]-[608070]
母系制모계제 ↔ 父系制부계제　[804042]-[804042]
母系親모계친 ↔ 父系親부계친　[804060]-[804060]

<부록> 類義語(同義語, 同意語)

母權制모권제 ↔ 父權制부권제 [804242]-[804242]
無鑛質무광질 ↔ 有鑛質유광질 [504052]-[704052]
無期限무기한 ↔ 有期限유기한 [505042]-[705042]
無能力무능력 ↔ 有能力유능력 [505272]-[705272]
無稅地무세지 ↔ 有稅地유세지 [504270]-[704270]
無稅品무세품 ↔ 有稅品유세품 [504252]-[704252]
無主物무주물 ↔ 有主物유주물 [507072]-[707072]
無職者무직자 ↔ 有職者유직자 [504260]-[704260]
無限大무한대 ↔ 無限小무한소 [504280]-[504280]
無形界무형계 ↔ 有形界유형계 [506262]-[706262]
無形物무형물 ↔ 有形物유형물 [506272]-[706272]
密入國밀입국 ↔ 密出國밀출국 [427080]-[427080]
發信人발신인 ↔ 受信人수신인 [626280]-[426280]
發信日발신일 ↔ 受信日수신일 [626280]-[426280]
白眼視백안시 ↔ 靑眼視청안시 [804242]-[804242]
複局地복국지 ↔ 單局地단국지 [405270]-[425270]
本校生본교생 ↔ 他校生타교생 [608080]-[508080]
富農家부농가 ↔ 貧農家빈농가 [427272]-[427272]
不當性부당성 ↔ 正當性정당성 [725252]-[725252]
富益富부익부 ↔ 貧益貧빈익빈 [424242]-[424242]
不戰勝부전승 ↔ 不戰敗부전패 [726260]-[726250]
分流式분류식 ↔ 合流式합류식 [625260]-[605260]
不景氣불경기 ↔ 好景氣호경기 [725072]-[425072]
不計勝불계승 ↔ 不計敗불계패 [726260]-[726250]
不良品불량품 ↔ 優良品우량품 [725252]-[405252]
不文律불문율 ↔ 成文律성문율 [727042]-[627042]
不運兒불운아 ↔ 幸運兒행운아 [726252]-[626252]
非常時비상시 ↔ 平常時평상시 [424272]-[724272]
費差損비차손 ↔ 費差益비차익 [504040]-[504042]
死亡地사망지 ↔ 出生地출생지 [605070]-[708070]
死差損사차손 ↔ 死差益사차익 [604040]-[604042]
三大月삼대월 ↔ 三小月삼소월 [808080]-[808080]
三損友삼손우 ↔ 三益友삼익우 [804052]-[804252]
三惡聲삼악성 ↔ 三喜聲삼희성 [805242]-[804042]

- 253 -

上極限상극한 ↔ 下極限하극한 [724242]-[724242]
上級生상급생 ↔ 下級生하급생 [726080]-[726080]
上級者상급자 ↔ 下級者하급자 [726060]-[726060]
上級職상급직 ↔ 下級職하급직 [726042]-[726042]
相對的상대적 ↔ 絶對的절대적 [526252]-[426252]
上等品상등품 ↔ 下等品하등품 [726252]-[726252]
上半期상반기 ↔ 下半期하반기 [726250]-[726250]
上死點상사점 ↔ 下死點하사점 [726040]-[726040]
上終價상종가 ↔ 下終價하종가 [725052]-[725052]
上層部상층부 ↔ 下層部하층부 [724062]-[724062]
上限價상한가 ↔ 下限價하한가 [724252]-[724252]
上限線상한선 ↔ 下限線하한선 [724262]-[724262]
上行線상행선 ↔ 下行線하행선 [726062]-[726062]
先覺者선각자 ↔ 後覺者후각자 [804060]-[724060]
先發隊선발대 ↔ 後發隊후발대 [806242]-[726242]
先次性선차성 ↔ 後次性후차성 [804252]-[724252]
少女團소녀단 ↔ 少年團소년단 [708052]-[708052]
送年辭송년사 ↔ 新年辭신년사 [428040]-[628040]
送話器송화기 ↔ 受話器수화기 [427242]-[427242]
送貨人송화인 ↔ 受話人수화인 [424280]-[427280]
送話者송화자 ↔ 受話者수화자 [427260]-[427260]
順機能순기능 ↔ 逆機能역기능 [524052]-[424052]
順天命순천명 ↔ 逆天命역천명 [527070]-[427070]
勝利者승리자 ↔ 敗北者패배자 [606260]-[508060]
勝者戰승자전 ↔ 敗者戰패자전 [606062]-[506062]
始務式시무식 ↔ 終務式종무식 [624260]-[504260]
始業式시업식 ↔ 終業式종업식 [626260]-[506260]
新勢力신세력 ↔ 舊勢力구세력 [624272]-[524272]
惡感情악감정 ↔ 好感情호감정 [526052]-[426052]
惡印象악인상 ↔ 好印象호인상 [524240]-[424240]
惡材料악재료 ↔ 好材料호재료 [525250]-[425250]
惡條件악조건 ↔ 好條件호조건 [524050]-[424050]
惡天候악천후 ↔ 好天候호천후 [527040]-[427040]
眼孔大안공대 ↔ 眼孔小안공소 [424080]-[424080]

<부록> 類義語(同義語, 同意語)

愛他心애타심 ↔ 愛己心애기심 [605070]-[605270]
夜學生야학생 ↔ 晝學生주학생 [608080]-[608080]
夜行性야행성 ↔ 晝行性주행성 [606052]-[606052]
兩非論양비론 ↔ 兩是論양시론 [424242]-[424242]
養祖母양조모 ↔ 養祖父양조부 [527080]-[527080]
女同生여동생 ↔ 男同生남동생 [807080]-[727080]
女先生여선생 ↔ 男先生남선생 [808080]-[728080]
女性觀여성관 ↔ 男性觀남성관 [805252]-[725252]
女性美여성미 ↔ 男性美남성미 [805260]-[725260]
女性服여성복 ↔ 男性服남성복 [805260]-[725260]
女聲部여성부 ↔ 男聲部남성부 [804262]-[724262]
女性誌여성지 ↔ 男性誌남성지 [805240]-[725240]
女學校여학교 ↔ 男學校남학교 [808080]-[728080]
女學生여학생 ↔ 男學生남학생 [808080]-[728080]
逆移入역이입 ↔ 逆移出역이출 [424270]-[424270]
逆轉勝역전승 ↔ 逆轉敗역전패 [424060]-[424050]
午前班오전반 ↔ 午後班오후반 [727262]-[727262]
外四寸외사촌 ↔ 親四寸친사촌 [808080]-[608080]
外三寸외삼촌 ↔ 親三寸친삼촌 [808080]-[608080]
外孫女외손녀 ↔ 親孫女친손녀 [806080]-[606080]
外孫子외손자 ↔ 親孫子친손자 [806072]-[606072]
願賣人원매인 ↔ 願買人원매인 [505080]-[505080]
有夫女유부녀 ↔ 有婦男유부남 [707080]-[704272]
有産者유산자 ↔ 無産者무산자 [705260]-[505260]
有識者유식자 ↔ 無識者무식자 [705260]-[505260]
陰性化음성화 ↔ 陽性化양성화 [425252]-[605252]
理想派이상파 ↔ 現實派현실파 [624240]-[625240]
理性的이성적 ↔ 感情的감정적 [625252]-[605252]
離任辭이임사 ↔ 就任辭취임사 [405240]-[405240]
利差損이차손 ↔ 利差益이차익 [624040]-[624042]
離婚女이혼녀 ↔ 離婚男이혼남 [404080]-[404072]
入庫量입고량 ↔ 出庫量출고량 [704050]-[704050]
入金額입금액 ↔ 出金額출금액 [708040]-[708040]
自立心자립심 ↔ 依存心의존심 [727270]-[404070]

再移入재이입 ↔ 再移出재이출　[504270]-[504270]
低金利저금리 ↔ 高金利고금리　[428062]-[628062]
積極性적극성 ↔ 消極性소극성　[404252]-[624252]
積極的적극적 ↔ 消極的소극적　[404252]-[624252]
前男便전남편 ↔ 後男便후남편　[727270]-[727270]
專門家전문가 ↔ 門外漢문외한　[408072]-[808072]
前半期전반기 ↔ 後半期후반기　[726250]-[726250]
前半部전반부 ↔ 後半部후반부　[726262]-[726262]
前半生전반생 ↔ 後半生후반생　[726280]-[726280]
前半身전반신 ↔ 後半身후반신　[726262]-[726262]
前半戰전반전 ↔ 後半戰후반전　[726262]-[726262]
前室宅전실댁 ↔ 後室宅후실댁　[728052]-[728052]
專有物전유물 ↔ 共有物공유물　[407072]-[627072]
前任者전임자 ↔ 後任者후임자　[725260]-[725260]
轉入生전입생 ↔ 轉出生전출생　[407080]-[407080]
轉入者전입자 ↔ 轉出者전출자　[407060]-[407060]
戰敗國전패국 ↔ 戰勝國전승국　[625080]-[626080]
左半分좌반분 ↔ 右半分우반분　[726262]-[726262]
座席券좌석권 ↔ 立席券입석권　[406040]-[726040]
左回轉좌회전 ↔ 右回轉우회전　[724240]-[724240]
重患者중환자 ↔ 輕患者경환자　[705060]-[505060]
支出金지출금 ↔ 收入金수입금　[427080]-[427080]
支出額지출액 ↔ 收入額수입액　[427040]-[427040]
差損金차손금 ↔ 差益金차익금　[404080]-[404280]
差異點차이점 ↔ 共通點공통점　[404040]-[626040]
總收入총수입 ↔ 總支出총지출　[424270]-[424270]
最高價최고가 ↔ 最低價최저가　[506252]-[504252]
最高額최고액 ↔ 最低額최저액　[506240]-[504240]
最高點최고점 ↔ 最下點최하점　[506240]-[507240]
最大量최대량 ↔ 最少量최소량　[508050]-[507050]
最大限최대한 ↔ 最小限최소한　[508042]-[508042]
最大化최대화 ↔ 最小化최소화　[508052]-[508052]
最東端최동단 ↔ 最西端최서단　[508042]-[508042]
最上級최상급 ↔ 最下級최하급　[507260]-[507260]

最上等최상등 ↔ 最下等최하등 [507262]-[507262]
最上層최상층 ↔ 最下層최하층 [507240]-[507240]
最上品최상품 ↔ 最下品최하품 [507252]-[507252]
出席生출석생 ↔ 缺席生결석생 [706080]-[426080]
出席者출석자 ↔ 缺席者결석자 [706060]-[426060]
判定勝판정승 ↔ 判定敗판정패 [406060]-[406050]
敗戰國패전국 ↔ 勝戰國승전국 [506280]-[606280]
豊漁期풍어기 ↔ 凶漁期흉어기 [425050]-[525050]
下半部하반부 ↔ 上半部상반부 [726262]-[726262]
下半身하반신 ↔ 上半身상반신 [726262]-[726262]
下層流하층류 ↔ 上層流상층류 [724052]-[724052]
合法化합법화 ↔ 不法化불법화 [605252]-[725252]
解氷期해빙기 ↔ 結氷期결빙기 [425050]-[525050]
向日性향일성 ↔ 背日性배일성 [608052]-[428052]
紅一點홍일점 ↔ 一點紅일점홍 [408040]-[804040]
紅一點홍일점 ↔ 靑一點청일점 [408040]-[808040]
歡迎曲환영곡 ↔ 歡送曲환송곡 [404050]-[404250]
歡迎會환영회 ↔ 歡送會환송회 [404062]-[404262]

(4) 相對語(反對語, 反意語, 反義語, 對義語)_4字

強大國家강대국가 ↔ 弱小國家약소국가 [60808072]-[62808072]
景氣回復경기회복 ↔ 景氣後退경기후퇴 [50724242]-[50727242]
古今同然고금동연 ↔ 古今不同고금부동 [60627070]-[60627270]
苦盡甘來고진감래 ↔ 興盡悲來흥진비래 [60404070]-[42404270]
過大評價과대평가 ↔ 過小評價과소평가 [52804052]-[52804052]
極大感覺극대감각 ↔ 極小感覺극소감각 [42806040]-[42806040]
吉則大凶길즉대흉 ↔ 凶則大吉흉즉대길 [50508052]-[52508050]
樂觀論者낙관론자 ↔ 悲觀論者비관론자 [62524260]-[42524260]
落地以前낙지이전 ↔ 落地以後낙지이후 [50705272]-[50705272]
暖房裝置난방장치 ↔ 冷房裝置냉방장치 [42424042]-[50424042]
賣方選擇매방선택 ↔ 買方選擇매방선택 [50725040]-[50725040]
買入操作매입조작 ↔ 賣出操作매출조작 [50705062]-[50705062]

賣主獨占매주독점 ↔ 買主獨占매주독점　[50705240]-[50705240]
賣主選擇매주선택 ↔ 買主選擇매주선택　[50705040]-[50705040]
賣主市場매주시장 ↔ 買主市場매주시장　[50707272]-[50707272]
母系家族모계가족 ↔ 父系家族부계가족　[80407260]-[80407260]
母系制度모계제도 ↔ 父系制度부계제도　[80404260]-[80404260]
母系親族모계친족 ↔ 父系親族부계친족　[80406060]-[80406060]
母系血族모계혈족 ↔ 父系血族부계혈족　[80404260]-[80404260]
無男獨女무남독녀 ↔ 無妹獨子무매독자　[50725280]-[50405272]
無資格者무자격자 ↔ 有資格者유자격자　[50405260]-[70405260]
事半功倍사반공배 ↔ 事倍功少사배공소　[72626250]-[72506270]
生年月日생년월일 ↔ 卒年月日졸년월일　[80808080]-[52808080]
先富後貧선부후빈 ↔ 先貧後富선빈후부　[80427242]-[80427242]
歲入豫算세입예산 ↔ 歲出豫算세출예산　[52704070]-[52704070]
損者三樂손자삼요 ↔ 益者三樂익자삼요　[40608062]-[42608062]
損者三友손자삼우 ↔ 益者三友익자삼우　[40608052]-[42608052]
收入豫算수입예산 ↔ 支出豫算지출예산　[42704070]-[42704070]
惡衣惡食악의악식 ↔ 好衣好食호의호식　[52605272]-[42604272]
語不成說어불성설 ↔ 萬不成說만불성설　[70726252]-[80726252]
言語不通언어불통 ↔ 言語相通언어상통　[60707260]-[60705260]
連戰連勝연전연승 ↔ 連戰連敗연전연패　[42624260]-[42624250]
屋外競技옥외경기 ↔ 屋內競技옥내경기　[50805050]-[50725050]
外貧內富외빈내부 ↔ 外富內貧외부내빈　[80427242]-[80427242]
人工選擇인공선택 ↔ 自然選擇자연선택　[80725040]-[72705040]
人性本善인성본선 ↔ 人性本惡인성본악　[80526050]-[80526052]
一擧兩失일거양실 ↔ 一擧兩得일거양득　[80504260]-[80504242]
一擧兩失일거양실 ↔ 一擧兩實일거양실　[80504260]-[80504252]
一擧兩失일거양실 ↔ 一擧兩取일거양취　[80504260]-[80504242]
一擧兩失일거양실 ↔ 一石二鳥일석이조　[80504260]-[80608042]
入金傳票입금전표 ↔ 出金傳票출금전표　[70805242]-[70805242]
自下達上자하달상 ↔ 自上達下자상달하　[72724272]-[72724272]
晝長夜短주장야단 ↔ 晝短夜長주단야장　[60806062]-[60626080]
智者一失지자일실 ↔ 千慮一得천려일득　[40608060]-[70408042]
千慮一失천려일실 ↔ 千慮一得천려일득　[70408060]-[70408042]
最高氣溫최고기온 ↔ 最低氣溫최저기온　[50627260]-[50427260]

<부록> 類義語(同義語, 同意語)

最大極限최대극한 ↔ 最小極限최소극한　[50804242]-[50804242]
最大限度최대한도 ↔ 最小限度최소한도　[50804260]-[50804260]
出生申告출생신고 ↔ 死亡申告사망신고　[70804252]-[60504252]
下意上達하의상달 ↔ 上意下達상의하달　[72627242]-[72627242]

◆ 實戰 應用問題 答案 ◆

1 - 正答

1. 不便
2. 所重
3. 母國語
4. 가정
5. 父母
6. 競爭力
7. 국제어
8. 英語
9. 多幸
10. 人生
11. 順調
12. 정보
13. 集團的
14. 자본
15. 간파
16. 美國
17. 科學技術者
18. 전문가
19. 설령
20. 白人
21. 具現
22. 質問
23. 有效
24. 果然
25. 幸福
26. 민족주의
27. 역
28. 분단
29. 民族國家
30. 事實
31. 존재
32. 경우
33. 제외
34. 世界
35. 民族
36. 특이
37. 자칭
38. 자유주의자
39. 처분
40. 國語
41. 차이
42. 同化
43. 통
44. 集中化
45. 地球
46. 거대
47. 現實
48. 진정
49. 自由
50. 人間
51. 對

2 - 正答

1. 토론문화
2. 社會的
3. 爭點
4. 빈곤
5. 例
6. 백분토론
7. 問題
8. 對
9. 明白
10. 反對
11. 진영
12. 數
13. 논거
14. 논전
15. 결론
16. 논객
17. 知性界
18. 百分
19. 무한
20. 약점
21. 關
22. 거대
23. 國家的
24. 事案
25. 간단
26. 開國功臣
27. 협상단
28. 이상
29. 國家
30. 미래
31. 發見
32. 초래
33. 예측
34. 變化
35. 主題
36. 해답
37. 극
38. 토론
39. 직접
40. 行動
41. 自身
42. 間間
43. 事實
44. 총
45. 代身
46. 해결
47. 여전
48. 점
49. 告白
50. 민주주의
51. 根本理念
52. 원탁
53. 표상
54. 개
55. 卓子
56. 立場
57. 力不足
58. 책
59. 논쟁
60. 相對方
61. 一種
62. 當然
63. 感情
64. 자료
65. 便
66. 同時
67. 협력적
68. 思考
69. 이견
70. 目的
71. 위
72. 現實
73. 무시
74. 歷史

3 - 正答

1. 물신주의
2. 言語
3. 前
4. 國民
5. 女性
6. 파국
7. 對
8. 分明
9. 事實
10. 中
11. 과정
12. 當事者
13. 重要
14. 作用
15. 正體不明
16. 不注意
17. 단계
18. 道具
19. 행위
20. 일파만파
21. 단순
22. 所聞
23. 不過
24. 文字
25. 수단
26. 固定
27. 一定
28. 형태
29. 위력
30. 비극적
31. 事件
32. 영위
33. 言語生活
34. 反省
35. 존재
36. 言明
37. 人間
38. 幸福
39. 실존
40. 차원
41. 人間的
42. 구성
43. 本質的
44. 요소
45. 의미
46. 自身
47. 正體性
48. 實現
49. 거소
50. 以上
51. 不幸
52. 意識
53. 戰爭
54. 점
55. 적절
56. 表現
57. 기회
58. 文明
59. 利己
60. 번
61. 必要
62. 의
63. 天國
64. 건설
65. 창조
66. 기여
67. 目的
68. 果然
69. 文明的
70. 主人
71. 위치
72. 혹시
73. 처지
74. 種類
75. 決
76. 無關
77. 의존
78. 위
79. 致命的
80. 독
81. 역설

4 - 正答

1. 號
2. 敎訓
3. 地方選擧
4. 정치인
5. 選擧期間
6. 相對方
7. 당
8. 國民
9. 유권자
10. 무소속
11. 선택
12. 심각
13. 事實
14. 점
15. 여전
16. 自身
17. 敗北
18. 시인
19. 者
20. 自己
21. 當然
22. 勝者
23. 東西
24. 지역
25. 체제
26. 고통
27. 部分
28. 三流
29. 정치가
30. 정도
31. 國家
32. 배려
33. 要
34. 연기
35. 番
36. 選擧
37. 세속
38. 結局
39. 敗者
40. 퇴장
41. 世上
42. 영속
43. 성
44. 부
45. 영화
46. 形體
47. 진정
48. 勝利
49. 地上
50. 時間
51. 比
52. 빈부
53. 심
54. 중산층
55. 허무
56. 自體

57. 고통	63. 경제	69. 학부제	75. 美國
58. 고통분담	64. 무한경쟁	70. 반영	76. 勇氣
59. 美名下	65. 무시	71. 出口	77. 발상
60. 少數	66. 現實	72. 根性	78. 의
61. 특권층	67. 대학가	73. 不在	79. 연극
62. 以後	68. 例外	74. 必要	80. 편

5 - 正答

1. 前	19. 확실	37. 정치	55. 變
2. 通	20. 年代	38. 不動産	56. 理由
3. 영화	21. 극작가	39. 熱氣	57. 關
4. 年	22. 자살	40. 사교육	58. 진리
5. 신상옥	23. 성악가	41. 熱風	59. 事實
6. 감독	24. 死	42. 황금만능주의	60. 所重
7. 作品	25. 찬미	43. 구원	61. 健全
8. 當時	26. 百萬	44. 目的	62. 正直
9. 靑春	27. 장	45. 탄소	63. 위
10. 신성일	28. 以上	46. 幸福	64. 수단
11. 이수일	29. 始作	47. 物質	65. 全部
12. 注目	30. 人生	48. 向	66. 二十代
13. 新小說	31. 現代人	49. 정신적	67. 大部分
14. 日本	32. 質問	50. 경제	68. 時間
15. 歲月	33. 권력	51. 神話	69. 허명
16. 名作	34. 對	52. 빈곤감	70. 진정
17. 不足	35. 성찰	53. 不正	71. 의미
18. 主題曲	36. 무한경쟁사회	54. 한	

6 - 正答

1. 社會的	11. 通	21. 연필	31. 事實
2. 惡筆	12. 必要性	22. 筆記具	32. 一部
3. 有罪	13. 意見	23. 現實	33. 對
4. 前	14. 大體	24. 견해	34. 字板世代
5. 話題	15. 筆體	25. 시험제도	35. 인정
6. 대학입시	16. 學生	26. 男學生	36. 速度
7. 先生	17. 불이익	27. 女學生	37. 십상
8. 시험	18. 當	28. 比	38. 以前
9. 客觀性	19. 理由	29. 점수	39. 世代
10. 위	20. 字板	30. 부인	40. 文書

41. 發見	55. 生産	69. 自古	83. 以上
42. 體	56. 言語	70. 평가	84. 關心
43. 敎本	57. 時代	71. 신언서판	85. 대상
44. 練習	58. 정보	72. 단순	86. 天才的
45. 能力	59. 速記士	73. 정신적	87. 人物
46. 重要	60. 變	74. 자세	88. 여전
47. 내용	61. 科學技術	75. 身體的	89. 용인
48. 形式	62. 혁신	76. 태도	90. 社會
49. 有史	63. 世上	77. 産物	91. 예술화
50. 以來	64. 到來	78. 정성	92. 노력
51. 양	65. 格	79. 相當數	93. 존재
52. 時期	66. 技術	80. 고사	94. 公共
53. 反問	67. 발달	81. 충무공	95. 교육기관
54. 실제	68. 의	82. 의사	96. 敎育

7 - 正答

1. 言語	23. 中	45. 성찰	67. 韓半島
2. 지정학	24. 相當數	46. 자본	68. 지정학적
3. 天國	25. 患者	47. 大作	69. 여건
4. 參加者	26. 會話	48. 영화	70. 自然
5. 진행자	27. 中心	49. 전략	71. 대열강
6. 피	28. 英語	50. 同時	72. 모양
7. 問題	29. 公用語	51. 國家	73. 생존
8. 漢字問題	30. 關	52. 場所	74. 위
9. 실제	31. 時代	53. 경우	75. 世界語
10. 대거탈락	32. 간파	54. 東	76. 以外
11. 大部分	33. 이론가	55. 환태평양	77. 지역공동체
12. 일상적	34. 地局化	56. 지역공동체	78. 漢字語
13. 접	35. 신조어	57. 人口	79. 重要性
14. 漢字	36. 제시	58. 億	80. 强調
15. 현상	37. 지역	59. 中國	81. 한정
16. 對	38. 人類	60. 경제대국	82. 저층
17. 全	39. 全體	61. 日本	83. 漢字文化
18. 理由	40. 균등	62. 속	84. 世界
19. 주장	41. 地球化	63. 경제체제	85. 門
20. 意見	42. 例	64. 偉力	86. 時空間的
21. 비판	43. 韓流	65. 實	87. 必要
22. 실상	44. 시도	66. 現實	88. 道具

89. 漢字教育　　　90. 強化

8 - 正答

1. 新
2. 열강
3. 前
4. 先生
5. 中國
6. 對
7. 경계심
8. 개혁
9. 開放
10. 以後
11. 成長
12. 世界
13. 美國
14. 이의
15. 제기
16. 의
17. 현정부
18. 急變
19. 세계정세
20. 中心
21. 問題
22. 친미파
23. 친중파
24. 점
25. 부인
26. 경제의존도
27. 可
28. 정도
29. 정치
30. 社會
31. 文化
32. 各
33. 分野
34. 거대
35. 大陸
36. 존재감
37. 확인
38. 市內
39. 백화점
40. 觀光地
41. 場
42. 現實
43. 實感
44. 決
45. 부정
46. 기회
47. 變化
48. 적응
49. 例
50. 大部分
51. 英語
52. 도로표지판
53. 實
54. 반영
55. 요구
56. 生活
57. 漢字
58. 속
59. 數
60. 고립
61. 자초
62. 文字
63. 強力
64. 신4대열강
65. 直面
66. 自身
67. 正體性
68. 미래
69. 向
70. 百年前
71. 言語
72. 관점
73. 성찰
74. 通
75. 獨特
76. 言語文化
77. 同時
78. 共同
79. 活用
80. 단일민족
81. 허상
82. 전용
83. 不可能
84. 漢字教育
85. 요청
86. 歷史
87. 漢字文化
88. 能動的
89. 效果的
90. 方案

9 - 正答

1. 이정표
2. 旅行
3. 道路
4. 도처
5. 山
6. 工事
7. 便
8. 지방자치제
9. 始作
10. 各
11. 지역
12. 觀光
13. 商品
14. 開發
15. 觀光客
16. 위
17. 혈안
18. 文化意識
19. 정신
20. 發見
21. 구절양장
22. 험
23. 地方
24. 獨特
25. 固有色
26. 觀光地
27. 商術
28. 世界的
29. 韓流
30. 熱風
31. 全國的
32. 量産
33. 後孫
34. 진정
35. 국부
36. 一種
37. 文化的
38. 文化
39. 감각
40. 정도

41. 표지판
42. 문화유산
43. 對
44. 자부심
45. 世界人
46. 배려
47. 간판
48. 천편일률적
49. 英文
50. 表記
51. 不便
52. 오해
53. 例
54. 충북
55. 朝鮮朝
56. 代表的
57. 文人
58. 송강
59. 묘소
60. 先生
61. 英字
62. 外國人
63. 初
64. 表現
65. 청평사
66. 數
67. 반복
68. 단종
69. 유배지
70. 風光
71. 곡진
72. 사연
73. 現在
74. 都大體
75. 의미
76. 이의
77. 世界化
78. 問題
79. 以上
80. 선택
81. 무조건
82. 使用
83. 문화주권국
84. 能事
85. 단순
86. 英語
87. 해결
88. 現實的
89. 漢字
90. 一定
91. 정확
92. 由來

10 - 正答

1. 간접존대
2. 過熱
3. 현상
4. 前
5. 경주
6. 旅行
7. 근처
8. 飮食店
9. 종업원
10. 飮食
11. 注文
12. 表現
13. 每番
14. 文法的
15. 貴
16. 向
17. 기립
18. 人事
19. 상황
20. 一行
21. 백화점
22. 오용
23. 언론
24. 사물존칭
25. 用語
26. 문제점
27. 보도
28. 여전
29. 직원
30. 전문점
31. 消費者
32. 정도
33. 通信社
34. 電話
35. 상담원
36. 商品
37. 월정액
38. 萬
39. 病院
40. 내시경
41. 경우
42. 과열현상
43. 만족
44. 전략
45. 新聞社
46. 國內
47. 名
48. 대상
49. 文法
50. 大部分
51. 對答
52. 言語
53. 原因
54. 國語
55. 정확
56. 간접주체존대
57. 영역
58. 部長
59. 感氣
60. 等
61. 例
62. 文章
63. 主體
64. 身體
65. 一部
66. 事物
67. 中世
68. 정성
69. 지극
70. 課長
71. 적격
72. 비문
73. 인식
74. 존대
75. 外
76. 可能
77. 한
78. 한정
79. 혼란
80. 過食
81. 過勞
82. 過飮
83. 過信
84. 問題
85. 不足
86. 부작용
87. 예의
88. 相對方
89. 不便
90. 진정성
91. 적절
92. 便

93. 무조건	95. 칭찬	97. 초대	99. 親舊
94. 實	96. 知人	98. 參席	100. 主人

11 - 正答

1. 유목민	23. 世界	45. 通	67. 진정
2. 時代	24. 미래	46. 過去	68. 根本的
3. 神話	25. 電氣信號	47. 定住民	69. 초래
4. 신조어	26. 特定	48. 本質的	70. 정신
5. 使用	27. 처리방식	49. 區別	71. 物質
6. 단어	28. 양식	50. 차원	72. 社會
7. 始作	29. 主體	51. 이기	73. 존재
8. 最近	30. 結合	52. 해방	74. 事實
9. 國內	31. 개	53. 自由	75. 自身
10. 廣告	32. 핵심	54. 보증	76. 경제적
11. 登場	33. 처리	55. 數萬	77. 빈곤
12. 以後	34. 方式	56. 上空	78. 相對的
13. 일상어	35. 發見	57. 여객기	79. 확인
14. 自社	36. 技術	58. 업무	80. 大部分
15. 消費者	37. 혁명	59. 地球	81. 대중
16. 目的	38. 結果	60. 反對便	82. 경우
17. 商業	39. 重要	61. 通話	83. 每日每日
18. 의미	40. 창출	62. 利用	84. 무한정
19. 到來	41. 점	63. 거실	85. 生産
20. 當身	42. 사도	64. 作動	86. 速度
21. 主人公	43. 文明	65. 果然	87. 예찬
22. 접속	44. 적극적	66. 대중	88. 再現

12 - 正答

1. 기거	11. 위	21. 단순화	31. 교수신문
2. 大學	12. 존재	22. 內實	32. 記事化
3. 江	13. 흥미	23. 方案	33. 本質
4. 自意識	14. 동원	24. 이견	34. 事情
5. 균일화	15. 自然	25. 少數的	35. 비판적
6. 교수	16. 物神的	26. 집단이기주의	36. 獨自的
7. 學科	17. 권위	27. 적응	37. 計量
8. 全體	18. 주변	28. 式	38. 等
9. 對	19. 當然	29. 악화	39. 利
10. 평가	20. 決	30. 前	40. 歲月

41. 便法
42. 박사
43. 과정생
44. 發給
45. 표
46. 논문
47. 大量生産
48. 은밀
49. 고차원적
50. 去來
51. 時間
52. 조직
53. 국제화
54. 인도
55. 學生
56. 學費
57. 조달
58. 국제조직
59. 논문주문생산업체
60. 法
61. 業體
62. 국제학술논문
63. 업무
64. 代行
65. 學術
66. 경우
67. 오해
68. 近代式
69. 植民地
70. 戰爭
71. 民主基地
72. 事實
73. 거대
74. 自體
75. 강의
76. 能力
77. 혼란
78. 數
79. 通
80. 變化
81. 도입
82. 一定
83. 成果
84. 重要
85. 具體的
86. 양상
87. 대학평가
88. 方式
89. 형식주의
90. 學問
91. 質的
92. 수준
93. 담보
94. 요구
95. 敎育
96. 國家的
97. 제고
98. 노력
99. 대학개혁
100. 成功
101. 市場
102. 무한경쟁
103. 現實
104. 지금
105. 問題
106. 急變
107. 대응

13 - 正答

1. 說敎
2. 地方大學
3. 學生
4. 不在
5. 空間
6. 年
7. 탈출
8. 學年
9. 新入生
10. 中
11. 相當數
12. 재수생
13. 재직
14. 大學
15. 國立大學
16. 상황
17. 便
18. 金曜日
19. 午後
20. 校庭
21. 放學
22. 門
23. 最近
24. 調査
25. 國家
26. 우수
27. 수학능력
28. 敎育
29. 미래
30. 실제
31. 교육혁명
32. 變化
33. 發展
34. 경험
35. 내용
36. 同時
37. 學業
38. 對
39. 過度
40. 부담감
41. 現在
42. 교육제도
43. 극소수
44. 과정
45. 通
46. 성취감
47. 事實
48. 當然
49. 영광
50. 國立
51. 大
52. 위시
53. 개
54. 거대
55. 독점
56. 근거
57. 意識
58. 위
59. 다양
60. 可能性
61. 서열
62. 구조
63. 時間
64. 強化
65. 在來
66. 상가
67. 國民
68. 熱情
69. 大部分
70. 大學入學
71. 最終的
72. 目的
73. 人間
74. 知的
75. 身體的
76. 完成

77. 向
78. 名門大學
79. 自體
80. 부정
81. 多面化
82. 社會
83. 集中的
84. 自立的
85. 特化
86. 大學空間
87. 구조적
88. 無力
89. 分野
90. 人才
91. 特性化
92. 노력
93. 한계
94. 直面
95. 卒業生
96. 學校
97. 運命
98. 決定
99. 과감
100. 投資
101. 여전
102. 質的
103. 改善
104. 自發的
105. 동기
106. 類
107. 설령
108. 現實
109. 學問
110. 成功
111. 期待感
112. 선택
113. 基本的
114. 能力
115. 독서인증제
116. 시행
117. 卒業
118. 지정
119. 최소한
120. 책
121. 所定
122. 검증과정
123. 大學生
124. 심려
125. 日本
126. 小說家
127. 권
128. 성적
129. 期待
130. 필시
131. 長期的
132. 致命的
133. 要因
134. 의지
135. 教育的
136. 배려
137. 인증제
138. 大學社會
139. 강제
140. 始作
141. 제도
142. 正體性
143. 시발점
144. 變
145. 加速化
146. 教育界
147. 심부
148. 자율적
149. 위기
150. 대처
151. 放心
152. 발

14 - 正答

1. 美學
2. 世上
3. 연일
4. 경제
5. 위기
6. 對
7. 선언
8. 반복
9. 정부
10. 國民
11. 상황
12. 피로감
13. 보통
14. 多數
15. 신기
16. 新聞
17. 방송
18. 通
19. 每日每日
20. 접
21. 일련
22. 事件
23. 사태
24. 大多數
25. 關心
26. 지금
27. 社會
28. 지표
29. 世界化
30. 절대
31. 命題
32. 지향
33. 理念
34. 지경
35. 자탄
36. 責任
37. 對答
38. 장
39. 風景畫
40. 運命
41. 상념
42. 권
43. 책
44. 無心
45. 老子
46. 도덕경
47. 神仙
48. 時間
49. 世界
50. 구절
51. 最高
52. 善
53. 能
54. 萬物
55. 利
56. 처
57. 便安
58. 性質
59. 自體
60. 順理
61. 상식
62. 존중
63. 존재
64. 春川
65. 中
66. 풍부
67. 수자원
68. 旅行客

實戰 應用問題 答案

69. 인상
70. 수려
71. 風光
72. 都市
73. 人間
74. 自然
75. 공존
76. 모범
77. 場所
78. 湖水
79. 江
80. 사계절
81. 變化
82. 展開
83. 學問
84. 진리
85. 特
86. 昨今

87. 大學
88. 現實
89. 念頭
90. 切實
91. 요구
92. 果然
93. 여전
94. 問題
95. 대세
96. 태도
97. 方案
98. 경과
99. 부작용
100. 幸福
101. 기여
102. 위
103. 自身
104. 탐구

105. 知識
106. 의문
107. 人文學
108. 無關心
109. 점
110. 光景
111. 人類史
112. 物質的
113. 선진국
114. 事實
115. 分明
116. 진실
117. 內面的
118. 정신
119. 一致
120. 의
121. 實現
122. 方便

123. 道具
124. 使用
125. 明白
126. 진정
127. 이상
128. 이론
129. 合一
130. 중단
131. 作業
132. 도달
133. 회복
134. 必要
135. 개인
136. 作動
137. 시선

15 - 正答

1. 국제어
2. 世界
3. 公用語
4. 英語
5. 萬一
6. 當身
7. 자식
8. 朝鮮語
9. 母國語
10. 기회
11. 권
12. 사상계
13. 세기
14. 제기
15. 質問
16. 저의
17. 形式
18. 고의

19. 단어
20. 선택
21. 주장
22. 民族語
23. 택
24. 現實的
25. 前
26. 言語
27. 책
28. 和答
29. 보호자
30. 道具
31. 事實
32. 全世界
33. 地球
34. 제국
35. 통합
36. 부인

37. 當然
38. 불어
39. 전문적
40. 영역
41. 일상적
42. 不便
43. 감수
44. 新知識人
45. 映畫
46. 使用
47. 世界的
48. 美國的
49. 運動選手
50. 時間
51. 韓國語
52. 變
53. 무국적
54. 現實

55. 事實上
56. 公用化
57. 實現
58. 부자
59. 海外
60. 유학
61. 교수
62. 自身
63. 事態
64. 국어
65. 일제
66. 심각
67. 지속적
68. 위기
69. 對
70. 칭송
71. 간단
72. 民族

73. 時代	94. 幸福	115. 民族國家	136. 技術者
74. 정보	95. 內	116. 지역	137. 전문가
75. 단언	96. 少數民族	117. 체제	138. 白人
76. 경우	97. 當	118. 交通	139. 具現
77. 전제	98. 살해	119. 結果	140. 有效
78. 의문	99. 이민족	120. 比	141. 민족주의
79. 여지	100. 成形手術	121. 권력의지	142. 역
80. 共	101. 可能	122. 自由	143. 분단
81. 以前	102. 무차별적	123. 무시	144. 존재
82. 問題	103. 총격	124. 자유주의자	145. 제외
83. 해결	104. 보호	125. 所重	146. 특이
84. 요구	105. 關	126. 가정	147. 자칭
85. 설령	106. 한	127. 父母	148. 처분
86. 主	107. 開放的	128. 競爭力	149. 차이
87. 장벽	108. 質	129. 多幸	150. 同化
88. 기인	109. 공용화론자	130. 人生	151. 通
89. 式	110. 성찰	131. 順調	152. 集中化
90. 미래	111. 過信	132. 集團的	153. 거대
91. 人間	112. 具體的	133. 자본	154. 진정
92. 重要	113. 직시	134. 간파	
93. 점	114. 必要	135. 科學	

16 - 正答

1. 對	16. 위	31. 重要	46. 비판세력
2. 단상	17. 시위	32. 事件	47. 공론
3. 단편	18. 五十年	33. 感情的	48. 場
4. 年	19. 歲月	34. 反對	49. 必要
5. 小說	20. 風景	35. 美國	50. 市民
6. 주지	21. 韓·美	36. 式	51. 의
7. 美軍	22. 間	37. 정의	52. 自發的
8. 基地村	23. 관계	38. 民族	53. 始作
9. 文化	24. 正立	39. 생존권	54. 平和的
10. 最初	25. 요구	40. 自體	55. 진행
11. 文學的	26. 점	41. 決定	56. 番
12. 보고서	27. 부인	42. 성찰	57. 단순
13. 속	28. 의미	43. 世界史的	58. 반미주의
14. 협정	29. 最近	44. 自國	59. 태도
15. 改定	30. 運動	45. 內	60. 決

實戰 應用問題 答案

61. 國民	88. 韓國	115. 言語敎育	142. 強調
62. 所望	89. 여전	116. 정책	143. 民族根性
63. 곡해	90. 戰後	117. 別	144. 심화
64. 희망	91. 과감	118. 토론	145. 民族語
65. 萬一	92. 問題	119. 합의	146. 運命
66. 決然	93. 變	120. 時流	147. 展開
67. 비판	94. 變化	121. 위험	148. 확고
68. 事實上	95. 主人公	122. 世界化	149. 立場
69. 世界	96. 少年	123. 獨自的	150. 不可能
70. 제국주의적	97. 김씨	124. 적응	151. 世界語
71. 세계전략	98. 生理的	125. 습득	152. 言語
72. 진정	99. 구조	126. 英語熱風	153. 中
73. 우호관계	100. 차이	127. 社會	154. 장래
74. 再定立	101. 方式	128. 풍조	155. 포석
75. 過去	102. 호명	129. 조기	156. 이익
76. 歷史	103. 영어	130. 子女	157. 月
77. 淸算	104. 英語學習	131. 유학	158. 强
78. 作業	105. 인식체계	132. 현상	159. 內面
79. 大韓民國	106. 不便	133. 公用語	160. 단절
80. 인식	107. 文化的	134. 견해	161. 自然
81. 차원	108. 식민주의	135. 發音	162. 전공
82. 결여	109. 時代	136. 정확	163. 설정
83. 自身	110. 창씨개명	137. 手術	164. 熱情
84. 성찰적	111. 비난	138. 성행	165. 자부심
85. 편	112. 國家	139. 소식	
86. 數	113. 미래	140. 대응	
87. 美國人	114. 左右	141. 민족주의	

◆ 최근 既出기출問題 4級 [61회-63회] ◆

4級

*** 4級과 4級Ⅱ는 상이한 급수이므로 반드시 지원 급수를 **재확인**하시오. ***

100 문항 / 50분 시험 / 시험일자 : 2013. 05. 25.

* 성명과 수험번호를 쓰고 문제지와 답안지는 함께 제출하시오.

성명(　　　　　　　　),

수험번호 □□□-□□-□□□□

[問 1-32] 다음 밑줄 친 漢字語의 讀音을 쓰시오.

㉮ [1]豫防 [2]接種을 위하여 들렀던 [3]病院에서 오래 전에 헤어진 [4]親舊를 만났다.

㉯ 그런데 그 親舊는 [5]患者의 [6]看護에 [7]餘念이 없어 나를 알아보지 못했다.

㉰ [8]固有語와 漢字語는 참으로 [9]絶妙한 [10]調和를 이루며 韓國語를 地上 [11]最高의 文化語가 되게 한다.

㉱ [12]儉約과 [13]勤勉 [14]誠實, 그리고 [15]信義는 時代와 [16]地域을 초월하는 인간의 [17]德目이다.

㉲ [18]亂臣 [19]逆賊일수록 [20]美辭 [21]麗句에 능[能]한 법이다.

㉳ [22]夏季 올림픽의 [23]體操 [24]競技와 冬季 올림픽의 [25]氷上 競技에서 특히 [26]歡聲이 많이 쏟아져 나왔다.

㉴ [27]頭髮이나 [28]衣服 등 겉 [29]模樣을 꾸미는 일에만 너무 매달리지 말고 精神의 [30]修養이 필요하다.

㉵ 승리의 기쁨에 [31]歡呼하는 [32]群衆들로 넘친다.

[問 33-35] 위 문제에 나온 다음 漢字語 중 첫 音節이 길게 발음

되는 單語 3개를 골라 그 번호를 쓰시오.

① 豫防　② 接種　③ 病院
④ 親舊　⑤ 看護　⑥ 餘念
⑦ 調和　⑧ 最高

[33] (　)
[34] (　)
[35] (　)

[問 36-54] 다음 漢字의 訓과 音을 쓰시오.

[36] 減
[37] 環
[38] 暖
[39] 波
[40] 擔
[41] 探
[42] 覽
[43] 快
[44] 鳴
[45] 讚
[46] 粉
[47] 早
[48] 屬
[49] 鉛

[50] 底
[51] 簡
[52] 拍
[53] 持
[54] 縮

[問 55-74] 다음 밑줄 친 單語를 漢字로 고쳐 쓰시오.

㉮ [55]전쟁과 平和, 成功과 [56]실패는 언제나 병존[竝存]하는 것이다.
㉯ 財貨의 [57]거래나 [58]매매에는 金錢이 오고 간다.
㉰ [59]구전되는 [60]동화에서도 [61]양식을 얻는 일이 많다.
㉱ [62]교통 事故로 개미 두 마리가 [63]사망하였다는 헛[64]소문을 믿는 사람도 있다.
㉲ 忠誠과 [65]효도, [66]우정과 信義 등은 모두 한 뿌리에서 나오는 것이다.
㉳ 지난 겨울은 [67]기온이 낮아 [68]한랭한 날씨가 오래 계속되고 [69]대설도 자주 내렸다.
㉴ 어떤 경우에도 일의 [70]경중과 [71]선후를 [72]분별하는 능력이 요구된다.
㉵ [73]여비가 모자라 [74]숙식 비용을 줄였다.

[問 75-77] 다음 한자를 널리 쓰이는 略字로 고쳐 쓰시오.

[75] 價
[76] 團

[77] 惡

[問 78-80] 다음 漢字語의 뜻을 간단히 쓰시오.

[78] 改作 ;
[79] 伐木 ;
[80] 歸農 ;

[問 81-83] 다음 각 글자와 뜻이 같거나 비슷한 漢字를 (   ) 속에 적어 單語를 完成하시오.

[81] (   )謠
[82] 算(   )
[83] (   )想

[問 84-86] 다음 각 글자와 뜻이 반대 또는 대립되는 漢字를 (   ) 속에 적어 實用性 있는 單語를 만드시오.

[84] 長(   )
[85] (   )近
[86] 晝(   )

[問 87-89] 다음 漢字의 部首를 쓰시오.

[87] 安
[88] 多

[89] 男

[問 90-94] 다음 (　) 안의 글자를 漢字로 적어 四字成語를 完成하시오.

[90] 信(상)(필)罰 ; 상벌을 공정·엄중히 하는 일.
[91] (시)(종)如一 ; 처음부터 끝까지 변함없이 한결같음.
[92] 東問(서)(답) ; 묻는 말에 당치도 않은 대답을 함.
[93] 同(고)同(락) ; 같이 고생하고 같이 즐김.
[94] 不(요)不(급) ; 필요하지도 급하지도 않음.

[問 95-97] 다음 單語의 同音異義語를 漢字로 쓰되, 미리 제시된 뜻에 맞추시오.

[95] (資級) ; 자신에게 소용되는 물건을 자기 힘으로 공급함.
[96] (守衛) ; 바다·강·호수 등의 수면의 높이.
[97] (病舍) ; 군사. 사병.

[問 98-100] 다음 문장의 (　) 속에 들어갈 알맞은 말을 쓰시오.

'降'은 [98]'(　) 강'과 [99]'(　) 항'으로 읽히는 一字多音字이며, '暴'은(는) '暴惡'에서는 '모질다'의 뜻으로 쓰이지만, '暴力'에서는 [100]'(　)'는 뜻으로 쓰이는 글자이다.

<끝>. - 수고하셨습니다. -

■ 사단법인 한국어문회·한국한자능력검정회   2013. 05. 25. (토)   401 ■

수험번호 □□□-□□-□□□□   성명 □□□□□
주민등록번호 □□□□□□-□□□□□□□

※ 유성 싸인펜, 붉은색 필기구 사용 불가.
※ 답안지는 컴퓨터로 처리되므로 구기거나 더럽히지 마시고, 정답 칸 안에만 쓰십시오. 글씨가 채점란으로 들어오면 오답처리가 됩니다.

제61회 전국한자능력검정시험 4급 답안지(1)

번호	정답	1검	2검	번호	정답	1검	2검	번호	정답	1검	2검
1	예방			17	덕목			33	① 豫防		
2	접종			18	난신			34	③ 病院		
3	병원			19	역적			35	⑧ 最高		
4	친구			20	미사			36	덜 감		
5	환자			21	여구			37	고리 환		
6	간호			22	하계			38	따뜻할 난		
7	여념			23	체조			39	물결 파		
8	고유어			24	경기			40	멜 담		
9	절묘			25	빙상			41	찾을 탐		
10	조화			26	탄성			42	볼 람		
11	최고			27	두발			43	쾌할 쾌		
12	검약			28	의복			44	울 명		
13	근면			29	모양			45	기릴 찬		
14	성실			30	수양			46	가루 분		
15	신의			31	환호			47	이를 조		
16	지역			32	군중			48	붙일 속		

감독위원	채점위원(1)	채점위원(2)	채점위원(3)
(서명)	(득점) (서명)	(득점) (서명)	(득점) (서명)

※뒷면으로 이어짐

■ 사단법인 한국어문회·한국한자능력검정회 2013. 05. 25. (토)   402 ■

※ 본 답안지는 컴퓨터로 처리되므로 구겨지거나 더럽혀지지 않도록 조심하시고 글씨를 칸 안에 또박또박 쓰십시오.

제61회 전국한자능력검정시험 4급 답안지(2)

번호	정답	1검	2검	번호	정답	1검	2검	번호	정답	1검	2검
49	납 연			67	氣溫			85	遠		
50	밑 저			68	寒冷			86	夜		
51	대쪽(간략할) 간			69	大雪			87	宀		
52	칠 박			70	輕重			88	夕		
53	가질 지			71	先後			89	田		
54	줄일 축			72	分別			90	賞必		
55	戰爭			73	旅費			91	始終		
56	失敗			74	宿食			92	西答		
57	去來			75	価			93	苦樂		
58	賣買			76	団			94	要急		
59	口傳			77	悪			95	自給		
60	童話			78	고쳐 다시 지음			96	水位		
61	良識			79	나무를 벰			97	兵士		
62	交通			80	농촌으로 돌아감			98	내릴		
63	死亡			81	歌			99	항복할		
64	所聞			82	數			100	사납다		
65	孝道			83	思						
66	友情			84	短						

4級

*** 4級과 4級Ⅱ는 상이한 급수이므로 반드시 지원 급수를 **재확인**하시오. ***
100 문항 / 50분 시험 / 시험일자 : 2013. 08. 24.
* 성명과 수험번호를 쓰고 문제지와 답안지는 함께 제출하시오.
성명(　　　　　),
수험번호 □□□-□□-□□□□

[問 1-32] 다음 밑줄 친 漢字語의 讀音을 쓰시오.

㉮ [1]痛恨의 [2]一擊을 당하다.
㉯ [3]野球에서는 [4]堅固한 [5]守備가 [6]勝利의 [7]原動力이 된다.
㉰ 그 집 [8]姉妹 사이의 따뜻한 [9]友愛가 온 집안을 [10]感激시켰다.
㉱ 온 국민의 [11]熱烈한 [12]應援에 힘입어 한국 축구가 세계 4强에까지 오르는 [13]快擧를 이루었다.
㉲ [14]政治人에게 있어 [15]達辯은 매우 큰 [16]武器이지만 그것으로 [17]有權者의 믿음을 얻을 수 있는 것은 아니다.
㉳ [18]戰亂이 [19]連續되던 중국의 수·당(隋·唐) 시대에 [20]高句麗 [21]百濟 [22]新羅 등 三國도 그 영향을 받을 수밖에 없었다.
㉴ 방이 좁고 [23]座席도 모자라서 [24]招請 받은 손님도 다 [25]受容할 수 없는 형편이었다.
㉵ [26]貧富의 격차에서 생긴 [27]不滿을 [28]財物의 [29]投與로만 [30]解消할 수는 없다. 또한 [31]憤怒에 차 있는 [32]大衆을 법으로만 다스리기도 어렵다.

[問 33-35] 위 문제에 나온 다음 漢字語 중 첫 音節이 길게 발음

基礎漢字와 生活言語

되는 單語 3개를 골라 그 번호를 쓰시오.

① 痛恨   ② 一擊   ③ 野球
④ 堅固   ⑤ 守備   ⑥ 勝利
⑦ 原動力 ⑧ 姉妹   ⑨ 友愛

[33] (　)
[34] (　)
[35] (　)

[問 36-54] 다음 漢字의 訓과 音을 쓰시오.

[36] 壓
[37] 障
[38] 泉
[39] 鬪
[40] 篇
[41] 抗
[42] 鮮
[43] 伏
[44] 舞
[45] 卵
[46] 端
[47] 暖
[48] 構
[49] 散

[50] 邊

[51] 緣

[52] 宣

[53] 壯

[54] 派

[問 55-74] 다음 밑줄 친 單語를 漢字로 고쳐 쓰시오.

㉮ 온갖 [55]종류의 [56]상업 [57]광고가 소비자의 판단을 어지럽힌다.

㉯ 한라산의 [58]설경이 긴 [59]여행의 피로를 씻어 주었다.

㉰ 우리가 사는 우주 [60]자연 속에도 [61]신체에 이로운 [62]약재가 많이 자라고 있다.

㉱ [63]행복은 주거하는 [64]가옥의 크기나 가진 재물에 [65]비례하는 것이 아니다.

㉲ 한때 [66]해양 强國을 꿈꾸기도 하던 우리가 현대에 와서는 韓[67]반도조차 제대로 지키지 못하는 형편이 되었다.

㉳ 자서전을 쓴 사람은 많으나 국가적 사업으로 [68]전기를 기록해 남긴 [69]영웅은 흔하지 않다.

㉴ 관동별곡 사미인곡 등에 비해 [70]시조는 짧은 형식이라 하여 [71]단가라고도 부른다.

㉵ 삶의 질을 높이는 데는 [72]경쟁보다 [73]단합이 훨씬 더 [74]효과적이다.

[問 75-77] 다음 漢字를 널리 쓰이는 略字로 고쳐 쓰시오.

[75] 關

[76] 讀

[77] 質

[問 78-80] 다음 漢字語의 뜻을 간단히 쓰시오.

[78] 方正 ;
[79] 省察 ;
[80] 速報 ;

[問 81-83] 다음 각 글자와 뜻이 같거나 비슷한 漢字를 (   ) 속에 적어 單語를 完成하시오.

[81] 알맞은 용어의 (   )擇
[82] 세종대왕 동상의 建(   )
[83] 분열로 (   )亡한 나라

[問 84-86] 다음 각 글자와 뜻이 반대 또는 대립되는 漢字를 (   ) 속에 적어 實用性 있는 單語를 만드시오.

[84] 사업의 得(   )을 따짐
[85] 백성들의 (   )逆은 지도자 하기 나름.
[86] 好(   )가 분명한 성격

[問 87-89] 다음 漢字의 部首를 쓰시오.

[87] 孝
[88] 貨

[89] 船

[問 90-94] 다음 ( ) 안의 글자를 漢字로 고쳐 四字成語를 完成하시오.

[90] (풍전)燈火 ; 바람 앞의 등불.
[91] 進退(무로) ; 나아가기에도 물러서기에도 길이 없음.
[92] (만고)絶色 ; 만고에 유가 없을 뛰어난 미색.
[93] (구우)一毛 ; 많은 가운데서 가장 적은 것의 비유.
[94] (우)往(좌)往 ; 이랬다저랬다 갈팡거림.

[問 95-97] 다음 單語의 同音異義語를 漢字로 쓰되, 미리 제시된 뜻에 맞추시오.

[95] (私庫) ; 생각하고 궁리함.
[96] (領主) ; 한 곳에 오래 삶.
[97] (羊肉) ; 아이를 보살펴서 자라게 함.

[問 98-100] 다음 문장의 ( ) 속에 들어갈 알맞은 말을 쓰시오.

'畫'는(은) [98]'(   ) 화'와 [99]'(   ) 획'으로 읽히는 一字多音字이며, '洞'은 '골 동'과 [100]'(   ) 통'의 두 가지 訓音으로 읽히는 글자이다.

<끝>. - 수고하셨습니다. -

번호	정답	번호	정답	번호	정답
1	통한	17	유권자	33	① 痛恨
2	일격	18	전란	34	③ 野球
3	야구	19	연속	35	⑨ 友愛
4	견고	20	고구려	36	누를 압
5	수비	21	백제	37	막을 장
6	승리	22	신라	38	샘 천
7	원동력	23	좌석	39	싸움 투
8	자매	24	초청	40	책 편
9	우애	25	수용	41	겨룰 항
10	감격	26	빈부	42	고울 선
11	열렬	27	불만	43	엎드릴 복
12	응원	28	재물	44	춤출 무
13	쾌거	29	투여	45	알 란
14	정치인	30	해소	46	끝 단
15	달변	31	분노	47	따뜻할 난
16	무기	32	대중	48	얽을 구

제62회 전국한자능력검정시험 4급 답안지(2)

번호	정답	번호	정답	번호	정답
49	흩을 산	67	半島	85	順
50	가 변	68	傳記	86	惡
51	인연 연	69	英雄	87	子
52	베풀 선	70	時調	88	貝
53	장할 장	71	短歌	89	舟
54	갈래 파	72	競爭	90	風前
55	種類	73	團合	91	無路
56	商業	74	效果的	92	萬古
57	廣告	75	関	93	九牛
58	雪景	76	読	94	右, 左
59	旅行	77	盾	95	思考
60	自然	78	언행이 바르고 점잖음.	96	永住
61	身體	79	반성하여 살핌.	97	養育
62	藥材	80	빨리 알림.	98	그림
63	幸福	81	選	99	그을
64	家屋	82	立	100	밝을
65	比例	83	敗		
66	海洋	84	失		

基礎漢字와 生活言語

4級

*** 4級과 4級Ⅱ는 상이한 급수이므로 반드시 지원 급수를 **재확인**하시오. ***

100 문항 / 50분 시험 / 시험일자 : 2013. 11. 23.

* 성명과 수험번호를 쓰고 문제지와 답안지는 함께 제출하시오.

성명(　　　　　　　　),

수험번호 □□□-□□-□□□□

[問 1-32] 다음 밑줄 친 漢字語의 讀音을 쓰시오.

○ 국민 [1]儀禮가 간단히 끝나자 군민 [2]團合대회에 대한 [3]郡守의 [4]祝辭가 이어졌다.

○ 그는 형제간의 [5]友愛가 돈독할 뿐만 아니라 부모님에 대한 [6]孝誠도 [7]至極하다.

○ 태풍 때문에 식당의 [8]看板이 떨어져 주차한 차가 [9]破損되었다.

○ 현금 [10]領收證을 [11]發給해 주지 않는 [12]商店을 관할 세무서로 [13]申告하면 [14]行政 [15]指導를 받게 된다.

○ 우리 [16]寄宿舍는 [17]規律이 [18]嚴格해서 무단 외박을 하면 퇴사해야 한다.

○ 지난 추석 [19]連休 동안 문화재청에서 [20]準備한 다양한 [21]觀覽 행사가 열렸다.

○ 우리 [22]職員 모두가 단결해서 다른 기업에 [23]模範이 되는 이상적 [24]作業 [25]環境을 만들어 보도록 합시다.

○ 그 [26]運轉者는 [27]信號 위반으로 [28]罰點을 받았다.

○ 최근 [29]急增하고 있는 청소년 [30]犯罪는 우리 사회가 [31]解決해야 하는 가장 [32]深刻한 문제이다.

[問 33-35] 위 문제에 출제된 다음 漢字語 중 첫 音節이 길게 발

음되는 單語 3개를 골라 그 번호를 쓰시오.

① 儀禮 ② 團合 ③ 郡守 ④ 孝誠
⑤ 至極 ⑥ 看板 ⑦ 商店 ⑧ 申告
⑨ 指導 ⑩ 規律 ⑪ 嚴格 ⑫ 準備

[33] (   )
[34] (   )
[35] (   )

[問 36-54] 다음 漢字의 訓과 音을 쓰시오.

[36] 持
[37] 積
[38] 婚
[39] 複
[40] 徒
[41] 喜
[42] 爆
[43] 群
[44] 組
[45] 舌
[46] 段
[47] 帝
[48] 泉
[49] 腸
[50] 叔

[51] 妨
[52] 討
[53] 映
[54] 疲

[問 55-74] 다음 밑줄 친 單語를 漢字로 바꾸어 쓰시오.

○ [55]농사만큼 [56]자연의 섭리를 [57]충실하게 존중해 온 것도 없을 것이다.
○ 그녀는 [58]교통 사고로 인해 길이 막혀 [59]약속 [60]시간보다 늦게 [61]도착하였다.
○ [62]초식 [63]동물은 대체로 [64]온순하다.
○ [65]남북 통일에 대한 [66]열망이 점점 [67]고조되고 있다.
○ 이 숲은 [68]강풍으로부터 [69]가옥이나 농작물을 보호하기 위하여 만든 것이다.
○ 철수는 일어나자마자 곧바로 [70]세면을 하러 [71]욕실에 들어갔다.
○ 입학 [72]원서 접수가 시작된 [73]금일 각 대학의 접수 [74]창구는 비교적 한산하였습니다.

[問 75-77] 다음 漢字를 널리 쓰이는 略字로 고쳐 쓰시오.

[75] 卒
[76] 獨
[77] 擧

[問 78-80] 다음 漢字語의 뜻을 쓰시오.

[78] 最適
[79] 乳兒
[80] 崇拜

[問 81-83] 다음 각 글자와 뜻이 같거나 비슷한 漢字를 (   )속에 적어 單語를 完成하시오.

[81] (   )地 - 他鄕
[82] 認可 - (   )可
[83] 血(   ) - 血鬪

[問 84-86] 다음 漢字語와 뜻이 대립되는 漢字를 (   )속에 적어 單語를 完成하시오.

[84] 消(   ) ↔ 生産
[85] (   )場 ↔ 退場
[86] (   )縮 ↔ 延長

[問 87-89] 다음 漢字의 部首를 쓰시오.

[87] 聲
[88] 飛
[89] 衛

[問 90-94] 다음 밑줄 친 말 (   ) 안에 알맞은 漢字를 적어 四字成語를 完成하시오.

[90] (필)有(곡)折 : 반드시 무슨 까닭이 있음.
[91] (시)(종)如一 : 처음부터 끝까지 변함없이 한결같음.
[92] 甘言(이)(설) : 귀가 솔깃하도록 남의 비위를 맞추거나 이로운 조건을 내세워 꾀는 말.
[93] 安(분)(지)足 : 편안한 마음으로 제 분수를 지키며 만족할 줄을 앎.
[94] 百(해)(무)益 : 해롭기만 하고 하나도 이로운 바가 없음.

[問 95-97] 다음 單語의 同音異義語를 漢字로 쓰되, 제시된 뜻에 맞추시오.

[95] (油田) : 세상에 널리 퍼짐.
[96] (防圍) : 공간의 어떤 점이나 방향이 한 기준의 방향에 대하여 나타내는 어떠한 쪽의 위치.
[97] (課稅) : 설을 쇰.

[問 98-100] 다음 문장의 밑줄(___) 부분에 들어갈 알맞은 말을 쓰시오.

'更'은 '[98](   ) 경'과 '[99](   ) 갱'으로 읽히는 一字多音字이고,
'報'는 '誤報'에서는 '알리다'의 뜻으로 쓰이고, '報恩'에서는 '[100](   )'의 뜻으로 쓰이는 글자이다.

<끝>. - 수고하셨습니다. -

사단법인 한국어문회·한국한자능력검정회   2013. 11. 23. (토)   4 0 1

수험번호 ☐☐☐-☐☐-☐☐☐☐   성명 ☐☐☐☐☐
주민등록번호 ☐☐☐☐☐☐-☐☐☐☐☐☐☐

※ 유성 싸인펜, 붉은색 필기구 사용 불가.
※ 답안지는 컴퓨터로 처리되므로 구기거나 더럽히지 마시고, 정답 칸 안에만 쓰십시오. 글씨가 채점란으로 들어오면 오답처리가 됩니다.

제63회 전국한자능력검정시험 4급 답안지(1)

번호	정답	번호	정답	번호	정답
1	의례	17	규율	33	③ 郡守
2	단합	18	엄격	34	④ 孝誠
3	군수	19	연휴	35	⑫ 準備
4	축사	20	준비	36	가질 지
5	우애	21	관람	37	쌓을 적
6	효성	22	직원	38	혼인할 혼
7	지극	23	모범	39	겹칠 복
8	간판	24	작업	40	무리 도
9	파손	25	환경	41	기쁠 희
10	영수증	26	운전자	42	불터질 폭
11	발급	27	신호	43	무리 군
12	상점	28	벌점	44	짤 조
13	신고	29	급증	45	혀 설
14	행정	30	범죄	46	층계 단
15	지도	31	해결	47	임금 제
16	기숙사	32	심각	48	샘 천

감독위원 (서명)   채점위원(1) (득점) (서명)   채점위원(2) (득점) (서명)   채점위원(3) (득점) (서명)

※뒷면으로 이어짐

제63회 전국한자능력검정시험 4급 답안지(2)

번호	정답	번호	정답	번호	정답
49	창자 장	67	高調	85	登
50	아재비 숙	68	强(強)風	86	短
51	방해할 방	69	家屋	87	耳
52	칠 토	70	洗面	88	飛
53	비칠 영	71	浴室	89	行
54	피곤할 피	72	願書	90	必, 曲
55	農事	73	今日	91	始終
56	自然	74	窓口	92	利說
57	充實	75	卒	93	分知
58	交通	76	独	94	害無
59	約束	77	挙	95	流傳
60	時間	78	가장 알맞음	96	方位
61	到着	79	젖먹이	97	過歲
62	草食	80	우러러 공경함	98	고칠
63	動物	81	客	99	다시
64	溫順	82	許	100	갚다
65	南北	83	戰		
66	熱望	84	費		

著者　南基卓
略歷　江原大學校 人文大學 國語國文學科 教授
　　　韓國語文敎育硏究會 編纂委員長
　　　社團法人 韓國語文會 理事
　　　韓國漢子能力檢定會 會長
　　　國語國文學會 代表理事

基礎漢字와 生活言語

初版 發行　2014年 3月 3日
　發行人　韓國語文敎育硏究會
　發行處　韓國語文敎育硏究會

　住所　서울시 서초구 사임당로 64, 501호
　　　　(서초동, 한국어문회관)
　등록번호　제22-1555호
　ISBN　979-11-85608-03-7　13700

정가 15,000원

이 책의 무단 전재, 복사, 복제 행위는 저작권법에 저촉됩니다.
파본은 교환해 드립니다.

공|급|처　푸른하늘 미르　T.02-332-1275,1276 | F.02-332-1274
www.skymiru.co.kr

한국산업인력공단
새 출제기준에 따른 최신판!!

양식
조리기능사
실기시험문제

별책부록 핵심요약집

 **MEMO**

 MEMO

질, 파슬리 가루를 넣어 버무려 완성한다.

30 스파게티 카르보나라

01 끓는 물에 소금과 식용유를 넣고 스파게티를 알덴테(al dante - 스파게티의 속심이 살짝 남아있는 상태)로 삶아 물기를 빼고 올리브오일을 넣고 버무려 서로 붙지 않도록 잘 식힌다.

02 통후추는 곱게 으깨고, 파슬리는 잎만 모아 곱게 다진 후 면보에 싸서 물에 헹구어 물기를 꼭 짜서 파슬리 가루를 만든다.

03 베이컨은 1cm 정도로 썬다.

04 (리에종(Liaison) 만들기) - 달걀 노른자 1개에 휘핑크림 30ml를 섞어 곱게 잘 풀어 리에종을 만든다.

05 팬에 버터를 넣어 베이컨이 타지 않고 베이컨의 지방이 빠져 나오도록 잘 볶으면서 으깬 통후추를 넣어 향이 잘 우러나게 볶는다.

06 05에 삶은 면을 넣어 잠시 볶으면서 휘핑크림(150ml)을 넣고 살짝 조리듯 저어준다(중불). 여기에 소금간을 약하게 하고 불을 끄면서 리에종(달걀 노른자 1개 + 휘핑크림 30ml(2큰술))을 넣어 소금이 분리되지 않게 농도를 잘 맞추어 스파게티와 크림소스가 잘 어우러지도록 재빠르게 휘저어 준다.

07 06에 파마산 치즈가루, 파슬리가루를 넣어 버무려 완성한다.

29 토마토소스 해산물 스파게티

01 끓는 물에 소금과 식용유를 넣고 스파게티를 알덴테(al dante - 스파게티의 속심이 살짝 남아있는 상태)로 삶아 물기를 빼고 올리브오일을 넣고 버무려 서로 붙지 않도록 잘 식힌다.

02 마늘과 양파, 캔토마토는 다지고, 파슬리는 잎만 모아 곱게 다진 후 면보에 싸서 물에 헹구어 물기를 꼭 짜서 파슬리 가루를 만든다.

03 바질은 슬라이스한다.

04 새우는 내장을 제거하고 머리쪽 1마디, 꼬리쪽 1마디, 껍질은 남기고 나머지 껍질을 벗기고, 오징어는 껍질을 벗겨 0.6cm 두께로 썬다.

05 모시조개는 소금물에 해감하고, 관자는 막을 제거하고 작은 것은 그대로 큰 것은 반으로 가른다.

06 방울토마토는 반으로 가른다.

07 (토마토소스 만들기) - 냄비에 올리브오일을 두르고 다진 마늘과 양파를 충분히 볶다가 다진 캔토마토와 국물을 넣고 슬라이스한 바질(2장)을 넣어 조리면서 소금과 흰 후춧가루로 간을 한다.

08 (해산물 볶기) - 팬에 올리브오일을 두르고 다진 마늘과 양파를 볶다가 모시조개, 오징어, 새우, 관자살을 넣고 센 불에서 잠시 볶으면서 화이트와인을 넣고 팬을 기울여 불길이 닿도록(후람베) 조리하여 살짝 조린 후 방울토마토를 넣고 다시 한 번 볶는다.

09 볶은 해산물에 토마토소스를 넣어 살짝 끓이다가 삶은 면을 넣고 소스와 잘 어우러지도록 한 후 소금과 흰 후춧가루로 간을 하고 슬라이스한 바

28 햄버거 샌드위치

01 햄버거 빵은 가로로 반을 자른 후 버터를 살짝 발라 팬에 굽는다.

02 양상추는 찬물에 담가둔다.

03 토마토는 0.5cm 정도의 두께로 원형으로 잘라 소금을 약간 뿌려 두었다가 수분을 제거한다.

04 양파는 0.5cm 정도의 두께로 원형으로 자르고, 나머지는 곱게 다진다. 셀러리는 섬유질을 제거한 후 곱게 다진다.

05 소고기는 기름기를 제거한 후 곱게 다진다.

06 양상추는 물기를 제거하고 햄버거 빵크기에 맞추어 손으로 자른다.

07 원형으로 썬 양파는 기름없는 팬에 구워내고 다진 양파와 셀러리는 기름을 약간 두르고 볶은 후 펼쳐서 식힌다.

08 넓은 볼에 다진 소고기와 볶아서 식힌 양파, 셀러리, 소금, 검은 후춧가루, 달걀물 1큰술, 빵가루 1~2큰술을 넣고 고루 섞어 끈기가 생기도록 많이 치댄다.

09 치댄 고기는 햄버거 빵보다 직경이 1~1.5cm 크게 만들고, 두께는 0.6~0.7cm 정도로 둥글게 모양을 잡아 팬에 기름을 두르고 가장자리가 타지 않게 은근히 지져낸다.

10 햄버거 빵의 토스트한 면에 버터를 바르고 양상추를 놓고 그 위에 버터를 바르고 지져낸 고기, 양파, 토마토순으로 얹은 후 햄버거 빵을 덮는다.

11 완성된 햄버거를 반으로 자른 후 완성그릇에 담아낸다.

27 BLT 샌드위치

01 양상추는 찬물에 담가 싱싱하게 살린다.

02 식빵은 기름을 두르지 않은 팬에 양면이 노릇하게 토스트한다.

03 베이컨은 기름을 두르지 않은 팬에 노릇하게 구워 키친타월 위에 놓고 기름을 제거하고 빵 길이에 맞추어서 자른다.

04 토마토는 두께 0.5cm 원형으로 잘라 소금과 검은 후춧가루를 살짝 뿌려 두었다가 수분을 제거한다.

05 물에 담가둔 양상추는 면보를 이용하여 수분을 제거하고 식빵 크기에 맞추어 뜯어 놓는다.

06 토스트한 식빵에 마요네즈를 바르고 양상추, 베이컨을 올려놓고 양면에 마요네즈 바른 빵을 올려준 뒤 양상추, 토마토를 올리고 다시 마요네즈 바른 빵 순으로 얹는다.

07 이쑤시개를 이용하여(이쑤시개 제공될 경우) 샌드위치를 고정시키고 칼을 살짝 달구어 4면의 가장자리를 잘라내고 모양을 내어 썰어 완성그릇에 담는다.

26 치킨 알라킹

01 닭다리는 깨끗이 씻어 물기를 제거하고 살을 발라낸 후 껍질을 제거하고 2cm×2cm로 썰고 닭뼈는 핏물을 제거한다.

02 냄비에 닭뼈와 양파 한 쪽을 넣고 물을 넣어 끓여 치킨육수를 맑게 끓여 면보에 거른다.

03 청·홍피망과 양파는 1.8cm 크기로 자르고, 양송이는 겉껍질을 벗겨 손질하고 모양을 살려 썬다.

04 월계수잎에 정향을 꽂아 준비한다.

05 팬에 버터를 살짝 두르고 양파, 양송이, 피망 순으로 각각 살짝 볶아내고 닭고기도 볶아 준비한다.

06 냄비에 버터를 두르고 녹으면 밀가루를 넣어 약불에서 색이 나지 않도록 서서히 볶아 화이트 루를 만든다.

07 06에 치킨 육수를 조금씩 부어 멍울이 없도록 완전히 푼 후 월계수잎에 정향을 꽂은 것을 넣고 은근하게 끓여 베샤멜 소스를 만든다.

08 07의 베샤멜 소스에 볶아둔 닭살, 양파, 양송이, 청·홍피망을 넣고 우유와 생크림으로 맛과 농도를 맞춘다. 월계수잎에 정향 꽂은 것을 건져내고 소금과 흰 후춧가루로 간을 맞춘다.

09 완성그릇에 치킨 알라킹을 담아낸다.

넣어 살짝 볶고 소금, 검은 후춧가루로 간을 한다.

10 소고기는 힘줄과 기름을 제거하고 둥근 형태로 만든 다음 소금과 검은 후춧가루를 뿌리고 식용유를 살짝 발라준다.

11 기름 두른 뜨거운 팬에 고기를 넣고 갈색이 나면 뒤집어서 중간 정도 (Medium)로 굽는다.

12 완성그릇에 감자, 시금치, 당근을 담고 가운데 등심을 담아낸다.

25 치킨 커틀렛

01 닭다리는 깨끗이 씻은 후 물기를 제거하고 껍질이 붙은 채로 살을 발라낸 후 힘줄을 제거하고 두께가 0.7cm 정도 되도록 포를 뜬다.

02 포뜬 닭은 앞, 뒤로 충분히 칼집을 넣고 소금과 검은 후춧가루로 간을 한다.

03 달걀은 볼에 깨서 잘 풀어 놓는다.

04 손질된 닭고기에 밀가루, 달걀물, 빵가루 순으로 옷을 입힌다.

05 170℃의 튀김기름에 황금색이 나게 노릇하고 바삭하게 튀긴다.

06 튀겨낸 닭은 체에 밭쳐 기름을 빼고 냅킨으로 옮겨 기름을 다시 한번 쪽 빼준다.

07 완성그릇에 치킨커틀렛을 담아낸다.

13 양념이 된 고기는 도마로 옮겨 두께 1.5cm, 길이 13cm, 폭 9cm 정도의 타원형으로 다듬은 후 가운데는 살짝 눌러 준다.

14 팬에 식용유와 버터를 소량 두르고 고기를 앞, 뒤로 갈색이 나도록 굽고 불을 줄여 속까지 익힌다.

15 완성그릇에 감자, 당근, 시금치를 놓고 가운데 구운 고기를 얹어 낸다.

24 서로인 스테이크

01 냄비에 물을 올려 준비한다(감자, 당근, 시금치 데칠 물).

02 감자는 가로, 세로 1cm×1cm에 길이 5cm로 썰어 물에 담가 놓는다.

03 당근은 0.5cm 두께로 둥글게 썰어 비취(Vichy) 모양으로 다듬는다.

04 시금치는 뿌리를 떼고 깨끗이 씻는다.

05 양파는 곱게 다진다.

06 끓는 물에 소금을 넣고 감자, 당근, 시금치 순으로 뚜껑을 열고 데쳐내어 감자는 수분을 제거하고, 시금치는 찬물에 헹궈 물기를 제거한 후 5cm로 자른다.

07 데친 당근은 냄비에 담고 물, 버터, 설탕, 소금을 넣고 윤기나게 조린다.

08 감자는 기름에 노릇하게 튀겨 뜨거울 때 소금을 살짝 뿌린다.

09 시금치는 팬에 버터를 살짝 두르고 다진 양파를 넣어 볶으면서 시금치를

23 살리스버리 스테이크

01 냄비에 물을 올려 준비한다(감자, 당근, 시금치 데칠 물).

02 감자는 가로, 세로 1cm×1cm에 길이 5cm로 썰어 물에 담가 놓는다.

03 당근은 0.5cm 두께로 둥글게 썰어 비취(Vichy) 모양으로 다듬는다.

04 시금치는 뿌리를 떼고 깨끗이 씻는다.

05 양파는 곱게 다진다.

06 소고기는 기름기와 힘줄을 제거하고 곱게 다진다.

07 끓는 물에 소금을 넣고 감자, 당근, 시금치순으로 뚜껑을 열고 데쳐내어 감자는 수분을 제거하고, 시금치는 찬물에 헹궈 물기를 제거하고 5cm로 자른다.

08 다진 양파는 시금치와 볶을 양을 남기고 나머지는 볶은 후 펼쳐 식힌다.

09 데친 당근은 냄비에 담고 물, 버터, 설탕, 소금을 넣고 윤기나게 조린다.

10 물기 제거한 감자는 기름에 노릇하게 튀겨 뜨거울 때 소금을 살짝 뿌린다.

11 시금치는 팬에 버터를 살짝 두르고 남겨둔 다진 양파를 넣어 볶으면서 시금치를 넣어 살짝 볶고 소금, 검은 후춧가루로 간을 한다.

12 볼에 다진 소고기와 볶아서 식힌 양파, 소금, 검은 후춧가루, 달걀물(1큰술), 빵가루, 우유를 넣고 고루 섞어 주고 많이 치대 끈기를 준다.

22 비프 스튜

01 소고기는 종이타월에 핏물을 제거한 후 사방 2cm의 정육면체로 썰어 소금, 검은 후춧가루로 밑간을 한 후 간이 들면 밀가루를 살짝 묻힌다.

02 양파, 당근, 셀러리, 감자는 1.8cm의 정육면체로 썰어 모서리를 둥글게 다듬는다.

03 마늘은 다지고, 파슬리는 잎만 떼어 곱게 다진 후 면보에 싸서 물에 헹구어 물기를 꼭 짜서 파슬리 가루를 만든다.

04 월계수잎에 정향을 꽂아 준비한다.

05 팬에 버터를 두르고 마늘, 양파, 셀러리, 당근, 감자 순으로 타지 않게 볶아내고 소고기를 갈색이 나도록 지진다.

06 (브라운 루 만들기) - 냄비에 버터를 두르고 녹으면 동량의 밀가루를 넣어 약불에서 갈색이 나도록 브라운 루를 만든다.

07 06에 토마토 페이스트를 넣고 신맛과 떫은맛이 없도록 볶은 후 물을 조금씩 넣어가며 풀어주고 볶은 채소와 소고기, 월계수잎에 정향 꽂은 것을 넣고 뭉근하게 끓여준다.

08 농도가 어느 정도 걸쭉해지고 채소와 소고기가 익으면 월계수잎에 정향 꽂은 것을 건져내고 소금, 검은 후춧가루로 간을 한다.

09 완성그릇에 비프 스튜를 담고 파슬리 가루를 뿌려낸다.

21 바베큐 폭찹

01 돼지갈비는 기름기를 제거하고 **뼈**를 붙여서 1cm 두께가 약간 못되게 펼쳐 잔 칼집을 넣고 소금과 검은 후춧가루로 밑간을 한다.

02 마늘, 양파와 셀러리는 곱게 다진다.

03 밑간이 된 01의 돼지갈비는 밀가루를 앞, 뒤로 골고루 묻힌 다음, 여분의 가루는 털어낸다.

04 팬에 식용유와 버터를 두르고 돼지갈비를 앞, 뒤로 노릇하게 지진다.

05 냄비에 버터를 두르고 다진 마늘, 양파와 셀러리를 충분히 볶은 후 분량의 토마토케첩을 넣어 볶는다. 여기에 물(비프 스톡), 황설탕, 우스터소스, 핫소스, 레몬즙, 식초, 월계수잎을 넣고 끓으면 노릇하게 지진 돼지갈비를 넣어 끓인다.

06 거품은 제거하고 소스를 돼지갈비 위에 끼얹어 가면서 조린다. 고기가 익고 소스가 졸아들면 월계수잎을 건져내고 소금과 검은 후춧가루로 간을 한다.

07 완성그릇에 돼지갈비를 담고 소스를 흐르듯 살짝 끼얹는다.

20 프렌치 프라이드 쉬림프

01 파슬리는 깨끗이 씻어 찬물에 담가 준비한다.

02 새우는 소금물에 씻어 체에 밭쳐둔 후 손질한다.

03 새우는 머리에서 2~3번째 마디에 있는 내장을 이쑤시개를 이용해 제거한 후 머리를 떼어낸다. 꼬리쪽의 한 마디를 남기고 껍질을 벗긴 후 꼬리에 달린 물총(물주머니)을 제거하고 꼬리부분을 V자로 자른다.

04 손질된 새우의 배쪽에 사선으로 3~4회의 칼집을 넣은 다음 바로 눕혀 손으로 새우의 모양을 휘지 않도록 잡아주고 소금, 흰 후춧가루로 간을 한다.

05 레몬은 씨와 피막을 제거하고 양끝을 사선으로 자른다.

06 달걀은 흰자와 노른자를 분리하여 물기없는 볼에 흰자를 넣고 거품을 낸다.

07 튀김기름의 온도를 165~175℃로 올려 준비한다.

08 (튀김옷 반죽 만들기) – 찬물 1큰술 + 달걀 노른자 1큰술 + 백설탕 약간을 먼저 거품기로 잘 섞은 후 + 밀가루 3큰술을 체에 쳐서 넣고 거품기로 가볍게 섞는다. 밀가루가 섞이면 달걀 흰자거품 2큰술 정도를 넣어 가볍게 다시 한번 섞는다.

09 새우의 수분을 완전히 제거한 뒤 꼬리쪽 첫마디를 남기고 밀가루를 살짝 묻히고 다시 튀김옷을 골고루 묻혀 구부러지지 않게 튀긴다.

10 튀긴 새우는 냅킨에 옮겨 기름을 뺀다.

11 완성그릇에 튀긴 새우를 담고 레몬과 파슬리로 장식한다.

를 강판이나 채칼을 이용하여 고루 뿌려 마무리한다. 로메인 상추를 시저 드레싱에 미리 무쳐 놓으면 상추가 힘없이 늘어지고 물이 나오므로 제출 직전에 무친다.

06 완성된 시저 샐러드와 마요네즈(100g), 시저 드레싱(100g)을 각각 담아 제출한다.

19 사우전 아일랜드 드레싱

01 양파는 0.2cm 크기로 다져서 소금을 살짝 뿌려두었다가 면보에 꼭 짜서 수분을 제거한다.

02 청피망, 오이피클도 0.2cm 크기로 다져서 물기를 짠다.

03 달걀은 완숙으로 삶아 흰자는 0.2cm 크기로 다지고 노른자는 체에 내린다.

04 물기 없는 볼에 마요네즈와 토마토케첩을 섞어 핑크빛으로 맞추고 여기에 다진 재료를 모두 넣은 후, 레몬즙, 소금, 흰 후춧가루를 넣고 고루 섞는다.

05 완성그릇에 드레싱을 담는다(드레싱은 100ml 이상 담아낸다).

* 달걀이 완숙으로 익지 않을시 실격처리 되므로 삶는 시간에 유의한다.

18 시저 샐러드

01 로메인 상추는 흐르는 물에 씻어 냉수에 담가 놓는다.

02 마요네즈만들기 - 볼에 달걀 노른자만 분리하여 넣고 디존 머스터드를 넣어 거품기로 잘 섞은 후 카놀라 오일을 조금씩 넣어 가며 농도가 나도록 젓는다. 되직하게 농도가 나올 때 소금, 레몬즙과 화이트와인 식초를 조금씩 첨가하여 마요제즈를 만든다(완성된 마요네즈의 100g은 별도로 제출하고 나머지 마요네즈는 시저 드레싱 만드는 데 사용한다).

03 시저 드레싱 만들기 - 마늘과 앤초비는 각각 다지고, 파미지아노 레기아노는 강판이나 채칼을 사용하여 갈아 놓는다. 마요네즈에 다진 마늘과 앤초비, 디존 머스타드, 레몬즙, 올리브 오일, 검은 후춧가루, 갈은 파미지아노 레기아노를 넣고 완전히 섞어 시저 드레싱을 완성한다(완성된 시저 드레싱의 100g은 별도로 제출하고 나머지 시저드레싱으로 시저 샐러드를 만든다).

04 곁들임 만들기 - 크루통-식빵의 겉부분을 잘라내고 1cm×1cm의 정사각형의 네모썰기하여 오일에 황금색이 나도록 볶아 완성한다. 바삭한 식감을 잃지 않기 위해 제출 직전에 뿌린다. 구운베이컨-베이컨을 폭 0.5cm로 썰어 팬에 볶아 기름을 완전히 빼놓는다. 파미지아노 레기아노-완성된 샐러드 위에 강판이나 채칼을 이용하여 뿌린다.

05 로메인 상추는 물기를 제거하고 손으로 뜯어 볼에 넣고 시저드레싱을 부어 조리용 스푼과 포크로 가볍게 무쳐 완성그릇에 담고 준비된 크루통과 구운베이컨을 샐러드와 어우러지게 충분히 뿌리고 파미지아노 레기아노

17 해산물 샐러드

01 (쿠르부용) – 쿠르부용에 사용할 미르포아(양파, 당근, 셀러리)는 작은 주사위 모양으로 썰고 마늘은 으깨고, 실파는 2.5cm 길이로 썬다. 냄비에 물을 담고 양파, 당근, 셀러리, 마늘, 실파와 월계수잎, 흰 통후추, 레몬 1쪽을 넣고 끓여 쿠르부용을 만든다.

02 (해산물) – 해산물용 새우는 소금물에 흔들어 씻어 등쪽의 내장을 제거하고, 새우 꼬리 끝의 검은색 부분에 물이 고여 있는 것을 말끔하게 긁어낸 후 쿠르부용에 넣어 삶아 바로 찬물에 식혀서 꼬리 1마디만 남기고 껍질을 벗긴다.

03 피홍합과 중합은 연한 소금물에 해감시킨 후 쿠르부용에 삶아 건져내어 식히고 껍질을 벌려 홍합살과 중합살을 꺼내 준비한다. 관자살은 질긴 막을 제거하고 0.3cm 두께로 원형 그대로 썰어 쿠르부용에 살짝 삶아 꺼내어 바로 식힌다.

04 (샐러드 채소) – 그린치커리, 양상추, 롤라로사, 딜은 적당한 크기로 손으로 떼어 찬물에 담가 싱싱하게 준비하여 물기를 제거한다.

05 (레몬 비네그레트) – 양파를 곱게 다져 물기를 제거하고 레몬즙과 올리브오일, 식초, 소금, 흰 후춧가루를 넣고 분리되지 않게 섞어 레몬 비네그레트를 만든다.

06 완성그릇에 채소와 데친 해산물을 담고 레몬 비네그레트를 뿌려낸다.

16 포테이토 샐러드

01 감자 삶을 물을 미리 올려 준비한다.

02 감자는 깨끗이 씻은 후 껍질을 벗기고 사방 1cm 정도의 정육면체로 썬 다음 찬물에 헹궈 전분질을 제거한다.

03 끓는 물에 소금을 넣고 02의 감자를 넣어 삶아 건져 헹구지 말고 식힌다.

04 양파는 곱게 다져 소금을 약간 뿌려 두었다가 면보에 싸서 수분과 매운 맛을 제거한다.

05 파슬리는 잎만 떼어 곱게 다진 후 면보에 싸서 물에 헹구어 꼭 짜서 파슬리 가루를 만든다.

06 물기 없는 볼에 마요네즈를 담고 양파, 소금, 흰 후춧가루를 넣어 고루 섞은 후 삶은 감자를 넣고 으스러지지 않게 버무린다.

07 완성그릇에 버무린 샐러드를 담은 후 파슬리 가루를 뿌려낸다.

15 월도프 샐러드

01 호두는 미지근한 물에 불리고, 양상추는 찬물에 담가둔다.

02 셀러리는 섬유질을 제거한 후 사방 1cm 크기로 썬다.

03 불린 호두는 속껍질을 이쑤시개를 이용하여 벗긴 후 사방 1cm 크기로 썰고 일부는 굵게 다진다.

04 사과는 깨끗이 씻어 껍질을 벗기고 씨를 제거한 후 사방 1cm 크기로 썰어(변색하지 않도록) 소금물이나 물에 레몬즙을 섞어 담가 놓는다.

05 양상추는 물기를 제거하고 적당한 크기로 손으로 뜯어 놓는다.

06 물기없는 볼에 마요네즈를 담고 레몬즙, 소금, 흰 후춧가루로 간을 맞추고 잘 섞은 후 물기 제거한 사과, 셀러리, 호두를 넣고 고루 버무린다.

07 완성그릇에 양상추를 깔고 버무린 샐러드를 담은 후 위에 굵게 다진 호두를 뿌려낸다.

14 타르타르소스

01 양파는 0.2cm 크기로 다져 소금을 살짝 뿌려 두었다가 면보에 꼭 짜고, 오이피클은 0.2cm 크기로 다진다.

02 달걀은 소금, 식초를 넣고 완숙으로 삶아 흰자는 0.2cm 크기로 다지고 노른자는 체에 내린다.

03 파슬리는 잎만 모아 곱게 다진 후 면보에 싸서 물에 헹구어 물기를 꼭 짜서 파슬리 가루를 만든다.

04 물기 없는 볼에 마요네즈를 담고 다진 양파, 오이피클, 달걀 노른자, 달걀 흰자, 파슬리 가루, 레몬즙, 소금, 흰 후춧가루를 넣고 잘 섞는다(식초를 넣기도 한다).

05 완성그릇에 타르타르소스를 담고(100ml 이상) 파슬리 가루를 살짝 뿌려 낸다.

* 달걀이 완숙으로 익지 않을시 실격처리 되므로 삶는 시간에 유의한다.

13 이탈리안 미트소스

01 양파와 셀러리, 마늘은 곱게 다진다.

02 토마토는 열십자로 칼집을 내어 끓는 물에 데치거나 불에 구워 껍질과 씨를 제거하고 잘게 다진다(단, 시험장에서 소량이 제출되므로 위 과정을 거치지 않고 껍질과 씨를 제거하고 사용해도 무방하다).

03 소고기가 덩어리로 나오면 기름기와 힘줄을 제거하고 곱게 다지고 다진 소고기가 나오면 다시 한번 다져서 준비한다.

04 파슬리는 잎만 모아 곱게 다져 면보에 싸서 물에 헹구어 물기를 꼭짜서 파슬리 가루를 만든다.

05 냄비에 버터를 두르고 마늘, 양파, 셀러리 순으로 볶다가 다진 소고기를 넣어 볶는다.

06 05에 토마토 페이스트를 넣어 신맛과 떫은 맛이 없어지도록 충분히 볶아준 뒤 토마토 다진 것을 넣고 다시 한 번 볶아준 후 물과 월계수잎을 넣고 은근한 불에서 충분히 끓인다.

07 소스의 농도가 걸쭉해지면 월계수잎을 건져내고, 소금과 검은 후춧가루로 간을 하고 완성그릇에 150ml 이상 담은 후 파슬리 가루를 뿌려낸다.

12 홀렌다이즈 소스

01 양파는 다지고 검은 통후추는 으깬다.

02 냄비에 다진 양파, 검은 통후추, 월계수잎, 파슬리 줄기, 식초와 물을 넣고 끓여 2큰술 정도가 되게 졸여서 면보에 걸러 허브 에센스를 만든다.

03 버터는 용기에 담아 냄비에 물을 넣고 그 위에 중탕으로 녹인다. 이때 버터에 물이 들어가지 않게 주의하며 표면에 뜬 거품을 제거하고 정제된 버터를 만든다.

04 물기 없는 볼에 달걀 노른자를 분리하여 둔다.

05 중탕하여 녹은 버터는 건져내고 그 냄비 위에 면보를 깔고 04의 볼을 얹는다(중탕으로 소스 만들기).

06 달걀 노른자를 거품기로 저어가며 허브에센스를 약간 넣어 거품기로 잘 저어주며 중탕하여 녹인 버터를 조금씩 넣어 주고 되직해지면 허브에센스를 넣어주기를 반복한다.

07 버터가 모두 들어가고 알맞은 농도가 되면 레몬즙을 넣고, 소금, 흰 후춧가루로 간을 맞추고 완성그릇에 담는다(소스는 100ml 이상 제출한다).

11 브라운 그래비 소스

01 양파, 당근, 셀러리는 길이 4cm, 두께 0.3cm 정도로 채썬다.

02 셀러리에 월계수잎을 정향으로 고정시켜 부케가르니를 만든다.

03 팬에 버터를 두르고 양파, 당근, 셀러리를 갈색이 나도록 볶는다.

04 냄비에 버터를 넣고 녹으면 밀가루를 넣어 약한 불에서 짙은 갈색이 나도록 볶아 브라운 루(Brown roux)를 만든다.

05 브라운 루에 토마토 페이스트를 넣고 신맛과 떫은 맛이 나지 않도록 충분히 볶은 후 물(브라운 스톡)을 조금씩 넣어 멍울 없이 잘 푼다.

06 05에 볶아둔 양파, 당근, 셀러리와 부케가르니를 넣고 은근하게 푹 끓인다.

07 농도가 걸쭉해지면 부케가르니를 건져내고 소금, 검은 후춧가루로 간을 한 뒤 체에 걸러서 완성그릇에 담는다(200ml 이상).

10 미네스트로니 수프

01 냄비에 물을 올려 끓으면 스파게티를 넣고 삶아 1.2cm 길이로 자른다.

02 베이컨은 1.2×1.2cm로 썰어 끓는 물에 데쳐 기름기를 제거하고, 양파, 당근, 셀러리, 무, 양배추는 1.2×1.2×0.2cm 크기로 썬다. 토마토는 껍질과 씨를 제거한 후 같은 크기로 썬다.

03 마늘은 다지고, 파슬리는 잎만 모아 곱게 다져 면보에 싸서 물에 헹구어 물기를 꼭 짜서 파슬리 가루를 만든다.

04 월계수잎에 정향을 꽂아 준비한다.

05 냄비에 버터를 두르고 다진 마늘, 베이컨, 양파, 당근, 셀러리, 무, 양배추 순으로 볶은 뒤 토마토 페이스트를 넣고 약불에서 떫은 맛이 나지 않도록 충분히 볶는다.

06 05에 토마토를 넣어 볶으면서 물(치킨 스톡)과 월계수잎에 정향 꽂은 것을 넣고 거품과 기름을 걷어 내며 끓인다.

07 06에 스파게티와 스트링빈스, 완두콩을 넣어 다시 한번 끓인 후 월계수잎에 정향 꽂은 것을 건져내고 소금, 검은 후춧가루로 간을 한다.

08 완성그릇에 200ml 이상의 수프를 담고 파슬리 가루를 뿌려 낸다.

09 포테이토 크림 수프

01 감자는 껍질을 벗겨 얇게 편썰기 하거나 채썰어서 찬물에 담가 전분기를 제거해 놓는다.

02 양파와 대파(흰 부분)는 얇게 채썬다.

03 식빵은 사방 0.8cm 크기의 주사위 모양으로 썰어 버터에 노릇하게 볶아 크루톤(Crouton)을 만든다.

04 냄비에 버터를 두르고 녹으면 곱게 채썬 양파와 대파를 넣어 볶다가 감자를 넣어 색이 나지 않게 살짝 볶는다.

05 04에 물(치킨스톡)과 월계수잎을 넣고 센불에서 끓이다가 끓으면 불을 중불 이하로 줄이고 거품을 제거하면서 감자가 푹 무르도록 끓인다.

06 감자가 푹 무르면 월계수잎을 건져내고 체에 내린다.

07 감자 거른 것을 다시 냄비에 담고 생크림을 넣어 살짝 끓인 후 소금, 흰 후춧가루로 간을 한다.

08 완성그릇에 수프 200ml 이상을 담고 크루톤을 띄워 제출한다.

08 프렌치 어니언 수프

01 양파는 양쪽 끝을 잘라 낸 후 결대로 얇고 굵기가 일정하게 채 썰고 마늘은 다진다.

02 파슬리는 잎만 떼어 곱게 다지고 면보에 싸서 물에 헹구어 물기를 꼭 짜서 파슬리 가루를 만든다.

03 다진 마늘과 파슬리 가루, 버터를 섞어 마늘버터를 만든다.

04 0.5cm 두께로 썬 바게뜨 빵 한면에 마늘버터를 잘 펴서 바르고 팬에 양면을 토스트한 후 마늘버터 바른 면에 뜨거울 때 파마산 치즈를 뿌려 마늘 빵을 준비한다(마늘버터 바른 면이 뜨거울 때 뿌린다).

05 냄비에 버터를 두르고 녹으면 채썬 양파를 넣고 중불에서 갈색이 날 때까지 충분히 볶는다. 이때 백포도주를 넣고 볶은 다음 물(맑은 스톡)을 넣고 은근하게 끓이면서 거품을 제거하고 소금, 검은 후춧가루로 간을 한다.

06 완성그릇에 수프를 담고, 마늘빵을 따로 담아낸다(200ml 이상).

07 피시 차우더 수프

01 생선살은 익으면서 약간 줄어들므로 사방 1.2cm로 썰어 냄비에 찬물 2컵과 양파 2~3쪽을 넣어 삶은 후 면보에 밭쳐 물은 육수(생선스톡)로 사용하고 생선살은 따로 준비한다.

02 감자, 양파, 셀러리는 0.7cm×0.7cm×0.1cm로 썬다.

03 베이컨은 가로, 세로 1cm로 썰어 끓는 물에 데쳐 기름기를 제거한다. 월계수잎에 정향을 끼워 준비한다.

04 팬에 버터(식용유)를 두르고 양파, 셀러리, 감자 순으로 살짝 볶아낸다.

05 냄비에 버터와 밀가루를 넣고 약불에서 볶아 화이트 루를 만든다.

06 화이트 루에 01의 육수(생선스톡)를 조금씩 넣어가며 몽우리가 생기지 않도록 푼 후 월계수잎과 정향을 넣어 끓인다.

07 농도가 약간 나면 데쳐 놓은 베이컨, 볶은 양파, 셀러리, 감자 순으로 넣고 끓이다가 우유를 넣고 살짝 끓인다.

08 재료가 익으면 월계수잎과 정향을 꺼내고, 01의 생선살을 넣고 소금과 흰 후추로 간을 맞추어 완성그릇에 담아낸다(200ml 이상).

06 비프 콘소메

01 지급받은 양파의 1/4 정도를 떼어 후라이팬에 기름을 두르지 말고 진한 갈색으로 구워 어니언 브루리를 만든다.

02 양파, 당근, 셀러리는 채썰고, 다지지 않은 소고기가 지급되면 기름기는 떼어내고 다진다.

03 토마토는 껍질과 씨를 제거하고 다진다.

04 파슬리줄기, 월계수잎, 정향, 검은 통후추를 굵은 실로 묶어 부케가르니를 만든다.

05 달걀흰자는 거품기로 충분히 거품을 낸다(흐르지 않을 정도로 거품을 낸다).

06 달걀흰자거품에 채썬 양파, 당근, 셀러리, 다진 소고기, 토마토를 넣고 섞는다.

07 냄비에 물(비프 스톡)과 달걀흰자 혼합물을 붓고 구운 양파(어니언 브루리)와 부케가르니를 넣어 끓인다.

08 끓기 시작하면 불을 약하게 줄이고 가운데 구멍을 낸 다음 은근하게 끓여준다.

09 스프의 색깔이 맑은 갈색이 되면 소금, 후추로 간 한 다음 면보에 걸러 완성그릇에 담아낸다(200ml 이상).

05 브라운 스톡

01 소뼈 데칠 물을 준비한다.

02 소뼈의 기름기 등을 제거하고 찬물에 담가 핏물을 뺀다.

03 양파, 당근, 셀러리는 큼직하게(Mirepoix ; 미르포아) 썰고 토마토는 껍질과 씨를 제거하고 큼직하게 썬다.

04 파슬리줄기, 월계수잎, 정향, 통후추, 다임을 다시백에 넣고 묶어 사세 데피스(sachet d'epice)를 만든다.

05 끓는 물에 핏물을 뺀 소뼈를 데쳐낸 후 냉수에 헹궈 놓는다.

06 팬에 식용유를 소량 넣고 데쳐둔 소뼈를 앞뒤로 갈색이 나도록 굽는다. 소뼈가 구워지면 냄비에 버터를 약간 두르고 양파를 넣어 진한 갈색이 날 때까지 구우면서 셀러리와 당근을 넣고 진한 갈색이 나도록 더 굽는다.

07 냄비에 갈색으로 구워낸 소뼈, 양파, 당근, 셀러리와 토마토를 담고 물 3컵과 사세 데피스를 넣어 끓인다.

08 스톡이 끓으면 불을 줄이고 기름과 거품을 제거하면서 뭉근히 끓인다.

09 스톡이 진한 갈색이 나면 면보에 거른다(이때 소금간은 하지 않는다).

10 완성된 브라운 스톡 1컵(200ml 이상)을 그릇에 담아낸다.

04 참치 타르타르

01 냉동 참치는 연한 소금물에 잠시 담가 해동시킨다.

02 (샐러드 부케 만들기) - 롤라로사와 그린치커리는 찬물에 담가 싱싱하게 살린다. 지급된 차이브 중 반은 물에 함께 담가놓고 반은 끓는 물에 살짝 데쳐 냉수에 헹궈 물기를 제거한다. 붉은색 파프리카의 일부는 길고 가늘게 채썬다. 롤라로사에 그린치커리, 차이브, 붉은색 파프리카를 얹듯이 자연스럽게 감싸 데쳐둔 차이브로 밑동을 돌돌 말아 묶고 끝을 살짝 잘라 정리한다. 오이는 홈을 내서 말아둔 샐러드 부케를 꽂아 고정시킨다.

03 (채소 비네그레트) - 양파, 붉은색과 노란색 파프리카, 오이는 가로와 세로 2mm 정도의 작은 주사위 모양으로 썰고 파슬리와 딜은 다진다. 둥근 볼에 준비한 채소와 올리브오일, 식초, 소금을 넣고 섞어 채소 비네그레트를 완성한다.

04 (참치 타르타르) - 살짝 해동시킨 참치는 거즈로 물기를 제거하고 가로세로 3~4mm 정도의 작은 주사위 모양으로 자른 후 마른 면보에 싸서 핏물을 제거하고 양파, 그린올리브, 케이퍼, 처빌은 다진다. 둥근 볼에 핏물을 제거한 참치와 다진 재료를 섞고, 레몬즙, 올리브오일, 핫소스, 소금, 흰 후춧가루를 넣고 부드럽게 섞어 참치 타르타르를 만든다.

05 접시 가운데에 샐러드 부케를 놓고 스푼 2개를 이용하여 형태로 모양을 잡아 부케 주변으로 3개를 만들어 돌려 담고 채소 비네그레트를 뿌려낸다(샐러드 부케에도 살짝 뿌리기).

03 쉬림프 카나페

01 냄비에 1½C 정도의 물을 붓고 불에 올려 새우 삶을 준비를 한다. 파슬리는 찬물에 담가 둔다.

02 새우는 소금 탄 물에 젓가락을 이용해 흔들어 씻은 후 체에 밭쳐 등쪽 2~3번째 마디에서 이쑤시개를 사용해 내장을 제거한다.

03 새우 삶을 물에 미르포아(양파채, 당근채, 셀러리채)와 소금, 레몬을 넣고 끓여 뚜껑을 연 채 손질한 새우를 삶아 식힌다.

04 냄비에 달걀을 넣고 달걀이 잠길 만큼의 물을 부은 후 소금을 넣어 달걀을 삶는다. 이때 물이 미지근해지면 한쪽 방향으로 달걀이 터지지 않도록 조심스럽게 3~5분간 저어 노른자가 중앙에 오도록 완숙으로 삶아 찬물에 식힌다(달걀 삶는 총 소요시간은 15분 정도이다).

05 식빵은 네 귀퉁이를 잘라내고 4등분한 후 모서리를 조금씩 다듬어가며 직경 4cm 원형으로 만들어 팬에 기름을 두르지 않고 앞뒤를 노릇하게 토스트 하여 식힌다.

06 파슬리는 물기를 제거하고 넓지 않은 잎으로 떼어서 준비한다.

07 식힌 새우는 머리와 껍질을 제거하고 반으로 갈라 꼬리를 세워둔다.

08 식힌 달걀은 껍질을 제거하고 칼을 이용하여 자른다.

09 토스트한 빵 위에 버터를 바르고 달걀, 새우 순으로 얹는다. 젓가락을 이용해 토마토케첩을 새우에 얹고 파슬리로 장식한다.

10 완성그릇에 담고 남은 파슬리의 물기를 제거하여 가운데 장식한다.

02 스패니쉬 오믈렛

01 달걀은 거품기를 이용하여 잘 푼 후 체에 내리고 생크림을 섞어 준비한다.

02 양파, 양송이, 청피망, 베이컨은 사방 0.5cm 크기의 주사위 모양으로 썰어 오믈렛 소를 만든다.

03 토마토도 껍질과 씨를 제거하고 0.5cm 크기의 주사위 모양으로 잘게 썬다.

04 팬에 베이컨을 넣고 볶다가 버터를 넣고 양파, 양송이, 청피망, 토마토 순으로 볶은 다음 토마토케첩을 넣고 조금 더 볶아 주고 소금과 검은 후춧가루로 간을 하여 오믈렛 소를 만든다.

05 오믈렛 팬을 잘 달군 후 식용유를 충분히 두르고 코팅한다. 남은 기름은 따라 내고 중불의 온도에서 버터를 두르고, 버터가 녹으면 달걀물을 부은 다음 나무젓가락으로 재빨리 저어 부드럽게 스크램블 하여 반 정도 익었을 때 04의 볶은 속재료를 가운데 길게 배열하여 넣은 후 오믈렛 팬을 기울여 타원형(럭비공)으로 말아준다(오믈렛 소가 흘러나오지 않게 한다).

06 모양을 잡아 완성접시에 담아낸다.

※ 재료들을 자르는 것에 있어서 크기나 길이 등은 요구사항에서 제시되는 것도 있으므로 반드시 시험장에서 제시하는 요구사항과 재료목록을 확인하시기 바랍니다.

01 치즈오믈렛

01 달걀은 거품기를 이용하여 잘 푼 후 소금을 약간 넣고 체에 내린다.

02 치즈는 0.5cm 크기로 일정하게 썬다(½은 달걀물에 넣고, ½은 속재료에 활용한다).

03 풀어놓은 달걀물에 치즈(썬 것의 ½)와 생크림(우유)을 넣어 함께 섞는다.

04 오믈렛 팬을 잘 달군 후 식용유를 충분히 두르고 코팅한다. 남은 기름은 따라 내고, 중불의 온도에서 버터를 두르고, 버터가 녹으면 달걀물을 부은 다음 나무젓가락으로 재빨리 저어 부드럽게 스크램블한다.

05 불을 낮추고, 달걀이 반 정도 익었을 때 남은 치즈(½)를 가운데 넣고 타원형으로 말아준다(익지 않은 달걀이 흐르지 않도록 한다).

06 겉모양새가 통통한 럭비공 모양이 되도록 굴려가면서 모양을 잡아 접시에 담아낸다.

한국산업인력공단
새 출제기준에 따른 최신판!!

양식 조리기능사 실기시험문제

별책부록 핵심요약집